아시아의 표해록

역자

서광덕(徐光德, Seo Kwang-deok)_ 부경대학교 인문사회과학연구소 HK연구교수

안재연(安哉姸, Ahn Jae-yeon)_ 아시아문화원 아시아문화연구소

최정섭(崔正燮, Choi Jung-sup)_ 연세대학교 중국연구원 전문연구원

최가진(崔嘉珍, Choi Ga-jin)_ 전남대학교 일어일문학과 강사

김보배(金寶蓓, Kim Bo-bae)_ 아시아문화원 아시아문화연구소

아시아의 표해록

초판인쇄 2019년 12월 10일 **초판발행** 2019년 12월 24일

역자 서광덕·안재연·최정섭·최가진·김보배 **펴낸이** 박성모 **펴낸곳** 소명출판 **출판등록** 제13-522호

주소 06643 서울시 서초구 서초중앙로6길 15, 1층

전화 02-585-7840 **팩스** 02-585-7848 **전자우편** somyungbooks@daum.net **홈페이지** www.somyong.co.kr

값 32,000원 ⓒ서광덕·안재연·최정섭·최가진·김보배·아시아문화원, 2019

ISBN 979-11-5905-445-7 93910

이 책은 2017년 대한민국 교육부와 한국연구재단의 지원을 받아 수행된 연구임 (NRF-2017S1A6A3A01079869).
이 책은 국립부경대학교 인문사회과학연구소 인문한국플러스사업단과 아시아문화원 아시아문화연구소의 공동기획으로
제작되었다.

부경대학교 인문사회과학연구소
해역인문학 자료총서 / 03 /

아시아의
표해록

서광덕 · 안재연 · 최정섭 · 최가진 · 김보배 역

Drifting Records of Asia

발간사

　부경대학교 인문사회과학연구소와 해양인문학연구소는 해양수산 교육과 연구의 중심이라는 대학의 전통과 해양수도 부산의 지역 인프라를 바탕으로 바다를 중심으로 하는 인간 삶에 대한 총체적 연구를 지향해 왔다. 바다와 인간의 관계에서 볼 때, 아주 오랫동안 인간은 육지를 근거지로 살아왔던 탓에 바다가 인간의 인식 속에 자리 잡게 된 것은 시간적으로 길지 않았다. 특히 이전 연근해에서의 어업활동이나 교류가 아니라 인간이 원양을 가로질러 항해하게 되면서 바다는 본격적으로 인식의 대상을 넘어서 연구의 대상이 되었다. 그래서 현재까지 바다에 대한 연구는 주로 과학기술이나 해양산업 분야의 몫이었다. 하지만 인간이 육지만큼이나 빈번히 바다를 건너 이동하게 되면서 바다는 육상의 실크로드처럼 지구적 규모의 '바닷길 네트워크'를 형성하게 되었다. 그리고 이 해상 실크로드를 따라 사람, 물자, 사상, 종교, 정보, 동식물, 심지어 병균까지 교환되게 되었다.

　이제 바다는 육지만큼이나 인간의 활동 속에 빠질 수 없는 대상이다. 바다와 인간의 관계를 인문학적으로 점검하는 학문은 아직 정립되지 못했지만, 근대 이후 바다의 강력한 적이 인간이 된 지금 소위 '바다의 인문학'을 수립해야 할 시점에 이르렀다. 하지만 바다의 인문학은 소위 '해양문화'가 지닌 성격을 규정하는 데서 시작하기보다 더 현실적인 인문학적 문제에서 출발해야 한다. 그것은 한반도 주변의 바다를 둘러싼 동북아 국제관계에서부터 국가, 사회, 개인 일상의 각 층위에서 심화되고 있는 갈등과 모순들 때문이다. 이것은 근대이후 본격화된 바닷길 네트워크를 통해서 대두되었다. 곧 이질적 성격의 인간 집단과 문화가 접촉, 갈등, 교섭해 오면서 동양과 서양, 내셔널과 트랜스내셔널, 중앙과 지방의 대립 등이 해역海域 세계를 중심으로 발생했던 것이다.

다시 말해 해역 내에서 인간(집단)이 교류하며 만들어내는 사회문화와 그 변용을 그 해역의 역사라 할 수 있으며, 그 과정의 축적이 현재의 상황으로 나타난다고 할 수 있다. 따라서 해역의 관점에서 동북아를 고찰한다는 것은 동북아 현상의 역사적 과정을 규명하고, 접촉과 교섭의 경험을 발굴, 분석하여 갈등의 해결 방식을 모색토록 하며, 향후 우리가 나아가야 할 방향을 제시해주는 하나의 방법이라고 할 수 있다. 개방성, 외향성, 교류성, 공존성 등을 해양문화의 특징으로 설정하여 이를 인문학적 자산으로 상정하고 외화하는 바다의 인문학을 추구하면서도, 바다와 육역陸域의 결절 지점이며 동시에 동북아 지역 갈등의 현장이기도 한 해역을 연구의 대상으로 삼아 실제적으로 현재의 갈등과 대립을 해소하는 방안을 강구하고, 나아가 바다와 인간의 관계를 새롭게 규정하는 '해역인문학'을 정립할 필요성이 여기에 있다.

이러한 인식하에 본 사업단은 바다로 둘러싸인 육역들의 느슨한 이음을 해역으로 상정하고, 황해와 동해, 동중국해가 모여 태평양과 이어지는 지점을 중심으로 동북아해역의 역사적 형성 과정과 그 의의를 모색하는 "동북아해역과 인문네트워크의 역동성 연구"를 제안한다. 이를 통해 우리는 첫째, 육역의 개별 국가 단위로 논의되어 온 세계를 해역이라는 관점에서 다르게 사유하고 구상할 수 있는 학문적 방법과 둘째, 동북아 현상의 역사적 맥락과 그 과정에서 축적된 경험을 발판으로 현재의 문제를 해결하고 향후의 방향성을 제시하는 실천적 논의를 도출하고자 한다.

부경대 인문한국플러스사업단이 추구하는 소위 '(동북아)해역인문학'은 새로운 학문을 창안하는 일이다. '해역인문학' 총서 시리즈는 이와 관련된 연구 성과를 집약해서 보여줄 것이고, 이 총서의 권수가 늘어가면서 '해역인문학'은 그 모습을 드러낼 수 있을 것으로 기대한다. 끝으로 '해역인문학총서'가 인간과 사회를 다루는 학문인 인문학의 발전에 기여할 수 있는 하나의 씨앗이 되기를 희망한다.

부경대 인문한국플러스사업단 단장 손동주

역자 서문

　부경대 인문한국플러스 사업단은 '동북아해역과 인문네트워크의 역동
성 연구'라는 아젠다를 통해 동북아해역에서 발생한 다양한 인적 물적 교
류 그리고 그 교류를 통해 형성된 문화의 혼종성을 파악하여, 근대 이후 고
착화된 중심-주변의 이분법적 시각을 극복하는 인문학적 자산을 발굴하
고자 노력하고 있다. 19세기 이후 동아시아 지역은 서구의 침략과 그 문화
의 수용으로 인해 근대화를 진행한 결과, 서구중심주의에 입각한 세계에
대한 인식이 일반화되었다. 이러한 인식은 결국 근대 이전의 동아시아 지
역과 그 역사에 대해서도 무관심과 왜곡을 초래했다. 최근 연구로 근대 이
전 동아시아의 지역상은 우리가 알고 있는 것과는 많이 다르다는 사실이
밝혀지고 있으며, 특히 바다를 통한 교류가 아주 빈번했다는 사실은 커다
란 충격이다. 한국의 경우 중국과의 교류가 주로 육상을 통해 이루어졌으
며, 중국과 마찬가지로 근대 이전의 한국 위정자들도 해금령을 취하고 있
었기 때문에 바다를 통한 교류는 아주 제한적이었다. 게다가 이러한 상황
에서 또 정부가 위법으로 정한 해상 활동을 하는 이들이라면 당시로서는
'왜구'에 다름 아니었기 때문에 그 기록 또한 전무할 것으로 추측할 수 있다.
　근대 이전 동아시아에서 바다를 통한 교류는 지역에 따라 차이가 있
지만, 제한된 자료를 통해서도 근대 이후 서구인들이 찾아오기 이전부
터 활발하게 이루어지고 있었음을 확인할 수 있다. 이를 알 수 있는 가
장 좋은 자료 중의 하나가 바로 표류에 대한 기록이다. 곧 바다에서 표
류를 당한 사람들의 경험을 적어 놓은 표류기록漂流記錄은 근대 이전 동

아시아 국가나 지역 간 교류의 역사를 분석하는 좋은 소재이다. 그런데 사실 표류에 관한 기록물의 내용을 살펴보면, 대부분 두 번 다시 경험하고 싶지 않은 '아픈 기억'이 담겨 있다. 역설적이게도 우리는 생사의 기로에서 고초를 겪었던 수많은 개인들의 기억을 통해서 동아시아 국가나 지역 간 교류의 역사를 살필 수 있게 되는 셈이다. 또 표해라는 돌발적인 사건과 드라마틱한 줄거리는 문학적으로도 흥미를 끌고, 그래서 상상력과 박진감 넘치는 문화콘텐츠로도 각광을 받고 있다.

이와 같이 역사나 문학 등 인문학의 연구 자료로 활용되고 있는 표류 기록물에는 여러 종류가 있다. 그 형태도 다양하고 나라마다 조금씩 용어의 쓰임새도 다르다. 한국의 경우 표해록漂海錄이라는 명칭이 오래전부터 사용되어 오고 있다. 표해록이란 조난자 또는 그로부터 전해들은 다른 사람이 표류사건에 대해 적은 사문서私文書를 말한다. 그리고 표류와 관련된 기록물 중에는 표해록 외에 다른 것도 있는데, 표류사건을 조사한 정부 쪽 공문서公文書가 그것이다. 그래서 표류사건의 조사자 쪽 기록(조사기록)과 조사를 받은 조난자遭難者 쪽 기록(표해록) 이 둘을 통칭하여 표류기록으로 부른다. '한국 표해록'은 그것을 지은이가 누구인지에 따라서, 표류 당사자가 직접 지은 것, 표류민을 조사한 정부 당국자가 남긴 것, 그리고 제3자가 다른 사람의 표류 경험을 듣고 저술한 것 등 세 가지로 나누어 볼 수 있다. 또 표류한 지역이나 국가를 기준으로 보면, 중국, 일본, 류큐琉球, 대만, 안남安南(베트남) 표해록 등 여러 가지가 있다. 이미 발견된 표해록을 다양하게 해석하고 또 앞으로 표해록이 새롭게 더 발굴된다면, 동아시아 해역사 연구도 더욱 풍부해질 것으로 생각한다.

이 책에 수록된 7편의 표해록은 15세기부터 19세기까지 아시아 각국이 풍랑을 헤치고 이어왔던 다양한 교류의 역사와 실상을 보여주는 대표적인 글들이다. 두 편의 한국 표해록을 제외하고 나머지 5편은 모두 국내에서 처음 소개되는 아시아의 표해록이다. 한국의 표해록 두 편은, 부산에서 출발하여 동해를 표류하다 북해도와 일본 본토 그리고 대마도로 거쳐 부산으로 돌아온 이지항의『표주록』, 그리고 제주도를 출발한 뒤 풍랑을 만나 베트남까지 표류해 갔다가 돌아온 김대황의『표해일록漂海日錄』으로 새로 번역하여 실었다. 이어서 중국의 표해록 3편이다. 먼저 대만을 출발하여 베트남으로 표류한 기록인 채정란의『해남잡저』그리고 중국에서 출발해 베트남에 표착한 반정규의『안남기유』와 일본으로 표류한 정광조의『표박이역』을 수록했다. 다음에는 일본의 표류기로, 일본에서 표류하다 블라디보스토크에 도착한 뒤 만주와 조선을 거쳐 돌아온 표류민들의 구술을 받아 적은 이시이 본의『달단 표류기』를 실었다. 마지막으로 베트남을 떠나 일본으로 표류한 장등계의『일본견문록』을 수록했다.

총 7편의 표해록을 표류가 발생한 시기를 바탕으로 차례대로 적어본다면, 가장 시기적으로 이른 것이 1644년 이시이 본의『달단 표류기』, 그 다음이 1687년 김대황의『표해일록』, 1688년 반정규의『안남기유』, 1696년 이지항의『표주록』이고, 그 뒤로는 모두 1800년대에 일어난 것으로 장등계의『일본견문록』(1815), 채정란의『해남잡저』(1836), 정광조의『표박이역』(1842) 순이다. 각 표해록에 대한 자세한 설명은 번역본문 앞에 붙은 해제를 참고하기 바란다. 또 아시아의 표해록에 대한 이해를 돕기 위해 타이완 학자 진익원 교수의「채정란蔡廷蘭의 월남越南에서의 행적과 민속기록」등과 서인범 교수의「해양문학의 진수, 최부崔溥,『표해록漂海錄』」을 부록으로 실었다.

이 책은 부경대 인문한국플러스사업단과 아시아문화원 아시아문화연구소가 2017년부터 2년간 협력 연구를 진행한 끝에 탄생되었다. 2019년 7월에는 학술대회 '로빈슨 크루소의 귀환-동아시아 표해록'과 테마전 '아시아의 표해록, 바다 건너 만난 이웃'을 공동으로 개최하여 그 성과를 대중들에게 선보였다. 그리고 그동안 수집한 아시아 지역의 표해록을 번역하여 이 책으로 완성하게 되었다. 또 이 책을 이어서 부경대 인문한국플러스사업단 자료총서 시리즈로 나올 일본의 『조선표류일기』와 『청국표류도』는 아름다운 그림도 함께 실려 있어 근대 이전 동아시아의 풍경을 다양하게 살필 수 있을 것으로 기대하고 있다. 이 책을 비롯하여 모두 3권의 아시아 표해록 시리즈가 출간된다면 명실상부 국내에서는 유일하게 아시아 표해록을 체계적으로 선보이는 성과를 이루게 될 것이다.

끝으로 『아시아의 표해록』 출판과 관련해서 감사를 드려야할 분들이 많다. 먼저 이 책이 나오기까지 물심양면으로 지원을 아끼지 않은 이기표 아시아문화원장님께 감사의 말씀을 드린다. 그리고 이 책에 수록된 표해록의 선정 및 번역자 물색과 감수 등에서 많은 조력을 아끼지 않은 아시아문화원 아시아문화연구소의 안재연 팀장에게도 고마움을 전한다. 아울러 역자들의 귀찮은 요구에도 불구하고 좋은 책으로 응대해주신 소명출판의 윤소연 편집자님께도 고맙다는 말씀드린다.

부경대 인문한국플러스사업단 HK연구교수 서광덕

차례

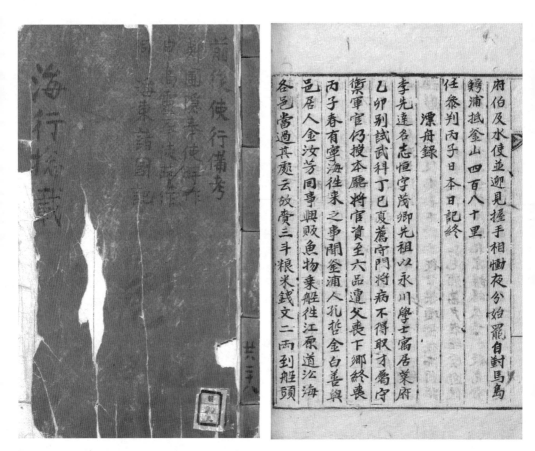

『해행총재』 권 12에 수록된 「표주록」 | 이지항, 저작 및 간행년도 미상, 19.2×27.8cm, 국립중앙도서관 소장

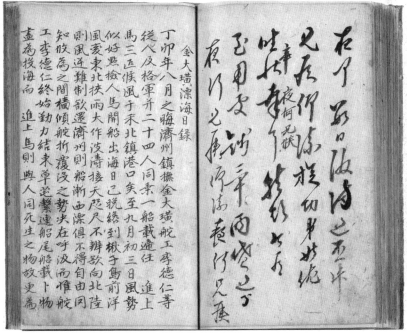

『지영록』에 수록된 「표해일록」 | 김대황, 1696, 17.5×27.0cm, 국립제주박물관 소장

『해남잡저』 | 채정란, 1838, 13.1×22cm, 남개대학도서관 소장

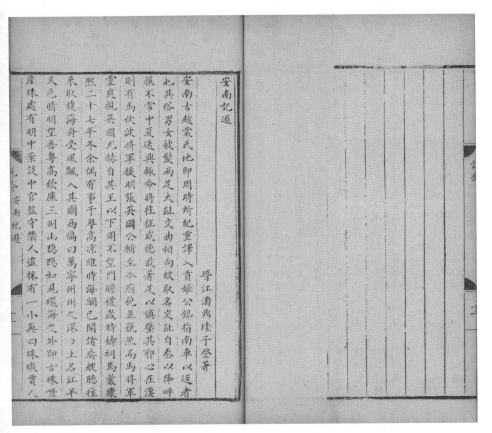

『안남기유』| 반정규, 1688, 16.4×24.7cm, 대만국가도서관 소장

徐孝女

女名貞橫塘嫠徐義方女也義方重然諾敦古誼一方稱長者有
子二曰裕曰昆女四長適高次與四均適錢三郎孝女也女自幼
純孝不願離父母膝下矢志不嫁裕昆皆長志以事親爲己事且奉長齋爲父母
以晨昏定省爲己事且奉長齋爲父母祈福義方知之者及道光二年時疫大作義方亦染病女
待湯藥衣不解帶疾危旣而勢益危醫皆束手
女晨勤呼天潛入廚下以刀斷左手小指一節有牛痛絕於地適
族兄某見之恐病者聞不敢聲張使家人扶入臥室如其志以所
病立愈家人未有知之者及道光二年時疫大作義方亦染病女
之嘉慶十八年九月女母唐氏病危女私割左臂肉煎湯以進母
時六月二日也越兩載女母忽於一日欲歸省其弟葵心間以何
事女母不言飢至唐家郞以猝病死鄉里共稱異焉登因死生何
命非皆可以孝感者與抑使其母病於家孝女又必如前情追逐
神將不得不曲佑之與後女於道光十一年二月二十六日歿年
三十有六次年義方亦歿旋於六月女母唐君葵心爲請於學
憲給孝媳官區額獎之餘居張嫠去橫塘僅三里義方亦素相
識爲述其事如此

漂泊異域

白苪海口在張嫠東十里有張用和者其家素以泛海爲業每至

一斑録雜述一　　　　夫

關山東〔山海關東鄧州萊陽等處〕

生理嘉慶二年有船號恒利者漂失
無踪同日遭颶又有滸浦北十張嫠戴家一船盛
霸港國主詢知是中土難民周恤備至酒米肉食膏從厚槎帆舵
槕並修整其費幾及千金越一歲有半始得同家國主已爲泰聞
朝廷體恤小邦著以所費抵已後貪聲盡懷柔之道矣
後於道光三年九月張氏又有一船號源泰已至山東萊陽鉛貨
又置豆餅羊皮水梨等貨而返遭颶倒拖太平籃凡將舟逆風
包於大鐵桅上沉永長纜旣繫五日夜至一處入港寂無居人及入
內見烟從山下出登岸探之異言異服者聚而觀意殊不惡旋
知事者并其亦足同衆而衣服有別意異氣亦異始猶中土守港口

一斑録雜述一　　　七

之千把總也舟人以筆寫高麗琉球呂宋等號與認彼皆搖手及
寫日本乃首肯因寫我中土郡縣地名示之頃又有通事者至畧
能通語稱吾人爲小唐人令將船再行而入至一大鎮名夾喇浦
停泊云此地去王都八站已爲奏聞英國王居尊位凡事皆決於
大將軍泊處彼令人看守不使吾人輕於登岸者登岸者彼人必借
行調護舟中一切已缺藉得周濟其米色少黑亦可食其餘雜需
看守者代爲置辦遷延日記有用帳一紙類高麗釘字彷彿中土
書寫牛水黎羊皮彼人愛
之多爲取用越日其王諭到令資助所乏然原槵已斫帆無可旋
又奏許給乃引吾人上山擇油松一本酌船大小用三尺圍者搰

『속수사고전서·잡술』권1에 수록된『표박이역』| 정광조, 1828~1845, 20×27cm, 전남대학교도서관 소장(영인본)

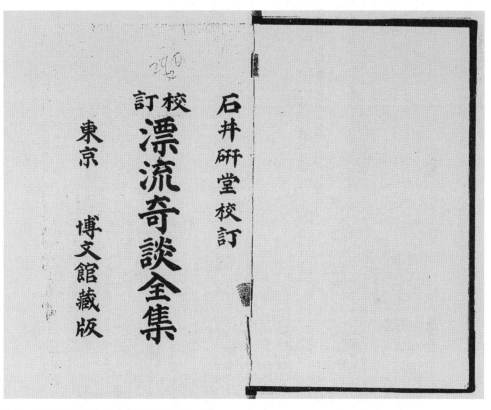

『달단 표류기』가 수록되어 있는 『표류기담전집』 표지

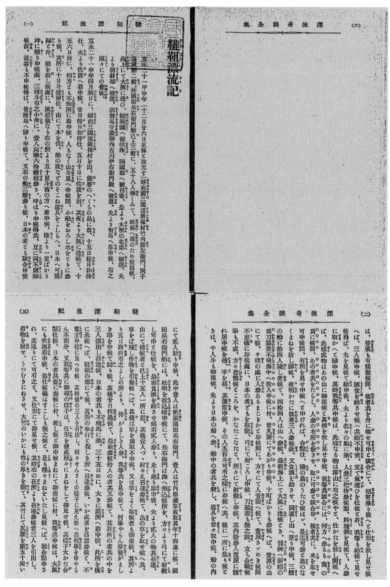

難船漂流記

『달단 표류기』 | 구니타 헤이에몬·우노 요사부로 구술(이시이 본), 1908, 20cm, 일본 국립국회도
서관 소장

日本見聞錄

嘉隆十四年四月日嘉定城戊辛鄭有杯等五人、隸

從該隊奉解迤太板筏起海寒京行二日夜過海

颶暴發漂流洋外、五月初七日泊入一沙洲、洲上有

井、水甘可飲、壽杏花卉叢生、正棲上爲、初八日有漕

國與六人來乘小艇教二般、從海中來問之、但言語

侏離、殊不可曉、卽上艇教故去、初九日復來結以炎飯、

後去不復來有杯等食盡捕爲摞螺以充饑、四望滄

溟洋非長計、六月十五日遂採浮碇結一小筏、隨流

A.1164 68

『일본견문록』 | 장등계, 1828, 베트남 한놈연구원 소장

제1부

한국

이지항李志恒, 『표주록漂舟錄』

김대황金大璜, 『표해일록漂海日錄』

이지항李志恒, 『표주록漂舟錄』

서광덕

해제

『표주록』은 물에 떠내려간 배의 기록이란 말이다. 이 글은 부산 동래에 살던 이지항李志恒과 울산 사람 김한남金汗男 등 8명이 1696년 4월 13일 강원도 원주原州로 가기 위해 출항하다가 5월에 에조蝦夷 지역(지금의 일본 북해도北海道)까지 표류한 뒤, 오사카와 대마도를 거쳐 1697년 3월 5일[1] 부산포로 돌아온 경위와 이지항이 일본에서 주고받은 필담 내용을 적은 표해록이다.

---

[1] 일본 연구자 이케우치 사토시(池內敏)는 이지항 일행의 부산항 입항 날짜를 3월 5일로 보고 있으나(池內敏, 『近世日本と朝鮮漂流民』, 臨川書店, 1998, 139쪽), 윤치부는 그것을 2월 2일이라고 했다(윤치부, 『韓國海洋文學硏究』, 1994, 85~87쪽). 그 차이가 어디에서 비롯되었는지는 알 수 없다. 참고로 1697년의 경우 2월까지는 조선과 일본의 월력(月曆)이 같았다. 그런데 일본은 2월이 윤달이었고, 조선은 3월이 윤달이었다. 그래서 조선의 3월 5일은 일본에서는 윤 2월 5일이었으며, 일본의 3월 5일은 조선에서는 윤 3월 5일이었다(內務省地理局 편, 『三正綜覽』, 帝國出版社, 1932, 383쪽; 內田正男 편저, 『日本曆日原典』, 雄山閣, 1975, 432쪽).

『표주록』의 저자 이지항에 대해서는 서序에 다음과 같이 기록되어 있다.

　　이지항은 이선달(李先達)이라고 기록되기도 했는데, 그의 자는 무경(茂卿)이다. 그의 선조는 영천(永川) 출신의 학자로 동래부에서 살아왔는데, 그의 아버지는 기관(記官)을 지낸 이응립(李應立)이다. 그는 1647년(인조 25)에 태어났으며, 1675년(숙종 1) 별시(別試)에서 조총 관(貫) 2中, 변(邊) 1中을 쏘아 전시(殿試)에 직부(直赴)하고 무과(武科)에 급제하였다. 그는 1677년 여름에 수문장(守門將)으로 천거를 받았으나 병으로 취재(取才)에 응하지 못했다. 이후 수어청(守禦廳)의 군관(軍官)으로 있다가 본청의 정식 장관(將官)으로 임명되어 자급(資級) 6품에 이르렀다. 1696년 부친의 상(喪)을 당하여 고향으로 내려가 상기(喪期)를 마쳤다.

　　『표주록』의 본문은 이 이후부터 바로 시작된다. 내용은 앞에서 말했듯이 이지항 일행이 일본의 북해도까지 배를 타고 표류했다가, 일본의 관원官員들한테 구조를 받아 돌아온 얘기를 본문으로 하고, 그 끝에 강항姜沆과 조완벽趙完璧의 얘기가 간단히 부록으로 수록되어 있다. 이 글은 『해행총재海行摠載』라는 고려·조선시대 통신사의 사신이나 포로 및 표류 등으로 일본에 다녀온 사람들의 기행록을 집성한 총서에 처음 수록되었다. 이 총서는 원래 1909년부터 1916년까지 조선고서간행회朝鮮古書刊行會에서 고대로부터 조선시대까지 중요한 사료를 모아 조선군서대계朝鮮群書大系를 간행하였는데, 그중 속속편續續篇(제3~6집)에 4책(활자양장본)으로 수록된 '해행총재'에서 비롯되었다. 조선고서간행회에서 편찬한 『해행총재』를 민족문화추진회에서 고전국역사업의 하나로 1974년부터 1981년까지 12

권(색인포함)으로 번역하여 일반에게 보급하였다. 이 책의 번역은『표주록』(국역『해행총재』III, 민족문화추진회, 1975)과『복산비부福山祕府』「조선표인부朝鮮漂人部」(『新撰北海島史』第5卷 史料 1, 北海島廳, 1936)를 토대로 하고, 그밖에 관련 연구를 바탕으로 진행하였다.

그런데 국역『해행총재』는 번역에서 약간의 오류를 드러냈는데, 그 가운데 하나가 바로 이지항 일행이 일본으로 출항한 연도와 관련된 것이다. 이것은 이지항의 이력과도 연관된다. 이지항의 출항 연도에 대해서『해행총재』의 번역자 문선규文璇奎는 본문에서 연도가 표기되어 있지 않고 단지 병자년丙子年이라고만 적혀 있어 이를 1756년(영조 32)으로 보았던(국역『해행총재』해제 400~403쪽) 반면, 김갑주는『복산비부』「조선표인부」에서 "元祿 9년(1696)"이라고 분명하게 밝히고 있다고 했다.[2] 아울러『표인영래등록漂人領來謄錄』[3]에도 이선달李先達 일행이 1697년에 돌아오고 있으며(『표인영래등록』3, 제6책 戊寅(1698), 125~127쪽, 159~165쪽),『변례집요邊例集要』[4]에도 1696년에 기록되고(『변례집요』권3 漂人, 戊寅 3월) 있어서 1696년이 타당하다고 본다.[5] 이렇게 보면 문선규의 해석과는 약 60여 년의 차이가 있다.

1696년 4월에 표류했던 이지항 일행은 하이지蝦夷地에 표착하여 송전부松前府를 거쳐 본토의 강호江戶로 이송되었다가 대마도를 경유하여 부

---

2 金甲周,「17C後半~18C前半의 社會樣相의 一端-北海道 朝鮮漂人 關係 記錄을 中心으로」,『국사관논총』72, 국사편찬위원회, 1996.
3 조선 후기 부산에서 이루어진 표류 조선인의 영래 차왜(領來差倭)에 관한 기록으로, 1641(인조 19)~1751년(영조 27)에 동래부, 부산진, 경상 좌수영 또는 경상 감영이 보고한 것을 전객사에서 편성한 것이다.
4 1598년(선조 31)부터 1841년(헌종 7)까지 예조 전객사에서 조선과 일본의 교린 관계를 기록한 외교서로서, 9권 19책의 필사본이다.
5 김강식,「李志恒『漂舟錄』속의 漂流民과 海域 세계」,『해항도시문화교섭학』16, 한국해양대 국제해양문제연구소, 2017.

산으로 송환되어 왔다. 그 여정을 살펴보면 다음과 같다.

4월 13일 부산 →4월 28일 울산 →5월 12일 제모곡(諸毛谷, 레분시리도(レフンシリ), 羯惡島・礼文島)・점모곡(占毛谷) → 리이시리도(リイシリ, 利尻島) →소우야(ソウヤ, 小有我, 宗谷) → 계서우(溪西隅) →5월 20일 우보여(羽保呂) → 석장포(石將浦) →7월 23일 예사치(曳沙峙) →7월 24일 송전번(松前藩)[6] →8월 30일 진경군(津輕郡)・남부현(南部縣)・선대부(仙臺府)・오주(奥州)・목신우군(牧信友郡) →9월 27일 강호 →10월 17일 대판성(大坂城) → 병고보(兵庫堡) → 하관(下關) → 적간관(赤間關) → 지도(芝島) → 승본도(勝本島) → 일기도(壹岐島) → 팔도(八島) → 단포(壇浦) →12월 14일 대마도(對馬島) →3월 5일 부산포

이지항 일행이 표류했던 동북아시아의 해역은 전반부는 동해를 가로질러 하이지의 제모곡에 표착할 때까지, 여기서 송전번으로 연해를 따라 내려오는 과정이었다. 이후 강호에서 오사카大阪를 거쳐 대마도를 경유하는 길은 조선 후기의 일반적인 표류민의 송환 과정을 따랐다고 볼 수 있다.

이지항이 배를 탄 이유에 대해서는 기록에 따라 다소의 논란이 있다. 이지항이 『표주록』 앞부분에서 영해寧海로 가기 위해서였다고 했지만, 일본의 송전松前 태수太守와의 대화에서는 강원도 원주原州의 포정사布政司에 가기 위해서였다고(『표주록』, 423쪽) 했으며, 『복산비부』 「조선표인

---

6 『표주록』에는 7월 27일로 기록되어 있다.

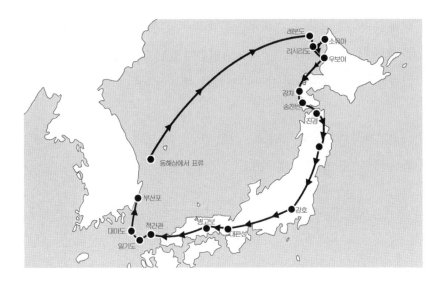

부」에 실린 이지항의 정사呈辭에는 주장主將이 강원도 감사에 제수되어 그를 만나기 위해 가게 되었다고 진술하고 있다.

그리고 부록으로 실린 두 얘기는 이지항이 붙인 것은 아니고, 이 글이 들어 있는 책을 편할 때에 붙인 것이다. 하이 얘기에 나오는 강항은, 자는 태초太初요, 호는 수은睡隱이다. 본관은 진주로 강희맹姜希孟의 5대손이며, 명종明宗 22년(1567)에 영광靈光에서 태어났다. 그는 성혼成渾의 문인이었고, 선조 26년(1593)에 별시別試 문과에 급제해서 전적典籍을 지내고, 선조 29년(1596)에는 공조와 형조의 좌랑佐郞으로 있었다. 다음해의 정유란丁酉亂(1597) 때에는 남원南原에서 이광정李光庭을 도와 군량 보급에 힘쓰다가 남원이 함락되자, 고향으로 돌아가 의병을 모집하여 일본군과 싸웠다. 전세가 불리하자, 이순신李舜臣의 휘하에 들어가기 위해 가다가 일본군의 포로가 되었다. 일본으로 끌려간 그는, 깊은 학문 때문에 일본인들한테 많은 존경을 받았다. 일본의 성리학 형성에 큰 공을 남기고, 선조 33

년에 풀려나 귀국했다. 그에게는 문집인『수은집睡隱集』을 비롯해서 여러 편의 저서가 있는데, 그중에서도 일본에 있을 때 일본의 사정을 살펴 기술한『간양록看羊錄』이 가장 유명하다. 광해군 10년(1618)에 죽었다.

최근까지 이지항의『표주록』관련 연구는 약 13편의 논문이 있고, 그밖에 어린이용 도서 1권이 있다.[7]

7 池內敏,『近世日本と朝鮮漂流民』, 東京 : 臨川書店, 1998; 池內敏,「李志恒『漂舟錄』について」,『鳥取大學敎養部紀要』28, 鳥取大學敎養部, 1994; 남미혜,「『표주록』을 통해 본 李志恒(1647 ~?)의 일본 인식」,『이화사학연구』33, 이화여대 이화사학연구소, 2006; 이화사학연구소,「17세기 말 조선 무관 李志恒의 蝦夷 지역 체험」,『한국 근현대 대외관계사의 제조명』, 이화 여대 한국근현대사연구실・국학자료원, 2007; 하우봉,『조선시대 한국인의 일본인식』, 혜안, 2006; 허경진,「표류민 이지항과 아이누인, 일본인 사이의 의사 소통」,『열상고전연구』32, 열 상고전연구회, 2010; 中村和之,「李志恒『漂舟錄』に見える'石將浦'について」,『동북아시아문 화학회 제13차 국제학술대회 발표집』, 2006; 中村和之,「李志恒『漂舟錄』にみえる'羯惡島'に ついて」,『史朋』39, 北海道大學文學部東洋史談話會, 2007; 中村和之, 硏究ノト「李志恒『漂舟 錄』にみえるアイヌ語について」,『北海道民族學』3, 北海道民族學會, 2007; 中村和之,「李志恒 『漂舟錄』にみえる蝦夷錦について」,『北海島の文化』70, 北海島文化財保護協會, 1998; 金甲周, 「17C後半~18C前半の 社會樣相の 一端－北海道 朝鮮漂人 關係 記錄을 中心으로」,『국사관 논총』72, 국사편찬위원회, 1996; 趙洙翼,「한 武人の北海島 표류－李志恒의『漂舟錄』」,『여 향과 체험의 문학』, 민족문화문고간행회, 1985; 崔來沃,「漂海錄 硏究 比較」,『民俗學』10, 비 교민속학회, 1993.
　어린이용 : 김기정, 이승현(그림),『별난 양반 이선달 표류기』전 3권, 웅진주니어, 2011.

『표주록』

이선달李先達[1] 이름은 지항志恒, 자字는 무경茂卿이다. 조상은 영천永川 출신의 학자로 동래부東萊府에 살아왔다. 을묘년乙卯年[2] 별시別試[3] 무과武科에 급제하였다. 정사년丁巳年(1677) 여름 수문장守門將[4]에 천거되었다. 병으로 취재取才[5]에 응하지 못했고, 수어청守禦廳[6]의 군관軍官에 속했다가, 이어 본청의 정식 장관將官으로 임명되어 자급資級 6품品에 이르렀다.

부친상을 당해 고향에 내려가 상기喪期를 마쳤다. 그 뒤 병자년[7] 봄 영해寧海[8]에 왕래할 일이 있었다. 이 때 부산포釜山浦 사람 공철孔哲과 김백선金白善이 '읍에 사는 김여방金汝芳과 어물魚物 흥판興販[9]을 같이 하는데, 배를 타고 강원도 연해沿海의 각 고을을 다니려면 그 곳을 지나가야 한다'는 말을 들었다. 그래서 서 말의 쌀과 돈 두 냥兩을 가지고 뱃머리에 도착해서는 노복과 말을 돌려보냈다.

---

1 조선시대, 문무과(文武科)에 급제하고도 아직 벼슬하지 못하고 있는 사람을 선달이라고 한다.
2 『해행총재』에 실린 번역문의 역자인 문선규는 을묘년을 영조 11년, 1735년으로 보고 있는데, 주석 7)과 같은 이유로 숙종 1년, 1675년이다.
3 국가에 경사가 있을 때 임시로 실시한 과거(科擧)로, 성종(成宗) 때부터 시작되었다.
4 궁문(宮門)이나 성문을 지키는 무관직(武官職)을 일컫는다.
5 조선시대에 시행한 특별한 인재 등용시험. 공신, 고관 또는 특별한 양반의 자제로서 과거시험에 급제하지 않은 자나 하급 관리로 있는 자를 지방 수령(守令)으로 삼기 위한 것이 주된 목적이었으나, 다른 직의 관원을 뽑기 위해서도 시행되었다.
6 인조 4년(1626)에 처음으로 설치했던 군영(軍營). 남한산성(南漢山城)을 수축하고, 그 부근을 중심으로 여러 진(鎭)을 지키기 위해서 설치했었던 것인데, 고종(高宗) 31년(1894)에 폐지되었다.
7 문선규는 병자년을 영조 32년, 1756년으로 주석을 달고 있는데, 다른 자료와 대조해서 본 바 1696년이 정설로 되었다. 해제 참조.
8 경상북도 영덕 지방의 옛 이름.
9 물건을 한 번에 많이 흥정하여 매매하는 일.

표주록

병자년丙子年 4월 13일

순풍을 타고 배가 출발했다. 사공 김자복金自福, 격군格軍 김귀동金貴同 · 김북실金北實 · 김한남金漢男은 모두 울산蔚山의 서낭당城隍堂 마을에 사는 해부海夫들이었다. 여덟 사람은 한 배에 타고서 좌해左海(동해)를 돌아 항해했다. 바람이 순하지 않아 포浦마다 들러 정박했다.

28일

바람이 조금 순하게 불어 배를 운항하였다. 신시申時쯤 횡풍橫風(가로 부는 바람)이 크게 일어나 파도가 하늘에 닿을 듯하고, 배의 미목尾木이 부러지고 부서져, 거의 빠지게 되었다. 노를 대신 질러 물속에 빠져 죽는 것은 면했지만, 횡풍으로 대해大海로 떠밀려 밤새도록 표류했다.

다음날

아침에 바라보니 끝없는 큰 바다 한가운데 사방이 단지 구름에 덮여 있을 뿐 아무것도 보이지 않았다. 바람 부는 대로 표류하여 하루가 지나고 이틀이 지나도 막막할 뿐 섬 하나 보이지 않았다. 일행은 배의 가목駕木에 허리를 묶고, 비옷을 덮어 몸을 가렸다. 기력이 이미 다하고 정신이 혼미해져 저도 모르게 쓰러져 잠드는데, 마치 이미 죽은 사람들 같았다.

다음날

새벽, 날이 채 새기 전에 시끄럽게 우는 소리가 덮개 안으로 희미하게 들려왔다. 억지로 일어나 허리에 묶은 것을 풀고 서서 보니, 사방은 안개로 가리워져 있고 바닷물이 치솟았다. 동쪽은 이미 밝아지고 있는데, 배가 어느 방향으로 향하는지 알 수가 없었다. 그러나 해가 돋는 곳을 보고 동쪽을 알았으니, 배가 향하고 있는 방향은 곧 축인방丑寅方[10]인 것 같았다. 그래서 노를 잡은 사람에게 삼가서 방심하지 말라고 일렀다. 우리는 정박했던 곳을 마지막으로 죽이나 밥을 지어 먹은 일없이 단지 생쌀을 씹고 약간의 물로 갈증을 풀어 왔다.

7일째

물이 다 떨어졌다. 작은 꾀를 내어 시험해 볼 요량으로 바닷물을 솥에 담아 솥뚜껑을 거꾸로 닫고 소주燒酒를 내리듯이 해서 솥뚜껑에 겨우 반 사발 가량의 증류수를 받았는데, 그 맛이 과연 담담하였다. 그것을 사람들에게 나누어 먹여 기갈飢渴을 약간 풀게 했다. 그 후로 번갈아 가면서 불을 지펴 증류수를 받아먹었다.

8일째

유시酉時쯤에 마침 한 마리의 물개海狗가 배의 몇 리里 밖에 나타나더니, 배깃에다 발을 걸치기도 하고, 혹은 동쪽으로 달아났다가 다시 오기도 하는 것이었다. 김북실이 칼을 가지고 찔러 죽이려 했다. 나는 그의 손을 잡아 말리고는, "물개가 배를 따르는 것으로 점괘를 만드니, 천지비괘天地否卦(64괘의 하나)를 얻었다. 괘는 비록 불길하나 세효世爻가 재효才爻를 띠었고 일진日辰은 복덕福德(6효에 있어서 자손효를 말함)에 닿으니,

---

10 축(丑)은 북동(北東)의 방향이고, 인(寅)은 동북동(東北東)의 방향이다. 축인은 동북동 내지 동북동의 방향을 지칭한다.

우리는 반드시 죽음을 면할 것이다"라고 달래니, 모두 곧이어 '관세음
보살'을 외우며 그치지를 않았다.

9일째

초경初更쯤에 서북풍이 크게 불어, 큰 바다 가운데서 이리저리 표류
하여 어찌할 바를 몰랐다. 또 어느 날에나 정박할 수 있는지 점쳐 보았
더니, 풍뢰익괘風雷益卦(64괘의 하나)를 얻었는데, 복덕이 괘신卦身에 닿고,
세효가 재효를 띠었다. 복서卜書에 '자효子爻(즉 복덕효를 말함)가 왕성하고
재효가 분명하면, 모름지기 길하고 이익이 있으리라' 했다고 달래니, 사
람들 모두 근심을 조금 풀었다. 바람은 삼경쯤에 그쳤다가 동쪽이 밝아
지며 이어서 서풍이 불어왔다. 나는 여러 사람들에게 말하기를,

"일전에 내가 일본 지도를 본 일이 있었는데, 동쪽은 다 육지였다. 또
통신사通信使를 따라서 왕래했던 사람들의 말을 들으니, '그 중간에 대판
성大坂城이 있어, 황제皇帝[11]라는 자가 있고, 동북방 강호江戶라는 곳에는
관백關伯[12]이 있다. 대판성에서 육지로만 이어져 강호까지 가는 데 16~
17일이 걸린다'고 하였다. 이제 우리가 동해가 다하는 곳까지 가면 반드
시 일본의 땅일 것이니, 이는 하늘이 내린 행운이다"라고 하니 선인船人
들이 모두 말하기를, "끝내 육지를 못 만나니, 이건 틀림없이 망망한 큰
바다와 통해 있습니다"라고 하고는 다들 하늘을 부르고, 부모를 부르며

---

11 대판성은 오사카성으로, 도요토미 히데요시(豊臣秀吉)가 관백(關伯)으로서 천황(天皇)의 권
    력을 대신 행사했던 본거지로, 황제 즉 일본의 천황이 여기에 있었다는 것은 잘못된 말인 듯
    하다. 당시 천황은 교토(京都)에 있었다.
12 천황의 정치를 보필하기 위해서 관백이라는 관직을 두어 직접 정사를 담당하게 했고, 국가의
    실권은 관백에게 있었다. 그러나 막부(幕府)를 설치한 때부터 관백이라는 관직은 없어졌다. 여기
    서 말하는 에도(江戶)의 관백은 도쿠가와(德川) 막부의 정이대장군(征夷大將軍)을 이른 것이다.

통곡하였다. 밤 이경二更쯤에 큰 바람이 갑자기 일어나고 파도가 치솟아 뱃전에 부딪치며 우뢰와 같은 소리가 나자, 모두들 다 엎드려 축수祝手하였는데, 꼭 죽는 것만 같았다. 오경이 되어서야 바람이 비로소 그쳤다가 다시 서풍이 불어 인묘방寅卯方(동북동쪽이나 동쪽)으로 향해 갔다.

5월 12일

미시未時쯤 전방에 태산泰山과 같은 것이 비로소 보였는데, 위는 희고 아래는 검었다.[13] 희미하게 보이는 데도 배 안에 있는 사람들은 모두 기뻐했다. 점점 가까이 가 살펴보니, 산이 푸른 하늘에 솟아 있어 위에 쌓인 눈이 희게 보이는 것이었다. 우리가 나아가 정박하려는 사이에 날은 이미 저물고 있었다. 배는 동요하여 안정되지 않고, 굶주림과 갈증으로 기력이 없어진데다가, 배에 파도가 쳐 배안에는 물로 가득차고 거의 뒤집혀질 듯했다. 여럿이 일시에 배를 움직이며, 편을 나눠 작은 두 개의 통으로 물을 퍼내어 물에 빠져 죽는 것만은 면했다. 그러나 우리들은 옷이 다 물에 젖어 추워 덜덜 떨었다. 겨우 물이 얕은 굽이진 곳을 찾아 정박하고는 비옷을 덮고 밤을 지냈다.

아침에 육지를 바라보니, 산이 중천中天에 솟아 있는데, 중턱 이상은 눈으로 가득 덮여 있고 그 아래는 초목이 울창하게 우거져 있었다. 인가는 없고, 다만 산기슭 밑에 임시로 지어 놓은 초가 20여 채가 보일 뿐이었다. 가서 그 집들을 보니, 집 안에는 많은 물고기들이 매달려 있었는데, 그 고기는 대부분 대구大口·청어青魚였고, 이름도 알 수 없는 기타

---

13 지금의 리시리섬(利尻島)이다.

잡어도 건포를 만들려고 가득 매달아 놓았다. 선인들은 그것을 가져다가 삶아 먹고 목이 말라 물을 잔뜩 마셔서 배가 북처럼 되었기 때문에 곤히 누워 일어날 줄을 몰랐다. 그대로 그 곳에 배를 정박시키고, 배에서 내려 비옷을 덮고서 자는둥 마는둥 밤을 지냈다.

다음날

아침 해안으로 올라 가 연기 나는 곳을 살펴 인가를 찾아보았더니, 서쪽으로 10리쯤의 잘 보이지 않는 모퉁이를 도는 곳에서 연기가 제법 피어올랐는데, 인가에서 밥을 짓는 연기같아 보였다. 곧 배를 이동시켜 나아가면서 멀리서 바라보니, 과연 7~8채의 인가가 있었는데, 우리나라 소금 고는 사람들의 소금 고는 곳과 매우 비슷하였다. 그것은 고기잡이를 하는 해부海夫인 왜인의 움막일 것이라 여기고, 미처 배를 정박시키지 못하고 있을 때, 대여섯 사람이 선창船艙으로 나왔다. 그들의 모습을 보니, 모두 누른 옷을 입었고 검푸른 머리칼에 긴 수염에다 얼굴은 검었다. 우리들은 모두 놀라 배를 멈추고는 나아가지 않았다. 나는 선인들로 하여금 불러오라는 시늉을 하였다. 그러나 묵묵히 서로 바라보기만 하였으니, 그들도 이제까지 본 적이 없는 사람들이어서 이처럼 묵묵히 있는 것이나 아닐까? 그들의 모습을 자세히 살펴보니 실로 왜인倭人들은 아니고, 끝내 누구인지 알 수가 없었다. (우리는) 살해당하지나 않을까 하여 아주 놀라고 공포에 떨었다. (그들) 중의 늙은 몇 사람은 몸에 검은 털가죽 옷을 입고 있었다. 자그마한 배를 타고 가까이 다가와 말을 하였는데, 일본어와는 아주 달랐다. 그들과 우리는 서로 아무 말도 교환하지를 못한 채, 단지 묵묵히 서로 바라보기만 하고 있었다. 그 가운데 한 늙은이가 손에 풀잎을 받쳐 들고 있었는데, 그 속에는 삶은 물고기 몇 덩어리가 있었다. 이어서 그들의 집을 가리키고 고개를 흔들며 야단스럽게 지껄였는데, 우리를 자기들 집으로 데리고 가고자 그러는 것 같았다. (우리는) 몹시 공포에 떨며 비록 멀리 피하고자 했지만 방향을 분별할 수가 없었고, 달아나 보았자 갈 곳이 없었다. 부득이 죽기를 각오하고 배를 저어 정박하였고, 그곳 선창의 뱃사람들과 동시에 하선했다. 그들의 연장을 살펴보니, 창검檜劍이나 예리한 칼 같은 없고, 단지 조그마한 칼 한 자루만을 차고 있었다. 그들의 집은 염막鹽幕과 같고, 은밀한 곳이란 없었다. 그들이 저장하고 있는 물건은 말린 물고기, 익힌 복어鰒魚, 유피油皮의 옷들에 불과했고, 그 밖의 연장으로는 낫, 도끼, 반발 정도의 크기로 된 나무 활木弓, 사슴의 뿔로 만든 화살촉을 단 한 자尺 정도의 나무화살 등이었다.

그들이 강한지 약한지 관찰해 보니, 모습은 흉악하게 생겼지만 원래 사람을 해치는 무리들은 아니었다. 나에게 두 손으로 공손히 드리는 것을 보고 살해하려는 것이 아님을 알고는 놀라거나 무서워하는 마음은 점점 사라졌다. 그들의 집 앞에는 횟대를 무수히 만들어 놓아 물고기를 숲처럼 걸어 놓았고, 고래의 포脯도 산더미처럼 쌓여 있었다. (그들은) 본시 글자로 서로 통하는 풍습이 없고 또 피차 말로 통할 수가 없기 때문에, 입과 배를 가리키며 배가 고프고 목이 마르다는 시늉을 시험 삼아 해 보였더니, 어탕魚湯을 작은 그릇 하나에 담아 줄 뿐 밥을 주려 하지 않았다. 남녀가 나무껍질로 짠 누른 베의 긴 옷을 입었고, 혹은 곰 가죽과 여우 가죽 또는 초피貂皮로 만든 털옷을 입었다. 그들의 머리털은 겨우 한 치寸 남짓하였고, 수염은 다 매었는데, 한 자尺 혹은 한 발이나 되었다. 귀에는 큰 은고리를 달았고, 몸에는 검은 털이 나 있었다. 눈자위는 모두 희고, 남녀가 신과 버선을 신지 않고 있었다. 모습은 남녀가 모두 같았는데, 여자는 수염이 없어서 이것으로 남녀를 구분할 뿐이었다. 60세가량의 늙은이가 목에다 푸른 주머니를 달고 있어서 풀기를 청해 그것을 보니, 수염이 아주 길어서 귀찮아 주머니를 만들어 그 안에다 수염을 담고 있는 것이었다. 손으로 (수염을) 잡아 재어보니, 한 발 반 남짓이나 되었다. 날이 저물자 그들은 또 어탕 한 그릇과 고래 포 몇 조각을 주는 것 외에는 끝내 밥을 짓는 거동이 없었다. 나는 '천하의 인간은 다 곡식밥을 먹는다. 이 무리도 사람 모습을 하고 있으니, 어찌 밥짓는 풍속이 없겠는가? 이것은 반드시 우리 여러 사람의 밥을 먹이는 비용을 꺼리고, 쌀을 아끼느라 이처럼 밥을 짓지 않는 것이다'라고 생각하였다.

그리고는 집집마다 가서 밥을 짓는가 알아보았더니, 모두 밥을 짓지 않고 다만 어탕에다 물고기의 기름을 섞어 먹고 있어서, 그들이 본시 밥을 지어 먹지 않는 사람들임을 알았다. 배에는 쌀이 떨어졌기에 어쩔 수 없이 여행용 그릇을 내보이면서 쌀을 달라고 청해 보았지만, 대답할 바를 몰랐다. 나는 쌀알을 가리켜 보였지만 머리를 흔들고는 대답하지 않는 것을 보니, 그 무리는 정말로 쌀이나 콩을 모르는 이들이었다.

우리들은 다 굶주린 채로 그곳에서 잤다. 아침에 다른 곳으로 옮기려고 하였지만 갈 방향을 정할 수가 없었다. 나는 어느 언덕에 올라 사방을 멀리 바라보았는데, 육지가 동북쪽에 뚜렷이 보였다. 선인들에게 이르기를, "이 곳에서는 밥을 주지 않고, 배에는 쌀이 떨어졌으니, 꼭 굶어 죽게 될 것이다. 만약 저 곳으로 가면, 사람들이 많이 살고 있어서 돌아갈 길을 찾을 수도 있고 또 밥도 얻어먹을 수가 있을 것이니, 그 또한 큰 다행이다"라고 하였다.

선인들은 내 말을 믿고, 일시에 배를 저어 한 작은 바다를 건너가 정박하였더니, 거기도 역시 그들이 살고 있었다. 그 곳을 가리키며 땅 이름을 물어 보았더니, 다만 제모곡諸毛谷[14]이라 하였다. 입과 배를 가리키며 배고프고 목마르다는 시늉을 하니, 그들은 또 작은 그릇에 담은 어탕을 줄 뿐이었다.

순풍을 타고 30여 리를 옮아 가 어느 한 곳에 정박했는데, 그곳 역시 마찬가지였다. 땅 이름을 물으니 점모곡占毛谷이라 하였다. 그들의 말은 이와 같았으나, 그들이 무슨 말로 알아듣고 대답하는지 알 수가 없었다. 우리가 대구와 청어를 달라고 청했더니, 삶아 먹도록 많이 주었다. 그 곳에는 벚나무 껍질이 많이 있어서, 그것으로 횃불로 사용하니, 불꽃이 아주 밝았다. 산모퉁이에 올라가 사방을 둘러보니, 동남간에 긴 육지가 있는데 산이 창공에 솟아 있어, 그 지세는 큰 육지같이 보였다. 그 곳을 가리켜 물었더니, 다만 지곡至谷이라고만 했다. 거리를 가늠해 보니, 불과 30여 리밖에 되지 않았다. 바람을 타고 건너갔는데, 종일토록 델 수가 없었다. 바닷길의 원근遠近에 대한 짐작은 육로와는 달랐다. 그 곳에 배를 대니, 역시 앞에 나온 무리들과 같아서 그들의 언어를 알 수 있는 방도가 없고, 다만 물고기만 먹을 따름이었다.

나는 집에서 먹던 토사자환兎絲子丸 반 제劑를 짐 속에 넣어 가지고 왔으나 잊고 내 먹지를 않았는데, 그것을 꺼내어 선인들에게 나누어 주어 물로 넘기니 기갈증이 다소 풀렸다. 그대로 그 곳에 유숙하였다. 지명

---

14 지금 홋카이도의 레분섬(禮文島)이다.

을 물으니, 소유아小有我라고 하였다.

다음날

나는 속으로 '미목尾木을 갖추고 건어乾魚를 얻고 물을 길어 배에 싣고서 표류하여 온 방향으로 똑바로 가, 요행히 우리의 땅에 도달한다면 살것이고, 바다에서 역풍을 만나 이리저리 표류하여 도달하지 못하면 결국 불행하게 될 것이다'라고 생각했다. 그래서 나는 배고픈 사람들과 언덕으로 올라 가, 큰 참나무 하나를 찍어서 미목을 만들었다. 그리고 그걸 꽂을 구멍이 있는 널판을 견고하게 만들 생각이 나지 않아 배로 가져가게 하고는, 혼자 뒤에 쳐져서는 사방을 둘러보았는데, 시장기가 아주심해 걸음을 걸을 수가 없어 곳곳에서 앉아 쉬었다. 마침 길가에 집 한채가 있고, 연기가 가득 피어올랐다. 그 집을 찾아 들어가 보니 솥을 걸어 놓고 불을 때는데, 마치 죽을 쑤는 것 같았다. (솥 안)을 자세히 보니, 우리나라 시골 사람들이 먹는 수제비水麵 같았다. 입을 가리키면서 그것을 좀 달라고 했더니 한 그릇을 주었다. 받아 먹어보니, 맛은 의이薏苡(식용 또는 약용으로 포아풀과에 속하는 1년초) 같았는데, 곡식 가루로 만든 것은 아니었다. 먹어도 쓰지 않았고 배부르고 속이 편안했다. 원래 모양을 구해 보니 과연 풀뿌리인데, 형체가 어린애의 주먹같이 생겼고, 색은 희고 잎은 파랗다. 우리나라에서는 볼 수 없는 풀로, 잎은 파초芭蕉잎과 비슷하고, 뿌리는 무와 비슷했으며, 별로 이상한 냄새도 나지 않았다. 풀의 이름을 물으니, 요로화나堯老和那[15]라 했다. 곧 선인을 불러 그

---

15 오오바유리(オオウバユリ, 大姥百合)란 식물의 씨앗으로 추정된다. 홋카이도의 아이누족은 전통적으로 이것을 먹어왔다고 한다. 농사를 짓지 않는 이들에게 사냥이나 어업이 시원치 않

풀뿌리를 보이고, 또 공중철孔仲哲[16]을 불러 죽의 맛을 말해 주고, 한 그릇을 얻어서 두 사람에게 먹였더니, 모두 속이 편하고 배부르다고 말하였다. 다른 선인들이 이를 듣고는 얻어먹고자 했다. 나는 말하기를, "배 안에 있는 그릇 일부를 주고, 그 풀뿌리를 가리키고 얻어 와서 죽을 쑤어 많이 먹는 것이 낫겠다"고 했다.

곧 선인 김한남이 그릇을 들고 다른 선인들과 함께 가서 그것을 주니, 그 무리들은 대단히 좋아하였다. 여러 차례 가리키며 얻겠다는 시늉을 했는데, 자세히 알 수는 없었으나 내가 말한 대로 그 풀뿌리를 가리키면서 떠들었기 때문에 헤아려 알아들었다. 선인들을 이끌고 산기슭으로 가는데, 1후堠의 거리쯤에 지나지 않았다. 나도 함께 따라가 보니, 그 풀이 많이 있었다. 그것을 캐어다가 죽을 쑤어 각기 나누어 먹으니, 다 배부르고 속이 편하였다. 닷새 동안 그곳에 머물면서 계속 캐어다가 죽을 쑤어 포식했다. 배에 필요한 기구들을 만들자, 생기生氣가 다소 돌았다. 한편으로는 풀뿌리를 캐고, 한편으로는 어물魚物 여분을 구했다.

나는 언덕 위로 올라가 두루 구경을 해보니, 평원과 광야는 옥토 아님이 없었고, 흐르는 냇물, 두터운 둑이 다 논으로 만들 수가 있었는데, 한 자尺도 갈지 않았다. 면죽綿竹이 우거지고 갖가지 풀과 큰 나무 숲에 삵괭이狸·수달獺·담비貂·토끼·여우·곰 등의 짐승이 많이 있었다. 육지에는 길이라곤 없고, 또 죽은 사람을 묻은 묘도 없었다. 5월인데도 산중턱 위에는 눈이 녹지 않았으니, 일찍이 들어 보지 못한 곳이었다. 또 어떤 곳에 이르니, 마침 날씨는 바람이 불고 추웠는데, 곰 가죽의 털옷

    을 경우에 구황식품으로서 유용했을 것으로 보인다.
16 처음에는 공철(孔哲)로만 나왔다.

을 입은 사람과 여우 가죽을 입은 사람 그리고 담비 가죽의 털옷을 입은 두 사람 전부 네 사람이 바다와 강물이 통하는 어구에서 그물을 쳐 고기를 잡고 있었다. 그물은 7~8발把에 지나지 않았는데, 실로 짠 것이 아니라, 나무껍질 실木皮絲로 짠 것이었다. 잡은 고기는 송어松魚와 그 외 이름 모를 잡어雜魚가 수두룩했다. 내가 잡아 놓은 물고기를 보고 부러워하며 만지니, 그중에서 한 자尺가 넘는 송어 20여 마리를 내 앞에 던지고는 가져가라고 일렀다. 또 담비 가죽의 옷을 입은 자가 내 앞에 다가서서 내가 입고 있는 남빛 명주의 유의襦衣를 가리키고, 자신이 입고 있는 담비 가죽 옷을 벗어서는 번갈아 가리키며 지껄이는데, 바꾸어 입자고 그러는 것 같았다. 그러므로 나는 바꾸고자 하는 것인 줄 알고는 즉시 허락하여 옷을 벗어 주고 바꾸었는데, 그가 좋아하는 것을 알 수 있었다.

이튿날

떼지어 각기 털옷을 가지고 와 우리 옷과 바꾸자고 하는 이가 몇이나 되는지 알 수 없었다. 선인들은 그릇을 주고 바꾸기도 하였는데, 나도 가지고 있던 옷을 다 주고 담비 갖옷 아홉 가지와 가려서 바꾸었다. 갓끈에 단 수정水晶 하나 하나와 바꾸기를 청하기에, 나는 수정 두 알씩을 가지고, 담비 가죽 두세 장과 바꾸었더니, 그 가죽의 수는 60장이나 되었다. 또 허리에 두른 옥玉을 가리키면서, 붉은 가죽 일곱 장과 바꾸기를 청하는데, 가죽의 품질이 크고 두터운 것이 북피北皮(함경북도 지방에서 나는 가죽)의 모양과 같아서 나는 허리에 찬 옥을 끌러 주고, 또 우리 일행이 소지하고 있는 식기와 물에 젖은 면포綿布 홑이불 여섯 벌, 보자기 두 장을 다 주고 바꾸었는데, 수달피 석 장을 더 가져왔다. 그 물건은 아주 커서, 한 장으로 털부채를 만들면 네 자루쯤 만들 수가 있다 하였다.

　그곳에 머문 지 닷새가 되자, 그들과 낯이 익어 비록 언어로 뜻을 통하지는 못할망정 이미 옷과 물건을 바꾼 정분情分이 있어 여러 사람이 각기 마른 고기를 안고 찾아와 정을 표시하였다. 부득이 주는 대로 받으니, 고기가 다섯 섬이 넘었다. 나는 (그들 중에서도) 좀 똑똑해 보이는 사람을 데리고 선두船頭로 나가서 배를 가리키고 사방을 향해서 돌아갈 길을 애써 물었더니, 내 앞에 같이 서서 손으로 남쪽을 가리키고 입으로 바람을 내는 모양을 지으면서 '마즈마이……'17라고 말하였다. 그가 가리키는 곳은 남쪽을 향해 가라는 것인데, 실로 갈 길을 몰라 마음이 답답하고 낙심을 하고 있을 즈음 갑자기 북풍이 불어왔다. 달리 방도도 없고, 단지 서쪽만을 생각하고 있었는데, (서쪽은) 무변대해無邊大海이고 동쪽으로는 육지여서 동쪽편의 육지를 따라 남쪽을 향해서 떠났다. 순풍을 만나면 배의 기구가 다 갖추어져서 돛을 가득 달아 빨리 가고, 순풍을 만나지 못하면 노를 저어 가다가 배 댈 곳이면 정박하여 상륙을 했다. 인가를 찾아 들어가 보면 역시 그들 무리였다. 하루도 머물지 않고 장장 열흘을 가, 약 천여 리까지 갔는데도 끝내 그들 무리만이 있었다. 실로 우리가 돌아갈 수 있는 방책을 물을 길이 없었다. 다시 남쪽을 향해 7일을 갔지만 역시 그 무리들과 같아서 어찌할 도리가 없었다. 당도한 곳에 살고 있는 한 사람을 데리고 배 있는 데로 가서 배를 가리키며 전과 같이 물었더니, 또 남쪽을 향해 가리키면서 '마즈마이'라고 할 뿐이었다. 여전히 동쪽의 육지를 따라 남쪽으

---

17 지금의 마쓰마에(松前)로 홋카이도의 최남단에 위치해 있다.

로 육지의 끝을 향해 갔다. 배가 몹시 고프고 목이 마르면 배에서 내려 전에 죽을 쑤어 먹던 풀뿌리를 찾았으나 있는 곳을 발견하지 못했다. 오랫동안 어물만 먹어서 치근^{齒根}이 솟아 나오고 아파서 다들 고통을 느꼈다.

계속 남쪽을 향해 가다가 4일이 되던 날, 해안의 높은 곳에서 갑자기 손을 흔들며 부르는 자가 있었다. 자세히 보니, 그의 모습은 전의 무리들과 전혀 달랐다. 즉시 돛을 내리고 앞으로 가 보니, 일본인 두 사람이었다. 우리 배의 부포釜浦[18] 사람 김백선이 일본어를 조금 알아 그들과 말을 해보았더니 간혹 아는 말도 있었지만, 비록 피차간 완전히 통하지는 못했는데, 그들은 남촌부南村府의 왜인들이었고, 금을 캐려고 그 곳에 와 있었다고 한다. 거기서 앞으로 며칠 가야 하는 곳에 임시 거처假屋를 크게 지어서 50여 명의 왜인을 거느리며 머물고 있었다. 그중의 장왜裝矮가 어느 나라 사람인지 모르는 사람들이 근방에 표류하며 굶주리고 있다는 풍문을 들었기에, 그들을 보내어 찾아보도록 했다는 것이다. (그들은) 백미白米 서 말, 잎담배 다섯 뭉치, 장ㆍ소금 등을 전해 주었다. 또 봉한 편지를 전해 주기에 뜯어보니, 모두 일본 언해諺解여서 그 뜻을 알 수가 없었다. 그 글월의 밑에 다만 진서眞書로 '송전인松煎人 신곡십랑병위新谷十郎兵衞'라고 쓰여 있었다. 마음은 다소 기쁘고 마치 꿈을 꾸다가 놀란 듯하였다.

곧 두 왜인과 같이 배를 타고 한편으로는 밥을 짓고 소금과 장으로 국을 끓여 그릇에 가득가득 담아 나누어 주었더니, 일행은 다 먹고는 곤해

---

18 부산(釜山)을 가리킨다.

서 누워 있었다. 50여 리를 가니, 날이 저물어 포구에 정박했다. (거기에
는) 인가人家 일곱 채가 시냇가에 벌여 있었다. 배에서 내려 왜인들과 같
이 그 무리들의 집에서 잤다. 나는 조용히 김백선을 시켜서 그 국명과
지명을 상세히 묻게 했으나, 말하는 것을 잘 알아듣지 못했다. 다시 종
이에 붓으로 일본 글자로 써서 묻게 했더니, 국명은 하이蝦夷[19]이고, 지
명은 계서우溪西隅라고 했다. (우리는) 5월 초 9일부터 밥을 먹지 못하다
가 29일에서야 비로소 밥맛을 보았으니, 배가 고파도 밥을 맛보지 못한
지가 28일이나 되었다.

다음날

아침, 평명平明에서 배를 출발했다. 약 70∼80리쯤 가니, 해안에 초가
草家가 많이 있었다. 배에서 내려 들어가니, 30여 칸의 초가에는 각각 잠
자리가 마련되어 있었고, 의복과 기명器皿, 기타 집물什物을 늘어놓은 모
양은 부산의 왜관倭館의 거처와 비슷했다. 그중의 우두머리 왜인頭倭이
맞아 들여 대좌對坐하고서는 생선과 술로 대접을 잘하였다. 속으로 기
뻐하고 이제는 살 길을 얻었으니, 걱정할 것이 없다고 여겼다. 그 왜인
이 한 장의 글을 써 보이기를, "나는 송전松前[20] 봉행奉行[21] 사람으로 이름
을 신곡십랑병위라 합니다. 모집한 군인을 이끌고 송전 태수松前太守[22]

---

19 지금 홋카이도(北海道)를 위시한 일본 동북 지방. 일본 세력이 이곳으로 진출하게 된 것은 5,
6, 7세기에서였다. 계속 하이라 불려지다가, 메이지 2년(1869)에 홋카이도로 개칭했다.
20 하이(蝦夷)의 모든 섬을 관할한 이의 성(姓)이기도 하고 또 지명이기도 하다. 여기에서는 지
명으로서 관할자였던 마쓰마에씨의 본거지를 말한다. 오시마반도(渡島半島)의 남단(南端)
가장 서쪽의 해안에 있다.
21 도쿠가와막부(德川幕府)가 직할지의 행정과 사법을 담당하도록 하기 위해 두었던 관직. 또
는 각 지방의 번주(藩主) 즉 대명(大名)이 자신의 영토 각지의 행정과 사법을 담당케 하기 위
해서 둔 직책. 여기서는 후자를 가리킨다.

의 명을 받아, 여기에 집을 짓고 머물면서 금을 캐고 있은 지 이미 10여 년이나 되었습니다. 그리고 3년 만에 한 번씩 송전부松前府에 세금으로 황금 50냥兩을 바칩니다" 하고, 다시 글을 써서 보이기를, "처음 정박했던 곳은 어디었습니까?" 하기에, 나는 글로 써서 대답하기를, "처음 정박했던 곳은, 산이 높이 솟아 하늘에 닿는 듯하고, 바다를 자꾸 건너도 독산獨山만이 바다 가운데 솟아 있었는데, 그 끝은 하늘에 닿을 듯 했습니다. 그곳 사람들은 제모곡이라 했습니다"라고 하였다. 제모곡이라는 지명을 김백선으로 하여금 직접 발음해서 들려주었더니, 그 왜인은 머리를 조아리며 치하하기를, "하이蝦夷의 땅입니다. 여기서 2천여 리나 떨어져 있고, 송전에서는 합계 3천 6백 리나 됩니다. 이 나라는 사방이 다 바다이고, 우리나라의 아주 먼 북방 지역입니다. 해상의 포구가 서로 이어져 있고, 땅의 넓이는 어떤 곳은 4백여 리가 되고, 어떤 곳은 7백여 리가 됩니다. 길이는 3천 7백~3천 8백 리 혹은 4천여 리도 됩니다. 살고 있는 무리들에게는 원래 다스리는 왕이 없고, 또 태수도 없습니다. 문자를 모르고 농경도 하지 않으며 다만 해착海錯(먹을 수 있는 해산물)을 업으로 삼고, 어탕魚湯만을 먹어 농사 짓는 이치를 모릅니다. 산에 올라 여우나 곰을 잡아, 그 가죽으로 옷을 만들어 입고서 추위를 막고, 여름에는 나무의 껍질을 벗겨서 아무렇게나 짜 옷을 지어 입습니다. 일본에 속해 있으면서도, 공물을 바치는 일이 없고, 단지 송전부에 익힌 전복熟鰒을 매년 만여 동同(양의 단위로 조기・비웃 등은 2천 마리를 1동으로 함)만을 바치고 있습니다. 정월 초하루가 되면, 각 마을의 우두머리 한 사람씩 송전 태수 앞에 나가 배알합니다. 그러나 언어가 다르고 금수와 같아서, 만약 일이 있으면 송전은 하이어蝦夷語 통사通事를 별도로 두고 그 말을 익히게 하며, 매년 한 번씩 송전에서 시자侍者를 보내어 그들의 나쁜 바가 있는가를 살피어 다스리고 있을 따름입니다. 또 그들은 마을 안에 나이가 많은 자를 그 수장首長으로 정하고, 마을 안에 나쁜 자가 있으면 적발하여 잡아내어, 그들끼리 그 죄악의 경중을 논해서 손바닥 모양으로 만든 쇠매로 등을 서너 번 때리고 그치고, 더욱 죄악이 중한 자면 다섯 번을 때리고 그칩니다. 그밖에 아주 심한 자면, 송전 태수 앞에 잡아다 놓고 죄를 논하여 알리고 참수케 합니다. 그 무리들의 성질은 본래 억세고 포악하여, 신이나 버선을 신지 않은 채 산골짜기나 우거진 숲속을 돌아다닐 수가 있으며, 가시덩굴을 밟고 넘어 높은 언덕 위에서 여우나 곰을 쫓아가 쏘아 잡습니다. 작은 배를 타고 바다에서 큰 고래를 찔러 잡고, 눈과 추위를 참아 습한 땅 위에서 자도 병에 걸리지 않으니, 실로 금수와 다름이 없는 자들입니다.

옛날 남방 사람의 상선商船이 그 곳에서 표류되었는데, 이 무리들은 선인들을 죽이고 물건을 약탈하였다가, 그 일이 발각되어 송전에서는 그 모살謀殺했던 무리들을 적발해서 부모,처자, 족당族黨들을 불에 태워 죽였는데, 근래에는 사람 죽이는 짓은 없어진 듯합니다. 그래도 이번에 그 곳으로 표류했다가 빠져 나올 수가 있었으니, 복 받은 분이라 할 만합니다. 또 들으니, 당신이 처음 정박했던 곳의 외방外方에 별도로 갈악도褐惡島라 불리는 곳이 있습니다. 어느 나라에 속해 있는 땅인지 모르지만, (그곳 사람은) 키가 8～9척尺이나 되고, 얼굴·눈·입·코 모두가 하이족과 같고, 모발은 길지 않고 그 색깔은 다 붉으며, 창으로 찌르기를 잘 합니다. 혹 하이족이나 일본인이 그 곳으로 표류를 하면, 다 죽여 그 고기를 먹는다고 가끔 살아 도망쳐 온 자들이 전해 줍니다. 만일 며칠만 더 표류했더라면, 아주 무섭고 위험할 뻔했습니다. 그러나 그 화를 면했으니 이 또한 하늘이 도운 것이어서, 그대는 꼭 장수長壽할 분입니다"고 하였다. (우리는) 그 집에서 머물게 되었는데, 술과 밥을 후하게 먹여 주었다.

엿새째 되는날

십랑병위十郎兵衛는 타고 온 배를 정돈시키고 무전대병위武田大兵衛·선대육우위문仙臺六右衛門·추전희좌위문秋田喜左衛門 등의 왜인을 거느리고 나섰다. 그들 중에는 고산간병위高山間兵衛라는 자도 있었으니, 하이어의 통사였다.

7월 1일

배를 출발해 일시에 송전 태수를 알현하기 위해 돌아갔다. 나는 배에 있는 동안 글을 써서 내가 알지 못하던 말과 물정을 하이어 통사에게 물었다.

"하이들이 '마즈마이'라 하는 것은 무슨 말이오?"

"송전(마쓰마에)을 말하는 것입니다."

"'앙그랍'에는 무엇이오?"

"평안平安이라는 말입니다."

"'빌기의'는 무엇이오?"

"아름답다는 말입니다."

"'악기'는 무엇이오?"

"물水입니다."

"'아비'는 무엇이오?"

"불火입니다."

이 말들을 왜어와 견주어 보니, 아주 딴판으로 달랐다.

(우리는) 오랫동안 표류하는 배에서 지내고, 기갈증으로 몸이 약해진 데다가, 밤이 되면 모기에게 물리고, 또 벼룩과 이에 뜯기는 괴로움을 당해서 기력이 다 떨어졌다. 밤에는 해양의 중류에서 가면假眠하며, 낮에 순풍을 만나면 해안을 따라 항해하고, 만일 순풍을 만나지 못하면 포구에 배를 정박해서 움직이지 않았다. (정박하는 곳에) 비록 인가가 있기는 했지만, 모두 하이의 무리들이어서 그 집의 습기와 몰려드는 벼룩 때문에 배 위만 못하였다. 나흘을 가서는 역풍을 만나 포구에 정박하여 머물렀다. 장사하는 왜의 배가 먼저 그곳에 와있었다. 상왜商倭 30여 명 가운데 두왜頭倭 한 사람이 와서 굴금선掘金船(금을 캐는 배, 즉 필자 등의 일행이 타고 있는 배를 말함)을 맞이하는데, 여러 왜인들이 상선의 두왜를 향하여, 모두 걸상 밑에서 절하고, 무릎을 꿇고 그들의 사정을 고했다. 오직 십 랑병위만이 걸상에 올라가 같이 읍揖하였다. 같이 앉기를 청해서는 공손히 술과 생선을 내어 와 후히 대접하였다. 글로 그의 성명을 물었더니, 영목호차병위鈴木戶字兵衛라 했다. 십랑병위가 나의 시 짓는 재주를 말하니, 그 왜인이 시 지어 주기를 아주 간절하게 청하였다. 곧 칠언소 시七言小詩를 지어 주었더니, 그 왜인은 머리를 조아리고 감사를 올리고 는 재삼 보고 칭찬하여 마지않았다. 이것은 왜인들이 시를 잘 몰라서 그러는 것이다.

역풍이 연달아 불어 그곳에서 머문 지가 사흘이나 되었다. 어느 날 밤에는 배 위에서 꿈을 꾸었는데, 내가 예전처럼 내 집에 있으면서, 돌아가신 아버님을 위로하느라고 향을 피우며 제사를 지내는 것이었다. (그것은) 평소와 완전히 같았는데, 나의 생일이었다.

다음날에는 순풍을 만나서 해안을 따라 바다로 나왔다. 사흘이 지난 뒤, 큰 바다를 건너서 한 곳에 이르렀는데, 석장포石將浦라 불렀고, 그 바다는 하이국蝦峡國과 경계가 되는 바다였다.

7월 10일

곧 갑자. 남풍이 크게 불고, 비가 퍼붓듯이 내렸다. 나는 홀로 '추상갑秋上甲(입추 뒤 첫 번째 돌아오는 갑자일甲子日)인데도 비의 세기가 이와 같다면, 천하 어디나 비가 많을 것이고 곡식에 싹이 나겠구나'라고 생각했다. 일본에서는 9월 그믐이 지난 뒤까지도 비가 계속 내려, 강물이 넘치는 것이 어디나 같다 한다.

여러 날 배를 타고, 오래 바다 위에서 지내 장기瘴氣와 피로가 너무 심했다. 고향 소식은 들을 길 없고, 돌아가고 싶은 마음 간절해서 침식寢食이 재미가 없었다. 십랑병위가 나의 슬퍼하는 기색을 보고서는 금 1전錢을 꺼내어 좋은 술 한 통을 사다가 나를 위로하여 걱정을 풀게 하였다. 그래서 큰 잔으로 세 차례 듬뿍 마셨더니 조금 뒤에 약간 풀렸다. 그러나 해외에서 표류하는 근심이어서 비록 조금 줄었다고 하더라도 오히려 향수는 더 심해졌다. 여러 왜인들이 서로 물었지만, 말을 자세히 알아듣지 못해 마치 귀머거리와 같았다. 김백선이 조금 왜어를 알고 있으나, 각기 다른 배에 타고서 앞서거니 뒤서거니 하여, 서로 같이 묻고 통정通情할 수마저 없어 더욱 답답했다.

7월 23일

송전부의 북쪽 백여 리 밖에 도달했다. 지명은 '예사치曵沙峙'[23]라 했다. 그곳 큰 마을 중에는 수변장守邊將이 있었는데, 큰 관사가 지어져 있고, 호위병에 둘러싸여 존중을 받았으며, 거기에는 백성이 5백여 호가 살고 있었다. 시장에는 물산物産을 벌여 놓았고, 남녀의 의복은 극히 화려하고 오묘했으며, 남자들은 영리하고 여자들은 아름다웠다. 구경꾼들이 양쪽 길가에 늘어서 있고, 그들은 처음 보는 사람들인지 다 좋아했다. 변장邊將은 풍성하게 차려 놓고 나를 맞아 공손히 절하였다. 그와 마주앉아 음식과 기이한 찬을 시회蒔繪의 소반에다 낭자하게 벌여 놓고 화자배花磁盃로 제백주諸白酒를 잔질하며 무수히 마셨다.

김백선과 다른 선인들을 밖의 대청에 따로 앉게 하고, 사람들에게 대접하게 하였다. (그는) 붓과 벼루를 내어 놓고, 모면지毛綿紙에다 글씨를 써서 사정을 물었다. 나는 거기에 닿게 된 내력을 다 써서 주었더니 곧 잘 봉해서는 급히 송전 태수에게로 보내 알리게 하였다.

그곳에 사흘을 머물렀는데, 대접하는 음식은 대단히 풍성하고 좋았다. 이에 송전 태수가 봉행奉行한 사람을 보냈는데 육로로 (사람들을) 이끌고 왔다 한다. 그리하여 변장은 인마人馬를 정비해서 (우리의) 표류선에 태우고, 왜인을 정해서 해로로 송전으로 보내고, 나만 가마를 태웠는데, 산은 높고 마을은 깊으며 초목이 우거지고 길은 아주 험했다.

---

23 지금의 에사시(江差)이다.

26일

유시쯤 송전까지 70리쯤 되는 곳에 도착해서 어느 마을의 집을 숙소로 정했다.

27일

평명에서 다시 송전을 향해 송전까지 10리쯤 되는 데서 말을 끌고 인가로 들어가니, 약간의 술과 밥을 들여왔다. 그 뒤에 (나는) 의관衣冠을 단정히 하고 부중府中으로 들어가는 중에 날이 이미 저물었다. 도중에 여러 번 글을 전하여 봉행 왜인이 심히 부산을 떠는 것이 어째서 그러는지를 알 수가 없었다. 5리쯤 가니, 여러 사람들이 호위하고 촛불을 환하게 밝혔다. 성 밖에 이르자, 봉행왜 10여 인이 하인들을 많이 거느리고 좌우에 두 줄로 대열을 지었는데, 모두 화려한 옷을 입고, 칼을 차고 창을 들고 있었다. (그들은) 서로 맞이하여 읍하며 계속 호위하여 부중의 공사公舍에 이르렀다. 그 곳에는 잔치 자리를 풍성하게 차려 놓고, 호위하고 왔던 봉행 등이 영접해서 동편의 자리에 따로 앉혔고 저네들은 서편 자리에 앉았다. 그리고 다른 사람들은 밖의 대청에 자리잡게 했다. 그들은 김백선을 불러 말을 전하기를, "태수太守께서 술자리를 베풀어 위로해 주는 것입니다" 하였다. 또 글 한 장을 전하였는데, 그 글을 열어 보니,

"이번 행차에서 당신吾丈 등은 무엇을 하려고 배를 타셨으며, 어디에 닿으려던 것이 바다 속으로 표류하게 되었던 것입니까? 며칠간 표류하다가 우리의 경내境內에 도착하게 되었습니까? 해상에서 일본의 상선商船을 만났었습니까? 조선에서 발선發船한 것은 어느 달 어느 날이었습니까? 또 해상에서 표류했던 일수는 얼마나 되었습니까?"

이와 같이 자세히 물었다. 또, 재차 이선달에게 "두 글자가 붙은 김첨지金僉知는 어느 곳에 사는 분이며, 성명·관명과 그리고 관품의 고하高下는 어떠합니까?" 하였다. 거듭 묻기를,

"조선국에서는 불법佛法을 믿습니까? 신神에게 제사를 지냅니까? 유도儒道를 존중합니까? 또 예수교 사람이 포교하고 있습니까? 또 하이족族들이 당신들에게 불법적不法的인 짓을 한 일이 있었습니까? 그리고 이 여정에서 요구할 것이 있으시면 말씀해도 좋습니다" 하였다.

나는 대답하였다.

"삼가 일본국 송전 태수 합하閤下에게 답합니다. 나는 조선국 경상도 동래부에 살고, 일찍이 무과武科에 급제한 사람입니다. 마침 사무私務가 있어서 강원도江原道 원주原州의 포정사布政司[24]의 아문에 가려고 한지 오래였습니다. 지난 4월에 동래부에 사는 어상魚商들이, 우리가 타고 온 작은 배를 타고 강원도 연해沿海의 고을로 간다고 하기에 함께 배를 빌려 탔습니다. 우리는 동해 바다의 길을 따라 출발하여 (강원도와의) 경계에 닿지 못하여, 그달(4월) 28일 미시쯤에, 해양海洋 중에서 졸지에 횡풍橫風을 만나게 되었습니다. 배의 미목이 부러져서 배를 제동할 수 없게 되었습니다. 게다가 날이 저물어 대해大海에 표류하여 지척咫尺을 분간 못한 채 바람 부는 대로 표류했습니다. 여러 날이 지난 뒤, 양식과 먹을 물이 다 떨어져 우리들은 다 기갈飢渴 때문에 거의 죽을 뻔했습니다. 다행히 하늘의 도움을 받아 5월 12일에 비로소 북쪽 땅에 정박하여, 비록 바닷물 속에 빠져 죽는 것은 면했습니다. 하지만 배가 닿은 곳에 사는 무

---

24 조선시대, 도(道)의 감사(監司)가 사무를 보는 관청을 포정사라 했음. 지금으로 말하면 도청이다.

리들이 귀국인(일본인)이 아니어서 말이 통하지 못했고, 또 서로 아는 문자도 없었으며, 또 곡식을 먹고 사는 무리들이 아니어서 다만 그들의 풍속대로 한 그릇의 어탕만을 주어 목숨만은 비록 붙어 있었지만, 굶주림이 심해서 살아날 길이 없었습니다. 마침 우리가 오던 길에서 귀부貴府의 사람인 신곡십랑병위를 채금採金하는 집에서 만나, 식사 제공과 구호를 받아 모두 살아날 수가 있어서 곧장 여기까지 오게 된 것입니다. (우리들은) 감히 귀지貴地를 침범했으니 진실로 죄가 중하지만, 바라건대 족하께서는 특별히 교린交隣에 있어 성신誠信으로써 하는 의리를 유념하시고, 우리 인명을 불쌍히 여기시어 돌아갈 길을 지시해 주시고, 본국으로 잘 호송하도록 선처善處하여 주신다면, 실로 선업善業을 쌓음으로서 훗날의 복이 있으시리라 생각합니다. 황송한 생각이 지극함을 이기지 못합니다.

모월某月 모일某日

조선국 무과 급제자 이선달

1. 성은 이李, 이름은 지항志恒이며, 자는 무경茂卿, 관호官號는 선달입니다.
1. 성은 김, 이름은 백선白善입니다. 첨지僉知[25]는 늙은 사람을 존칭해서 부르는 것입니다.
1. 공비장孔裨將과 김비장은 모두 무사武士의 몸으로 장사를 업으로 하고 있습니다. 그 나머지는 다 해부海夫나 선인船人들입니다.
1. 우리나라에는 불법을 떠받드는 일은 없고, 다만 중으로서 수도修道하

---

25 원래 중추부(中樞府)의 당상관(堂上官)인 정3품의 무관 벼슬인 첨지중추부사(僉知中樞府事)의 약어. 그것이 항간에서는 흔히 생원(生員)과 같이 나이 먹은 사람에 대한 호칭으로도 쓰였다.

는 자가 있어 깊은 산 조용한 곳에 절이나 암자를 짓고, 불경佛經을 널리 읽고 있을 따름인데, 간간이 성불成佛한 중이 나오고 있습니다.

1. 또 신神을 섬기는 일은 없고, 돌아가신 조부모·부모·처의 생일 이나 별세한 기일에는 해마다 목욕재계沐浴齋戒하고 주육酒肉을 많 이 차려 놓고서, 향을 피우며 제사를 지냅니다.

1. 사람들은 모두 유도儒道를 받들어 행하고 공자·맹자 같은 대성大聖 과 10철十哲26·13현十三賢27을 각 도道, 각 고을에 위패를 모시기 위 하여 크게 향교를 지어 놓았습니다. 춘추春秋의 상정일上丁日28에는 석전釋奠의 대제大祭를 거행합니다. 식년式年29마다 문무文武의 과거 를 실시하여 갑·을·병의 3등三等30으로 뽑고 있습니다.

1. 예수교에 대해서는 본시 모르고 있습니다.

1. 하이蝦夷의 무리들이 우리들에게 불법적인 일은 전혀 하지 않았습니다.

1. 여정旅亭에서는 술과 밥을 대접해 주어 조금도 부족한 점이 없었습 니다. 그리고 십랑병위라는 분은 채금점採金店으로부터 여러 날 동 안 우리를 대접하느라고 양식과 찬을 많이 허비했습니다. 살려준 은혜를 입어서 여기에 이르게 되었는데, 은혜를 갚을 길이 없어 실 로 한이 됩니다. 또 날씨가 점점 추워지고, 입었던 옷이 표류하던 중

---

26 공자의 제자로서 열 분의 현인(賢人). 즉 안연(顏淵), 민자건(閔子騫), 염백우(冉伯牛), 중궁 (仲弓), 재아(宰我), 자공(子貢), 염유(冉有), 계로(季路), 자유(子游), 자하(子夏)이다.

27 13현은 10현의 오기인 듯하다. 문선규의 해제에 따르면 숙종 20년(1694)에 성혼(成渾)이 11현 이 된다. 이지항이 표류한 것이 1696년이니, 10현인 이이(李珥)까지는 알고 있었을 것으로 추 측할 수 있다. 그래서 본문의 13현은 성립되지 않는다.

28 2월의 첫째 정(丁)이 든 날. 이날 석전(釋奠)을 지낸다.

29 식년(式年)은 과거(科擧) 보는 해로, 태세(太歲)가 자(子), 오(午), 묘(卯), 유(酉)인 해이다.

30 식년(式年)에 일정하게 시행한 과거를 식년과(式年科)라 했고, 국가에 경사가 있어서 임시로 행하는 과거를 별시(別試)라 했다. 급제자들 중에서 3등까지를 갑과(甲科)라 했고, 4등에서 10등까지의 7명을 을과(乙科)라 했으며, 나머지를 병과(丙科)라 했다.

에 모두 젖어서 하이족들의 털옷과 바꾸어 입었으므로 달리 입을 옷이 없고, 전번에 이리로 올 때에 남루한 옷은 묻어버렸으니, 이것이 매우 민망스럽습니다. 이것 외에는 더 말씀드릴 것이 없습니다."

봉행 왜인들 중에 한 사람이 (이것을) 가지고 태수 앞으로 들어가니, 여러 왜인들이 일시에 우리를 보호하며 숙소로 갔다. 그리고는 큰 판자로 만들어진 담에 붙은 외문外門에 하왜下倭 세 사람을 정해서 지키게 하고, 내문內門에는 파수把守 보는 두왜 두 사람을 지키게 해서 3일마다 교대케 하였다. 어수선하게 차린 상에 술과 국수 등을 후하게 대접받고 파했다.

6월 초하루

채금점을 떠난 배가 지난 25일에 송전부에 들어왔었는데, 비록 중간에서 4~5일 체류한 일이 있었지만, 뱃길 20여 일의 거리로써 따져보면, 과연 말하는 바대로 2천여 리가 되는 곳이다.

다음날

아침에 태수가 1등一等 봉행 왜인 한 사람을 보내어 문안하고 위로해 주었다. 그리고 한 장의 글을 전해 주기를,

"글로써 말한 사정을 펴보고, 그 뜻을 잘 알았습니다. 내가 당신을 곧 당신의 나라로 호송을 못한다 하더라도, 추운 계절이 되어 몸이 상하지 않게 할 것입니다. 나는 관원官員에게 명해서, 일을 처리하게 할 것입니다. 그리고 금을 파는 자한테 은혜 입은 일에 대해서는 크게 심려치 마십시오. 그 사람도 역시 우리나라 백성입니다. 이곳에서 체류하는 기간

이 비록 몇 달이 된다 하더라도, 굶주릴 걱정은 없을 것이니, 다만 숙소에서 병이 나지 않도록 몸조심 하십시오. 적당한 시기가 되면, 돌아가는 일을 재촉하게 될 것이니, 자친慈親과 현처賢妻에 대한 불쌍한 생각을 참고 견디십시오" 하였다.

이 글은 곧 나의 답서에 대한 회신이었다. 봉행 왜인의 이름은 고교천우위문高橋淺右衛門이라 하였는데, 문자를 조금 알기에 피차 글로 통했고, 혹은 백선에게 말을 전하게 하였다. 서로 얘기하는 동안, 태수가 다시 시왜侍倭 한 사람을 보내어 나를 들어오라 청했다. 바로 의관衣冠을 갖추고 함께 태수 앞에 갔더니, 태수는 자기 자리에서 조금 서 있고, 내게 좌전座前에서 절하게 하였는데, 태수는 손을 들고 답례를 하였다. 조금 물러나와 동쪽을 향해 앉아 있으니 각종 과일을 한 그릇에 가득 담아 왔고, 차와 술 몇 잔을 마셨다. 이어서 태수로부터 한 편의 글이 전해졌는데, 그것을 펴보니 "처음 만나 뵙고 대단히 기뻤습니다. 숙소로 돌아가서 편히 쉬십시오"라고 적혀 있었다. 나서니 봉행 왜인 등이 앞장서서 인도하여 돌아왔다. 비록 길가에 완인頑人이 많았지만, 조금도 떠들지 않았다. 송전 태수 시위侍衛의 융성함과 고을 안의 인물 및 시전市廛 물산의 풍성함은 우리나라 주부州府보다 백 배나 더하였으니, 그 직을 대대로 물려주기 때문에 이렇게 성한 것이 아닐까?

다음날

오시午時 사이에, 태수는 봉행 천우위淺右衛에게 명을 내려 검은 명주 3단端, 솜 5편片, 옥색 명주 1단, 푸른 명주 1단, 분지粉紙(무리풀을 먹여 만든 희고 단단한 종이) 10속束, 보통 종이 5속을 보내고, 김백선 등 세 사람에게

는 흰 모시 각 2단, 일본옷 한 벌, 분지 3속, 보통 종이 3속씩을 나누어주
었다. 선인들에게는 무명 각 2단, 일본옷 한 벌, 분지 3속과 보통 종이 3
속씩을 나눠주었다. 나는 사례하기를 "주신 물건 받고 감사했습니다.
그러나 그 가운데 검은색은 우리나라 사람들이 좋아하지 않는데, 게다
가 너무 많이 주셔서 마음이 편치 않습니다. 다만 옥색과 푸른 색의 명
주 2단과 5편의 솜으로 두터운 옷을 만든다면 족히 추위를 막을 수가 있
으니 검은 명주는 돌려드리겠습니다" 하고 검은 명주를 돌려주니 사양
하고 받지를 않았다. 단자單子(남에게 보내는 물건의 수량과 보내는 사람의 성
명을 적은 종이)에 써서 십랑병위의 처소로 보냈지만, 또한 받지 않아서
억지로 그의 집에 놓아두었다. 단자에는,

"신곡십랑병위 정탑淨榻에게 편지를 드립니다. 삼가 수일래의 존체가
편안하신지 문안드립니다. 마음 깊이 (존장을) 연모하고 있습니다. 저는
숙소에서 잘 지내고 있고, 몸에도 아무 탈이 없으니, 존좌尊座가 두터이
생각해 주셔서 그런 것이 아니겠습니까? 죽게 되었을 목숨이 때마침 구
해 준 은혜 입음이 산과도 같습니다. 넋이 본국으로 돌아가더라도 이
세상을 떠날 때까지 언제나 감사를 드릴 것입니다.

이제 태수께서는 여러 단端의 명주를 보내 주셨는데, 헤아려 보니 옷
을 짓고도 남음이 있어서, 검은 명주 3단을 돌려 드려 조금이나마 사례
합니다. 귀하는 이 뜻을 받아 주시고 물리치지 않으신다면 감사하겠습
니다"라고 하였다.

송전에 머물고 있는 동안, 매일 세 끼니마다 밥·국·술을 세 차례씩
대접하였고, 간간이 별도로 먹을 것을 보내 주었다. 여러 날 굶었다가
점점 배부르고 편안해졌다. 하루는 태수가 시왜侍倭를 보내어 문안하고,

겸하여 당지唐紙 열 장을 보내 와서, 김백선을 통해 말하기를,

"존좌尊座는 예사치曳沙峙로부터 육지의 길을 오시면서, 이 고을의 경치를 보셨으니, 시를 지어 보내심이 어떠하십니까?" 하였다.

할 수 없이 오던 길에 생각났던 대로 여섯 수首를 연서聯書하여 보냈다.

전해 들으니, 태수는 시사詩思(시를 짓게 하는 사상·감정, 또는 시를 짓는 태도)를 제법 즐기고, 또 회화繪畵를 좋아해서, 그 자신도 좋은 그림을 그리고, 항상 강호江戶에서 온 중 서류瑞流라는 이와 시와 그림 논하기를 게을리 하지 않고, 숙식宿食도 같이 한다 하였다. 내가 지은 시를 그 중과 같이 보고 차운次韻을 하여 보내왔는데, 그 시는 이러하다.

봄이 와도 머리 센 걸 말하지 마소,	莫言春到雪蒙頭
고향길 먼 데 있는 그대가 딱하이.	羈旅憐君鄉路悠
소(蘇)·이(李)[31]가 옷깃을 나누매	
다시 만나기 어려워라,	蘇李分裳難再遇
하량[32]의 한 번 이별함이 이미 천 년일레라.	河梁一別已千秋
명리(名利)에 떠들썩함이 싫어서,	應厭利門名政喧
편주로 물결을 타고 도화원 묻네.	扁舟駕浪問桃源

---

[31] 소와 이는 중국 전한(前漢) 무제(武帝)시의 소무(蘇武)와 이능(李陵)을 말한다. 소무는 두릉(杜陵) 땅의 사람으로, 중랑장(中郎將)으로서 흉노(凶奴) 나라로 사신으로 갔다가 잡혀 그 땅에서 19년간을 지내다가 소제(昭帝)가 흉노와 화친(和親)을 하게 되어서야 귀국했다. 이능은 여러 차례의 군공(軍功)을 세웠으나, 마침내는 흉노에 항복했다. 그는 흉노 땅에서 20여 년을 살다가 죽었다. 이능이 소무를 이별한 시가 있다.

[32] 하량은 다리, 송별 또는 송별한 곳이라는 뜻으로 쓰이는데, 이 말은 소무와 이능이, 흉노 땅에서 이별을 할 때, 이능이 지은 시에 휴수상하량(携手上河梁)의 글귀에 있는 것을 딴 것이다.

돌아와 다시 집사람 만나 얘기하면서,　　　　　　歸鄕又遇家人語

손잡고 이게 꿈인가 의심했지.[33]　　　　　　　　把手猶疑是夢魂

서풍 따라 만 리를 떠나왔는데,　　　　　　　　　漂來萬里任西風

우리나라에 들어올 것 어찌 생각했으랴!　　　　流到豈思入我邦

여관이 적막한데 그 누굴 벗 삼으랴,　　　　　旅館寂寥誰共伴

내 마음 알아주는 건 한 쌍의 백구이로다.　　知心只有白鷗雙

한 가닥 경계는 옛 풍연(風烟) 깨뜨리는데,　　一條界破舊風烟

폭포 소리 우뢰처럼 울려 백천(百川)이 불어나누나.　瀑韵轟雷漲百川

시를 지은 적선[34]의 후대에는　　　　　　　　　應是題詩謫仙後

글 기운 백 장(白仗)인 듯 하늘까지 닿으리.　　文瀾百丈直滔天

찬 달빛 저녁마다 처마를 비춰 주고,　　　　　寒月映簷夜夜明

쓸쓸한 저 바람은 또 다듬이 소리를 보내 줌에랴![35]　風悲況又送砧聲

청등(靑燈)을 선창(禪窓) 아래에 꺼지도록 태우니,　靑燈結盡禪窓下

시 읊느라 새벽이 되었음을 알겠네.　　　　　　想見吟詩到曉更

인간의 일이 모두 제대로 안 풀린다,　　　　　謵漢人間萬事非

---

33 중국 진(晋)나라 도잠(陶潛)이 지은 「도화원기(桃花源記)」의 내용을 말한 것이다.
34 적선(謫仙)은 당대(唐代)의 시인 이백(李白)을 말함. 여기서는 저자 이지항의 시를 추어주어
　이백에 비유한 것.
35 옷 다듬는 소리. 이 구절은 아내가 먼 곳에 간 남편의 옷을 다듬는 소리를 전해 준다는 뜻을 나
　타낸 것이다.

만났다가 이별함을 어찌 생각했으랴!　　　　　　　豈圖相遇又相違

봄바람에 이제 돛을 달고 가지만,　　　　　　　　　春風縱今掛帆去

운산(雲山)에서 짝한 걸 잊지 마소.　　　　　　　　莫忘雲山伴衲衣

　그후 그는 다시 당지唐紙를 보내 글씨 써주기를 청했다. 곧 당시唐詩의
글귀 세 줄을 초서草書로 써서 주었더니, 글씨체書體의 좋고 나쁜 것은 모
르고, 잠깐 필획筆劃이 이리저리 어지러운 것만을 보고는 칭찬하여 마지
않았다. 태수의 칭찬 때문에 거기에 사는 두왜頭倭 등이 당지를 가지고
와서 글씨를 써 주기를 청하는 사람들이 헤아릴 수 없이 많았다. 오는
대로 곧 오언 혹은 칠언으로 그 종이의 장단長短에 따라 써 주어 위로하
였다. 태수는 글씨 청함이 많다는 것을 듣고서 흰 토끼의 털로 정하게
만든 대·중·소의 붓을 잘 가려서 보내 주었다.

　송전에 있은 지 48∼49일 만에 종이에 쓴 것이 거의 백여 권卷에 이르
렀다. 저들은 말하기를,

　"문방구文房具를 드려 보답하고 싶지만, 앞으로 강호로 가면, 반드시
수색을 당하는 일이 있을 터이니, 존좌의 일행 중에 만약 우리나라의 물
건을 가지고 있는 것이 발각된다면, 준 자가 벌을 받음을 면치 못하기에
다만 물고기와 술을 올려 사례합니다……" 하였다.

　강호의 관백關白으로부터 육로陸路로 데리고 오라는 통보가 8월 26일
에 왔다. 태수는 별도로 그 고을의 가로家老 세 사람을 시켜 술을 보내어
위로하였다. 그리고 푸른 명주 2단, 백포白布 2단, 풀솜雪綿子 5편, 옥색 명
주로 만든 요 1부部, 독수리 날개 1미尾, 황금 2전, 떡·국수·물고기·
술 등을 보내왔다. 또 두왜에게 보낸 편지에서, "명주와 솜은 선달先達께

서 강호로 가시는 도중에 입으실 옷을 짓는 데 쓰게 하자는 것입니다. 독수리 날개와 황금은, 선달께서는 이미 무관으로 계셨으니 띠를 만들라는 것입니다. 드리는 것은 다 저의 정을 잊지 마시라는 물건입니다. 그 밖의 술과 국수는 여러 사람에게 나누어 주십시오……"라고 하였다.

나는 단지 독수리 날개·금·음식만 받아 감사드리고, 명주는 받지 않았다. 가로家老는 명주도 다른 것들과 같이 놓아 두었다. 조금 뒤에 다른 사람이 와 태수의 말을 전하기를, "길을 떠나는 손님에게 노자를 드리는 것은 그 예가 있는데, 하물며 타국의 표류객임에랴? 부디 사양하지 마십시오"라고 하였다. 내가 대답하기를, "노자로 준다고 하시니, 부득이 받겠습니다"라고 하자, 그 가로家老는 기꺼이 돌아갔다.

다음날

태수는 또 천우위문淺右衛門을 시켜 왜옷 7건件, 청색 무명베로 만든 요 7부部를 보내오고, 떠나는 여러분이 도중에서 몸이 상할까 염려되니, 나누어 주었으면 한다는 글을 전해 주었다. 나는 봉행과 함께 앉아 있으면서 나누어 주었다.

또 서류瑞流라는 중이 자주 시를 지어 보내왔기에 나 또한 계속 화답하였지만, 서로 만난 일은 없었다. 하루는 그 중이 와서 만나고는 치사하기를, "존좌尊座께서 이 부중에 오셔서 이미 여러 날이 되었는데도, 저는 태수와 같이 있어 1각刻도 떨어지지 못하고 있습니다. 그러나 지어 주고받은 시로 정의情義만은 벌써부터 통했던 것입니다. 그런데 소승小僧 또한 강호 사람인데, 이 부중에서 살게 된 지가 이미 70년이나 되었으니, 나그네의 심정이야 피차 어찌 다르겠습니까? 존좌께서 바다에 표류된 지가 오래되었기에, 고향댁에서는 반드시 걱정을 하고 아주 비통해 하실 것입니다. 존좌께서 이제 돌아가실 날이 가까우시므로, 저는 틈을 내 와서 뵙는 것입니다. 부디 만복萬福을 받으시고 돌아가시기 바랍니다. 서로 이역異域에 있게 되어, 다시는 만날 기회가 없을 것임에 실로 비감스럽습니다" 하고, 곧 따로 시 한 수를 지어 나에게 주고는 머리를 조아리고 물러갔다.

그 시는 이러하다.

올 때엔 서계로 정 더욱 화목했는데,	來時書契情尤睦
오늘엔 희수가 얽히고 섥히누나.	今日喜愁共有依
채 뵙지 못하고 님 보내니,	末謁芝眉送錦袖
내 혼은 꿈마다 그대 따르리.	別魂夢結夜追衣

서로 만나기 전에, 그 중이 지어 보낸 시는 이러하다.

흐린 구름 걷히고 늦게 맑으니,	嵐雲收盡晚晴快
유유히 명월(明月) 보고 시 적어 보세.	吟興悠悠對月明
홀몸 쓸쓸한 객 저녁에 앉았으면,	一半秋客對夜夕
온 혼백이 속세의 정 씻겠네.	十分魂魄決塵情

해가 하늘가에 떠오르면 잠자던 까마귀 지껄이고,	光浮天際宿鳴噪
그림자 물결에 비치어 어별(魚鼈)을 놀라게 하네	影暎潮瀾魚鼈驚
궁벽한 땅 바닷가엔 시 짓는 벗 적어,	地僻海隅討友少

홀로 굽은 난간에 의지하여 삼경을 지내노라.　　　　獨憑曲瀾過三更

백운(白雲)속 암자(菴子) 있되,　　　　　　　　　禪菴住在白雲層

산림(山林) 막혀 못 가겠고,　　　　　　　　　　　贏得山林抱不能

밖의 송창(松窓)엔 달이 조금 비치는데,　　　　　外有松窓缺有月

불경을 펴 읽고난 나, 등불만을 벗삼네.　　　　　梵唲誦罷對殘燈

가까운 나그네 집 명월(明月) 속에 바라보고,　　近望旅軒對月明

차마 포구의 기러기가 사람에게 알리는 소리를 들으랴!　忍聞浦鴈報人聲

근심에 객(客) 그대 잠 못 이루지,　　　　　　　愁察客霄夢難結

나도 역시 그대 생각에 못 자네.　　　　　　　　我亦思君到曉更

그대는 가을 하늘 삼도[36]에 이르러　　　　　　君到秋霄三島天

봉객이 신선된 것 상상하리라.　　　　　　　　　鳳客想好化神仙

황연히 잠을 깨니 내 곁에 와 있어서,　　　　　恍然夢覺投吾夕

좋은 글이 책상 앞에서 소리나더라.　　　　　　瓊韻金聲響几前

우리는 술을 몇 잔씩 들고 헤어졌다.

다음날

태수는 다시 천우위문을 시켜 약간의 물고기 안주와 술을 보내어 이

---

36 즉 삼신산(三神山). 삼신산은 중국 전설에 나오는 봉래산(蓬萊山), 방장산(方丈山), 영주산
(瀛洲山)을 말하는데, 여기에서는 선경(仙境)으로 풀이해야 될 듯하다.

별을 위로해 주었다.

30일

아침을 먹고 난 뒤, 배를 정비해서 선창에 대고 기다리게 했다. 태수는 시왜를 보내어 나만 공사公舍로 같이 들어오라고 전했다. 태수가 밖의 대청 위에 나와 맞이하니, 그와 같이 서서 읍揖하였다. 그는 작은 술상을 차려서 봉행들에게 모시고 술잔을 올려 떠나는 길을 위로하도록 하라고 일렀다. 그리고 곧이어 그 (자리로) 들어갔는데, 피차 아무 말도 없이, 단지 두 손을 이마에 대고 머리를 숙이고는 서서 작별했다.

봉행들과 잠깐 그 자리에 앉아 몇 잔의 술을 나누고 작별했다

배에 올라 돛을 가득 올려 달고서, 작은 바다를 나는 듯이 건너갔는데, 그 곳은 진경군津輕郡이었다. 바닷가 마을에서 숙박했는데, 그 군郡에서는 출참出站[37]하였다.

다음날

아침 데리러 온 송전부의 다섯 봉행이 가마를 정돈해 들여와서 내게 타라 하고 사람들에게 메게 했다. 각 고을에서 정연하게 기다렸다. 길을 안내하는 나장羅將이 6명, 심부름하는 사환이 무수히 따르고 있어, 마치 우리나라의 별성행차別星行次[38]와도 같았다. 나는 봉행에게 말하기를, "나는 우리나라에서도 가마를 탈 만한 사람이 못 되는데, 하물며 표

---

37 사신, 감사를 영접하고 모든 전곡(錢穀), 역마(驛馬)를 지공(支供)하기 위해 그의 숙역(宿驛) 가까운 역에서 사람을 내보내는 것이다.
38 임금의 명을 받들고 외국이나 지방에 가는 사신을 말한다.

류해 온 처지임에랴? 이와 같은 폐를 끼치는 것은 심히 편치 못합니다. 탈 말을 정해 준다면, 말 위에서 두루 경치도 구경하고 (마음이) 편할 것 같습니다……" 하니, 왜인들이 말하기를, "관백關白께서 잘 호위하여 오라고 명령하셨고, 또 태수께서 정식으로 분부하신 바가 있어서, 우리가 마음대로 결정할 일이 아닙니다"라고 하였다.

우리가 지나친 길의 각 고을은 진경군津經郡, 남부현南部縣, 선대부仙臺府, 오주奧州, 목신우군牧信友郡 등 다섯 고을이었다. 각 고을은 북쪽 성문에서 남쪽 문까지 20여 리가 되고, 혹은 30리나 되며, 사람과 물산의 많음은 우리나라 서울보다 배나 되었다. 각 고을의 땅을 6~7일을 지나야 했는데, 각 고을을 거쳐 온 날을 계산해보니 27일간의 일정이었다.

9월 27일

비로소 강호에 들어왔다. (우리 일행은) 대마도주對馬島主의 처소로 이관移管되었는데, 도주는 그대로 대마도로 내보내려 하여 도주의 집에서[39] 머물렀다. 데리고 오는 봉행 및 모든 왜인을 차정差定하는 동안 저절로 5~6일이 되었다.

30일

술과 국수를 간소하게 차리고 한 방에 모아서, 수봉행首奉行 세 사람으로 하여금 대신 전별餞別케 하였다.

하루는 두왜 다섯 사람과 하왜 열 사람이 대마도로 인솔해 출발하려 할

---

39 덕천(德川) 막부시대에는 제도상 각지 영주(領主)는 교대로 강호에 가 있어야 했고, 또 그들의 처자는 강호에 있어야 했기에, 각자 강호에 집을 가지고 있었다.

즈음, 북관北關에서 데리고 왔던 예에 따라, 나를 가마에 태우고 다른 이들은 다 말을 타게 하였다. 하루는 백여 리를 갔다. 가마를 메는 인부와 마필馬匹은 각 고을에서 번갈아 내어 주었고, 지공支供은 그들이 돈을 내어 참站마다 사서 썼다. 이것은 저들이 사람을 보내어 들여보내고 각 읍에서 지공하는 값은 돈을 주고 거둬들이는 것 같았는데, 숨기고 바른 대로 말하지 않아 마침내 그들의 간교한 정상奸情을 알 수가 없었다.

10월 17일

대판성大坂城에 도달했다. 사흘을 머물렀다가, 오사포五沙浦의 왜선을 타고, 해로海路로 출발했다. 지나친 연안의 고을은 병고보兵庫堡・하관下關・적간관赤間關・지도芝島・승본도勝本島・일기도一岐島・팔도八島・단포增浦 등이었다.

12월 14일

대마도에 도착해서, 한 달 남짓 머물렀다. 송전에 버려두었던 표류선을 기다렸으나, 끝내 오지 않았다.

정축년丁丑年 2월 2일

또 왜선을 탔는데 차왜差倭를 정하고 서찰을 받았다. 바람이 순하지 못해서 포구마다 들러 머물렀다.

3월 5일

비로소 순풍을 만나 우리나라의 부산포釜山浦에 도착했다. 왜관倭館[40]

의 금도왜禁徒倭(왜의 취체관으로 일본에서는 목부目付라 함) 등이 날이 어두워 검사할 수 없으므로, 날이 새기를 기다려 검사를 받은 뒤에야 나왔다. (우리는) 가지고 온 짐을 우리와 같이 표류했던 울산 도포桃浦 사람 박두산朴斗山의 배에 옮겨 실었다. 부산진釜山鎭의 영가대永嘉臺 앞에 정박하여 배에서 내렸다.

부산 첨사僉使[41]가 표류했던 사람들의 배가 닿았다는 소식을 듣고는 우리를 불러 공술供述을 들으라 했다. 이어서 부산성 밖에 있는 기패관[42] 旗牌官 정진한鄭振漢의 집에 당도하니, 밤 이경更이었다. 밥을 지어 주었다.

집에서 두 아들과 종 잉질메芿叱山가 와서, 형님이 지난해 6월에 세상을 떠나셨다는 말을 전해주었다. 그래서 정신없이 집으로 돌아왔다. 다음날 아침 관아로 들어가 공술을 들였다.

강항

형조좌랑刑曹佐郎 강항姜杭은 선조宣祖 정유년(선조 30년, 1597)에 왜국에 표류하였다. 그는 간양록看羊錄[43]을 지었다. 그 한 조목에, "해중海中에

---

40 고려시대 말기 이후 조선시대 초기까지 왜구(倭寇)의 노략질이 심하자, 우리나라에서는 웅천 (熊川)의 내이포(乃而浦), 동래(東萊)의 부산포, 울산(蔚山)의 염포(鹽浦)에, 일본인이 주재하는 왜관을 설치하도록 해서, 교역과 양국 간 사신의 접대에 관한 일을 맡게 했다. 후에 두 나라 사람들의 알력이 생기자, 두 곳의 왜관은 폐쇄하고, 다만 내이포에만 존치케 했다가 다시 중종 36년(1541)에는, 왜관을 내이포에서 부산포로 옮기게 했다.

41 첨절제사(僉節制使)의 약어로, 종3품의 무관직. 육군의 병마첨절제사(兵馬僉節制使)와 수군의 수군첨절제사(水軍僉節制使)를 각 군영(軍營)과 수영(水營)에 두었다. 각 진영안의 전임일 경우도 생략하여 첨사라고 한다.

42 무관직으로 훈련도감(訓鍊都監)에 소속되었음. 20명의 정원으로 구성되어 군기(軍旗)에 관한 일을 맡아 보았다. 그들은 6백 일을 근무하고 나면, 품관으로 올라, 다른 군문(軍門)으로 배속되었다.

43 강항(姜杭)이 일본에 사로잡혀 가서 일본의 사정을 몰래 적어 우리나라에 보고한 글, 현종(顯宗) 9년(1668)에 1권(券)으로 간행하여 전한다.

금산사金山寺가 있는데, 목욕재계를 하고, 금金의 수량을 원하고서, 배를 타고 캐어오는데, 원한 수량보다 조금이라도 많으면 돌아오는 배는 반드시 파선破船이 된다고 한다"고 하였다.

그곳은 하이蝦夷에 접해 있고, 끝없이 광막廣漠해서 왜국의 전부가 한 주州의 길이와 넓이에 미치지[44] 못한다. 그 곳까지의 도로 통행처는 54군郡이 된다. 산에 사는 되놈들은 스스로 부락을 이루고 있는데, 명령하고 통제하는 자가 없다. 그 곳은 또 54군의 길이보다 더 길었다. 그 사람들은 장대長大하고 몸에는 털이 났는데, 왜인들은 '하이'라고 부른다. 오주奧州의 평화천平和泉으로부터 하이의 사이에 있는 바다까지는 겨우 30리다. (왜의 이수이다) 혹은 말하기를, '하이는 곧 우리나라에서 야인野人[45]들이 사는 땅이라' 한다. 문어文魚, 초피貂皮 등의 물건이 많이 산출되어서, 혹 그렇게 믿어지기도 한다. 왜노倭奴들이 늘 말하기를, "오주로부터 바로 조선의 동북 지방에 닿아 그 길이 아주 가까우나, 북해北海는 바람이 매서워서 건너갈 수가 없을 것이다" 한다. 말은 괴탄怪誕스러우나 우선 갖추어 기록하여 전의傳疑(고사의 의심스런 점을 그대로 전함)하는 예例를 본받는다. (왜의 1리는 우리나라 10리의 거리다. 강공姜公 수은집睡隱集에 나옴. 판坂은 영광靈光에 있음)

---

44 하이의 땅은 곧 북해도이다. 북해도의 면적은 8만 8천 6백 평방킬로미터이고, 일본, 본주(本州)는 약 23만 평방킬로미터이고, 구주(九州)가 약 4만 4천 평방킬로미터이고, 사국(四國)이 약 1천 9백 평방킬로미터이니, 본문에 전 일본 땅이 하이의 땅에 미치지 못한다고 말하는 것은 잘 모르고 말한 것이다. 또 앞에서 나온 금산(金山)은 금이 많이 나오는 좌도도(左渡島)에 있는 산을 말하는 것 같다. 섬은 현재 신사현(新潟縣)에 속해 있고, 1601년 금광이 발견되었다.

45 두만강(豆滿江)과 압록강(鴨綠江)의 저쪽 편에 살던 종족을 야인이라 했다.

조생완벽

　조생완벽趙生完璧은 진주晉州의 선비였다. 약관弱冠으로 정유왜변丁酉倭變(선조 30년, 1597)에 사로잡혀서 일본으로 갔었고, 왜인의 상선商船을 따라 안남국安南國을 세 번이나 왕래했다.

　안남국은 일본에서 해로海路로 3만 7천리나 떨어져 있다. 일본의 살마주薩摩州에서 바다로 가면 해수海水는 서쪽이 높고, 동쪽은 낮다. 주야로 50~60일 가야 안남국의 흥원현興元懸에 닿는다. 그 곳은 아주 따뜻하고 논에 씨 뿌리는 일을 아무 때나 해서, 3월에 처음으로 씨를 뿌리는 이가 있는가 하면, 농사가 다 되어 곡식이 익으려 하는 이도 있고, 수확하려는 이도 있다. 뽕은 매년 밭에 심어 누에를 친다. 목화나무가 있는데 높고 커서, 꽃은 작약꽃 만하여, 사람이 나무에 올라가 딴다. 과일은 귤橘, 여자荔子 외에 다른 과일은 없다. 건시乾柿를 주면 무엇인지를 알지 못한다. 빈랑檳榔(야자과에 속하며 아시아 열대 지방에서 산출됨)을 늘 먹고, 목이 마르면 사탕풀을 씹는다. 그 사람들은 장수해서 1백 20세의 노인이 있기도 한데, 머리가 희었다가 다시 누렇게 되니, 이른바 '황구黃耉'라고 한다.

　그 뒤 10여 년에, 조완벽은 본국으로 돌아오게 되었는데, 그의 노모와 아내는 다 함께 아무 탈이 없었다. 사람들은 이상한 일이라 생각하였다. (『지봉유설芝峯類說』「이문異聞」에 나옴)

원문

序

李先達名志恒字茂卿, 先祖以永川學士, 寓居萊府, 乙卯別試武科, 丁巳夏薦守門將, 病不得取才, 屬守禦軍官, 仍授本廳將官, 資至六品, 遭父喪下鄕終喪, 丙子春有寧海往來之事, 聞釜浦人孔哲金白善, 與邑居人金汝芳, 同事興販魚物, 乘船往江原道, 沿海各邑, 當過其處云, 故賞三斗糧米錢文二兩, 到船頭落送奴馬.

漂舟錄

丙子年四月十三日

順騎發船, 沙工金自福, 格軍金貴同金北實金漢男, 皆是蔚山城隍堂里所居海夫也, 八人同騎一船, 轉向左海, 風勢不順, 浦浦入泊.

二十八日

風勢稍順, 行船, 申時量, 橫風大起, 波濤接天, 船中尾木, 折破幾沒, 代揷櫓木, 雖免渰死, 橫風漂入大海, 達夜漂流.

翌日

朝視之, 無邊大海之中, 只見四方沒雲而已, 任風漂流, 一明再明, 漠無島嶼, 結腰於船之駕木, 覆苫掩身, 氣力已盡, 精神昏倦, 不覺倒睡, 有若已死者.

翌日

曉未明, 喧哭之聲, 微聞於覆苫之內, 强動起身, 解腰立視, 其四方則雲霧蔽塞, 海水洶湧, 東方已曙, 不知向船之某方, 而只看以日出爲東方, 則其向船之方, 乃似丑寅方也, 仍戒執櫓者, 愼勿放心, 以自泊某地爲限, 不炊粥飯,只喫撮米, 小飲水而解渴.

第七日

水盡, 余思小策試之, 以海水盛鼎反蓋一如燒酒樣, 取露僅至半甫兒, 其味果淡, 分賜各人, 小解飢渴, 其後輪回蒸火, 取露喫來.

第八日

酉時量, 適一海狗泛船數里, 或擧足船衫, 或向東躍去而還來, 金北實欲擔刀刺殺, 余挽其手止之, 仍以海狗之從船作卦, 得天地否卦, 卦雖不吉, 世帶才爻, 日辰福德, 必得免死, 以此喩之, 衆人仍誦觀音菩薩, 不絶于口.

第九日

初更量, 大吹西北風, 大海之中, 逶迤漂流, 罔知攸爲, 又卜某日止泊, 得風雷益, 福德值身, 世帶才爻, 卜書云, 子旺才明須吉利諭之, 人皆小解其抑塞之愁, 風至三更量乃止, 東方曙, 仍值西風, 余謂衆曰, 曾見日本地圖, 東土盡是陸地, 又聞信使陪行往來人言, 則中有大坂城, 稱有皇帝者, 東北江戶之地, 又有關白者, 自大坂城連陸, 江戶之行, 至於十六七日之程云, 今爲向東海盡處, 必是日本陸土, 此亦天助之幸也, 船人皆曰終未逢陸, 此必虛通大海, 人皆呼天, 又呼其父母而痛哭, 夜二更量, 大風忽作, 海波洶湧, 船觸如雷, 人皆俯伏祝手, 必至死矣, 五更始止, 更吹西風, 向往寅卯方.

五月十二日

未時量, 始見前路似有泰山, 而上白下黑, 熹微之中, 舟中人皆喜之, 漸近察視, 山接靑空, 雪積上白也, 進泊之間, 日已昏暮, 船搖不定, 飢渴無氣, 波浪觸襲, 水滿船中, 幾及覆沒, 諸人一時移舟, 又以小桶兩箇, 分洩其水, 得免渰沒, 而人皆濕衣寒戰, 僅以探泊於水殘之曲, 掩苣過夜, 朝以視陸, 山近中天, 自腰以上, 雪無數, 以下則草樹雄密, 人無所居, 只有厓下假造二十餘草家, 往視其家, 則家內懸魚無數, 皆是大口魚靑魚, 其他雜魚, 不知其名者, 作乾多懸, 船人等, 取來蒸食, 皆渴飮水, 腹以皮鼓, 困臥不起, 仍泊其處, 下船掩苫, 假寐過夜.

翌日

朝登岸, 看察烟氣, 以審人家, 則西方十餘里許回角未見之處, 頗起浮烟, 似是人家炊飯之烟, 卽移舟向進遠視, 果有七八人家, 甚似我國鹽人之煮鹽者然, 疑其捉魚海夫倭之幕, 未及泊舟, 五六人出來船艙, 察其貌樣, 皆着黃衣, 髳髮長鬚面黑, 諸人皆驚, 停船不進, 余令船人, 呼爲進來狀, 而默然相顧, 無乃渠亦曾未所見之人, 而有此默者也, 詳察其貌, 實非倭人, 終不知某物, 恐被殺害, 驚怖益甚, 老者數輩, 身着黑毛皮衣, 乘小船而近前宣言, 太不似倭語, 彼此無聞, 默然相望, 一老者拱執草葉, 裹數塊烹魚也, 仍指其家而搖首喧語, 頗似引歸其家者然矣, 恐怖甚急, 雖欲遠避, 不卞方土, 走無所歸, 不得已以死爲限, 進船止泊, 其船艙船人, 一時下去, 察其器械, 別無鎗劍利刀之物, 只佩一小刀, 其家似是鹽幕, 而元無隱密處, 所藏之物, 不過乾魚熟鰒魚油皮之衣外, 其他器械, 則鎌斧及半餘把木弓, 一尺木箭鏃造鹿角而已, 試其强柔, 貌雖兇惡, 本非害人之類, 見我拱手而獻恭, 知非殺害之物, 而驚怖漸息, 其家前無數作架, 掛魚如林, 鯨脯山積, 本無文字通識之風, 彼此言語旣不通知, 故指口腹而試說飢渴之狀, 則只進魚湯一小器, 而無意供飯, 男女或着木皮所織黃布長衣, 或着熊皮與狐皮貂皮毛衣, 頭毛只長寸餘, 鬚髯皆勒, 或尺或把, 耳懸大銀環, 身生黑毛, 目眦皆白, 男女不着鞋韈, 形容皆同, 而女獨無鬚, 故以此辨其男女而已, 一老者年可六十, 項垂靑囊, 請解見之, 其鬚甚長, 苦其長而造囊藏懸, 手執把之, 一把半餘也, 至暮又進魚湯一器, 鯨脯數片之外, 終無作飯之擧, 余念天下之人, 皆食穀飯, 而此類旣化人形, 豈無炊飯之風, 而必忌我累口饋飯之費, 而吝其米升, 有此不炊, 家家往探其炊飯之舉, 則皆不炊飯, 獨以魚湯, 和魚油以食之, 定知其本不炊飯食者也, 船乏糧米, 無可奈何, 出示行器, 請得升米之語, 而不知所答, 余以介米視指, 掉頭不答, 厥類正不知米太者也, 人皆飢宿其處, 朝欲移向他方, 而未定所歸之方, 余登一岸, 遙視四方, 則東北宛在陸土, 請謂船人等曰, 此處旣不供飯, 舟糧已乏, 必至飢死, 若進彼處, 廣居人物, 請探歸路, 又得食飯, 其亦大幸, 船人等, 信我所說, 一時移舟, 越一小海而進泊, 則厥處又是其物, 指問其地號, 則只云諸毛谷, 請指口腹以示飢渴之狀, 又供魚湯一小器而已, 因順風移往十餘里, 又泊一處亦如是, 又問地號則曰占毛谷, 其所說雖如此, 不知彼認作何語而答之也, 請大口魚靑魚, 則多數賣給蒸食, 樺皮多在其處, 例以炬火用之, 火焰極明, 登山角望視四方, 東南間又有長地, 山接靑空, 勢似太地, 指問其地, 則只云至谷, 量程途不過三十餘里, 隨風越去, 終日未泊, 海程之所見遠近, 與陸路不同, 又泊其處, 亦如前類, 而其言語無路取知, 只食魚物, 余在家所服兔絲子丸半劑, 藏之行笥, 忘不出服矣, 出置分賜各人, 共水下咽, 飢渴稍霽, 仍宿其處, 問其地號, 則又云小有我.

翌日

余暗思備持尾木, 收得乾魚, 汲水載船, 直向漂來之方, 幸達我境則生, 海中或有逆風, 迤迤未達, 則終至不幸, 余與飢卒登岸, 斫取一大眞樹, 造作尾木, 未及所揷孔板堅造之意, 指揮下送船頭, 余獨落後, 周望四方, 而飢餒頗甚, 行不能步, 處處坐息, 適有路側一家, 烟起甚盛, 尋入其家, 則懸鼎爇火, 有若作粥之狀, 詳視其物, 有似我國村氓之所食水麵, 指口請得, 果許一器, 受而食之, 味如薏苡, 非穀末所作者也, 食無所苦, 腹飽安, 求見本形, 果是草根, 體如兒拳, 色白葉靑, 元非在我國所見之草, 而葉似芭蕉葉, 根如羅利之根, 別無異嗅, 指問草號, 則云堯老和那, 卽呼船人, 示其草根, 又招孔仲哲, 言其粥味, 求一器饋兩人, 則皆曰安飽, 其他船人等, 聞所說欲求食, 余謂船中行器一部賚給, 仍指其草根, 覓得以來, 自此從作粥多食, 未爲不可云, 則船人金漢南之行器賚持與船人等, 一時進去, 贈行器, 其類大喜, 多般指得之狀, 雖不詳知, 以余之所說, 指其草根喧語之, 故的量取知, 執卒船人向往山傍, 不過一帿之場, 余共隨往觀之, 厥草多生, 採來作粥, 分饋各人, 皆得飽安, 留其處五日之間, 長多採來, 作粥飽食, 造畢船機, 少有生氣, 一邊採持草根, 一邊求得魚物之餘, 余登岸上, 周行翫覽, 則平原廣野, 無非沃土, 流川厚堤, 無非作畓之處, 而尺無所耕, 綿竹離離, 衆草喬林, 狸獺貂兔狐熊之獸, 無數有之, 陸無行路, 又無亡人所埋墳, 五月雪未消於山腰之上, 曾所未聞, 又至一處, 適日風寒, 一着熊皮毛衣, 一着狐皮, 兩着貂皮毛衣四人, 共坐海河相通溪口, 打網捉魚, 不過七八把網絲, 不眞造, 只以木皮絲造作者, 所捉之魚, 松魚與其他名不知雜魚無數, 余見其所捉之魚, 羨而撫之, 其中松魚尺餘者二十餘尾, 投於余前而指賚, 又貂皮衣者進余前, 指我所着藍紬襦衣, 而仍解渠着貂皮衣, 互指喧說, 有若換着者然, 故余心知其欲換, 而卽許脫衣換之, 其喜可知.

翌日

衆皆持毛衣請換我衣者, 不知其幾多也, 船人等或給行器而換之, 余亦所賚衣服, 盡給擇換貂皮衣九件, 所懸水晶纓, 介介請換, 故每二介許換貂皮或二三令, 則其皮之數, 又至六十餘令, 又指所帶腰玉, 持赤皮七令請換, 又持狐皮十五令, 請換衣服云, 故其毛品廣大厚毛, 有同北皮狀, 解給腰玉與行中所持食器溺江木綿單衾六幅袱二盡給換, 又持獺皮三令, 其品甚大, 一皮若造毛扇, 則量作四柄云矣, 留彼之間, 自至五日, 則厥類面熟, 雖無言語之通

情, 旣有換衣買賣之分, 故衆皆來見, 各抱乾魚, 以表獻情, 不得已依其所獻而受之, 其魚盛滿五石, 余執其所見稍優者一人, 仍出船頭, 指船示向四方, 而强問歸去之路, 則以手共立面前而向南, 口吹風形, 指曰마즈마이云云, 其所指者向南去云矣, 實未詳歸路, 鬱心落莫之際, 忽値北風, 無他試策, 只思西, 旣無邊大海, 東有陸地, 獨以一邊東土, 依陸向南出去, 若得順, 船機已具, 滿帆馳行, 而不得順風, 則以櫓役行船, 只泊船艙下陸, 入去人家, 則皆是其類, 日無所留, 長往十日, 約至千有餘里, 而終爲其類, 實無指問可歸之策, 罔知攸爲, 仍向南方, 又行七日之程, 亦如前類, 計無奈何, 又執厥處所居者一人, 引出船頭指船, 一如前問, 則又以向南指之曰마지마이而已, 每依東土, 仍向南方, 以絶陸爲限, 腹甚飢渴, 或下陸, 搜得曾食作粥草根而不得有處, 久食魚物, 齒根隆痛, 人皆厭苦, 連向南方, 又至四日, 海岸高處, 忽有揮手呼喚者, 詳視之, 其狀甚非厥類, 卽下帆前進, 則乃倭人二名也, 船中釜浦人金白善者, 小識倭語, 故與之通語, 則或有知語, 雖不得彼此盡悉, 厥倭乃南村府之倭也, 以掘金而來到其處者也, 大造假家, 募率五十餘倭, 留于前路數日之程, 而其中將倭, 風聞不知某國之人, 漂流近傍飢餓云, 故送你等推見, 傳給白米三斗, 葉南草五塊醬鹽等物, 又傳封書圻見, 皆日本諺解, 未知辭意, 書下只眞書, 松前人新谷十郎兵衛, 心中少快, 有若夢驚, 卽與兩倭, 共乘行船, 一邊炊飯, 鹽醬作羹, 滿器饋賜, 各人盡食困臥, 行五十餘里, 日已昏暮, 引泊浦口, 七戶人家, 列居溪邊, 下船與倭共宿于厥類之家, 從容令白善傳語, 詳聞其國號與地名, 則其所說不可取審, 又以紙筆, 令倭書問, 則曰國號蝦夷國, 地名溪西隅云, 自五月初九日, 口不喫飯, 二十九日始得飯味, 飢不嘗飯者, 至二十八日也.

翌日

朝平明行舟, 約往七八十里, 海岸大有草家, 泊舟浦口, 溪流一如溪西隅, 下船入去, 則三十餘間草家, 各設宿所, 衣服器皿, 其他什物排置之狀, 有若釜浦館倭之所居, 其中頭倭一人, 迎入對坐, 魚酒善遇, 心甚暗喜, 今得生路, 可無憂矣, 厥倭書示一章曰, 我是松前奉行之人名新谷十郎兵衛也, 率募軍受得松前太守之命, 作家來留於此, 掘採黃金者已是十餘年之久, 而或三年一巡, 納稅松前府, 黃金五十兩也, 又書示請問初泊之地何處耶, 余答書示之曰, 初泊之地, 山高接天, 頻有越海, 且出獨山於海中, 尖湧近天, 厥地人云, 諸毛谷, 此號, 令白善口傳, 則同倭稽首而賀曰, 蝦夷之境也, 自此相距二千餘里, 在松前合計三千六百里也, 此國四方皆海, 我國北方絶域之地, 海浦相連, 地廣或有四百餘里, 或七百餘里, 長三千七八百里, 或四千餘里, 所居之類, 元無治王, 又無太守, 不識文字, 不耕禾穀, 只以海錯爲業, 食魚湯而不知作農之理, 登山獵狐熊之皮而作衣禦寒, 夏以去取木皮而雜織作衣衣之, 屬於日本, 而無貢納之事, 只納松前府熟鰒每年萬餘同, 正月元日, 爲首者每村一名, 現謁於松前太守前, 而言語不同, 有若禽獸, 故如有事, 則松前別有蝦夷通事, 習其言語, 每年一度, 自松前送侍者, 治察其所惡而已, 又自其村中年歲稍高者, 定差其首, 如有村中之惡者, 則摘發執出, 自其中論其罪惡之輕重, 以鐵鞭如掌者, 打背數三度而止, 尤重者五度而止, 此外尤甚者, 執知松前太守前論罪斬首, 其類性本强惡, 脫鞋襪而能行於山谷茂林之中, 凌荊棘而走射狐熊於高崖之上, 乘小舟而刺殺大鯨於海浪之間, 耐雪寒而能宿於濕土不病, 實與禽獸無異者也, 昔有南方商船, 漂到渠地, 此類同殺取其物而事覺, 自松前摘發謀殺之類, 父母妻子族黨爲炙殺, 殺近姑息矣, 君今漂此得脫, 可謂享福之人, 且聞初泊之外, 別有羯惡島爲號地, 未知何國所屬, 而身長八九尺, 面目口鼻皆如蝦夷, 毛髮不長, 其色皆赤, 能用戈刺, 或有蝦夷與日本人, 漂流其地, 則盡殺能食其肉, 逃出僥生者頻頻有傳, 若加數日之漂, 尤恐危也, 而能免其禍, 此亦天助, 君必長壽之人也, 留其店舍, 酒飯厚饋.

第六日

十郎兵衛, 整齊其乘來船隻, 率倭武田大兵衛仙臺六右衛門秋田喜左衛門等, 及其中又有高山間兵衛者, 蝦夷之通事也.

七月初一日

發船, 一時歸現於松前太守前, 余在船中日, 與書示探識其言語物情而不盡詳知, 問蝦夷通事者曰, 蝦夷等, 마즈마이云者何言耶, 曰謂松前稱也, 又問앙그랍에何耶, 曰平安也, 빌기의何也, 美也, 악기何也, 水也, 아비何也, 火也, 憑以倭語則大相不同, 久在漂舟之上, 又宿草野之中, 炎蒸瘴襲, 飢渴傷身, 夜咬蚊蝱, 又侵蚤虱之苦, 氣力漸敗, 夜則中流海洋而假宿, 晝得順風則從海岸而帆行, 如未得順風, 則泊舟浦口而不動, 雖有人家, 皆是蝦夷之類, 其家之濕氣與蚤虱之侵, 不如船上, 行四日遭逆風, 留泊浦口, 商倭船隻, 先在其處, 商倭三十餘人中, 頭倭一人, 來迎堀金船, 倭等向爲商船之頭倭, 皆拜床下跪告其情, 惟十郎兵衛, 乘床共揖, 請與同坐, 敬出酒魚而厚接, 書問姓名, 曰鈴木戶次兵衛云, 十郎兵衛, 言余題詩之才, 厥倭請題甚懇, 卽題七言小詩以贈, 厥倭叩頭奉謝, 再三閱視, 稱贊不已, 此乃倭輩不熟詩詞而然也, 逆風連吹, 仍留其處已至三日, 一夜遂夢於船上, 余在家平昔而慰賀亡親, 焚香行祭, 宛似乎平日, 余之生辰日也, 翌值順風, 從海岸出來, 過三日越一大海, 始到一處, 號稱石將浦, 厥海乃蝦夷國分界之海也.

七月初十日

甲子, 南風大吹, 雨下如注, 余獨謂秋上甲, 雨勢如此, 天下皆多雨水, 穀必生角矣, 在日本至九月晦後連雨不止, 川水漲溢, 處處皆同云, 累日行舟, 久在海上, 瘴勞甚劇, 故鄉消息, 無路憑得, 歸心摧切, 寢食無味, 十郎兵衛倭, 見我慘色, 出金一錢, 沽得美酒一桶, 而慰我解愁, 以大杯痛飲三次, 俄而稍解, 然海外漂愁, 雖或一分稍減, 猶不堪鄉愁, 多倭相詰, 未詳知語, 有若聾病者也, 其中白善者, 雖小識倭語, 各乘他船, 或先或後, 不得相與就問通情, 尤切鬱鬱.

七月二十三日

始到松前府北百餘里之外, 地名所謂曳沙峙也, 其大村中, 有守邊將一人, 大建官舍, 儀衛尊重, 居民五百餘戶, 市設物產, 男女服飾, 甚極華妙, 人物伶俐, 女色又美, 翫者擁路, 渠以初觀人皆喜悅, 邊將者, 盛設鋪陳, 迎余上拜, 與之對坐, 飲食奇膳, 狼列蒔繪之盤, 以花磁盃酌諸白酒, 無數飲之, 金白善及他船人等, 別坐外廳, 令人待之, 出置筆硯, 以毛綿紙, 取書問情, 余盡記以進, 則卽爲堅封, 馳送報知于松前太守前, 留其處三日, 所供飲饌, 極其盛美矣, 於是松前太守逶侍奉行一人, 領率陸路以來云, 故邊將者整立人馬, 乘漂船隻, 定倭人以海路, 領付松前, 余獨乘轎, 山高巷深, 草樹茂密, 路甚險惡.

二十六日

酉時量, 到松前七十里許, 定一村舍宿所.

二十七日

平明, 又向松前十餘里許, 秣馬率入人家, 小進酒飯, 整飭衣冠而入去府中, 日已暮矣, 途上頻有傳書於領來, 奉行倭處甚似紛紜, 未知何故而然也, 到五里許, 諸人擁衛, 燈燭鮮明, 臨於城外, 奉行倭十餘人, 多率下倭, 以兩行列立於左右, 皆着華服劍戟, 相迎與之揖讓, 連次護行到府中公舍, 盛設宴床護來奉行等迎接別坐於東席, 渠從西席, 次第列坐, 其他各人置于外廳, 招入白善傳語曰太守設酌逶慰云, 又傳一章, 開視其文曰, ○是行也吾丈等, 爲何發船,欲到何境而漂流于海瀛耶, 有幾日漂着我境耶, 海上有逢日本商舶耶, 朝鮮發船者, 何月何日乎, 又海上漂流之日數幾許乎, 詳問之, ○再問李先達, 金僉知二字者, 於何地所居乎, 姓名官名, 又位階高下如何, ○重問於朝鮮國, 信用佛法乎, 祭神祇耶, 尊儒道耶, 又有耶蘇者而弘其敎乎, 又蝦夷等, 對貴丈, 不法之事有之乎, 又旅亭有所求之事, 告之可也, ○余答曰, 謹答于日本國松前太守閣下, 余是朝鮮國慶尙道東萊府中所居曾經武科及第人也, 適因私故欲往江原道原州布政司衙門者久矣, 去四月分, 本府所居魚商等, 乘此小舟, 向往江原道沿海邑, 故借乘同舟, 發行左海之路, 未及到境之間, 同月二十八日未時量, 海洋中猝遇橫風, 船中尾木折破, 不能制船, 仍値日暮, 漂入大海, 不辨咫尺, 任風漂流, 已至多日, 糧水已盡, 人皆飢渴, 幾及死境, 幸賴天助, 五月十二日, 始泊于北土, 雖免海中之渰死, 付泊之地所居之類, 旣非貴國之人, 語音未通, 又無文字相識, 且非食穀之物, 只從厥俗而進供一器魚湯, 人命雖存, 飢渴甚急, 生道無路之餘, 適逢來路貴府人新谷十郎兵衛於採金店舍, 供飯救護, 皆得蒙活, 仍領到此, 敢觸嚴貴, 固有重罪, 幸乞足下, 特以交隣誠信之義爲念, 恤此人命, 指示歸路, 善遇護送本國, 實是積善之望也, 不勝惶慮之至, 某月日朝鮮國武科人李先達, ○一李姓也名志恒字茂卿官號先達也, 一金姓也名白善僉知以老者尊稱之謂也, 一孔裨將及金裨將, 皆以武士身業商販之, 其餘皆海夫船人也, 一本國無佛法, 所尙之事而但有爲僧修道者, 建寺庵刹於深山靜處, 廣讀經文, 間有成佛者, 一又無事神而人皆爲其亡親父祖母妻生辰日, 及別世忌日, 年年齋沐, 盛備酒肉, 焚香行祭而已, 一人皆尊以儒道行之, 爲孔孟大聖十哲十三賢, 設位各道各邑, 大造校舍, 春秋上丁日, 釋奠大祭設行, 每式年文武設科, 入格者甲乙丙三等取用, 一耶蘇者, 素昧不知, 蝦夷之類, 向我等元無不法之事, 一旅亭旣饋酒飯, 少無不足之憂, 而第十郎兵衛者, 自採金店, 累日饋供, 多費其糧饌, 而蒙活到此, 報恩無路, 是實恨也, 且日寒漸緊, 所着衣服, 盡濕於漂流之餘, 脫換蝦夷之毛衣, 無他所着衣服, 前頭出歸之次蠆縷埋沒, 是又切悶, 此外餘無所陳之事耳, 奉行倭中一人, 持入太守前, 諸倭一時護行到旅舍, 以大板子成墻外門, 定守下倭三人, 內門定守禁徒頭倭二人, 限三日遞番, 狼設盤床厚進酒麵而罷.

六月初一日

自採金店行船, 二十五日入來松前府, 雖中間四五日留滯之事, 以船路試知二十餘日之程, 果似其所言二千餘里之地也.

翌日

朝太守送一等奉行倭一人問慰之, 仍傳一章曰, 所示書內委披之卉其意雖爾國剞輒叵得護送, 縱然及寒氣不傷之命下吏可辦之, 且採金者蒙恩之事勿多慮, 是亦我國民也, 此境滯留之間雖幾月, 不可有飢餒之愁, 惟偏旅亭保重莫恙, 得時可催歸帆, 慈親賢妻堪憐, 此文乃余所答書回報之章也, 奉行倭之名高橋淺右衛門, 稍識文字, 故彼此以書通懷, 或以白善傳語, 相話之間, 太守又送一侍倭, 請余入來, 卽整衣冠而偕入于太守前, 則太守少立其座席, 令余拜于座前, 而太守擧手答拜, 暫退東向坐, 各色魚果兼盛一器, 茶酒數盃而罷, 仍傳一章, 開見其文曰, 初見大喜大喜, 歸旅軒安休而已, 出來旅所, 奉行倭等在前引導而歸, 雖有路上翫人之多, 終無喧譁, 其太守侍衛之盛, 州中人物與市廛物産之盛, 與我國州府, 過勝百倍, 無乃世傳其職而有此盛也.

翌日

午間, 太守令奉行淺右衛, 贐送黑紬三端綿子五片玉色方紬一端綠紬一端粉紙十束常紙五束, 白善等三人處, 白苧各二端倭衣一件粉紙三束常紙三束, 船人等處, 木綿各二端倭衣一件常紙三束分賜之, 余答謝曰, 送贐之物,依受爲感, 而但黑色非我國所尙之物, 況有多惠, 心甚不安, 只此綠紬二端, 五片綿子, 若造厚衣, 足可禦寒, 還呈黑紬, 辭不肯受, 書於單子, 移送于十郎兵衛倭處, 亦辭不受, 勒置其家, 單子曰, 奉帖新谷十郎兵衛靜榻, 謹問數日之來, 尊氣況迪吉, 戀慕良深, 僕好過旅亭, 身亦無恙, 非尊厚念而然也, 第煩將死之命, 頃蒙救恩如山, 魂歸本邦時, 常感叩終年, 玆有太守贈賻累端之紬, 計造衣有餘數, 故黑紬三端付呈少謝, 幸尊勿却領情焉, 留松前, 每日三時, 飯羹酒三巡供接, 間送別饋, 累日飢餒, 稍頓飽安, 一日太守送侍倭問安, 兼送唐紙十張, 令白善傳語曰, 尊自曳沙峙, 旣陸行觀覽本州形槪, 題詩以送如何, 不得已來路所思詩六首, 聯書以呈, ○傳聞太守, 稍喜詩思, 又好繪畫, 其自手妙畫而常與江戶來僧瑞流者, 論詩畫不怠, 宿食同處云, 以余所製之詩, 與僧共觀, 次韵以送, 其詩曰, 莫言春到雪蒙頭, 羈旅憐君鄕路悠, 蘇李分裳難再遇, 河梁一別已千秋, ○應厭利門名政喧, 扁舟駕浪問桃源, 歸鄕又遇家人語, 把手猶疑是夢魂, ○漂來萬里任西風, 流到豈思入我邦, 旅館寂寥誰共伴, 知心只有白鷗雙, ○一條界破舊風烟, 瀑韵轟雷漲百川, 應是題詩謫仙後, 文瀾百丈直滔天, ○寒月映簷夜夜明, 風悲況又送砧聲, 靑燈結盡禪窓下, 想見吟詩到曉更, ○諦渙人間萬事非, 豈圖相遇又相違, 春風縱今掛帆去, 莫忘雲山伴衲衣, 其後又送唐紙請寫, 卽書唐詩三行, 草書以進, 不知書體之優劣, 而姑看筆畫亂闊, 贊之不已, 以太守之許贊, 厥居首倭等, 持唐紙請寫者, 不可勝數, 來卽或以五言或以七言, 隨其紙長短書給以慰, 太守聞請書之多, 精造白兔毛大中小筆極擇以送, 在松前將至四十八九日, 所寫紙幾至百有餘卷也, 渠等言欲呈文房之物以報, 而前進江戶, 必有搜檢之擧, 尊之行中, 若或我國物產現捉, 則不無與者推罪, 故只呈魚酒來謝云, 自江戶關白領來陸路之報, 來付於八月二十六日, 太守別令本州家老三人, 送慰酒盃, 仍賚綠紬二端, 白布二端, 雪綿子五片, 玉色紬褥一部, 鷲羽一尾, 黃金二錢餠麵魚酒, 傳于余處而令頭倭傳書曰, 紬端綿子, 則以爲先達歸江戶路中所着衣造之需也, 鷲羽黃金, 先達旣業武爵造帶, 箇箇勿忘我情之資也, 其餘酒麵, 分饋各人云, 余只受羽金與所食之物而謝之, 紬端不受, 家老幷置物而俄頃一人, 來傳太守之語曰, 行客之饋贐, 自有其禮, 況且他國漂客乎, 幸勿辭, 余答曰旣稱饋贐, 不得已奉受, 家老喜歸.

翌日

太守又令淺右衛門, 賚送倭衣七件靑木綿褥七部, 傳書慮各人途中致傷, 以爲分賜, 余與奉行同坐而分給, 且瑞流僧者, 作詩頻送, 余亦連有和答而不與相面矣, 一日厥僧來見謝曰, 尊臨此府已有多日, 太守同處, 不離一刻, 然曾因所著詩, 情義已孚, 而僧亦江戶之人, 寓留此府, 已是七十年之久, 客裡情懷, 彼此何殊, 尊漂海日久, 家鄕必有戀倚之憂, 尤切悲歎, 尊今歸期在邇, 乘隙來謁, 望須萬福歸棹焉, 各在異域, 更面無期, 實是悲感, 卽題別章一首贈余, 叩頭而謝, 其詩曰, 來時書契情尤睦, 今日喜愁共有依, 未謁芝眉送錦袖, 別魂夢結夜追衣, ○未得相對之前, 厥僧題送詩曰, 嵐雲收盡晚晴快, 吟興悠悠對月明, 一半秋客待夜夕, 十分魂魄洗塵情, 光浮天際宿烏噪, 影映潮瀾魚繁驚, 地僻海隅詩友少, 獨憑曲欄過三更, ○禪菴住在白雲層, 贏得山林抱不能, 外有松窓 缺 有月, 梵函誦罷對殘燈, ○近望旅軒對月明, 忍聞浦雁報人聲, 愁察客霄夢難結, 我亦思君到曉更, ○君到秋霄三島天, 鳳客想好化神仙, 恍然夢覺投吾夕, 瓊韻金聲響几前, 數盃相飮而罷.

翌日

太守又令淺右衛門少魚酒而別慰.

三十日

早食後, 整舟待泊於船艙, 太守送侍倭傳語, 令我獨來偕入公舍, 太守出迎於外廳之上, 與之立揖, 小設床肴, 令侍奉行等, 奉酌別慰云云, 而仍爲入來, 彼此無語, 只以雙手, 擧額叩頭立辭, 與奉行等, 暫坐其席, 傳飲數盃而別, 下船登舟, 滿帆飛越一小海, 其地乃津輕郡也, 宿於海村, 自其郡出站厚待.

翌日

朝松前府領來奉行五人, 整入轎子, 許我乘轎, 令人擔行, 處處境上整待, 指路羅將六名, 支應使喚無數待候, 一如我國別星之行, 余謂奉行曰, 余在我國, 元非乘轎之人, 況漂來之餘, 有此貽弊, 分甚不安, 騎馬定給, 則馬上周覽景槪, 亦甚便好云, 則倭等言關白旣有善爲護來之令, 又有太守定式分付, 非我猝然擅處之事云, 所經一路諸邑, 津輕郡南部縣仙臺府奧州牧信友郡五邑也, 各邑自北郭門至南門, 或有二十餘里, 或有三十里, 人物之盛, 有倍於我國京城, 一邑之境, 至於六七日之過, 各邑所過日子計之, 二十七日之程.

九月二十七日

始入江戶, 傳授於對馬島主處, 則島主仍欲出送馬島, 留於其家, 差定領來奉行及諸倭之間, 自至五六日.

三十日

小設酒麵, 會于一室, 令首奉行三人, 代送餞別, 一日頭倭五人, 下倭十餘名, 來率出程下馬島之際, 一依北關率來例, 以余乘轎, 其他皆騎馬, 日行百有餘里, 而擔轎人夫及馬匹, 則自各官遞待, 支供則自其中出錢文站站貿用, 似是渠輩差人入送, 各邑支供價物, 以錢文收捧之擧, 隱不直言, 終未知其奸情也.

十月十七日

到大坂城, 留三日乘五沙浦倭船, 由海路發船, 所經沿邑, 兵庫堡下關赤間關芝島勝本島一岐島八島壇浦.

十二月十四日

始到對馬島留月餘, 待松前棄置漂船終不來.

丁丑二月初二日

又乘倭船定差倭受書契, 風勢不順, 浦浦入留.

三月初五日

始得順風出來我國釜浦, 倭館禁徒倭等, 暮不得搜檢, 待明搜檢後出送, 移載路卜於同漂蔚山桃浦人朴斗山之船, 來泊釜鎭永嘉臺前下船, 釜山僉使聞泊漂, 招致納供, 仍到釜城外旗牌官鄭振漢家, 夜二更炊飯供饋, 在家兩子與奴芿叱山, 始爲來到, 仍傳舍兄上年六月別世之訃, 顚倒歸家, 翌朝入官納供.

姜沆

刑曹佐郎姜沆宣廟丁酉, 漂往倭國, 撰看羊錄, 其中一條曰海中有金山寺, 將齋沐請其數, 然後仍乘船採來, 稍溢其數, 則歸船必敗云, 地接蝦夷, 廣漠無際, 盡倭國不及一州之長廣, 其道路通行處爲五十四郡, 山戎自成聚落, 無有號令節制者, 地方又過五十四郡之延袤, 其人長大而身有毛, 倭人稱之蝦夷, 自奧州之平和泉, 至夷海上纔三十里, 倭之里數也 或謂蝦夷者, 卽我國野人之地, 多產文魚貂皮等物, 疑或可信, 倭奴常言, 自奧州直到朝鮮東北, 道路絶近, 而北海風高, 疑不敢渡云, 語涉怪誕, 而姑且備錄, 以效傳疑之例焉, 倭中一里卽我國十里之長也, 出姜公睡隱集, 板在靈光.

趙生完璧

趙生完璧者, 晉州士人也, 弱冠遇丁酉倭變, 被擄入日本, 隨商舶倭, 三往安南國, 安南去日本海路三萬七千里, 自日本薩摩州開洋, 海水西高東下, 晝夜行五六十日, 抵安南興元縣, 其地甚煖, 水田耕種無時, 三月間有始耕者,有將熟者, 有方穫者, 桑則每年治田種之以飼蠶, 有木花樹高大, 花大如芍藥, 人上樹摘取, 果則橘荔子外無他果, 饋以乾枾則不識之, 常喫檳榔, 渴則啖蔗草, 其人多壽, 有老人年百二十, 髮白而復黃, 蓋所謂黃耈者也, 後十餘年, 完璧得還本土, 其老母及妻俱無恙, 人以爲異事, 出芝峯類說異聞.

김대황金大璜, 『표해일록漂海日錄』

서광덕

해제

이 글은 1687년 9월 3일 제주 진무鎭撫 김대황金大璜(어떤 책에는 金泰璜이라고도 한다)이 조천관朝天館 신촌新村 출신 고상영 등과 함께 모두 24명이 목사가 진상하는 말 3필을 싣고 출항하다가 동북풍을 만나 안남국安南國 회안부會安府로 표류했는데, 안남 국왕의 허락을 얻어 1688년 7월, 쌀 6백 포를 운임으로 지급할 것을 약속하고 8월 7일 중국 상선을 얻어 타고 안남을 떠나 중국 영파부寧波府와 보타산普陀山을 거쳐 12월 9일[1] 서귀포로 돌아온 경위를 적은 표류기이다.

이처럼 김대황과 타공舵工 이덕인李德仁 등 조선인 24명이 9월 3일 바다

---

1 김대황 일행의 제주 도착 날짜와 장소가 기록마다 조금씩 차이를 보인다. 이에 대해서는 뒤에 다시 설명한다.

에 나갔다가 표류하여 지금의 베트남 안남국 회안부까지 이르렀고, 안남에서 복건성福建省 사람의 배를 만나 안남을 출발하여 광서廣西, 광동廣東, 복건福建, 절강浙江 등을 거쳐 16개월만에 제주에 귀환했다는 이 이야기는 여러 곳의 기록에서 확인되고 있다. 먼저 김대황의 『표해일록漂海日錄』은 『조선왕조실록』 숙종 15년 2월 13일, 『비변사등록』 숙종 15년 2월 15·18일, 6월 15·16·20·21일에 동일 사건에 대한 관련 기록이 있다. 그 밖에도 여러 책자에 이 표류사건이 소개되어 있다.

시기순으로 보면, 가장 먼저 조선 숙종 때 제주목사를 지낸 야계治溪 이익태李益泰(1633~1704)가 지은 한문 수고본手稿本 『지영록知瀛錄』(1696)에 「김대황표해일록金大璜漂海日錄」으로 수록되어 있다.[2] 『지영록』 전반부에는 이익태가 제주목사를 제수받고 제주도에 부임하기까지의 일기 내용과 재임기간 중 있었던 진상 업무 등에 관한 여러 가지 공무집행 사항, 누각과 정치, 사당 등을 중수하면서 지은 기문記文과 제문祭文 등이 기록되어 있다. 책의 후반부에는 효종孝宗, 현종顯宗, 숙종肅宗시대에 제주 해역에서 발생했던 중국인, 네덜란드인, 일본인 등 외국인의 표류 상황을 적은 열네 가지의 표류기록이 들어 있다. 표류기록 중에는 이익태가 제주목사로 부임하기 전에 발생했었던 표류사건에 대한 기록도 있고, 이익태가 목사로 재임하는 기간에 발생했던 표류사건에 대한 기록도 모두 포함되어 있다.

이 책에 기록되어 있는 외국인의 표류 상황에 대한 기록은 조선시대 해양교류사나 표류민 송환 체제에 관한 연구 등에 있어 소중한 자료 가치가 있다. 예를 들어, 하멜 일행의 표류에 관한 기록은 지금까지 우리

---

2 『지영록』은 제주도문화재위원인 김익수에 의해 1997년 초판 번역되었으며, 2006에 다시 증보 출판되었고, 뒤에는 원문이 부록으로 실려 있다.

가 하멜이 서술한『하멜표류기』의 시각에서 조선을 바라본 바와는 정반대의 시각으로 하멜 일행의 표류 상황을 바라볼 수 있는 또 다른 시각을 제시해 준다. 중국인 표류민에 대한 기록을 통해서는 명말明末 청초淸初 시기의 혼란한 국제정세와 1684년 중국의 해금령海禁令이 해제되면서 급속도로 변해가는 중국인의 해상무역 활동 실태를 가늠해 볼 수 있는 자료적 가치가 있다. 또 조선인 역관이 표류 중국인과 의사소통을 위해 노력하는 모습과 표류 중국인들의 출신 지역에 따른 언어현상 등을 살펴볼 수 있는 언어적 가치가 있다.[3]

다음으로, 1732년 정운경鄭運經(1699~1753)의『탐라문견록耽羅聞見錄』에 수록되어 있다.『탐라문견록』은 18세기 조선, 제주목사로 부임했던 정필녕의 아들 정운경이 동아시아 세상을 체험한 제주도의 표류민과 관련한 사실을 기록한 책으로, 당시 조선사회의 생생한 일상뿐만 아니라, 전 지구적 관계맺음의 실상을 잘 보여주고 있는 책으로 평가받는다. 정운경은 당대로서는 이 낯설었던 제주 땅의 문화와 사람들의 삶을 관찰하여 기록으로 남기고 있을 뿐 아니라 당시 접한 바깥 세상의 소식들은 대만이나 유구, 안남 등지의 낯선 풍속과 일본인들의 생활상 등 표류민들의 다양한 해외 경험을 적었다.『표해일록』은『탐라문견록』'첫 번째 이야기-1687년 조천관 주민 고상영의 안남국 표류기'에 실려 있다. 이는 김대황을 따라 안남국까지 표류하여 갔다 돌아온 일행 가운데 한 사람인 고상영의 얘기를 듣고 적은 것이다.

그 뒤 1805년, 정동유鄭東愈(1744~1808)가 저술한 필기筆記, 차기箚記인

---

3 원종민, 「『知瀛錄』을 통해본 외국인 표류 상황과 의사소통 과정」,『중국연구』48, 한국외대 중국연구소, 2010.

『주영편畫永編』에도 '바다 건너 세계와의 만남'이란 제목 아래 '고상영의 안남표류기'라는 제목으로 실려 있다. 『주영편』 상하 2권은 조선의 실학자 정동유가 조선의 역사문화와 자연환경, 풍속과 언어 등 자연과학과 인문학을 넘나드는 202개의 다양한 주제에 대해 고증하고 분석하여 쓴 짧은 글을 백과사전처럼 모은 만필집이다. 마지막으로 제주목사 송정규宋廷奎(1656~1710)가 17~18세기 제주에서 발생한 표류사건들을 수집하여 기록한 책인 『해외문견록海外聞見錄』[4]에도 실려 있다.

김대황 일행의 제주 도착 날짜와 장소가 기록마다 조금씩 차이를 보인다. 제주목사 이익태가 쓴 『지영록』에는 '12월 17일'로 되어 있다. 정운경의 『탐라문견록』에는 보타산에서 서남풍을 만나 그들이 제주를 향해 배를 출발한 것이 '12월 13일'이라고 했으며, '사흘을 가서' 정현 연천硯川에 정박했다고 되어 있다. 정동유의 『주영편』에는 제주 표류민들이 "12월 15일 대정현大靜縣으로 돌아왔다"고 적혀 있다. 이처럼 수록된 판본에 따라 약간의 차이를 보인다.

김대황의 『안남표해록』의 내용은 1687년(숙종 13) 9월 3일 제주 진무 김대황 등 24명은 목사가 진상하는 3필의 말을 실고 출항하였는데, 추자도 앞에서 동북풍을 만나 31일 동안 표류하다가 안남국 회안부에 도착하였다. 그곳 관청의 보호를 받다가 안남 국왕의 허락을 얻어 1688년, 7월 쌀 6백 포를 운임으로 지급하기로 약속한 뒤 중국 상선을 얻어 타고

---

4 폐쇄적인 조선사회에서 실리적이고 경세적이었던 송정규가 동아시아 해역에서 항해하다가 제주에 표류한 사람들을 통해 일본·중국·베트남·대만·네덜란드 등지에서 벌어지고 있는 세상 이야기를 전해 들었다. 그는 처음 접한 바깥세계에 경이로워하면서, 이미 동아시아 일대의 국가들이 활발한 교류를 통해 힘을 키워가고 있음을 감지하고 '해양의 시대'에 대한 대비를 강조했다. 그는 후대를 위해 당대 동아시아의 무역 현황에 대한 새로운 문건과 함께 중국 선박의 구조나 서양 무기에 대한 치밀한 보고서 등을 남겼는데, 그 가운데 하나가 바로 『해외문견록』이다.

12월 8일 서귀포에 상륙하였지만, 김대황은 지불 능력이 없었으므로 조정에서 은전으로 환산하여 지불하여 주고, 중국 상인들을 육로를 통해 북경으로 보내주었다는 것이다.

이번 번역은 『지영록』(이익태·김익수 역, 제주문화원, 1997)과 『옛 제주인의 표해록』(김봉옥 외, 전국문화원연합 제주도지회, 2001)를 토대로 삼고, 원문과 대조하면서 진행하였다. 그리고 『숙종실록』15년 2월 13일의 기록과 정동유의 『주영편』과 정운경의 『탐라문견록』도 참조하였다.[5]

---

5 이익태, 김익수 역, 『知瀛錄』, 제주문화원, 1997; 김봉옥 외, 『옛 제주인의 표해록』, 전국문화원연합 제주도지회, 2001; 정운경, 정민 역, 『탐라문견록—바다 밖의 넓은 세상』, 휴머니스트, 2008; 정동유, 안대회 외역, 『주영편—종횡무진 지식인 정동유, 심심풀이로 조선 최고의 백과사전을 만들다』, 휴머니스트, 2016; 송정규, 김용태·김새미오 역, 『해외문견록—제주목사 송정규, 바다 건너 경이로운 이야기를 기록하다』, 휴머니스트, 2015; 주강현, 원혜영 그림, 『조선사람 표류기』, 나무를심는사람들, 2013.

『표해일록』

정묘년丁卯年(1687) 8월 그믐에 제주 진무 김대황金大璜과 사공[1] 이덕인李德仁 등 수행원과 곁에서 노를 젓는 사람들을 합하여 모두 24명이 한 배에 타고, 진상마進上馬 3필을 싣고서 화북진禾北鎭 항구에서 바람을 기다렸다. 9월 초3일이 되자 바람 형세가 아주 좋아 사람과 말을 점검하고 출항하여 바다로 나갔다. 날은 이미 저물고, 추자도楸子島 앞바다에 도착했는데, 바람이 거꾸로 불어 제어하기 어렵고, 또 제주로 돌아가려고 해도 배가 점점 서쪽으로 표류하여, 모든 것을 마음대로 할 수 없었다. 어찌할 바를 모르던 사이에 돛대가 기울어지고 키가 꺾어져서, 배가 뒤집혀 가라앉을 급박한 순간에 놓였다. 그러나 오직 사공 이덕인이 시종 온 힘을 쏟아 (바닷물이 쏟아져 들어오지 않도록) 초둔草芚을[2] 묶어 배의 고물船尾에 이어 놓았고, (침몰을 막기 위해) 배에 실은 짐들은 모두 바다로 내던졌다. 그러나 진상하는 말은 사람과 운명을 같이하는 동물이므로 다시 우리 속에다 묶어 놓았다. 바람 부는 대로 표류하면서 천명을 기다렸다.

9월 초4일부터 9월 초7일까지 비바람이 한결같이 사나워서 서쪽 큰 바다로 떠밀려갔다. 9월 초8일부터 9월 13일까지 바람이 서북풍으로 바뀌었고, 비가 개고 구름이 걷혔다. 별과 태양으로 점을 쳐보니 동남

1 　원문은 타공(舵工)인데, 배에서 키를 잡는 사람이 사공이므로, 타공은 배의 우두머리인 사공과 같은 말이다.
2 　표준국어대사전 CD에 보면, 초둔은 '뜸'으로서, 짚이나 띠나 부들 따위로 거적처럼 엮어 만들어 비나 바람이나 볕을 막는 데 쓴다.

쪽으로 따라 흐르는데, 사방을 보아도 아득히 하늘과 바다가 잇닿아 있을 뿐이었다. 여러 날 밥을 먹지 못하여 사람들이 모두 배가 고파 쓰러졌고, 배 안에 있는 먹을 물도 떨어져 목을 축일 수도 없었다. 이덕인이 짠물을 길어 끓여서 이슬방울을 취하여 나눠 마시면서, 생쌀을 씹고 목구멍으로 내리도록 하며 주린 배를 채웠다. 배 안의 모든 사람들이 이렇게 목숨을 이었고 손을 모아 하늘에다 빌었다.

9월 14일부터 9월 18일까지 동풍이 크게 일더니 성난 파도가 산처럼 크게 일었고, 배는 도리어 서쪽으로 흘러갔는데, 끝내 한 점의 섬도 보이지 않았다. 9월 19일부터 9월 25일까지 연이어 서북풍이 부는데, 비가 내리기도 하고 맑기도 했다. 진상마 3필이 연이어 죽었으므로 바다 속에 내던져 버렸다. 9월 26일부터 10월 초3일까지 바람이 자고 파도가 조용하였지만, 동서남북 어디를 향하는지 알 수 없었고, 그 배가 가는 대로 맡겨 둘 수밖에 없었다.

10월 초4일 동틀 무렵에 비로소 섬 하나를 보았는데, 배 안의 모든 사람들이 살길을 얻었다고 생각하며 기뻐하였다. 배를 섬 해안에 정박시키고자 했지만, 이미 키와 노가 없었기 때문에 배를 움직일 수 없었다. 그 때 그 섬의 많은 고기잡이배들이 빨리 노를 저어 우리 배로 와서 개미떼처럼 둘러쌌다. 서로 소리지르며 재잘거리는데 알아들을 수가 없고, 새들이 지저귀는 소리와 같아 어찌할 바를 몰랐다. 그런데 그 사람들의 차림새를 보니, 머리는 풀어헤치고 맨발이었으며 바지를 입지 않고 다만 비단으로 된 긴 옷을 1벌 입었을 뿐이었다.

우리 배 사람들은 그 사람들의 모습을 보고서 놀라고 두려워, 배 안에 엎드려 누워 입으로 소리도 내지 못했다. 그 사람들은 이 배고파 꼬꾸

라진 우리들 형색을 보고는 물을 길어 마시게 했다. 유독 이덕인이 자
못 인사를 차리자 제일 먼저 붙잡아 갔다. 조금 있다가 4척의 고깃배가
노를 빨리 저어 다시 왔기에, 글자를 써서 보이면서 말하기를, "우리들
은 조선 사람이오. 장사하려고 배를 타고 바다에 나왔다가 홀연 큰바람
을 만나 이곳에 표류하여 도착하게 되었소. 잘 모르겠지만, 여기가 그
대 나라의 어느 지방이오?"라고 하였다. 저 사람들도 역시 글을 써서 말
하기를, "이 땅은 안남국安南國 회안부淮安府 땅이오"라고 하였다.

이어 우리들을 모두 그들의 배로 바꿔 타게 하고 출발해 해안에 상륙
하여 1리쯤 가니 관청에 도착하였는데, 우리나라 변방 진鎭의 모습과 같
았다. 우리들이 마당으로 들어가자 글을 써서 묻기를, "너희들은 어느
나라 사람이며 무슨 일로 여기에 왔는가?"라고 하였다.

우리들은 고향에 있을 때, 일찍이 일본으로 표류하여 떠내려갔다가
살아서 돌아온 사람이 "동남쪽 여러 나라 사람들은 탐라(제주)를 '바깥
고려'라고 부르는데, 바깥 고려 사람들이 가장 사납고 악독하여, 여러
나라의 왕래하는 장사배들이 땔나무나 먹을 물이 부족하거나 배의 기
구를 잃어버려 이를 보충하고자 배를 해안가에 가까이 대려고 하면, 병
사들을 출동시켜 이를 지키고 땔나무와 먹을 물을 얻지 못하도록 엄격
히 금지하여 해안에 접근하지 못하게 한다. 이 때문에 원한을 품고 그
탐라 사람을 만나면 죽여버리지 않을 수 없다"라고 하는 말을 들은 적이
있었다.

그러므로 여기에 도착하여 표류 정황을 물을 때, 갑자기 그 말이 생각
이 나서 거짓말로 답을 써서 말하기를, "우리들은 조선국 전라도 흥덕
현興德縣 사람이오. 올해 1687년 8월 초10일 배를 끌고 전라도 강진현康津

縣 지방에서 곡식을 팔고, 9월 초3일에 배를 큰바다로 띄워 고향으로 돌아가고 있었소. 불행히 9월 초4일 바다위에서 홀연 광풍을 만나 표류하여 큰바다로 나온 뒤, 남북을 구분하지 못하고 바람 부는 대로 표류하여 오늘까지 한 달이 되었는데, 다행히 뒤집혀 침몰되는 것을 면해 귀국 땅에 이르게 되었소. 바라건대 큰 어르신께서 먼 곳 사람을 불쌍하게 여기는 마음으로 특별히 구제하여 살아남게 해주시고, 우리로 하여금 고향으로 살아서 돌아가게 해주신다면, 하늘과 같은 은덕은 뼈가 가루가 되도록 잊지 못할 것이오"라고 말했다.

그 관리가 다 읽은 뒤에는 다른 것은 더 묻지 않고 곧 밥을 지어 먹여 주었다. 날이 저물자 어느 객사로 몰아넣었는데, 머리를 맞대고 슬피 울다가 서로 뒤엉켜 누워 잠이 들었다. 생사를 모르고 자고 있을 때, 밤이 늦었는데 한 관리가 와서 촛불을 밝히고 앉아 글을 써서 보여 말하기를, "나는 승상의 명령을 받들고 응당 군대의 위엄을 세우고자 너희 간사하고 자잘한 도적들의 목을 베어야 하겠다!"라고 말했다.[3] 우리들이 이를 듣고 황겁히 다시 글을 써서 말하기를 "우리들은 실로 해적이 아니고, 조선 사람이오. 장사하는 일로 바다에 나왔다가 바람을 잘못 만나 표류하여 귀국에 이르러 비로소 살길을 얻었다고 기뻐하며 다행이라고 여기고 있는데, 무슨 죄의 단서가 있기에 우리들을 죽이려고 하는 것이

---

3 『주영편(晝永編)』(정동유(鄭東愈), 남만성 역, 을유문화사, 1975)에 보면, 40년 뒤인 1727년 역학 이제담(李齊聃)이 제주에서 당시 같이 표류하였던 고상영(高商英)을 만나서 들은 내용을 기록으로 만들었는데, 안남국 회안국 명덕부에 도착하였을 때 표류인들을 죽이고자 했던 이유를 "우리나라 태자가 일찍이 조선 사람에게 죽임을 당하였으니 우리도 또한 마땅히 너희를 다 죽여 원수를 갚아야 하겠다!"라고 하였으며, 홀연 한 부인이 비단옷을 입고 패물을 차고서 안에서 나와 글을 써 보이며 말하기를 "너희들은 울지 말라. 우리나라에서는 본래 인명을 살해하는 일이 없다. 여기 머물러 있고 싶으면 머물러 있고, 가고 싶으면 가라!"라고 하였다.

오?"라고 하였다. 사람들이 모두 통곡하였다. 그 사이에 어느 부인婦人이 관청에서 나왔는데 휘각揮却[4]하여 우리를 구해주려고 하는 것 같더니, 얼마 지나지 않아 그 관리는 물러갔다.

10월 초5일 새벽에 (관리들이) 김대황과 이덕인 두 사람을 작은 배에 실어 노를 저어 큰 섬으로 들어갔다. 한 관청에 도착하니 전과 같이 표류한 사정을 물은 뒤에 다시 어느 큰 관청으로 이송되었고, 똑같이 표류한 사정을 물었으며 객사에 편안히 임시로 머물게 하고 밥을 먹여 주었다. (그러나) 우리 배를 처음 도착했던 곳에 매어 놓고, 김대황과 이덕인을 제외한 나머지 사람들은 모두 우리 배로 되돌려 보내어 거기에 있게 하고 밥을 지어먹고 스스로 돌보아 구휼하도록 하였다. 거센 바람이 갑자기 일어 배가 암초에 부딪혀 부서지게 되자, 그 나라 사람들은 고깃배를 동원하여 구제해 주고, 사람들을 옮겨 싣고 처음 불려갔던 관청으로 데려다 주고 분명하게 점검을 하였다. 그런 뒤에 차차 거쳤던 관청으로 보내어, 김대황 등과 모두 한 곳에 모여 있게 하였다.

10월 초6일 새벽에 관리 한 사람이 와서 우리를 이끌고 큰 관청으로 데려갔다. 우리들과 배에 실었던 짐들의 숫자를 대조한 뒤 속을 봉해 배에다 싣고 물을 건너가 관공서 안에서 편안히 머물게 하였다. 그 관청 이름은 대변청待變廳이었다. 관청으로부터 지급된 쌀은 1포 반이었는데, 1포는 쌀 12말 분량이다. 10월 초7일부터 10월 13일까지 대변청에 계속 머물러 있었다.

10월 14일 안남국 사신 두 사람이 나와서 회안부의 관리와 함께 우리

---

4 물리쳐 버리고 돌아보지 않는 것을 일컫는다.

들을 이끌고 길을 떠났는데, 사흘을 걸어 비로소 안남의 서울에 이르렀고 관사에 임시 머물렀다. 다음날 동이 틀 때 우리를 이끌고 국왕 앞으로 갔다. 국왕이 전언하기를, "그대 나라의 예법대로 절을 하라!"라고 글로 써서 보여주므로, 우리들이 의복을 정제하고 갓을 써서 두 번 절을 올렸는데, 쌀 5포・바다고기 절인 것 5단지・돈 10관貫을 내려 주었다. 돈 1관은 6백 문文이다. 이어 분부하기를 회안부로 보내어 임시로 머물러 살게 하였다.

이 날 국왕이 뱃놀이를 하는 광경을 볼 수 있었는데, 배에 오르고 내릴 때 거동을 상세히 살펴본 즉, 머리를 풀고 바지는 입지 않았으며 몸에 비단으로 된 긴 옷을 입었는데, 위아래가 하나로 되어 있었다. 서울에서 하루를 머물고 회안부로 돌아오니 10월 26일이었다. 이때부터는 우리들이 출입하는 것을 금지하지 않아 임의대로 멀고 가까운 곳에서 빌어먹을 수 있었다.

안남 사람들의 의관 제도는 신분과 성별에 제한 없이, 한 가지로 신분의 귀천을 알 수 없었다. 나이가 많고 지위가 높은 자는 크고 작은 종모欞帽를 썼다. 공문서에는 모두 안남국의 연호 정화正和를 썼는데, 올해 무진년戊辰年(1688)은 정화 9년이었다.

인가에는 가축을 많이 길렀는데 노루・사슴・물소・코끼리・공작 등이었다. 물소로 밭을 갈고 코끼리를 탔다. 말과 소도 있었는데 체격이 아주 컸다. 농장은 모두 무논이며 밭곡식은 없었다. 산림은 모두 뽕나무와 마麻였다. 1년에 두 번 벼를 재배하고 여덟 번 누에를 쳤다. 풍속이 순박하고 넉넉하며 음식과 재물이 풍족하여 우리들이 빌어먹으러 가면 간혹 1말의 쌀을 주기도 하는데, 작더라도 5~6되 밑으로는 내려

가지 않았다. 겨울이라도 얼음과 눈이 없다.

물소는 비록 논밭을 갈고 짐을 실게 하지만, 성질이 물 밑으로 들어가기를 좋아한다. 밤이 되면 집안에 매어두고 사료를 먹이지만, 낮이 되면 목동들이 그 등에 올라타고 앉거나 누워서 모는데 물소가 가고 싶은대로 맡겨 둔다. 만약 물가로 달려가서 목동이 모래 언덕으로 뛰어내리면 물소는 곧 물에 들어간다. 저녁이 되어 목동이 물가로 가서 휘파람으로 부르면 물소가 물 속에서 나오고, 다시 그 등에 올라타서 몰아 집에 도착한다.

누에와 뽕을 붙이는 것은 11월 사이에 뽕나무줄기를 베어 와서 이를 말리고 높은 곳에 묶어 보관해 둔다. 12월이 지난 뒤에 마른 가지를 물에 담가서 윤기가 나면 건져내고, 이를 밭이랑 사이에 넓게 벌려 놓고 덮어두면 싹이 나서 자라게 된다. 만약 한번 그 잎을 너무 많이 뜯어내면, 또한 가지에 붙일 수 없지만, 줄기가 마처럼 커지면 누에를 밭 가운데 흩어 놓고 이를 다 먹게 되면 고치가 된다. 3월부터 10월까지 매달 이렇게 한다.

사탕沙糖은 그 사탕수수 줄기를 취하는데, 사탕수수의 모습은 수수와 닮았는데, 밭을 갈아 사탕수수를 얻는다. 당糖을 삶아낼 때는 8~9월 사이에 사탕수수 뿌리를 베어내고 단지 그 가운데 줄기를 취하여 삶아 즙액을 얻는데, 더 다려 분말가루가 되면 이것이 사탕이다. 사탕수수의 위 끝을 잘라버리고 다시 땅에 심으면 스스로 뿌리와 싹이 생겨나 다시 처음처럼 자라게 된다. 다른 나라 사람들이 옮겨 심지 못하는 것은 대개 이유가 여기에 있다.

10월 28일부터 무진년(1688) 3월 초10일까지 고향에 돌아갈 기약도 없이 회안부에 계속 머물러 있었다. 돌아갈 생각이 간절하여 우리들 가운데 세 명이 병으로 죽어 만리 바다 밖에서 외로운 혼이 되었다.[5] 같이 갔던 여러 사람들의 비통한 마음은 골육이 죽은 것과 같았는데, (바람으로 표류하였기 때문에) 회안 땅에서 장풍藏風(바람이 불지 않는)인 곳에 묻어 주고, 여러 사람들이 제를 지내 곡을 하다가 돌아왔다.

마침내 표류하다 떨어져서 돌아가지 못하는 심정을 글로 써서 국왕 앞에 올렸는데, 아랑곳하지 않고 단지 돈 3관, 쌀 1포만 내려 주었다. 4월 초 5일이 되자 다시 안남 조정에 글을 올렸고, 조정에서는 국왕에게 아뢰었다. 드디어 일본 상선에게 가서 배삯을 주어 실어 보내도록 허락하였다. 일본에서 고향으로 돌려보내라는 뜻의 교지를 받고 온 (일본) 상인들이 이를 피하려고 꾀하자, 회안부의 관리는 중국 복건성福建省으로 되돌아가는 중국 상선에 실어 보내 복건에서 이어 북경北京으로 보내도록 하자는 뜻을 국왕 앞에 품달稟達하여 6월 24일에 지틀를 받게 되었다. 회안부의 관리가 우리를 복건으로 돌아가는 상선에 나누어 실어 보내려고 생각하는 사이에 복건의 선호船戶(뱃사공) 진건陳乾과 절강재부浙江財富 주한원朱漢源 등[6] 두 사람이 스스로 나서서 말하기를, "우리 상인들은 표류한 사람들을 싣고서 직접 조선으로 가겠소. 그런데 배를 타고 건네어 주는 수고비 및 배삯으로 쌀 6백 포를 조선에 도착하면 갚아 준다는 뜻으

---

5 『주영편(晝永編)』(을유문화사, 1975)에서는 안남 땅에 표류하여 도착하였을 때 안남 사람들이 물 한 병을 주자 이들 세 사람이 배 가장자리에 있다가 그 물을 다 마시고는 정신을 잃었고, 나머지 사람들은 다시 길어 보내온 물을 끓여 먹었는데, 뱃머리에서 먼저 찬물을 마신 세 사람이 서로 이어 죽어 버렸다고 쓰여 있다.

6 진건은 선호(船戶)로 쓰여 있는데, 이는 중문대사전에 선주(船主)로 나와 있다. 주한원은 재부(財副)로 쓰여 있는데, 사전에서 따로 찾을 수는 없지만, 선주와 물주가 합작하여 국제 무역을 하고 있으므로, 아마 물주 역할을 하는 사람으로 보인다. 재부를 글자 그대로 재물로 곁에서 돕는 사람으로 보는 것이다.

로,[7] 표류인들에게 여기서 약속을 하도록 해주면 당장 표류인들이 원하는 대로 해주겠소"라고 운운하였다. 회안부의 관리가 이를 왕의 조정에 알렸고, 국왕이 차관差官을 보내어 배를 정비하게 하였는데, 차관은 이 나라에서의 지부知府[8]였다.

7월 초1일 안남부에 도착하여 뱃사공들을 점검하였다. 복건성 출신 선호와 수수水手(하급선원)를 합하여 28명이었고, 우리 표류인 21명을 합쳐 49명이었다. 함께 한 배에 오르고서 항구에서 바람을 기다리고 있을 때, 회안부에서 쌀 15포, 젓갈 10 항아리, 술 1동이, 말린 고기 3편, 동과東瓜 15매枚, 초 15자루, 금전지金牋紙 2다발, 향 3다발을 갖고 와서 배에 실어 주었다. 또 돈 1관 5백문과 쌀 반포를 재부 주한원에게 특별히 보내어 땔감과 물을 마련하는데 쓰도록 하였다.[9]

7월 28일 바람과 날씨가 아주 좋아 배를 띄워 바다로 나아갔다. 8월 초6일 광동廣東에 도착하였고, 29일 복건성 금문위金門衛에 도착하였다. 9월 초3일 복건성 천주부泉州府 바깥 바다 숭무위崇武衛에 도착하였다. 9월 초7일 빈해위濱海衛에 도착하였고, 9월 초10일 평해위平海衛에 도착하였으며, 9월 16일 복주부福州府에 도착하였다. 9월 17일 복청현福淸縣에 도착하였는데, 선주 진건은 복청현 사람이므로, 배를 멈추고 집에 가서 식량을 갖고 나왔다. 9월 20일 다시 배를 띄워 바다로 나갔고, 9월 28일 송하위松下衛에 도착하였다

7 이 배삯은 『주영편』에 보면 표류인 한 사람이 쌀 30포를 주기로 하여, 모두 30 • 20＝600포가 되었다. 그렇지만 이들이 변제 능력이 전혀 없었으므로, 뒤에 조선 정부에서 은(銀)으로 환산하여 2,556냥을 지급하여 주었다.
8 왕부의 일을 도맡아 책임지는 관리이다.
9 돈 1꿰미가 6백 문이므로, 돈은 모두 1천 1백문이다. 한편, 정동유, 남만성 역, 『주영편』 하(을유문화사, 1971)에서는 안남국으로부터 동 6백 냥을 내려주었다고 쓰여 있다.

10월 18일 북교위北郊衛에 도착하였고, 10월 23일 복녕현福寧縣에 도착하였다. 11월 초3일 절강성浙江省 온주부溫州府 땅에 도착하였는데, 사람들이 '바다위에 해적이 있다'고 하는 말을 들었다. 11월 초열흘에 태주台州 땅에 도착하였는데, 해적선 두 척이 해상을 떠다니면서 노략질을 일삼고 있기 때문에 온주 땅으로 되돌아와 오래 머무르다 보니 양식이 다 떨어졌다. 24일 석당위石塘衛에 도착하여 들으니 '수군이 해적들을 잡으러 배를 출발시켰다'고 했다.

11월 16일 선주 진건이 온주부에 가서 알리기를, "우리들은 이익을 좇아 안남국에 갔었는데, 마침 조선에서 표류해 온 사람을 만나 실어 되돌려 보내주는 일에 자원을 하였습니다. 지금 들으니 바다 위에서 일부 해적선들이 가로막아 바닷길을 끊는다고 합니다. 고단한 배 1척으로는 필시 낭패를 당할 것이니, 엎드려 빌건대 장수를 정하여 호송하여 다시 살아난 다른 나라 표류인들로 하여금 고향으로 되돌아갈 수 있게 해주시기 바랍니다"라고 하였다.

온주부 관리는 안남국의 명덕후明德候가 표류인들을 호송해 보내준다는 공문을 보고 그것이 사실인지를 심사하고 난 뒤에 총독總督 1명과 천총千摠 심보국沈輔國 등 5명에게 명하여, 순초巡哨(순찰하며 망을 보는 배) 6척을 이끌고 이들을 영파부寧波府로 호송하여 인계해 주도록 하였다.

11월 17일 심보국 등이 거느린 6척의 배와 함께 표류인들을 태운 배가 한꺼번에 출항하여 11월 23일 영파부에 도착하였다. 11월 24일 심보국 등이 배를 거느리고 되돌아가는 돛을 올리며 별장別章(이별의 정을 나타내는 시문)을 써서 주는데 말하기를, "내가 절구장수浙甌將帥의 명령을 받들어, 선단을 거느리고 유혼遊魂을 소탕하고 있었다. 복건성 왼쪽 땅에 있는 복청현의 친구 진건이 광동성 남쪽 안남으로부터 조선에서 표류한 어려운 백성 21명을 고국으로 돌려보내려고 하여, 바람이 불고 물결이 일며 넘실대는 파도를 4개월만에 넘어 비로소 절강 바다 금치문金齒門[10]에 도달하였으나, 쥐새끼 같은 해적들이 배를 핍박하는 바 있어 진陳[11]에서 온주 구항甌港으로 회항해오고 장수특명將帥特命을 내어 보내게 된 시말을 자세히 알게 되었다. 내가 능히 글을 짓지 못하여 부끄럽지만 이것을 써서 이별하는 데 부치고 한 때의 인연에 따른 만남을 기억하고자 한다"라고 하면서 시를 써 주었다.

조선은 북쪽 바다에 있으므로
광동 남쪽의 소식을 물을 수 없네
21명의 바람을 잘못 만난 나그네들
표류하여 이미 한 봄이 다 지났구려
중국에는 의협심 많은 무사가 있어
의로움을 따라 괴로움을 마다하지 않네
아주 편안히 고국으로 돌아가서
길이 만년 동안 은혜를 기리시구려

때는 강희(康熙) 황제 재위 27년(1688) 11월 24일

호림(虎林) 심보국 씀

---

10 중문대사전에 보면 금치(金齒)는 쇠처럼 단단한 이빨을 가리키므로, 금치문은 외국으로 출입하며 단단히 수비되고 있는 관문의 뜻으로 생각된다.
11 『논어(論語)』「위령공(衛靈公)」에 있는 말로, 공자가 진(陣)과 채(蔡) 사이에서 양식도 다 떨어지고 여러 사람이 병이 들어 어려움을 겪던 일을 말한다.

11월 25일 상산현象山縣에 도착하고 26일 석파위石坡衛에 도착하였다. 29일 정해현定海縣 항구에 도착하여 여러 날 바람을 살폈다. 보타산普陀山의 산사山寺에 오르니 주지 스님이 절구絶句 하나를 써 주었는데,

> 모든 나라가 원래 한 집안이므로
> 의관과 문물 등이 모두 중화를 따르네
> 인연 따라 그대들 여러 얼굴을 보게 되니
> 천리밖 부는 바람 손으로 잡아 다녔으리
> 무진 섣달 8일 마침 조선 사람이
> 우연히 왔기에 내가 처음 보는지라
> 아주 기쁘고 기뻐서 이렇게 써노라.

보타원(普陀院) 드림

12월 초9일 배를 띄워 바다로 나아가 바로 조선으로 향하였다. 8일 밤낮을 항해하여 12월 17일이 되자 멀리 높은 산 하나가 보였는데, 점점 가까이 다가가니 낯익어 보였고 한라산漢拏山임을 알았다. 배는 제주도 대정현大靜縣 지경의 진모살長沙[12]에 도착하였고, 김대황과 이덕인 등이 작은 배를 타고 육지에 내려, 먼저 안남국에 표류하다가 살아서 돌아온 소식을 알렸다. 복건성 사람 진건 등이 타고 있는 배는 제주 사람들이 이끄는 대로 정의현旌義縣 지경의 서귀진西歸鎭 앞 항구에 안전하게 정박하였다.

---

12 오창명, 『제주도 오름과 마을 이름』(제주대 출판부, 1998)을 보면, '원 대정군지'를 인용하여 진모살은 서귀포시 색달리에 있다고 쓰여 있다.

대체로 김대황 등은 정묘년(1687) 9월 초3일 바다로 출항하여 31일 동안 표류하다가 안남국 회안부 지방에 도착하였다. 무진년(1688) 7월 중국 복건성의 배를 만나 같은 달 28일 회안부 항구에서 출항하여 광서廣西, 광동廣東, 복건福建, 절강浙江 등의 4성 연안을 거치며 4개월 동안 항해하여 영파부 땅에 있는 정해현 보타산 항구에 도착하였다. 보타산 항구에서 배를 띄워 10일을 항해하여 서귀포에 도착하니, 때는 12월 17일이었다. 표류한지 16개월만에 비로소 고향으로 돌아온 것이다.[13] (『지영록知瀛錄』)

숙종 15년(1689) 2월 13일(신해辛亥)

임금이 대신들과 비변사 여러 신하들을 인견하였다. 이에 앞서 전라도 관찰사 권시경權是經이 장계를 올려 아뢰기를, "제주 사람 김대황이 1687년(정묘년) 9월 목사 이상전李尙全이 바친 진상마를 이끌고 배를 항해하여 추자도 앞에 이르렀을 때, 바람에 의해 표류되어 31일만에 바야흐로 안남국 회안 땅에 도착하였습니다. 안남 국왕은 임시로 관청에 머물게 하여 우대하여 주었고 살아나갈 돈과 쌀을 내려주었습니다. 마침 절강성 상선을 만나 1688년(무진년戊辰年) 7월 그 배를 타고 제주로 되돌아왔는데 갖고 온 안남국의 공문은 그 나라 변방 신하 명덕후 오吳가 작성하였으나 관인은 사용하지 않고, 다만 도서圖書(여행 허가서)를 사용하였습니다.[14] 절강성의 상선은 영파부에서 발급한 표문票文을 갖고 있었

---

13 바로 뒤이어 제주목사 이희룡(李僖龍) 제주 판관 윤이취(尹以就) 정의 현감 박제(朴濟) 세 사람의 관리가 함께 진견, 주한원을 불러 서명으로 표류인들을 귀환시킨 사연을 묻고 답한 내용이 들어 있다.

14 『주영편』에 안남에서 보낸 공문 내용이 있다. "안남국 명덕후 오위는 국왕의 명령을 받들어 표류민을 호의로 배에 실어 본적지로 돌려보냅니다. 일의 근거는 이러합니다. 1687년(정묘년) 10월 풍랑에 작은 배 한 척이 안남에 표류하여 도착하였습니다. 본국에서 그들 24명을 불러 물으니,

습니다(청나라 상인들이 모두 표문을 갖고 있는데 이는 공문이다). 김대황 등 21명이 배를 얻어 탈적에 쌀 6백 포를 주기로 약속하였지만, 김대황이 능히 그 약속대로 갚아줄 수 없으므로 조정에서 마땅히 이를 구제하여 줌이 있어야 하겠습니다"라고 하였다.

임금이 이 일을 묘당에 내려 의논하게 했다. 목내선睦來善과 김덕원金德遠이 말하기를 "이 일은 이상하여 가히 의심스럽지만, 이미 쌀을 주기로 약속을 하였으므로 주지 않을 수 없습니다. 청나라 사람이 우리 땅에 표류하여 도착하면 곧 모두 육로를 통해 되돌려 보내었는데, 이번 육

조선 사람으로 해상의 무역을 위해 나왔다가 뜻하지 않게 풍파가 크게 일어 배는 파손되고 화물은 유실되었다는 등의 말을 하였습니다. 조사하니 귀국의 장사치들이었습니다. 한 몸처럼 친밀한 우방의 사람임을 가엾게 여기고, 본국 왕이 목숨 살리기를 좋아하는 덕을 본받아 격식을 넘어선 은전을 베풀어 의안 땅에 편안히 있게 하고, 돈과 쌀을 내려주었습니다. 뜻하지 않게 3명은 이미 병으로 죽고, 지금 있는 21명은 남풍을 기다려 화의(和意)로 배에 실어 돌려보내고자 하였지만, 되돌아가는 배들이 모두 광동, 복건 등지에 속한 것입니다. 혹 일본 바다로 가는 배도 있어서, 그 배로 보내어 귀국하게 하려 하였으나, 바다는 멀고 넓으며 돌아가는 배들은 앞뒤가 가지런하지 않아서 반드시 도착한다고 기대하기 어려웠으므로, 표류한 사람들이 본적지에 되돌아가려는 소원을 마침내 이루지 못하게 될 것이 두려웠습니다. 계획이 안전하지 못하므로 두세 번 헤아려 궁리하던 차에, 여기 청나라 영파부의 상선이 1688년 올해 3월에 화물을 싣고 안남에 도착하였습니다. 그 배의 하는 일은 원래 손님의 화물을 싣고 다니는 무역선입니다. 이제 표류하여 도착한 사람들 21명이 고향에 돌아가기를 소원함이 매우 간절하여, 다행히 선주 진유리(陳有履, 이보다 앞에 있는 대목에서는 본문에 있는 陳乾을 썼음)와 재부 주한원 등이 여러 사람이 외롭게 타향에 표류하여 떨어져 있는 것을 가엾게 여기고, 분연히 의로운 일을 하게 되었으니, 특히 그 배의 객상(客商, 장사치)들을 다른 배로 보내고 배 본래의 임무를 포기한 채, 이 배에 표류하여 도착한 사람들을 싣고 조선에 가서 본적지에 돌려주어 그들로 하여금 소원을 이루게 해주기로 하였다는 말을 일러왔습니다. 사리로 보아 당연히 자계(咨啓, 공문을 띄워 아룀)해야 할 일이므로 이렇게 글을 올리는 바입니다. 이에 안남국 왕의 명령을 공손히 받들고 영파부의 상선을 관리하는 관청에 의준하여, 선주 등을 시켜 본적지에 돌려보내기로 하고, 선주 진유리 등으로 하여금 자금을 내어 배를 정비하며, 아울러 뱃길을 잘 아는 동류와 키를 잘 잡는 사공을 청하고, 또 배를 인도하는 사람을 초빙하는 등 일체를 정비하게 하는 이외에, 우리나라에서 양곡, 채소 등 음식물을 보조해 주고 어려움을 만난 사람들의 식량과 비용의 돈을 마련해 준 뒤에, 선주 등이 이끌고 이번 달 7월 22일에 돛을 올리고 출발하였습니다. 다만 국경 나루에서의 법률이 삼엄한 것을 두려워하여 이렇게 문서를 갖추어 조선에 되돌려 보내니, 귀국에서는 사실을 조사하여 밝히기 바랍니다. 감히 바라건대, 회답의 글을 직접 선주에게 교부하고 선주가 우리나라로 갖고 가게 하여 기다려 염려하는 우리의 마음을 풀게 하십시오. 빌건대 이 배를 조속히 정비하게 하여, 빨리 청나라로 돌려보내어 주신다면 매우 다행으로 여기겠으며, 이에 글을 올립니다. 1688년(정화9) 7월 22일"

로로 돌아가도록 허락하고, 또 목사에게 스스로 도망가지 못하도록 경계하게 하십시오"라고 하였다. 임금이 이를 옳게 여겼다.

이번 여름 제주에서 주한원 등 청나라 상인 28명을 압송하여 서울 도성 아래 이르자, 그 배삯으로 약속한 쌀과 길에서 드는 양식을 은으로 환산하여 (은동 2,556냥을) 내려 주었다. 이어 통역관에게 북경으로 데려 들어가도록 하였다. 청나라 임금이 말하기를, "왜 꼭 데려왔는가?"라고 하면서 드디어 그들을 놓아 보내었다. 이어 우리나라로 하여금 무릇 표류한 사람이 있을 때 배가 있으면 바다로 놓아 보내고, 배가 없으면 (요동遼陽 동녕위東寧衛) 봉성鳳城으로 데려다 주는 것을 법식으로 삼도록 하였다. (『숙종실록』)

원문

丁卯年(1687年)月之晦 濟州鎭撫金大璜·舵工李德仁等從人及格軍幷二十四人 同乘一船 載 遞任進上馬三匹 候風于禾北鎭港口矣 至九月初三日 風勢似好 點檢人馬 開船出海 日已晩 纔到楸子島前洋 風變東北 挾雨大作 波濤接天 咫尺不辨 欲向北陸 則風逆難制 欲還濟州 則船漸西漂 俱不得自由 罔知收爲之間 檣傾舵折 覆沒之勢 決在呼吸 而惟舵工李德仁 終始勤力 結束草芚 繫連船尾 船載卜物 盡爲投海 而進上馬則 與人同死生之物 故更爲牢縛 隨風漂流 以待天命

自初四日 至初七日 風雨如一 漂流於西大洋 自初八日 至十三日 風變西北 雨晴雲捲 占以星日 從流東南 而極目四望 天海相連 累日絶食 人皆飢倒 船中水乏 亦不得潤喉 李德仁汲鹹水煎取露液 分飮之 因使嚼米吞下 以療其飢腸 渾船之人 以此延命 攢手祝天 自十四日 至十八日 東風大作 怒濤如山 船轉西流 終不見一點島嶼 自十九日 至二十五日 連吹西北風 或雨或晴 而進上馬三匹 相繼而斃 投諸海中 自二十六日 至十月初三日 風息波靜 而東西南北 莫知所向 任其所如而已

十月初四日曉頭 始得見一島 渾船之人 皆以爲得生途 莫不喜幸 將船欲泊島岸 而旣無舵櫓不得使船之際 厥島有許多漁艇 促櫓而來 繞我船蟻附 互相叫噪 不得解廳 有同禽鳥之聲 莫知所以 而見其人裝束 則被髮跣足 亦無袴着 只穿錦段長衣一領矣 我船之人 見彼人狀貌 若是之怪異 驚惶 顚仆於舟中 口不出聲 則彼人見其飢倒之色 汲水而飮之 獨李德仁 稍省人事 則先爲捉去 俄而四隻漁艇 促棹又來 以文字書示曰 "我等是朝鮮國人也 因商

販 駕船出海 忽逢大風 漂到於此 不知 貴國 是何地方耶?"彼人亦書示云"此
地 乃安南國會安府地方耳"

因領我人 盡爲替載其船而去 登岸里許 至官府 若我國邊鎭之狀 引我人入
庭 書問曰"你等以 何國之人 因何事 到這裡?"我等在本土時 曾聞漂往日本
而生還人言 則"東南諸國之人 稱耽羅謂'外高麗' 而外高麗之人 最爲獰惡 諸
國往來商船 或乏柴水 或失船具 船近海濱 則發兵守之 痛禁柴水 使不得近岸
以此含怨 如遇其地之人 則殺無捨"[1]云云 故到此問情之時 忽思其言 僞辭答
書云"我等是朝鮮國全羅道興德縣人也 是年(1687)八月初十日 將船到康津
縣地方 販穀至九月初三日 開船回鄉矣 不幸初四日 海上忽逢狂風 漂出大洋
之後 不分南北 隨風漂流者 一月于玆 幸免覆沒 得至貴國地方 伏乞 大老爺臺
下垂憐遠人 特賜救活 使我等生還故土 則如天之恩德 粉骨難忘"云云

那官人覽畢 更無他問 卽炊飯而饋之 日暮則 驅入於一客館 聚首悲哭 相
與沈籍 而罔知死生之際 夜闌後 有一官人到來 明燭而坐 書示曰"我奉承相
之命 當設軍威 斬汝奸細之賊"云云 我等聞來 惶怵書復曰"我等實非海賊 乃
是朝鮮之人 因販出海 逢風漂來 得至貴國 始得生途 不勝喜幸 有何罪端 欲
殺我等耶?"人皆痛哭 這間有一婦人 自官府出來 而似有揮却 救活之狀 不
移時 其官人退去矣

十月初五日曉頭 金大璜·李德仁二人 載於小艇 棹入大島 至一官府 如
前問情後 又替送 至大官府 一樣問情 安接於旅舍 供饋 甚至 我船繫於初泊
處 金大璜·李德仁外 其餘人 則皆遣還本船 依接供饋護恤 狂風忽起 船幾
觸碎 彼國人 將漁艇救濟 替載人物 運致於初度 捧招官府 明白點檢 然後次

---

1 문맥으로 보아 '殺不無捨'(죽여 버리지 않음이 없다)로 되어야 옳다.

次替送 於所經官府 與金大璜等 聚在一處 初六日曉頭 有官一人來 領我人引至大官府 我人與卜物 照數封裹 載船涉水 安接於館裡 館名'待變廳'也 自官府給米一包半 一包米十二斗量也 自初七日 至十三日 仍留於待變廳

十月十四日 本國二使臣出來 與會安府官人 率領我人發程 行三日 始至京都 留接館舍 翌日黎明 引入國王之前 國王傳言'依爾國禮 拜謁'云 書示故我人等 整衣服着笠 行再拜禮 則賜大米五包·魚醢五缸·錢文十貫 每一貫六百文 因分付送會安府 使之留接

是日 國王船遊翫景 故上船下船時 諦視擧動 則被髮不着袴 身穿錦段長衣 上下一體 留國都一日 還會安府 卽十月二十六日也 自此以後 不禁我人之出入 任意行乞於遠近 安南國人 衣冠制度 上下男女 俱是一色 不辨貴賤 皆漆齒 位尊者 着驄帽 大小文書 皆用正和年號 是歲戊辰(1688)乃正和九年 入家多畜獐·鹿·犀·象·孔雀之屬 而畊犀騎象 牛馬赤有之 而體骨駿大 農庄皆漑田 無田穀 山林都是桑麻 一年再稻八蚕 風俗淳厚 食貨豊足 見我人之丐乞 或給斗米 少不下五六升 冬無氷雪

犀牛雖使耕且載 而性好入水底 故夜 則結於家中 餵以草料 晝則牧童騎其背 或坐或臥 而驅之任其所向 犀若走水涯 則牧童跳下於沙堤 犀卽入水至暮 牧童往水邊 嘯叫 犀從水裡自出 復騎其背 而驅至其家

蠶桑之譜 十一月間 刈取桑莖 乾之 束置高處 蠟後 以枯枝 沈於水 待潤撈出 布於田畝之間 而 埋之 則出苗成行 有若一札 其葉甚大 亦無附枝 莖長如麻 播蚕田中 食盡成繭 自三月 至十月 每月如之

沙糖取其蔗莖 而蔗形似蜀[2] 畊田得之 畊蔗之譜 當煮糖時 八九月間 刈蔗

2　원문은 '䅓'인데, 이 글자는 중문대사전에서 찾을 수 없다. 김봉옥 초고에는 '수수' 즉 촉서(頭秦)로 읽었는데 이를 따라둔다.

根 只取其中莖 煮取汁 煎至爲屑 是沙糖 以斷去上端 復植於地 則自生根苗
還長如初 故他國之人 不得移種 盖由於此世

自十月二十八日 至戊辰(1688)三月初十日 留連會安府 還鄉無期 歸思切
迫 而其中三人 以病身死 竟作孤魂 於萬里海外 同行諸人 悲痛之懷 有同骨
肉 埋葬於會安地 藏風之處 衆人祭哭而歸 遂以漂落不得歸之情 寫出一書
呈上於國王之前 不得理 只賜錢三貫·米一包 至四月初五日 又呈王府 而
王府詮奏於國王 則許令往日本商船 給船價載送 使之自日本還鄉之意 受教
而來商人圖免 故會安府官 以福建順歸 商船載送 自福建使之轉送北京之意
稟達於國王前 得旨 六月二十四日 會安府官 將我漂人 福建順歸商船 分載
以送事 正商量間 福建船戶陳乾·浙江財副朱漢源等二人 挺身自募云"商
等 載漂人直往朝鮮 而水手辛勞并船價 大米六百包 到朝鮮償還之意 使漂
人在此立契 則當遂其漂人之願"云云 會安府官 將此由申上於王府 則自國
王殿送差官整船 差官是個本國知府也

七月初一日 來到安南府 點檢船夫 福建船戶·水手并二十八人 我漂人四
十九人 同乘一船 候風于港口時 自會安府 大米十五包·魚醢十缸·酒一
罇·脯三片·東瓜十五枚·燭十五柄·金機紙二束·香三束 賷來載船 又
將錢文一貫五陌·米半包 特送於財副朱漢源處 以備柴水之具

七月二十八日 風日正好 開船出洋 八月初六日 到廣東 二十九日 到金門
衛 九月初三日 到福建 泉州府外洋 崇武衛 初七日 到濱海衛 初十日 到平海
衛 十六日 到福州府 十七日 到福清縣 船戶陳乾 是福清人也 停船歸家 完粮
以來 二十日 復開船 出洋 二十八日 到松下衛 十月十八日 到北郊衛 二十三
日 到福寧縣 十一月初三日 到浙江省 溫州府界 得聞人言'海上有賊'云 初十
日 到台州境 則有賊船二隻 中流 海上寇鈔爲事 故不得過涉 還向溫州界 久

留粮盡 十四日到石塘衛 聞之 則'官兵發船 捕賊'云

十一月十六日 船戶陳乾 往告于溫州府云 "我等逐利 往安南國 適逢朝鮮
漂人 自募載還矣 今聞海上 多少賊船攔截 孤單船隻 必見狼狽 伏乞 定將護
送 使他國再生漂人 得還故土云爾' 則溫州府官 取見安南國 明德候 護送漂
人之咨 就審其實 然後命摠督一員 與千摠沈輔國等 五員 領巡哨六隻船 使
之護送 交付於寧波府云 十七日 沈輔國等 領六隻船 并漂人所乘船 一時開
洋 二十三日 到寧波府 二十四日 沈輔國等 領船回帆 臨別書贈 別章曰 "余
奉浙甌將師之令 領舟師掃蕩遊魂 有閩中左府 陳友從廣南 送朝鮮難民 二
十一人歸國 乘風波[3]浪 越歷洶濤四月始達浙洋之金齒門 又爲鼠輩所逼舟
中 在陳回帆甌港 得悉始末 將帥特命送之 余愧不能文 寫此贈別 以記一時
之緣會"云 '朝鮮居北海 不問廣南音 三七遭風客 漂流已一春 天朝有俠士 仗
義不辭辛 太平歸故國 永祝萬年恩' 時龍飛康熙二十七年(1688年)仲冬下浣
二十四日 虎林沈輔國草'

十一月二十五日 到象山縣 二十六日 到石坡衛 二十九日 到定海縣港口
候風累日 登普院山寺院 院主書贈一絕云 '萬國原來只一家 衣冠文物等中
華 有緣得晤諸公面 千里風雲信手拏' 戊辰臘八日 適朝鮮國人偶至 予初見
甚喜甚喜 是以用贈 普陀院'

十二月初九日 開船出洋 直向朝鮮 航海八晝夜 至十七日 遙見一高山 漸
近熟視 乃知是漢拏山 船到大靜縣境 長沙 金大璜‧李德仁等 乘小舟下陸
先報漂到 於安南國 生還之音 閩人陳乾等 所乘本船 以我人指引 安泊于旌
義縣境 西歸鎭前港

---

3 원문의 '깰 파(破)'는 '물결 파(波)'의 잘못이다.

大抵 金大璜等 丁卯年(1687年) 九月初三日 出海 漂流三十一日 到安南國 會安府地方 戊辰(1688年)七月 逢閩船 同月二十八日 自會安港口 開船 由廣西・廣東・福建・浙江 四省沿海 行四箇月 得至於寧波府界 定海縣 普陀山港口 自普陀山港口 開船 航海十日 到泊于西歸浦 時十二月十七日也 漂流十六朔 乃還故土 (知瀛錄)

肅宗十五年 二月 辛亥

引見大臣 備局諸臣 先是 全羅道觀察使 權是經狀言 "濟州人金泰璜[4] 於丁卯(1687年)九月領牧使李尚全[5]所進馬 行船至楸子島前 爲風所漂三十一日 方到安南國 會安地 安南國王 假公廨而待之 賜錢米餬口 適遇浙江商船 以戊辰(1688年)七月 載歸本州 所賫安南國公文 是其國邊臣明德候吳所成 而不用印 只用圖書 浙江商船則持寧波府票文矣(清人行商 皆持票文 卽公文也) 泰璜之得載也 約與米六百包 而泰璜不能償其言 自朝家 宜有以濟之"

上下其事于廟堂 睦來善・金德遠以爲 "此事殊可疑 然旣約與米 則不可不與 而清人漂到我界輒皆從陸領還 今不領還 則恐後日爲清人所覺也 須許從陸 而且戒牧使 毋使自逃" 上可之

是夏 自濟州 押商人朱漢源等 二十八口 至都下 許其船直 米價粮資 以銀與之 仍命譯官 領入燕京 胡皇曰 "何必押致也?" 遂放遣之 仍使我國 凡遇漂到者 有船 則從海放遣 無船 則領付鳳城 以爲式 (肅宗實錄)

---

4 원문의 태(泰)는 경전을 읽을 때 '大'를 '클 태(太)'로 읽는 경우와 비슷하다. 번역에서는 모두 '大'로 읽어 둔다.

5 원문은 '荃'으로 되어 있지만, 중문대사전이나 용감수경에서 찾을 수 없다. 독음이나 훈을 알 수 없으나, 『증보 제주 통사』를 따라 '전'으로 읽어 둔다.

제2부

중국

채정란蔡庭蘭, 『해남잡저海南雜著』

반정규潘鼎珪, 『안남기유安南紀遊』

정광조鄭光祖, 『표박이역漂泊異域』

채정란蔡庭蘭, 『해남잡저海南雜著』*

안재연

해제

『해남잡저』 개요

대만 사학자 류서풍劉序楓 교수는 명·청대 표해에 관한 기록을 조사하며, 행정문서, 공식 조사서 등과 같은 공적 기록과 개인 표류기와 같은 사적 기록의 압도적인 수량 차이를 지적하였다. 그에 따르면, 중국의 정치, 경제적 상황이나 문화, 심리적 요소로 인하여 볼 만한 민간 표해록은 세 개 정도 전해지고 있다. 가령, 엄격한 해금령 시행으로 인하여 바다에 나갈 기회 자체가 적었다거나, 전통적인 중화·대륙 중심의 세계관 등이 그 이유로 거론된다.[1]

* 본 연구는 아시아문화원 아시아문화연구소 연구기획팀에서 2016년과 2017년 진행한 아시아의 표해서사 연구 성과의 일부이다.

1 류서풍, 「중국 표해록의 현황과 특징」, 『동아시아의 표해록과 표류의 문화사』, 국립해양문화

중국에서 보기 드문 민간 표해록 중 가장 대표적인 것이『해남잡저』이
다.『해남잡저』의 저자 채정란蔡廷蘭(1801~1859)은 자字가 중장仲章, 호號가
향조香祖다. 대만 팽호澎湖 사람으로 복건성福建省의 주개周凱를 스승으로
삼았고, 1844년 진사進士에 합격하여 처음 지현知縣에 임명되었으며, 1859
년 병으로 사망했다.[2] 1835년(도광道光 15) 가을 복건성으로 향시에 응하러
왔다가 금문金門에서 제사를 지내고 팽호로 돌아가던 중 태풍을 만나 월
남越南(베트남) 광의성廣義省에 표착하였다. 베트남 관민의 도움으로 육로
를 통해 중국을 거쳐 다시 고향 팽호로 돌아오기까지 약 7개월이 걸렸으
며, 베트남에 머무른 기간 만 5개월이었다. 그는 1835년 10월부터 1836년
5월까지 일어났던 표류와 귀국의 경험을 정리하여 1837년(도광 17) 가을
에 출간하였다. 베트남으로 표류했던 시기로부터 약 2년 뒤의 일로, 약
2만여 자로 된 초판 1쇄가 나온 뒤 뒤이어 2쇄가 나오고, 재판도 2쇄를 찍
을 만큼 큰 인기를 끈 것으로 보인다. 총 4개의 다른 인쇄본과 필사본이
중국, 대만, 일본, 베트남 등에 전해지고 있다. 초판이 현재 북경국가도서
관北京國家圖書館 북해분관北海分館을 비롯하여 총 여섯 곳에 보관되어 있는
데, 체제는 주개周凱와 유홍고劉鴻翶의 서序, 오백신吳伯新, 장역암蔣懌葊, 허
음평許蔭坪, 장택춘蔣澤春의 제사題詞에 이어 본문 세 편, 마지막으로 웅일본
熊一本과 가용장柯龍章의 발跋로 구성되었다. 초판 2쇄와 다른 판본들은 내
용에 더함과 뺌이 있고, 글자체나 판면에서도 차이를 보인다.[3]

재 연구소·목포대 도서문화연구원, 2012년도 국제학술대회 자료집.

2   채정란의 일생은 진익원(陳益源),「從金門漂流到越南的蔡廷蘭」,『閩南與越南』, 樂學書局, 2015,
    31~38쪽 참조.

3   판본과 번역본에 대한 상세사항은 본서의 부록 진익원,「『해남잡저』판본과 번역본」참조.

『해남잡저』 구성

『해남잡저』는 상·하 두 권으로 구성되어 있고, 상권이 다시 총 세 편으로 나뉜다. '큰 바다에서의 조난을 기록함'이란 뜻의 「창명기험滄溟紀險」은 대만에서 베트남까지의 표류와 구조 과정을 적었고, '덥고 습한 남방에서의 여정 기록'이란 뜻의 「염황기정炎荒紀程」은 일기체 형식으로 여정과 귀환 과정에서 만난 베트남의 관원과 화교들과의 교유 등을 날짜별로 기록하였다. 마지막 '베트남에 관한 짧은 기록'이란 뜻의 「월남기략越南紀略」은 베트남의 역사, 정치, 문물, 환경, 의례, 풍속 등을 적었다. 하권이 이를 요약한 시문을 포함한다고 하는데, 아쉽게도 현존하는 판본에서는 확인할 수 없다. 채정란은 1835년 10월 13일부터 16일 사이 베트남 광의성에 도착하여, 26일 귀로에 올랐다. 12월 30일 베트남 왕궁 소재지 부춘富春에 도착하여 제야를 보냈고 2월 초, 하내河內(하노이)에 당도한다. 베트남-중국 국경선을 넘어선 날이 3월 5일 자로 기록되어 있다. 광서-광동-복건을 거쳐, 팽호로 돌아왔는데, 베트남을 출발하여 고향에 당도하기까지 약 118일의 여정이었다.

「창명기험」은 1835년 10월 2일 금문에서 팽호로 돌아가는 배편에 몸을 싣기 직전, 스승 주개周凱와 지인들과 어울렸던 일로 시작한다. 10월 2일 아침 채정란 일행이 승선했는데 당일 오후부터 비바람이 거세지더니 밤 12시가 되자 큰 태풍을 맞이하게 된다. 폭우와 태풍, 파도에 배가 휩쓸리며 돛대도 잘라야 했고, 동승한 선주, 선원들, 동생과 함께 제사를 지내기도 하고, 울기도 하면서 큰 혼란을 겪게 된다. 칠흑같은 어둠 속에서 시간이 속절없이 흘러가고 태풍이 가라앉고 나서야, 배가 베트남에 도착한 사실을 알게 되었다. 베트남 관리가 와서 먹을 것을 주고 위로하였으며, 채정란은 하늘의 도움에 감사함을 느끼며 글을 맺는다. 세 편 중 가장 짧은 분량이다.

「염황기정」은 1835년 10월 13일 베트남에 도착한 때부터 이듬해 5월 8일 마침내 고향 팽호섬에 도착하기까지의 여정을 일별로 기록하였다. 약 118일 여정 중 조우한 베트남 관원과 중국 이주민들, 송환 절차와 사건들, 여정 중 목도한 풍경과 민속 등을 세세히 기록하였다. 베트남 관리들이 표류된 배가 있다는 신고를 받고 나와서 처음 심문하는 장면, 왕의 교지가 내려 선물과 식량을 받은 일, 11월 21일 드디어 중국으로의 귀환을 시작한 일, 1836년 베트남에서 새 해와 대보름을 맞이한 소회, 3월 5일 드디어 중국 땅을 다시 밟았을 때의 기쁨, 4월 22일 스승 주개 선생을 다시 뵙고 베트남 표류 사건을 기록하라는 권유를 들은 일, 5월 2일 고향으로 가는 배를 타고 8일 어머니를 다시 뵙고 눈물을 쏟은 일이 적혀 있다. 세 편 중 가장 길다.

「월남기략」은 베트남의 역사, 행정, 정치제도, 문물과 풍속, 신화와 전설, 자연환경과 생업 등 매우 방대한 내용을 다루었다. 베트남의 역사를 고대부터 정리한 뒤, 이어서 궁정의 풍습과 예절, 행정 체계와 관직, 과거제, 대표적 동물인 호랑이, 코끼리, 공작 등의 묘사, 결혼 의식, 일상과 풍습, 농작물과 산물, 32개의 성과 지리적 특성을 소개했다.

『해남잡저』 의의

『해남잡저』의 의의를 크게 두 가지로 요약할 수 있겠다. 첫째, 19세기 베트남 민속사료로서 가치가 높다는 점이다. 특히 「염황기정」과 「월남기략」은 19세기 베트남의 군사, 행정, 도시와 저잣거리, 의식주와 의례,

물산과 생업 등을 망라한 방대한 민속지라 할 수 있다. 『해남잡저』의 중요성은 또 다른 민간 표류기인 17세기 『안남기유^{安南紀遊}』와 비교할 때 명확해진다. 반정규潘鼎珪[4]는 1688년 겨울 대만에서 광동으로 향하던 중 베트남 만녕주萬寧州에 표류하게 되었다. 이후 헌내항軒內港과 승룡昇龍을 거쳐 중국으로 돌아온 여정을 기록하였는데, 그것이 바로 『안남기유』이다. 『안남기유』는 약 2천 자의 글로 『해남잡저』의 1/10에 그쳐 『해남잡저』의 상세함에 미치지 못한다. 아울러, 『해남잡저』를 17세기 『안남기유』와 비교하여 읽는다면 약 한 세기 반을 사이에 두고 일어났던 베트남의 일상과 사회 변화를 파악하는데 도움이 된다.

둘째, 19세기 베트남과 중국 표류민 송환체제가 어떠한지를 보여주는 주요한 사료라 할 수 있다. 공적 기록과 달리, 민간 표해록은 실제로 표류나 표착 등의 사건 발생이나 내용의 진실성 여부가 늘 논란의 대상이 되어 왔다. 그런데 『해남잡저』에 기록된 채정란의 표류 사건이 베트남과 중국 양측의 행정문서에 남아 있어 그 가치가 매우 높다. 베트남의 송환제도에 관한 사료가 적어 실상을 파악하기 어려운데, 「염황기정」을 보면 이미 19세기 후반 즈음 베트남의 표류민 송환 절차가 상당히 체계화되었음을 알 수 있다. 1835년 10월 13일 표착된 배가 있다는 신고를 받자 베트남 관리들이 나와 심문을 하였으며, 15일 채정란이 통역과 함께 육지로 내려 관공서에 신고를 하였다. 다음날 베트남 관청에서 나와 아편과 같은 금지 품목이 있는지 화물 검사를 실시하고, 배의 크기를 재

---

4 반정규(潘鼎珪, ?~?) : 호가 자등(子登), 복건 진강(晉江) 사람이다. 강희 연간 대만에서 성장했으며, 명민하여 고시(古詩)에 능했다. 후에 천주(泉州)로 호적을 옮겼으며, 80여 세에 세상을 뜰 때까지 시문 20여 권을 남겼고, 자주 베트남을 오갔다는 기록이 있다. 淸・乾隆, 『泉州府志・卷55・文苑・國朝文苑2・潘鼎珪』

고 세금을 매겼다. 19일 관리들이 상급 관청에 고할 때 채정란이 왕에게 표류의 정황을 보고한 글을 올렸으며, 11월 5일 왕의 교지가 내려 선물과 쌀과 상금을 하사받았다. 보통 해로로 다시 돌아가지만, 고향의 노모를 염려하여 육로로의 귀환을 간청하자 19일 비준서가 내려왔다. 도착한 도읍마다 주요 관원과 사대부가 나와서 맞이하여 주었고 이듬해 3월 5일 중국에 다시 발을 내딛을 때까지 공식문서를 통해 무사 귀환과 그에 따른 예우를 보장받았다.

이 표류기는 19세기 베트남과 중국이라는 맥락에서 보아야 한다. 당시 베트남을 완 씨 왕조의 명명제明命帝가 다스리고 있었는데 명명제는 선대 왕이었던 가륭제嘉隆帝와 달리 강력한 숭유정책과 친중정책을 폈다. 선친이 과거제나 행정문서에 민족어 쯔놈을 허용했던 것과 달리, 아들은 한자만을 사용하게 했고, 중국문화에 심취했다.[5] 채정란이 베트남에서 받았던 환대와 편의는 이런 맥락에서 가능한 일이었다.

마지막으로, 채정란 스스로도 밝혔듯이 언어장벽으로 말미암아 매우 제한된 정보 취득과 소통 경로를 갖고 있었다는 점도 상기할 필요가 있다. 그와 한자로 필담을 나누던 베트남의 고관과 지식인이 평민들과는 상당히 다른 물질적·정신적 기반을 갖고 있었으리라 추측하는 것은 어렵지 않다. 또 다른 소통 경로였던 '유우자有遇子' — 즉, 베트남 화교들은 이민자로서 현지인과의 다리 역할을 하였으나, 그들 역시 베트남인들과 다른 세계관과 문화에서 해석한 정보를 채정란에게 전달했을 가능성 역시 높다 하겠다.

---

5 유인선, 『새로 쓴 베트남의 역사』, 이산, 2016, 246~264쪽.

『해남잡저』

주개周凱[1] 서문序文

학생 채정란蔡廷蘭은 팽호澎湖 선비다. 도광道光 12년[2] 임진년壬辰年 봄, 나는 흥천영도興泉永道[3]의 팽호에 재난 구제 관리로 임명되었는데, 채생蔡生[4]이 시를 지어 나를 만나러 왔다. 시에 백성들이 겪는 굶주림과 재난의 참상을 서술하여 나도 그에 화답했다. 채생이 나에게 학문을 배우기를 청하였고, 자字가 향조香祖[5]이기에 선조의 독서법을 가르쳐 주었다.

- 1837년 간행된 『해남잡저(海南雜著)』 초판 1쇄본은 주개(周凱)와 유홍고(劉鴻翱)의 서(序), 장용(蔣鏞), 허덕수(許德樹), 오백신(吳伯新), 장택춘(蔣澤春)의 제사(題詞), 채정란(蔡庭蘭)의 「창명기험(滄溟記險)」, 「염황기정(炎荒紀程)」, 「월남기략(越南紀略)」 본문 세 편, 그리고 웅일본(雄一本)과 가용장(柯龍章)의 발(跋)로 구성되었다.
- 번역 저본은 하덕의(夏德儀, 1901~1908)의 『海南雜著』(臺北 : 臺灣銀行經濟研究室, 1959)와 진익원(陳益源)의 『蔡廷蘭及其海南雜著』(臺北 : 里仁書局, 2006)다. 전자는 대북국가도서관(臺北國家圖書館) 대만분관에 소장된 2판 2쇄본을 저본으로 하였는데, 초판 1쇄본에 실린 오백신과 장택춘의 제사, 그리고 가용장의 발문이 없다. 후자는 진익원이 베트남 사회과학연구원 산하 한남연구원(漢喃研究員) 도서관에 소장된 초판 1쇄본의 필사본을 교열하여 실었다. 베트남 필사본에 제사(題詞) 네 편이 모두 빠져 있어, 교열본에도 제사가 없다.
- 본 번역은 최대한 1837년 원본의 모습을 살려 주개와 유홍고의 서문, 장용과 허덕수의 제사, 채정란의 본문 세 편, 그리고 웅일본과 가용장의 발문을 번역했다. 오백신과 장택춘의 제사는 원본을 확인할 길이 없어 부득이하게 제외했다.
- 지명, 인명은 모두 한자식 발음으로 읽되 서문, 제사, 본문 세 편, 그리고 발문에서 첫 회에 한하여 한자를 병기함을 원칙으로 했다. 이 외에 본문 이해에 필요 시, 한자를 적었다.
- 소괄호 속 설명은 채정란이 원본에 적었으며, 대괄호 속 설명은 역자가 추가한 것이다. 각주는 역자가 설명을 더했다.
- 1 주개(周凱, 1799~1837) : 절강(浙江) 부양(富陽) 출신. 자가 중례(仲禮), 호가 운고(芸皋)다. 청(淸)의 관리이자 산문가, 시인이다. 가경(嘉慶) 10년(1805)에 진사(進士)가 되어, 한림원서길사(翰林院庶吉士), 하남안찰사(河南按察使)등을 역임했다. 임칙서(林則徐), 위원(魏源) 등과 선남시사(宣南詩社)를 결성했다. 저서로 『팽해기행시(澎海記行詩)』, 『감제기정(勘堤記程)』등이 있다.
- 2 도광(道光)은 청나라 선종 도광제(道光帝)의 연호로 1821년부터 1850년까지 30년간 쓰였다. 도광 12년은 1832년이다.
- 3 당시 복건성(福建省) 행정구역의 하나다.
- 4 학생 채정란을 채생으로 부른다.
- 5 향기로운 조상이란 뜻이다.

팽호는 대만에 속한 큰 바다의 한 섬으로, 토지가 척박하고 소금기가 있어 벼농사에 적합하지 않다. 감자나 토란, 잡곡만 날 뿐이다. 백성들이 생선을 잡고 어업으로 생계를 영위한다. 학교가 없으나 4명의 생원生員을 정원으로 정해, 부府 학교 밑에 두었다. 채생이 섬에 있어 읽을 만한 책이 없었으나 군郡으로 건너 가 열심히 공부했다. 고등 시험에 응시하여 늠선생廩膳生[6]이 되었다. 향시를 치기 위해 바다 건너 하문廈門으로 갔는데 내가 늘 옥병서원玉屛書院에서 그에게 수업을 해 주었다.

채정란이 을미년乙未年(도광15) 가을 시험을 보고 돌아가는 길에 태풍을 만나 배가 부서지고 떠돌게 되었는데, 표류한 곳이 어디인지 몰랐다. 다음 해인 병신년丙申年(도광 16) 여름 월남越南[7]에서 돌아와 그간 겪은 곤란하고 힘들었던 일들을 갖추어 말했다. 아울러 그곳의 사신이 나를 그리워하더라는 말도 전해주었다(임진년 여름, 즉 도광12년 월남 사신인 공부랑중工部郎中[8] 진문충陳文忠, 예부원외랑禮部員外郎[9] 고유익高有翼, 그리고 행인行人 진문순陳文恂이 대만 장화현령彰化縣令 고故 이진청李振青 권속들의 송환으로 하문廈門을 방문했다가 그해 겨울 월남으로 돌아갔다. 나는 그 때 시를 지어 이들을 전송한 적이 있다).[10] 나는 채정란이 살아 돌아온 것을 축하하고 노잣돈을 주어 팽호로 돌아가게 했다.

그해 가을 대만에서 몸을 추스르고 난 뒤, 채생이 「창해에서의 고난滄

---

6 명·청대에 정부에서 식비를 주는 생원으로, 제생(諸生) 중에서 경의(經義)를 가장 우수하게 해독하는 자를 선발했다.
7 월남은 베트남의 한자음 표기로 그 이전에는 안남(安南)으로 불렸다.
8 공부에 속하던 벼슬 이름이다.
9 의례, 교육을 맡아보던 부서에서 정원 외에 선발된 관리를 뜻한다.
10 1932년 주개가 복건성 하문에서 일할 때 대만 장화현의 현령이었던 이진청이 죽자, 베트남 관리들이 시신 운구와 권속 송환의 건으로 중국에 파견되었던 것으로 보인다. 당시 대만과 팽호는 모두 복건성에 속했다.

溟紀險」,「불타는 황야의 여정炎荒紀程」,「월남에 대한 간략한 보고越南紀略」
를 적어 가지고 와서 물었다. 그의 글을 읽고 매우 진귀하게 여겼다. [채생
의] 책에서 한편으로는 큰 바다에서 비바람과 파도에 시달렸으나 생사의
갈림길에서도 마음을 진정시키며 노모만 걱정했던 일을 서술했다. 다
른 한편, 월남이 중국을 공경하고 따르며 중국 선비를 귀중히 여기며, 그
나라의 사대부와 시로 화답하며 걸어갔던 굴곡진 산천도로, 성곽, 궁궐,
곳간과 마을의 실상을 사실대로 기록했다. 옛일은 간략하게, 작금의 상
황은 세세하게 월남의 이야기도 기록했다. 빠짐없이 구체적으로 기이
한 일을 적었으며, 풍속도 직접 경험했다. 아아! 채생의 여행이 기이하고
장엄하도다! 그는 비록 궁벽한 섬의 외진 곳에서 태어나 학문에 힘썼으
나 보고 들은 바가 적었다. 하늘이 채생의 마음을 호기롭게 하고 생각과
안목을 넓혔으니, 어찌 그의 문장에 도움이 되지 않겠는가?

　태사공太史公[11]이 이르기를, "내가 일찍이 서쪽으로는 공동崆峒[12], 북
으로는 탁록涿鹿[13]을 지났고, 동으로는 바다에 도달했고, 남으로는 강회
江淮[14]에 도착하여 건너보았다"라고 했다. 이런 까닭에 그의 문장은 식
견이 넓고 깊으며, 재기가 뛰어나 웅장할 뿐 아니라 기이하여 후세 사람
들이 따라가지 못했다. 선비가 여러 곳을 돌아다니며 산천과 인물을 연
구하여 경세經世의 지표가 되지 않은 곳이 어디 있는가? 무릇 멀리서 본

---

11 『사기(史記)』의 저자, 사마천(司馬遷, BC 145?~BC 86?)을 뜻한다. 전한 시대, 무제(武帝)의
　태사령(太史令)이 되어 기원전 91년 『사기』를 완성했다. 중국 최고의 역사가로 칭송된다.
12 전설상의 산으로 광성자(廣成子)란 선인이 살고 있어 황제(黃帝)가 도를 물은 곳이라 전해진
　다. 감숙성(甘肅省), 하남성(河南省) 일대의 명승지 명칭이기도 하다.
13 하북성(河北省) 장가구(張家口) 현으로, 치우(蚩尤)와 황제헌원씨(黃帝軒轅氏)의 싸움으로 유명
　한 탁록대전(涿鹿大戰)이 일어난 곳이다. 사마천의 『사기』「오제본기(五帝本紀)」에 기록이 있다.
14 장강(長江)과 회수(淮水) 일대로 지금의 강소성(江蘇省), 안휘성(安徽省) 일대다.

풍경과 고증하는 자료가 모두 배움이 된다. 채생이 사람들이 가지 못하는 이역에 갔기에 기록을 남겨야 마땅하다. 더구나 월남은 곧 남월南越로, 옛날 육가陸賈[15]가 많은 금을 가지고 돌아 왔던 곳이다. 채생이 길을 잃어 곤란한 처지에 빠졌으나 글을 주고받음에 삼가 조심하였으니 거의 육가에 버금간다고 보아도 무방하다. 지금 채생이 조정에서 발공생拔貢生[16]으로 선발이 된 마당에, 이것으로 행권行卷[17]을 만들어 당대의 학식이 높은 이에게 묻는다면 반드시 상을 받을 수 있을 것이다.

소자유蘇子由[18]가 다음과 같이 말했다. "산에 있어서는 숭산嵩山[19]과 화산華山[20]의 높이를 보아야 하고, 물에 있어서는 황하黃河의 장대함을 보아야 한다. 궁궐을 올려다보고, 천하의 장엄함을 보아야 한다." 채정란이 월남을 유람하면서도 월남의 [가벼운] 풍물에 경도되지 않았으니, 이는 글 짓는 자라면 마땅히 갖춰야 할 열린 시각에 도움이 될 수 있는 바다.

― 부양富陽[21] 출신의 중례仲禮 주개 적다

---

15 육가(?~?) : 전한(前漢)의 유학자로 고조(高祖)의 중국 통일에 크게 공헌했다. 시서(詩書)를 좋아하고 문무병용(文武倂用) 정치의 필요성을 역설했다. 저서로는 『신어(新語)』가 있다.
16 발공이라고도 한다. 청대 다섯 생원 중 하나로, 지방에서 시험을 거쳐 뛰어난 생원을 발탁하여 중앙의 국자감에서 교육받을 혜택을 주었다.
17 고대 과거 문체 중 하나다.
18 소철(蘇轍, 1039~1112) : 자 자유(子由), 호 난성(欒城)으로 북송(北宋) 때 문학가다. 당송팔대가(唐宋八大家) 중 한 명으로, 시문 외에도 고전 주석서 다수와 『난성집(欒城集)』, 『시전(詩傳)』 등을 남겼다.
19 중국 5대 명산 중 하나로 하남성(河南省)에 있으며, 소림사(小林寺)가 있는 곳으로 유명하다.
20 역시 중국 5대 명산 중 하나로 섬서성(陝西省)에 있다.
21 중국 절강성(浙江省) 항주시(杭州市)에 있으며, 부춘(富春)이라고 불렸다.

유홍고劉鴻翶[22] 서문

소동파蘇東坡[23]가 「담이시儋耳詩」에서 다음과 같이 읊었다. "황량한 남쪽에서 여러 번 죽는다 해도 여한이 없네. 이곳에 가서 평생 기이하고 장엄한 풍경을 보았네." 이런 까닭에 소동파의 웅장하고 걸출한 문장이 여러 외지에서 지은 작품 중 도드라진다. 담이는 광동성廣東省 경주부瓊州府에 속하는데 소동파의 발걸음이 멀리까지 미친 곳으로, 송대에 처음 당唐 남부로 개척되었다. 지금은 사대부들이 배를 타고 들어가 모이는 장소가 되었는데, 이곳을 유람하고 절경에 감탄하는 이가 적지 않다.

대저 천하의 기이한 경치를 가서 보지 않고 우주의 장관을 알 수 없다. 팽호 채정란 선생은 곧은 절개를 연마하고 문학에 뛰어난 사람이다. 세시歲試[24]와 과거시科試 모두 응시한 자 중 1등을 했다.[25] 그러나 불행히도 번번이 거인舉人[26] 시험에 응시만 할 뿐 급제를 하지 못했다. 도광 을미년 가을, 시험을 치룬 후 하문으로 바다를 건너다 갑자기 폭풍을 만나서, 혼돈과 어둠속에 열흘 밤낮을 헤매다 월남에 도착했다. 월남의 왕이 육로로 그를 보내주었는데 이듬해 여름에야 돌아왔다.

나는 그가 지은 「창해에서의 고난」을 읽어 보았다. 태풍이 섬에 갑자기 불어 닥쳐 너울이 비등하고 파도가 산더미 같이 밀려 왔으며, 배

---

22 유홍고(劉鴻翶, 1778~1849) : 자가 배영(裴英), 호가 차백(次白)이다. 산동(山東) 유현(濰縣) 출신이다. 대만 도겸제독(道兼提督), 섬서 안찰사(按察使), 복건 순무(巡撫)등을 역임했다. 엄정하고, 백성을 아낀 관리로 유명하며 저서로는,『녹야재문집(綠野齋文集)』등이 있다.
23 소식(蘇軾, 1037~1101) : 북송 최고의 시인 중 하나로 자가 자첨(子瞻), 호가 동파거사(東坡居士)다. 당송팔대가 중 한명으로, 대표작인 「적벽부(赤壁賦)」는 불후의 명작으로 널리 애창되고 있다.
24 청대에 3년마다 있는 향시(鄕試), 회시(會試), 전시(殿試)의 예비 시험격으로 매년 치뤘다.
25 원문은 "余歲,科兩試"로 문맥에 맞춰 여(余), '나'를 '그'라고 해석했다.
26 명 · 청대에 향시를 통과한 이를 거인이라 했다.

의 돛대가 잘리고 키가 기울어 물에 빠졌다가 다시 올라 오기를 거듭했다. [채생이] 엎드려 신명에게 빌며 하루살이 같은 목숨을 부지해 달라고 했음을 알고 나도 모르게 놀라고 감탄했다. 어찌 하늘이 채생에게 이러한 위험한 지경을 당하게 하였는가? 이어서 「불타는 황야의 여정」을 읽었는데 월남 국왕이 유학을 존중하고 받들었으며 그 나라의 높고 낮은 문무 관리들이 한결같이 다음과 같이 말했다. "오늘날 중국의 문사를 만나게 될 줄이야!" 가는 곳마다 극진히 대접받지 않은 날이 없었으되, 술을 마신 뒤에는 반드시 시를 찾았고, 시에 능한 사람이 이에 수창하고 운에 맞춰 화답했다. 이별을 할 때 손을 잡고 눈물을 흘리며 다 같이 "남과 북, 하늘가로 멀어지니, 이별은 쉬우나 다시 만나기는 어렵겠네"라고 했다. 나도 모르는 새에 탄식도 하고 감탄도 하였다. 하늘이 채생을 위험에 빠져들게 하였으나, 먼 이국의 사람들이 채생을 사랑함이 어찌 이에 이르렀는가. 마지막으로 「월남에 대한 간략한 보고」를 읽어보니 월남은 고대에 월상씨越裳氏라고 하였고, 진秦, 한漢, 당唐, 송宋, 원元, 명明 시대에 중국에서 분리되었다 병합되었다 하며 난이 평정되었다. 부府·주州·현縣·관아衛의 연혁과 산천계곡山川谿谷의 모습, 조수초목鳥獸草木의 기괴함과 독특함, 예·악·관·상禮樂冠裳의 특이함, 풍속인정風俗人情의 변화까지 이십칠사二十七史의 오랑캐전外夷傳[27]에 없는 바를 자세하게 모두 기록했다. 또한 채생이 스스로 이 책을 「기략記略」이라고 하여 간략하게 기록했다고 했는데 부지불식간에 기뻐했다. 놀

---

27 이십칠사는 중국 고대의 각 나라에서 편찬했던 27부의 기전체(紀傳體) 사서의 총칭으로, 황제(黃帝)부터 1911년 청조 선통(宣統) 3년까지 기록했다. 총 3,862권이며, 약 4천만 자다. 이들 정사(正史) 열전(列傳)에 통상 외이전(外夷傳)이라 총칭되는 오랑캐에 대한 기록이 포함되어 있다.

라고도 감복한 이유가 채생이 진실하고 선하게 하늘이 주신 위험을 받들고, 인간의 경애를 극진히 이뤘기 때문이다. 이 기록을 소동파가 해외에서 지은 문장과 같이 전해야 마땅하다. 소순蘇洵[28]이 말한 "여러 번 죽어도 한이 없다네. 평생 구경하지 못한 절경이로세"에 걸맞는 유람이다.

그렇다고 해도 내가 그를 칭찬하는 까닭은 더더욱 다른 이유가 있다. 그는 무릇 정신과 의지가 바르기에, 어려운 일을 처리할 수 있었다. 견문이 넓어 만물의 사정을 헤아릴 수 있었다. 믿는 마음이 통달하여, 어려움에서도 배우고, 길함을 얻었다. 독실하고 공경하며 충실하고 믿음직하여, 오랑캐들도 따랐다. 채생은 비록 평생 거인 시험에 좋은 결과를 얻지 못했으나, 그 절개가 어찌 소동파에 미치지 못하겠는가? 나는 채생의 이러한 유람을 부러워 할 뿐이다. 이로써 서문을 갈음하고자 한다.

— 도광 16년 병신년 음력 7월 16일,

섬서안찰사사陝西按察使司, 전前 대만 팽호 병비도兵備道[29]

채생의 벗, 차백次白 유홍고 쓰다

---

28 소순(蘇洵, 1009~1066) : 북송의 문학가로 자가 명윤(明允), 호가 노천(老泉)이다. 날카로운 논법과 정열적인 평론이 구양수(歐陽修)의 인정을 받게 되어 유명해졌다. 아들 소식 · 소철과 함께 삼소(三蘇)라 불렸고, 당송팔대가 중 한 명이다. 주요 저서로『시법(諡法)』등이 있다.

29 병비도는 각 지역의 군사 요충지에 두루 군사 장비를 관리하던 도원(道員)을 뜻한다. 군사 업무를 감독 지휘하고 작전에 직접 참여했다.

역암懌菴 **장용**蔣鏞 **사마부자**司馬夫子[30] **제사**題詞

문장으로 향시에 합격하기도 전, 바다에서 솟구친 배, 맹렬한 태풍에 날렸다네.

밤낮으로 하늘에서 내린 비로 떴다, 가라앉았다, 연기같은 구름과 바람에 실려 갔구나.

(돛대도 버리고 서북풍에 떠밀렸다, 운좋게 동북풍에 월남으로 실려갔네. 가까스로 낙제落漈[31]를 벗어났지.)

남으로는 거친 섬을 파도와 함께 건너고, 북으로는 고향 산을 바라보고 그제야 깨달았네, 성에서 벗어났음을.

오가는 만여 리 뱃길, 어찌 바랑이 비단으로 가득 차서 돌아왔는고?

계림桂林으로 돌고 돌아 고향 하문鷺門[32]에 온전히 돌아와 기쁜 소식을 전하네.

늙은 애미萱幃[33] 자식 기다리는 심정倚閭[34] 위로받고 희망을 보았다네, 문사를 아끼고 알아보는 믿음직한 마음이여.

(하문의 주 관찰사와 대만의 유 염방,[35] 두 상관의 사랑과 기대를 고루 받았구나.)

돌아보니 높은 파도에 놀란 마음 비로소 가라앉고, 애틋한 향수[36] 아련히 깊어,

---

30 장용(蔣鏞, ?~?) : 자가 역암(懌菴) 혹은 성영(聲永)으로, 호북(湖北) 황매(黃梅) 출신이다. 1821년부터 약 10여년간 팽호 통판(通判)으로 부임하면서 문석서원(文石書院)을 재건하는 등 지방 발전과 민휼에 애썼다. 채정란, 진대업(陳大業)등과 함께 『팽호속편(澎湖續編)』등을 편집했다.

31 오키나와 근처의 조류의 흐름이 매우 빠른 지역이다.

32 하문(廈門)의 옛 이름이다.

33 훤위는 남의 어머니를 높여 부르는 말로 자당(慈堂)의 동의어다.

34 의려는 자식을 기다리는 어머니의 마음을 뜻한다.

35 관찰사의 별칭이다.

36 상재(桑梓)는 여러 대의 조상의 무덤이 있는 고향이다.

오랜 바람과 큰 풍랑으로 멀리 갔으나, 고난에도 안온하니 큰 임무를
도모할 수 있으리.

음평蔭坪 허덕수許德樹 광문부자廣文夫子[37] 제사

거친 파도와 어지러운 바람에도 효자老萊衣,[38] 죽어도 부모를 봉양하
는 마음으로 버텼다지.

도꼬마리처럼 타들어간 마음, 용케 보전한 몸 하늘이 보우하사 꿋꿋
이 살아남았으니,

하늘이 꽃과 풀을 남겨 봄 햇살 알림이여

월남 채근신菜芹汛[39]에서 구리 쟁반에 음식을 진상하여

만 리에서 배를 탄 손님 왔다 하니

월남 노인, 어른들 기뻐하며 한달음에

지팡이 부여잡고 중국 손님 보려 모여들었네.

소화蘇和 새 우는 소리 들리는데 산마루는 구불구불,

이국에 얽매인 몸 아뢰어 힘겹게 광동으로 돌아 왔음이여.

건곤초乾坤草 소매에 뜯어 넣으며 고생 끝에 험한 길 살아 돌아온 자,
몇 명이나 되리오!

손님 마주하며 붓 휘둘러 북받친 마음 읊조리니

백거이 이름이 계림 땅에 널린 퍼지듯 그 이름 유명해졌구나.[40]

---

37 허덕수(許德樹, ?~?) : 자가 대자(大滋) 혹은 체자(逮孜)이며, 호가 음평(蔭坪) 혹은 춘전(春甸)이
다. 복건성 후관(侯官) 출신으로, 청조의 관리다. 1826년 진사가 된 후, 장주(漳州) 부학교수(府學
教授), 대만부학교수 등을 역임했다. 유홍고가 청하여 해동서원(海東書院) 강석을 겸했다.
38 노래의는 노래자(老萊子)라고도 한다. 주(周)의 유명한 효자로, 70세에 늙은 어버이를 즐겁
게 하기 위해 색동옷을 입었다는 이야기가 전해진다.
39 월남 광의성 사의부 마을 이름으로, 채정란과 그 일행이 표착한 곳이다.

이제 한가로이 풍월 읊은 시 베낄 새 없으리니,

시 한 수 새로 지을 때마다 돈닢이 쌓이겠네.[41]

『해남잡저』 팽호 향조 채정란 지음

「창해에서의 고난滄溟記險」

도광道光 을미년乙未年 늦가을에 성시省試[42]를 보러 남쪽으로 갔다. 시험을 치른 후, 하문廈門(하문의 별칭이 노도鷺島다)에 이르러, 나의 스승인 운고芸皋 주개周凱 관찰사의 생신에 갔다(당시 흥천영도興泉永道 지역을 관장하여 하문에 머물러 계셨다). 여러 사람들과 어울려 술잔을 들고, 며칠 즐겁게 보냈다. 다시 금문金門(금문 섬은 하문 동쪽에 있다)으로 가서 조부댁(조부께서 금문에 거주하신다)에 갔다. 요나料羅(요나신料羅汛은 금문 동남에 있다)로 가서 배편을 알아보고, 장차 팽호에 돌아가 노모께 문안을 드리려 했다(노모개 당시 팽호로 이사하셨다) 대만으로 갈 요량으로, 열흘이 채 못되어 도착하려니 했다(나는 그 해 대만군郡 도읍의 인심서원引心書院에서 강의하고 있었다).

10월 2일, 뱃사람이 와서 갈 길을 재촉했다. 동생 정양廷揚과 시종을 데리고 바닷가로 질주하여 보니, 배가 이미 닻碇(무거운 나무로 만들어 바다에서 배를 고정하는 도구다)을 올렸고 높이 돛帆(속칭 봉篷이라 한다)을 올려 막 떠날 참이었다. 급히 작은 배를 불러 힘껏 노를 저어 범선을 쫓아갔

---

40 향산(香山)은 백향산(白香山), 즉 중국 당대 유명 시인 백거이(白居易, 772~846)를 말한다. 계림국 재상이 백거이의 시를 너무 좋아해서 당시 계림에 널리 알려져 있었다는 옛 고사에서 유래한 말이다. 백거이는 자가 낙천(樂天), 호가 취음 선생(醉吟先生), 향산거사(香山居士)로, 「장한가(長恨歌)」, 「비파행(琵琶行)」 등이 유명하다.

41 이제 채정란이 유명세를 타서 한가로이 풍월을 읊는 시를 쓸 겨를이 없으며, 짓는 시마다 돈이 된다는, 즉 유명해지겠다는 의미다.

42 성에서 치르는 시험이다.

다. 이미 해가 점점 서쪽으로 기울고, 동남쪽 구름이 뭉게뭉게 바다에 피어오르더니, 푸른 아지랑이처럼 변하다 시나브로 잦아들었다. 밤이 되자 하늘 가득히 별빛이 명멸했다. 바람의 징조가 심상치 않아 뱃사람에게 큰 바다로 천천히 나가자고 했다(큰 바다 가운데, 가없이 끝없는 바다를 양洋이라고 하는데 내양內洋과 외양外洋의 구분이 있다). 그러나 선주가 그렇게 할 수 없다고 고집을 부렸다. 돌아보니 옆의 배들이 삼삼오오 해안을 떠나고 있었다. 나는 머리가 펑펑 도는 지경이 되어 배 안으로 몸을 던져 이불을 뒤집어쓰고 겁이 나서 숨을 죽이고 누워 있었다. 대략 밤 12시쯤 되자, 위잉위잉 바람소리가 들려오고, 배 바닥에 철썩 철썩 급하게 물 부딪는 소리가 나고 [배개] 요동쳐서 도저히 버틸 수 없는 지경이 되었다. 외려 큰 바다에서 파도가 더 높으려니 하며 잠시 기다렸다. 다시 향 한 대가 탈 정도의 시간(배에서는 향 한 대가 탈 시간을 1경更으로 셈하여, 경향更香이라 한다)이 흘렀다. 다시 향 두 대를 태울 시간이 정신없이 지나자, 배가 이미 흑구黑溝(흑수黑水가 있는 큰 바다로 물이 깊어 검은색을 띤다. 동쪽으로 해류가 급하고 낮게 흐르는데 속칭 '흑구'라 부른다)를 건넜다. 이제 동이 트면 해안에 도착하게 될 터였다. 그러나 배가 급히 갈수록, 파도가 더 높아지고 태풍이 온 것 같았다.

처음에, 서북 가로 검은 구름 몇 점이 보였으나, 금방 동남 방향으로 사방에 퍼졌다. 마치 달리는 말처럼 모였다가 순식간에 미친 듯 빨리 퍼지고, 바닷물이 비등하고 배가 기울어져 뒤집어지려 했다. 나는 배 바닥에서 몸이 오른쪽으로 갔다, 왼쪽으로 굴렀다 하며, 앉을 수도 누울 수도 없었다. 심장이 쿵쾅거리는데 뱃사람이 "동쪽 해안에 정박해야 하니, 빨리 키를 돌려 돌아가자!"라고 소리쳤다. 바람이 더욱 심해졌고,

키가 하금下金(배 뒤 물속에서 키를 고정시키는 장치다)에 붙어 있어 열 명이 달라붙어 밀어도 꿈적하지를 않았다. 이에 돛을 내리고 배에 실었던 화물을 버려 배를 가볍게 했다. 날이 밝았으나 사방이 분간이 되지 않고, 산더미 같은 흰 파도가 몰려와 배가 파도 속에서 출렁거렸다. 지남침을 보니 동남쪽인 듯하나 어디인지 알 수 없었다. 이렇게 사흘을 보내고, 뱃사람들이 논의하기를 "이렇게 가다 요행으로 섬라暹羅,[43] 여송呂宋[44]에 도착하면 돌아오기를 기대할 수 있으나, 만약 남오기南澳氣에 들어가 끝까지 가서 떨어진다면(급류에 휩싸이면 끝까지 가서 떨어지게 되는데, 조류가 급하여 내려가면 다시 오지 못하기 때문이다. 남오기는 스프래틀리 군도萬里長沙, 파라셀 군도千里石塘[45]에 떠밀려 가는 곳으로 대만해 남쪽에 있다), 살아 돌아갈 도리가 없습니다"라고 했다. 바람이 약간 진정되는 틈을 타 불을 피워 밥을 짓고 배불리 먹었다.

잠시 후, 마조媽祖(천상의 여신을 마조라고 부른다)[46] 깃발이 펄럭이고 바람이 동북으로 바뀌어 휘이익 노호했다. 물결이 세차게 몰아쳐 포말이 온 하늘을 뒤덮고 장대비가 와서, 머리부터 발끝까지 다 젖고 온 몸에 오한이 나 서로 무표정하게 바라 볼 뿐이었다. 갑자기 큰 파도가 밀려와 뱃머리가 마치 절벽에서 굴러 떨어진 큰 바위에 맞은 것처럼 요동쳤다. 배가 물속으로 들어갔다 순식간에 올라왔고 성개艙蓋(선창의 덮개를

---

43 태국의 옛 이름인 샴(Siam)의 한자음 표기다.
44 필리핀의 북부섬 루손(Luzon)의 한자음 표기다.
45 중국에서는 수·당(隋唐) 이래 스프래틀리 군도(Spratly Islands)를 '만리석당(萬里石塘)'으로, 파라셀 군도(Paracel Islands)를 '천리장사(千里長沙)'로 불렀다. 저자가 앞부분 명칭을 바꿔 적은 듯하다.
46 천후(天后) 등의 별칭으로 불리는 항해자의 수호신으로서, 바다 관련 일을 하는 이들에게 절대적인 신앙의 대상이 되고 있다. 인도네시아, 동남아, 중국 남부, 대만, 오키나와 등에 사당이 있다.

성개라 한다) 나무 판이 떨어져 떠다니고 파도가 비스듬히 솟구쳐 올라 배 바닥으로 쏟아졌다. 나는 물에 빠져 엎어져 죽을 운명이라 여겼다. 동생이 손에 줄을 하나 들고 울면서 허리춤에 묶으라고 했다. 억지로 [줄을] 겨드랑이에 낀 채 배 밖으로 나와 엎드려 하늘에 목숨을 빌었다. 뱃사람들 모두 구슬피 울며 애통해 했다. 나는 선주(선주를 출해出海라고 한다)를 돌아보며 "울어도 소용없으니 신속히 돛대를 자르라!"라고 했다. 돛대가 잘려 바다 속으로 떨어지니 배가 비로소 안정을 찾아 파도를 따라 물오리처럼 둥둥 떠내려갔다. 물통을 보니 곧 물이 떨어질락 말락였다. 물통을 잠그고 마시지 말라 하고 아침저녁으로 바닷물을 길러 토란을 쪄 먹었다. 마음이 초조하여 물 생각이 나도 마실 수 없고, 하루에 토란 줄기 반만 씹어도 허기와 갈증을 느끼지 못했다.

너 닷새가 지난 뒤, 흰 새가 날아다니고 바닷물이 옅은 검은색으로 변하더니 다시 서서히 옅은 푸른색으로 바뀌어 육지가 멀지 않으리라 짐작했다. 해가 지려 할 즈음, 멀리 떠 있는 구름 사이로 검은 그림자가 희미하게 보이는데 물과 맞닿은 곳이 움직이지 않아 산이려니 생각했다. 다음 날 안개가 걷히자 첩첩 봉우리가 바로 눈앞에 펼쳐졌다. 배에서 약 1리里 정도 떨어진 곳에 작은 섬 세 개가 우뚝 서 있었다. 섬에 풀과 나무가 무성하게 우거져 있고, 옆으로 거석이 높이 솟아 험준한 모습이었다. 배들이 조류를 따라 구비 구비 안으로 들어가는데 자세히 보니 모두 호선番船(오랑캐 배를 뜻한다)으로 쉴 틈 없이 왔다 갔다 하는 베틀 북 같았다. 꼼꼼히 큰 산 입구를 살피니 돛대가 빼곡하게 있었다. 항구임을 알아차리자, 모두 미친 듯 좋아하며 나란히 무릎을 꿇고 하늘을 우러러 보며 감사했다.

오후에 작은 비가 몇 차례 오더니 먹구름이 운집하고 비바람이 몰아쳤다. 축축한 안개가 위아래로 피어올라 시야를 가리니, 뭇산이 희미해져 눈앞에서도 구분하지 못할 정도가 되었다. 파도가 소용돌이 치고 하늘 높이 치솟아 앞뒤로 배를 내려치는데, 우르렁거리는 우뢰처럼 날이 저물 때까지 계속되었다. 저녁 8시경이 되니 사람들이 걱정에 마음이 가라앉아, 각자 생각에 잠기었다. 나도 여기서 죽는가?라고 자문하며 동생 손을 부여잡고 앉아, 상황이 변하기를 기다렸다. 조금 지나자, 비바람이 멈추고 파도 또한 잦아들었다. 배 밖으로 몸을 내어 보니 달이 동쪽에서 올라 암흑 속에서 홀연히 빛났다. 정신을 가다듬고 자세히 살피니 남북이 산에 에워싸여 배를 정박할 수 있었다. 연종鉛鐘(납으로 만들며 수십 장丈의 줄에 매달아 물의 깊이를 재는 도구다)[47]을 던져 보니 물 깊이가 2, 3장이 되었으며 바닥이 모두 고운 모래라 드디어 닻을 내려 배를 정박했다. 손가락을 꼽아 계산해 보니 대략 10월 11일 밤이었다.

잠을 자고 [다음 날] 새벽녘에 고깃배 한 척이 다가와 묻는데 말을 알아들을 수 없었고 손가락으로 '안남安南'이라는 두 글자를 썼다. 조금 지나자 다시 작은 배 한 척이 왔는데, 그중 한 사람이 중국어를 할 수 있었는데 자기가 당인唐人(안남에서 중국인을 당인이라고 한다)이라고 했다. [그개] 우리 배에 올랐는데 "손님들은 중국에서 오셨나요? 뱃길을 모르면서 어떻게 여기까지 오실 수 있었습니까?"라고 놀라 물었다. 우리 다같이 여기에 온 연유를 말했다. 그러자 그가 말문이 막혀 고개를 절레절레 흔들며 말했다. "신의 가호가 아니면 어찌 이럴 수 있겠습니까? 맨 처음 도

---

47 1장(丈)이 1척(尺)의 10배로, 약 3.33미터다.

달한 작은 섬이 다름 아닌 점필라占畢羅섬인데, 섬의 동서로 뭇 해류가 격하게 흐릅니다. 그중 한 항구가 매우 좁아 배가 조류를 타지 않으면 들어올 수 없고, 돌에 닿기라도 하면 바로 침몰합니다. 서쪽에서 들어와 남으로 가면 안쪽 항구로 들어올 수 있지만, 배의 돛이 이미 떨어져 나갔다면 물길을 거슬러 올 수 없습니다. 동서 일대에서 여기로 들어오는 것이 매우 위험합니다. 해저에 모두 암초와 암선暗線(해저 바위를 초礁라 하고, 해저 모래를 선線이라 한다)이 있습니다. 바다 모래가 수십 리 길게 있어 항구로 들어오는 길을 우회해야 하며, 경험 많은 늙은 어부도 까딱하면 암초를 건드려 가루가 됩니다!" 나는 이 이야기를 듣고 더 놀랐다.

생각건대 나는 팽호에서 태어나 어려서부터 창해를 섭렵하여 지금까지 수십 번 바다를 왕복했는데 매번 무사히 안온하게 순항하여 두려움이 없었다. 간혹 바람과 파도가 있었으나 이 또한 흔한 일이라 여겼고 이번 항해처럼 힘든 적이 없어서, [이번에 내가 살아 돌아온 것은] 구사일생이라 할 수 있다. 그러나 나는 옛 사람들이 충실한 믿음으로 파도를 넘고, 평지를 다니는 것처럼 [수월하게] 환난을 극복했음을 알고 있다. 혹은 파도에 놀라더라도 마음을 진정시키고, 화가 나도 웃으며 침착하게 이야기하고 얼굴색이 변하지 않았다고 들었다. [이제 보니] 그들 모두 성현호걸이라, 마음이 정직하여 하늘을 감동시키고, 목숨 잃는 것을 개의치 않아 세상에 쓰임이 있는 것이다. [나는] 구구한 목숨을 연명하는 일개 서생으로, 뛰어나지도 않고 충성스럽기는 하나 우둔할지언정 우둔하나 긍지를 가지고 살아왔다. 그러니 이러한 위험을 겪으며 어찌 두려워하지 않았겠는가? 마음이 두근거리고 노모를 떠올리면 끝내 불효를 저질렀는데, 어찌 감히 목숨을 온전히 보전하려 했겠는가. 그저 하늘의 명령을 따랐을 뿐이다. 그런데 오히려 죽지 않고 지금까지 왔도다. 하늘이 나를 크게 도와 먼저 시련과 어려움에 들게 하고 걱정과 근심을 겪은 뒤, 시로 써 바다 밖 나라에 이름을 스스로 떨치게 하려 했다면 또한 다행이리라.

다들 아침식사를 같이 했는데, 매우 배불리 먹었다. 햇볕을 등진 채 앉아 분주히 젖은 옷을 말렸으나 얼룩이 지워지지 않았다. [이상의 일을] 급히 기록하였다.

운고 주개 선생이 평하여 말씀하셨다. "험난한 우여곡절을 기록하였 는데, 놀랍고 기이한 일들이 몹시 소상하다. 글 말미에 자신의 감회를 피력했는데 그의 사람됨을 생각하게 하는 바이다."

『해남잡저』 팽호 향조 채정란 지음

「불타는 황야의 여정炎荒紀程」

배가 월남 땅에 정박한 날이 월남력으로 을미년乙未年 10월 13일이었 다. 두 신관汎官[48]이 작은 배를 타고 와서 우리 배 옆에 대었다. 모두 주 름이 있는 천으로 된 검은 옷과 두건을 쓰고, 좁은 소매의 검은 옷과 붉 은 바지를 입었는데 두 발은 맨발이었다(월남 관리들은 출입할 때 모두 신발 을 신지 않는다. 옷을 여름과 겨울을 구분하지 않고, 겨울에 오히려 얇은 비단 옷을 입었다. 신분이 귀한 이들은 남색, 흑색 옷을 입었으며 두건도 역시 그러했고 바지가 모두 붉은 색이다). 통역(말을 전해주는 자를 통언通言이라 불렀다) 한 명을 데려 왔는데 복건성 말투(소안詔安 사람으로 이름이 심양沈亮이다)를 썼다. 우리 선 주를 불러 다음과 같이 말했다. "이 분은 광의성廣義省 사의부思義府 채근

---

48 명·청 대에 군대가 주둔하여 방어를 하던 곳을 신지(汎地)라 하였는데, 이곳에 파견된 관리다.

신채근汎의 수어관守禦官[49]이십니다(한 사람이 완문난阮文鸞이고, 또 다른 이가 완문리阮文利라 했다). 바람을 따라 온 중국 배가 있다 하여 특별히 조사하러 왔습니다." 관리들이 안내를 받아 배에 오른 뒤, 선실을 열어 두루 살핀 다음, 풍랑을 만난 경위를 듣고 등록증을 가지고 갔다(월남에서 모두 한자를 사용하고, 관아의 공문 체제가 중국과 거의 비슷했다). 다음 날 배를 안쪽 항구로 옮기고 관례에 따라 구리로 된 쟁반을 들고 보고하라고 분부했다(선물을 할 때 반드시 구리 쟁반 위에 놓고 머리 위로 들고 무릎을 꿇고 진상하는데, 이를 '구리 쟁반에 공물을 바친다貢銅盤'고 한다).

다음날 이른 오후, 부들로 엮은 수십 척의 배들이 나는 듯 다가왔는데 모두 어선이었다. 먼저 통역이 여러 사람을 안내하여 배에 올랐고, 어떤 이는 키를 겨드랑이에 끼고, 어떤 이는 닻을 들어 각자[자기가 타고 온 어선에 우리 배의 선두船頭를 줄로 연결하여 노를 저어 끌었다. 우리 배가 천천히 따라 갔다. 노를 함께 저으면서 아아우우 노래를 불렀는데 메아리가 구름과 물 사이로 울려 퍼졌다. 높이 날던 갈매기와 백로가 노랫소리에 파드닥 날아갔다. 어둠이 내릴 즈음, 강 안쪽으로 들어갔다. 가까운 산에 대나무가 무성하게 울창하고 여러 채의 민가에서 연기가 올라오고 있었다. 잠시 후 나루에 도착했고, 나루에 띠 집 십여 칸이 있었는데, 관리가 여기에서 주둔하고 있었다. 수어관이 친히 모래펄에 와서 어선을 지휘했고, 배를 관청 앞에 정박하도록 명했다. 배를 묶어 고정시키자 여러 어선들이 흩어져 돌아갔다(이 나라의 오랜 관습에 따르면 배가 관할 구역에 들어오면 관리들이 방어를 해야 한다. 관청 앞에서 징을 치면 어선

---

49 적의 침입을 막는 각 위소(衛所)에서 일하던 관리다.

들이 개미떼처럼 모여들어 명령을 따르는데 노임을 감히 받으려 하지 않았다). 야
간에 술고戍鼓[50] 소리가 둥둥 관청까지 들렸다(밤새 시각을 알리는 북을 치는
데, 시각 수에 맞춰 북을 치지 않고 딱 한 번 친다. 큰 관청에서는 종을 울린다).

15일, 통역과 함께 육지에 내렸다. 선주가 배에 있는 물건(생강, 면, 담
배, 차, 월남에서 좋아하는 물건)을 가지고 관청 구리 쟁반을 빌려 진상했고,
나도 붓과 먹을 진상했다. 수어관이 기뻐하며 나를 불러 상 중간에 앉혔
다(크고 작은 관청 모두 의자와 탁자가 없고, 관청 중간에 낮은 상牀을 하나 두었다.
남쪽을 바라보고 높은 사람이 앉는다. 좌우에 다른 상을 별도로 마련했는데 동서 방
향 좌측에 주인이, 우측에 손님이 앉았다. 이는 한漢 제도를 따라 우측을 좌측보다 높
인 것이다. 한편, 같은 상에 앉을 때 높은 이가 바깥쪽에, 낮은 이가 안쪽으로 지위에
따라 앉는다). 급히 문서를 준비하고 성당관省堂官(성에 주둔하는 고관을 성당
관으로, 부에 있는 관리를 부당관府堂官으로 부른다)에게 신속히 보고했다. 이
에 쌀 1방方(약 4말이다), 돈 1관貫(주물로 된 납전으로 '명명明命' 연호가 새겨져 있
다. 2전錢이 동전 한 닢에 해당하며 1관이 600문文이다)을 빌린 뒤 관리를 떠나
배로 돌아왔다.

16일 오후, 물가에 망자輌子 2대(견여肩輿[51]를 망자라고 한다)가 도착한 것
이 보였다. 그 안에는 각각 한 사람씩 타고 있었다. 시종 여러 명이 등나
무 채찍을 들고 있었다. 잠시 후, 수어관과 함께 배에서 내렸다. 이윽고
이전 통역을 불러 말했다. "이 성당관이 이 일을 위임받아 다시 검사하
러 온 분입니다"라고 했다(한 사람이 포정관布政官[52] 하급관리未入流[53] 진흥지陳

---

50 변방 주둔군의 북소리다.
51 좁은 길을 지날 때 잠시 쓰는 간단한 상여 혹은 가마다.
52 한 성(省)의 재정과 민정을 관장하던 관리다.
53 미입류는 명·청대 구품(九品) 아래 관리를 칭하던 말이다.

興智이고, 또 한 사람이 안찰관按察官[54] 하급관리 완진통阮進統이었다). 등록증과 탑승객 수에 따라(배를 탄 손님을 탑승객이라고 한다) 각각 왼손 중지를 펴서 종이에 찍게 하였는데 이를 '점지點指'라 했다. 다시 배에 금지된 물건(아편과 무기를 가장 엄격히 금하는데, 만약 적발되면 서양 비적으로 여겨 참수한다)이 있는지 샅샅이 검사했다. 가로 세로 배의 크기와 선창의 깊이를 재고, 조서를 만들어 세금을 매겼다(만약 배에 화물이 없으면 면세다). 지필을 꺼내 각각 종이 한 장을 주며, 질문과 대답을 적었다. 내게 다음날 성에 가서 고관을 만나게 해 준다고 약속하고 드디어 육지로 돌아갔다.

다음 날, 과연 나를 데리러 작은 배가 와서 선주와 같이 갔다. 미풍이 불어왔고 물도 잔잔했으며, 물길을 따라 10여 리를 지나 뭍에 도착했다. 해가 정오를 가리켰고 밭고랑 길을 2, 3리 정도 지나자 노민시潞潤市(중국어 발음은 율만栗萬이고 주둔병이 있었다)에 도착했다. 저녁에 통역 집에서 잤다. 새벽 네 시에 일어나 달빛 아래 길을 걸었다. 온 마을에 시간을 알리는 딱따기 소리가 들렸다. 골목 후미에서 개가 표범처럼 짖어댔고, 연못에는 개구리와 벌레들이 쉬지 않고 시끄럽게 울어댔다. 약 20여 리를 걷자 날이 밝았고 길가 노점에서 끼니를 때웠다. 다시 대략 몇 리를 걷고 시내를 건너자, 두 사람이 가마를 가지고 와서 내게 앉으라고 다투어 권했다. 사양하니 대신 병사를 붙여 천천히 걷게 했다(관아에는 시종이 없고 모두 병사가 노역을 했다). 큰 길이 폭이 2장丈 남짓 되었고([이 길이] 월남의 유일한 큰 길로 남북을 관통하고 있었다), 양 쪽에 잭 푸르트Jackfruit나무[55]가 열

---

54 당(唐) 초에 한(漢) 자사(刺史)를 따라 설립하였으며, 한 성의 형법과 순찰을 책임지던 관리다.
55 바라밀(波羅蜜) 혹은 큰빵나무로 불린다. 뽕나무과의 상록 교목이다. 인도와 말레이시아가 원산지로 높이 15m에 달하며 잎의 길이가 10~20cm로 긴 타원형이며 가장자리가 밋밋하다. 원통형 열매는 무게가 7~9kg 정도 나가는데 식용으로 쓰인다.

걸음에 한 그루씩 심어 있는데, 엇갈려 늘어진 나뭇잎이 무성하여 그늘이 넓었다. 쏴쏴 시원한 바람이 불어와서 소매 속까지 서늘했다. 멀리 논이랑이 넓게 펼쳐져 있고 벼에는 윤기가 가득했다. 인가 주위에 사방으로 대나무를 빙 둘렀고, 사탕수수, 빈랑이 많았으며 풍경이 대만과 몹시 흡사했다. 길 중간에 사람이 건너다니는 다리를 모두 대나무로 엮어 만들었는데, 새 것을 헌 것에 십여 겹 덧대고 횡목橫木으로 지지하여, 내딛는 발걸음마다 부드럽게 움직였다. 정오가 되자 다른 시내를 건넜다. 시내를 지나 다시 몇 리를 지나니 광의성廣義省에 도착했다. 포정관 한 명, 안찰관 한 명, 진병관鎭兵官 한 명(번藩과 얼臬, 두 사司를 포정관, 안찰관이라 부르고, 총병總兵을 옹관진翁官鎭이라 한다. 합해서 삼관당三官堂이라고 부른다)이 주둔하고 있었다. 작은 도읍(속칭 규몽성虯蒙城이다)이 있었는데, 동, 서, 북쪽에 각각 문 세 개를 세웠다. 관청, 창고, 병영이 도읍 안에, 주민 거주 지역과 저잣거리가 밖에 있다(모든 성, 군의 도읍에는 민간인이 없다). 시가지로 나갔다가 당인(월남에서는 중국인을 당인唐人 혹은 천조인天朝人이라고 한다) 임손林遜(복건 동안 사람이다)을 만나 집에 초대받았다.

조금 지나자 사람들이 재촉하여 고관을 만나러 갔다. 나는 관을 쓰고 허리띠를 차고 성에 들어갔는데 보는 이들이 웃었다. 관청에 들어가서 대당大堂으로 안내받았다(관청에 널찍한 대당 한 칸만 있는데 조석으로 이곳에서 일을 본다. 말단 관리, 서리가 함께 당상에 모여 사무를 보고, [하루 일과를] 마치면 제각기 집으로 돌아간다). 중간에 관리 둘이 앉아 있었고 통역이 조용히 말을 전했다. 한 분이 왕가 종친인 포정관 완공阮公(이름이 백帛이다)이시고, 다른 한 분이 안찰관 등공鄧公(이름이 금감金鑑이다)라 했다. 앞으로 나아가 읍揖[56]을 했다. 모두 일어나 허리를 구부리고 손을 맞잡아 읍으로 답례

했다. [나를] 위아래로 훑어보며 왁자지껄 웃었다. 탁자 오른편을 가리키며 앉으라 명했다. 통역에게 이렇게 저렇게 말을 했는데 전하지를 못했다(통역은 저잣거리에서 쓰는 말만 아는지라, 대개 [어려운 말을] 잘 모른다). 고관이 친히 종이에 글을 써 고향, 이력과 태풍을 만난 상황을 물었다. 상세히 자초지종을 적어 답을 했다. 관리가 머리를 끄덕이며 탄식하고 매우 불쌍하게 여기는 것 같았다. 이에 복건성福建省 방장幇長 정김鄭金(동안 사람이다)을 불러 방을 골라주고 쉬게 했다(중국인들은 복건성, 광동성 사람이 많았다. 복건성은 복건방, 광동성은 광동방이라고 했으며 각각 방장을 두어 공무를 보게 했다). 먼저 쌀 2방, 돈 2관을 주었다. 다시 선주를 불러 증명서를 발급받게 하고, 선창을 열어 나머지 화물을 팔 수 있도록 허가했다. 나는 일어나 감사드리고 물러나 임손 집에 머물렀다.

19일, 글을 고쳐 방장에게 부탁하여 관청에 넣었다. 고관들이 이에 칭찬을 하고. [내 글에] 문장을 더하여 소장을 갖추어 국왕에게 올렸다(국왕은 부춘성富春城에 기거하였고, 광의성에서 걸어서 약 이레 걸리는 곳에 있다). 이때가 저녁으로, 포정관이 서리에게 명하여 제목을 적은 종이를 가지고 와서(제목이 네 개였는데 예藝가 하나, 경예經藝57 하나, 그리고 시詩와 부賦 각 하나였다) 내일 아침까지 글을 적어 오라 했다. 다음날 저녁 등공 역시 서리를 시켜 제題를 가지고 왔다(포정관과 마찬가지로 네 개였다). 나는 그 가운데 몇 개를 골라서 시간에 늦지 않게 적어 올리되, 나머지를 올리지 않았다. 22일, 떠난다고 말하고 다시 배로 돌아왔다. 24일, 동생을 데리고 다

---

56 중국식 인사 예법 중 하나로, 두 손을 포개어 얼굴 앞으로 들어 올리고 허리를 앞으로 공손히 구부렸다가 몸을 펴면서 손을 내린다.
57 경서(經書)에 관한 학문과 기예(技藝)를 뜻한다.

짐을 싸서 배에 탄 사람들과 작별하고 다시 광의성에 갔다. 그 뒤로 다시 배에 돌아가지 않았다.

26일, 고관이 우리 일행이 온 것을 알고 각 소속 관리들에게 명하여 같이 만났다(지부知府 1명, 통판通判[58] 2명, 경력經歷[59] 2명, 지현知縣[60] 2명, 현승縣丞[61] 1명, 교유敎諭[62] 1명이다). 장소가 비좁아서 모두 읍하고 헤어질 때까지 통성명을 다 하지 못했다. 이른 아침, 고관을 찾아가 뵙기를 기다리는데, 다같이 있는 자리에서 돌아가며 인사하면 실례라 인사를 생략했다. [고관이] 한창 큰 송사로 범인을 심문하는 중이라 [나는] 물러났다. 며칠 머무르는데 근처에 있는 관리와 향신이 끊임없이 방문했다. [그 수가] 백여 명이 되었으며 나를 "옹늠생翁廩生"(존경하는 이를 속칭 '옹'이라 일컫거나 '태太'를 붙여 불렀다)이라 부르며 글귀와 서책을 구하러 와서 많이 번거로웠다. 오직 포정관리인 배유직裵有直, 완사룡阮仕龍과 도타운 우정을 나누었다.

11월 5일, 고관이 왕의 교지가 내려 왔다고 전해 주었다. 급히 관청에 나아가 교지를 받았다. 고관이 붉은 비문批文을 뽑아 읽어 주었는데 다음과 같이 적혀 있었다. "이 사람은 명문가의 자제로 불행히 태풍을 만나 노자가 떨어지니 매우 가슴이 아프다. 성省에서 쌀과 돈을 벌써 하사하였으나, 상금 50관, 쌀 20방을 추가로 내림이 마땅하다. 이를 자금으로 삼아 생활하게 하여 어려운 중국 난민을 걱정하고 어여삐 여기는 나

---

58 지방 관리의 하나로 조정에서 번진(藩鎭)의 힘을 누르기 위하여 신하를 파견하여 군(郡) 정치를 감독했다.
59 중급 문관 관직으로 명대에는 군정장관(軍政長官)의 참모 역할을 했다.
60 명·청 대 하나의 현을 책임지고 다스리는 정식 관리로 현령(縣令)이라고도 한다. 정칠품(正七品)에 해당하는 관리였기 때문에 속칭 '칠품지마관(七品芝麻官)'이라고도 불렸다.
61 현의 부지사로 현령, 현장(縣長) 다음 가는 벼슬아치다.
62 송대 설치된 관직으로 생원(生員)을 교육하는 책임을 지던 정식 교사였다.

의 지극한 뜻을 보이게 하라. 뱃사람들 또한 사람 수에 따라 매월 쌀 1방을 내리노라." 이에 글을 써 감사드리고 도읍 창고에서 물자를 빠짐없이 받았다. 이로 인해 고관들도 나에게 더 예를 갖추고 한가한 시간이면 늘 불러서 같이 필담을 나누었다.

9일, 진사進士 여군黎君(이름이 조귀朝貴다)이 새롭게 지부관 범공范公(이름이 화정華程이다)과 함께 방문했다. 범공은 일찍이 부사副使를 역임했고, 조공을 바치기 위해 중국에 다녀온 적이 있다. 시집詩集을 지었는데, 소매에 넣어 가지고 와서 내게 보여 주었고, 나는 상세하게 평가하고 칭찬했다. 시도 적어 그에게 증정했다.

10일, 황문黃文(용계龍溪 사람으로, 광의포廣義庸에 거주한다)을 만났는데, 일찍이 육로로 세 차례 복건에 돌아갔으며(복건으로 돌아가는 길이 두 개가 있다. 하나는 광동성 경주瓊州를 지나 해남성海南省 적감赤崁으로 가는 경로로 바깥으로 돈다. 강도가 있으나 사람이 많으면 갈 수 있다. 다른 하나는 광서성廣西省 큰 길로, 안으로 가는 길이다. 비교적 멀지만 위험이 없다), 여행길에 보고 들은 일의 의미가 크다 했다. 나는 미친 듯이 좋아하며, 육로로 돌아가기로 결심하고 계획을 세웠다. 다음 날 고관에게 편지를 올려, 증빙서를 발급받아 노자 돈을 빌려 육지로 고향에 돌아가겠다고 했다. 고관이 이런 전례가 없다고 난색을 표했다(전례는 다음과 같다. 무릇 중국 배가 바람에 밀려 월남에 오면, 문무관리와 향리들은 관청 배로 호송하여 중국으로 돌려보냈다. 육지로 돌아가는 상인들도 있었다). 내가 힘주어 간청하니 상소를 올려 청해보겠다고 했다.

13일, 광의포(상점이 있는 곳을 포庸라고 부른다. 광의포는 성에서 약 삼십여 리 떨어져 있고, 중국배가 모여든다)로 가서 황문 집에서 자며 고향 이야기를 나누었다. 주인이 아들과 며느리를 불러 손님이 오셨다고 인사를 시켰다. 광의포 중국인들이 앞다투어 와 질문을 했다. 믿을 만한 사람이라 그 곳에서 자고 돌아왔다.

20일, 서당 훈장 진흥도陳興道가 시를 지어 술자리에 초대했다. 어린 아이들이 읽는 사서, 경사經史, 고문, 시부를 보았는데 모두 중국과 같았고 필사본이었다. 또한 기와를 놓고 대나무에 흙을 묻혀 글자를 썼는데 모두 품질이 조악했다(붓과 먹이 제일 부족했고 글자를 배워도 책자를 만들 수 없었다). 혹은 종이나 손바닥에 초서로 쓰는데 매우 빨랐다. 진 훈장은 경사에 꽤 통달했고, 시를 알았으며, 사람들이 그를 옹시翁柴(선생을 시柴라고 부른다)라고 불렀다. 이로부터, 뭇 사람들이 요청하여 술을 마신 것이 여러 날이었다.

12월 6일, 왕이 배경숙裴敬叔(거인擧人 출신으로 후보지현候補知縣[63]이다)을 파견하여 시찰케 했다. 그는 몸소 집으로 와서 친절하게 위로했다. 다음 날 내가 감사 인사를 드리러 갔는데, 관리들이 관청에 모여 있었다. 사신과 고관이 왕의 뜻을 헤아려 모두 내게 육로를 포기하고 배로 가라고 했다. 내년에 춘풍이 불기 시작하면 관청 배를 준비하여 하문廈門까지 가라고 권유했다. 동석한 이들이 이구동성으로 그 방법이 편하다고 했다. 나는 급히 돌아가서 모친을 봉양해야 한다고 말했다. 왔다 갔다, 여기 저기 손을 쓰며 아침부터 저녁까지 온종일 내 뜻을 더욱더 굳세게 주장했다. 이에 사신들의 마음이 돌아섰고, 다시 명령을 받기로 약속하고 아래 사람들과 논의했다. 벌써 별이 떠올라 밤에 출발했다. 나는 돌아와서 마음이 조급하고 초조하여, 읍에서 병을 얻어 십여 일을 일어나

---

[63] 후보지현은 이미 지현의 직위를 받을 급이나 해당 관직을 배당받지 못한 자를 뜻한다. 지현의 관직을 가진 자 중에서 결원이 생기면 이를 충당하거나 이보다 한 등급 낮은 급에 가서 일하기도 했다.

지 못했다. 고관이 자주 사람을 보내 위로했다.

19일 새벽, 예전에 배를 검사했던 관리 진군陳君(이름이 홍지興智다)이 들어와서 축하하며 말했다. "부에서 허가가 났습니다!" 나는 병이 다 나은마냥, 뛰어오를 듯 기뻐했다. 진군이 내게 옷을 갖춰입고 고관을 만나라고 재촉했다. 고관이 부에서 나와 다시 붉은 비문을 뽑아 보이면서 말했다. "이 사람이 누차 육로로 고향에 돌아간다고 청하니, 오래 머물게 하지 못할 상황이다. 이치상 부俯가 요구하는 바를 들어주는 것이 마땅하다 하겠다. 호부戸部는 은 10냥을 내려 노자에 보태도록 하며, 또한 성 관리들이 우수한 전례를 좇아 잘 처리하도록 하라." 낭송이 끝나자 나는 눈물을 흘리며 감사했으며 관리와 상의해서 날을 잡아 출발하겠다고 말했다. 등공鄧公이 눈물을 흘리며 말했다. "그대가 돌아감은 좋은 일이나, 이제는 하늘가 먼 끝으로 가니 언제 다시 볼 수 있겠습니까?" 나 또한 슬픔을 이기지 못했다. 물러나와 동생과 짐을 꾸려 시종을 청하여 대동하고 같이 가기로 했다. 드디어 떠남에 여러 지인들과 이별을 고했다.

다음 날, 두 고관이 호부에서 보내온 돈과 노조관문路照關文[64](관원이 한명을 위임하여 20명의 병사로 광남廣南까지 호송했고, 통행증關文을 보내왔으며, 길따라 병사를 교체하며 파견해서 식량을 지급했다)을 보내왔고, 이밖에 은 5냥을 주었다. 등공鄧公이 별도로 사람을 시켜 계피, 상아통을 보내왔다. 모두 감사히 받고 각각 시詩로 감사를 표했다. 서리 배유직裴有直도 돈 3관을 동향인 임겸林慊(동안 출신이다), 임손林遜, 정금鄭金 무리 등이 약을 보내주었다. 여러 사람이 보내온 돈을 모두 고사했다.

---

[64] 여행 중 잘 봐달라는 통행증이다.

21일, 해가 밝을 무렵 고관에게 들어가 이별을 고하고, 패牌[65]를 남겨 국왕께 감사를 전했다. 고관이 관청에서 나와 송별하는데 지부 이하 관리들이 모두 조전祖餞 도읍 밖까지 왔다. 여러 동향들이 호위해서 강가에 도착하자, 눈물을 흘리며 이별했다. 선주와 배 동승자가 모두 남아 배편을 구하면 귀국하기로 했다. 헤아려 보니 내가 광의성에 머문 50여 일 간 흐리고 비 오는 날이 많고 안개와 습기가 가득하여, 땅이 질은 탓에 제대로 걷지를 못했다. 옷과 신발, 이부자리가 습하고 축축하였으며, 밤낮으로 모기와 파리가 들끓었다. 가끔 비가 개거나 날이 맑은 때면 고관과의 만남을 주선하거나 사람들이 찾아오느라 여유가 없었다. 또한 산수원림山水園林이 없어 소일하기가 어려웠다. 그런즉 마음을 잡지 못하고 슬픔이 맺힌 듯하여, 늘 우울하고 맘이 편치 못했다. 그러다 갑자기 귀로에 오르니, 우리 형제는 앞으로 가야 할 길이 만 리가 되는지도 모른 채 갇혀 있던 학이 새장을 벗어나 날개를 펴고 창공을 나는 듯 기뻐했다. 광의성에서 40리를 가면 노민潞潣에 도달하는데, 거리가 일궁一弓(1궁이 40리인데, 매 1궁마다 영방營房[66]을 설치한다)이고 비바람이 저녁까지 이어져 통역인 심량沈亮 집에 숙박했다. 다음 날, 40여 리를 걸어 긴판緊板에 도착했다(긴판에서 강으로 배를 타고 하루 밤낮을 가면 광남에 도착했다). 강을 건너 20여 리를 가서 조민幣潣(중국어로 좌만坐萬이라 한다)에 도착했다. 다시 160여 리를 가서 광남성 도읍(속칭 혜안惠安으로 불리며, 도읍을 좌규성坐葵城이라 한다)에 도착했고 포장 홍정洪鋌(복건성 동안 사람이다)의 집에서 밤을 보냈다. 도읍에서 20리를 지나면 혜안포惠安庯(중국인이 제일

많이 사는 곳이다)로 옛 전운사轉運使[67] 관청이 있는데 건물을 전부 닫았다(사당 내부에 이전 왕조 때 부임했던 전운사를 모셔 놓았다. 그런데 중국인이 합동으로 향을 붙이고 참배하면 좋지 못하다 하여, 현지인들이 평상시 문을 잠가두고 관리하기 때문에 들어 갈 수 없었다).

25일, 순무관巡撫官(광의성을 겸직하여 관리하고 있어, 남의순무관南義巡撫官이라고 한다) 반공潘公(이름이 청간淸簡, 호가 매천梅川이다. 진사 출신으로 중국에 사신으로 다녀왔다. 전임 동각대학사東閣大學士이며, 사정이 있어 지방으로 내려와 현직책을 맡았다)을 만났다. 반공은 재주와 학문이 뛰어나고, 성품이 겸손하고 온화하며 예문을 읽고 한적하게 지낸다. 하루에 두 차례 연거푸 만나 5관의 돈과 차, 과자를 주었으며, 서로 시를 주고받았다. 다음 날 아침 전속 관원을 파견하여 고급 종이를 주며 송별해 주었다.

26일, 광남성으로 가는 길에 벼 이삭이 곱게 올라와, 새로 심은 모가 마치 깔개처럼 푸르고 무성하게 자라고 있었다. 백로가 논 중간에 꼼짝 않고 서 있으며 멀리 나무가 아득하게 보였다. 바다 가운데 삼대산三臺山이 또렷하게 서 있고(바다의 돌산 세 개를 삼대라고 하였는데, 텅 빈 동굴이 크게 뚫려 있어 자연스레 집이 만들어졌다. 전하는 바에 따르면 동굴이 일곱 마리 거미의 소굴로, 거미가 조화를 부려 예쁜 여자로 변해 해악을 끼쳤다. 후에 부처가 제거했다고 한다. 지금은 칠자매동굴七姉妹洞이라 부른다), 높이가 2장 남짓 되어 우뚝 솟은 모습이었다. 저녁에 산 아래 언덕에 숙박했다. 가마꾼(망부輞夫가 곧 여부輿夫다)이 내일 아침 일찍 일어나 밥을 배불리 먹으라며 험한 고개를 넘는다 일러 주었다(중국으로 가는 여정 중 이 고개가 가장 높고 험한데, 월남에서 제

---

67 운송을 담당하던 관리다.

일 험한 관關[68]이라 했다).

날이 밝기도 전에 숙소를 나서서 2리 남짓을 걸어 가는데 내내 안개 속이었다. 위로 산을 올려다보니 거대한 구름이 눈처럼 쌓여 있고, 아득히 하늘에 맞닿아 정상이 보이지 않았다. 아침 해가 뜨고 작은 고개를 넘었다. 경사진 길을 통과해 해안가에 도달했는데 바닷물이 출렁거리고 큰 파도 소리가 바위 사이로 울렸다. 작은 마을 입구에 도착하자 주둔하던 신관汛官이 매우 엄하게 꼬치꼬치 캐물었다. 산기슭을 따라 올라가 돌 비탈길을 10여 리를 우회하여 갔다. 길 양 옆에 가시나무가 빽빽이 자라고 있었으며 대나무가 고슴도치 털처럼 무성했다. 나무 사이로 작은 새가 지저귀는데 소리가 수시로 변했다. 들꽃이 지천으로 피어 있고 떨어지는 꽃잎이 흩날리며, 경치가 형언할 수 없을 만큼 아름다웠다. 산길을 반 정도 가자 산세가 높아지고 험해졌다. 돌계단이 비늘같이 첩첩으로 놓여 천 길이나 되는 구름사다리 같았다. [내가 가마에서 내리자] 가마꾼이 가마를 어깨에 가로로 메고 걸었으며 여러 호위 군사들이 [내] 겨드랑이를 끼고 부축하며 서로 도왔다. 발을 내디딜 때마다 가슴이 답답하고 등에 땀이 비 오듯 했다. 7, 8리를 지나자 비로소 산꼭대기에 거의 다다랐다. 고목 둥치에 앉아 쉬며 위를 보니 견고한 담장이 우뚝 에워쌌는데 한 자 남짓 두께의 박태기 나무 문액門額[69]에 "해산관海山關"이라고 적혀 있었다. 둔屯을 설치하여 관리 하나가 수십 명의 군졸을 거느리고, 무기와 대포가 둥글게 도열해 있는데 진정 나는 새도 넘지 못할 것 같았다. 해산관에 올라 보니 북으로 망망대해인데, 범선

---

68 국경이나 요지의 통로에 설치하여 드나드는 사람이나 화물을 조사하던 곳을 일컫는다.
69 문 위에 다는 편액(扁額)을 뜻한다.

이 출몰하여 마치 갈매기가 푸른 바다에 날아다니는 것 같았다. 산 앞에 동서로 항구가 하나씩 있고 안쪽에 강 두 개가 있는데 배 천 척을 수용할 만큼 컸다. 푸른 파도가 넘실대고 흰 비단을 평평하게 펴놓은 것 같았으며 구름 그림자와 하늘빛이 어우러져 수면에 드리우니 내 마음도 시원한 바다에 뻥 뚫려 씻긴 것 같았다. 서남 일대는 깊고 울창한 밀림으로 코끼리들이 무리지어 서식한다. 사슴, 원숭이들이 그 안에서 번식하며 거칠고 황량하여 사람이 들어갈 만한 곳이 못된다. 숲속 나무가 오래되어 큰 것이 수백 아름이나 되며, 가지들이 서로 엉켜 하늘을 찌를 듯 울창하게 우거졌고, 오래된 넝쿨이 나무를 휘감고 있었다. 원숭이들도 떼지어 모여 있다 사람을 보면 뛰어다녔다(산에는 긴팔원숭이交臂猨가 많이 사는데 현지인들은 원장군猨將軍이라고 부른다). 조금 지나자 숲에 바람이 불어와 마치 만 개의 피리가 울려대는 듯하여 경치가 처연하게 느껴졌다. 스산한 기분인 채 하산하여 주둔 병사와 이별했다. 해산관을 지나 6, 7리를 가자 날이 저물어 산에 있는 산사람 집에 머물렀다. 밤에 몹시 추워 침대 머리맡에 장작개비로 불을 지펴 동생과 같이 쬐었다.

다음날 늦게 출발했다. 밀림 속을 2, 3리 헤치며 가서 산 오른쪽 아래를 굽어보니 높은 절벽 아래로 밑이 보이지 않았다. 나는 가마를 타지 않고 두 사람에게 내 겨드랑이를 끼고 걷도록 했다. 돌산을 뒤로 하고 움푹 파인 구덩이에 발을 내딛으며 갔다. 삼백여 개 구덩이를 지나고 돌 언덕에서 쉬었다. 다시 구불구불한 길을 따라 앞으로 가자, 세 개의 작은 산봉우리를 지나는데 모두 높고 가파르며 산세가 험준했다. 약 10여 리를 지나자 평지 해안가가 나타났다. 해안을 따라 몇 리를 지나자 큰 강을 만났다. 강을 건너자 북쪽에 작은 시가지가 있는데 주둔병이 조사를 했다. 가마꾼이 내게 말했다. "고개를 올라 여기까지 왔는데 지나온 사당이 20여 곳(속칭 본두공本頭公이라 하는데 매우 영험하다)이고 행인들이 향과 종이를 태우며 빕니다. 매일 왕래해도 뱀이나 호랑이로 인한 우환이 없는 까닭은 신령님의 비호가 있기 때문입니다." 지나온 고개를 가륭嘉隆(현 국왕 부친의 연호다) 시기에 개척하기 시작하였는데 [개척한 땅이] 월남 중부까지 이르렀다. 한 사람이 막고 지켜도 만 명이 함락시킬 수가 없어서 이 고개를 애령隘嶺, 즉 험한 고개라고 부르는데 부춘에서 140여 리 거리다(광남과 백 리 정도 떨어져 있다).

30일, 부춘성 도읍에 도착했다(속칭 순화성順化 도읍이라 한다). 도읍은 벽돌을 쌓아 축조되었는데 매우 견고하고 치밀했다. 높이가 한 장이 조금 넘었고 주위가 4, 5리가 되었으며 문 여덟 개를 세웠는데 성루城樓가 협소했다. 도읍에 이백 보 간격으로 큰 대포 다섯 개를 설치하여 서로 연결시켰다. 정자를 세우고 [대포를] 덮어 마치 새무리가 날개를 펼친 것 같았다. 도읍 밖 둘레에 호壕를 팠고(물이 깊어 마르지 않는다), 호 밖으로 시내(시내가 매우 넓고 깊었는데, 안으로 여러 시내와 통하고 밖으로 바다에 연결되었다)를 둘렀으며, 여러 크고 작은 전함과 화려한 배가 열을 지어 강변에 정박해 있으며 띠풀로 만든 정자로 덮어 놓았다. 도읍 가까이 사방이 매우 번화하고 물자가 풍부했고 사람들이 북적였으며 건물이 가지런하게 늘어서 있었다. 도읍에 도착한 시간이 거의 정오인데 해대관該隊官(해대관은 관직 명칭이다. 천총千總[70]과 같은 직책이다)이 나를 안내해 성에 들어갔고 승천부윤承天府尹[71] 완공阮公(이름은 석보碩甫다), 부승府丞 여공黎公(이

70 무관 직명의 하나다.
71 명·청 대 지방 관아인 부(府)의 우두머리다.

름은 소하肖夏로, 진사 출신이다)을 만났다. 완공이 인사를 하자마자 곧 자리를 떴으나, 여공이 재변才辨이 있어 내게 종이를 주어 시詩를 짓게 한 뒤, 붓을 휘둘러 평을 하는데 거리낌이 없었다. 날이 저물려 하여, 인사하고 물러 나와 신포新庸(성 북쪽 강변에 있다)로 가서 동향인 진陳 씨(진강晉江 사람이다) 집에 숙박했다. 그 날이 설 그믐이라 집집마다 복숭아 꽃 부적을 바꾸고 폭죽을 터트렸는데, 중국 그믐 풍경과 같았다. 이를 보자 가족이 생각나 밤새 동생과 눈물을 흘리며 슬퍼 잠을 이룰 수 없었다.

다음날이 병신년丙申年 도광 16년 정월 초하루(월남 연호로 명명明命 17년이다)였다. 새해 초하루날 아침부터 모여 복을 기원했다. 모든 길과 거리에서 이방의 오랑캐 춤과 노래가 즐겁게 땅을 울렸다. 나는 경하의 글을 지니고 홍경洪涼(하문 사람이다)과 함께 부당관에게 가서 새해 인사를 드렸고 또한 국왕께 축하 말씀을 전해주기를 부탁드렸다. 또 동각대학사東閣大學士 관공關公(이름이 인보仁甫다), 호부랑중戶部郎中[72] 완공阮公(이름이 약수若水다) 모두 부윤府尹[73] 자리에 모여 내가 쓴 경하의 글을 읽더니 칭찬하기도 하고, 새로운 표현을 추가하기도 했다. 자리를 뜰 때, 관공이 손으로 글씨를 써서 다음과 같이 나에게 보여주었다. "월남에서는 새해 첫날 닭이 울면 바로 일어나 뭇 문무 관리가 입궐하여 임금께 축하를 드립니다. 그러면 임금께서 상금을 주고 바로 궁문을 닫습니다. 임금의 교지가 있어야 문을 열고 출입할 수 있습니다. 그대가 저희 나라에게 예를 닦아 보이실 생각이 있으면, 문이 열리길 기다리십시오. 제가 그대를 데리고 우리 국왕을 한번 배알하도록 추진해 보려 합니다. 생각하건대

72 호부는 호구(戶口), 공부(貢賦), 전량(錢糧) 등을 관리하던 부서. 낭중은 상서랑(尙書郎)을 가리킨다.
73 한 부(府)의 행정 사무를 맡아 보던 으뜸 벼슬이다.

임금께서 그대에게 머무르다 배로 돌아가라고 내리신 교지를 사양하지 말아야 했습니다. 허나, 벌써 명령이 하달되었고, 성省 업무를 처리하는 관리가 내준 통행증이 있으니 가시는 길에 의심받지 않을 것입니다. 초7일이 되어 창고를 열고 양식을 받아 길을 나설 때 부당에 패를 남기면 임금께 축하하는 진실한 마음을 전달할 수 있을 것입니다." 나는 가기로 이미 작심을 한지라 마침내 고관들에게 작별을 고하고 도읍 도처를 걸어보았다. 그중 동남 귀퉁이에 왕궁이 있었는데 인산印山을 마주보고 (산의 모습이 도장印과 같고 성 밖 위에는 산천과 사직단이 있다), 통제가 잘 되고 장엄하고 아름다웠으며 누각 정자가 매우 빼어났다. 전각殿閣 등마루에 황금빛 호로葫蘆를 올려 광채가 눈부셨다. 궁 앞에 오문午門[74]이 있고 문 앞 중앙에는 큰 깃발을 꽂아 세웠다. 궁 좌우에 군영을 설치하여 곳곳에 호위 군사가 무기를 정리하여 엄숙하게 지키고 있었다. 조금 북쪽 위 좌우에 장군부將軍府가 있는데 대포 탄약을 저장하는 16칸 건물이었다. 궁 밖으로 높은 벽을 빙 둘러 쌓았는데, 벽 위 네 모서리에 대포대를 설치하였고 붉은 옷을 입힌 대포가 있었다. 벽 외부 주위에 깊은 호를 팠는데 폭이 한 장 남짓이었다. 호 외부를 이중 난간으로 보호하여 아무나 가까이 오지 못하게 했다. 또한 명원루明遠樓를 별궁에 건설했다. 헌軒의 창이 맑고 집이 화려하며 연회 장소로 쓰였다. 왕궁의 서쪽에 여러 궁이 있는데 왕자와 친족이 거처하는 곳이다. 또 서쪽에 궐내 관리와 사무 보는 관청 건물이 있었다. 가까운 동북쪽에 창고가 있었는데 양식이 충분하고 수십 년 사용할 수 있는 양이었다. 나머지가 모두 문무 대신의 관

---

74 왕궁이나 성곽의 남쪽 문이다.

청, 병영, 궁원宮院, 사당이었고 거주민이 거의 없었다.

2일, 부당관이 베푸는 연회에 참가했다. 소식을 들은 무리들이 중국 선비인 나를 보러 같이 와서 실내가 가득 찼는데 누가 귀한 사람인지 천한 사람인지 몰랐다.

7일, 시를 써서 학자와 부당관 관리들과 이별하고 강의 배를 빌려 영하迎賀(지명이다)에 도착했다. 여공이 특별히 성 밖까지 송별하였으며, 호송하는 여러 사람에게 먼저 육로로 가서 광치성廣治省에서 기다리게 했다. 동향인 진 씨 가족 모두가 강변에서 송별해 주었다. 강을 따라 이틀을 가는데 안개가 자욱하게 둘러싸고 사방이 산으로 막혀 낮에도 어두웠다. 배의 창으로 비가 갑자기 들이치고 우거진 갈대 속 계곡물이 콸콸 소리 내어 흘렀다. 내린 비로 인해 2, 3자 물이 불었다.

10일 새벽, 광치(부춘에서 여기까지 물길로 120리다)에 도착했다. 배로 떠날 채비를 마쳤으나 강이 구불구불하여 뱃사공을 따라 강가로 올라 2, 3리를 걸어 성省 도읍에 도착했는데 먼저 온 수행원들이 성문에서 기다리고 있었다. 비가 그치고 급히 서리에 이끌려 순무관巡撫官(광평성을 겸하여 관리하여, 치평순무관治平巡撫官이라고 칭한다) 하공何公(과거에 급제하였다)을 뵈었다. 그때 하공이 웃통을 벗고 이虱를 잡고 있었는데 손님이 온 것을 보자 옷매무새를 가다듬더니, 벌컥 화를 내며 서리를 채찍으로 20대 때리는 벌을 내렸다. 내가 글을 써서 올렸다. "제가 갑자기 왔으나 [공께서] 제게] 실례 한 바가 없는데, 무엇 때문에 치욕을 당했다고 생각하시는지요?" 하공이 노여움을 푼 기색으로 일어나 감사하며 말했다. "[제게] 먼저 고하지를 않아 느닷없이 이 늙은이가 황망하게 실례를 했습니다. 잠깐 당돌한 행동을 하였으나 바라건대 죄를 묻지 말아 주십시요!" 이어 하공이 청하여, 나는 즉흥적으로 시를 지었다. 하공이 시를 보더니 기뻐하며 자고 가라고 붙잡았다. 그러나, 불가하여 급히 통행증을 준비하고 사람을 교체하며 호송하였는데 먼저 영하에 가서 기다리게 했다. 내가 작별인사를 하고 나오자 뱃사람이 나를 업고 비를 맞으며 배로 돌아갔다. 다음 날 오후 강가에 도착했다(광치에서 여기까지 물길로 40리다). 영하에서 숙박했고(영하에서 광평은 240리다) 가마꾼을 고용하여 내일 다시 출발하기로 했다.

13일, 광평성 도읍에 도착했다(속칭 동해洞海라고 부르며, 중국어로 용회龍回라고 한다). 포장인 홍근洪謹(복건 동안 사람이다) 집에 머물렀다. 들어가 포정관 오공吳公(이름이 양호養浩, 자가 종맹宗孟, 호는 회강檜江이고 생원 출신이다)을 만났는데 오공이 낯빛을 고치고 일어나 말했다. "그대의 두건과 복장, 용모를 뵈오니 비범한 선비시라 청컨대 시로 배우겠습니다." 술을 가지고 오게 하여 자리를 펴고 자구字句를 보내 [어서 오라고] 오랫동안 흥겹게 놀았다. 시종이 연회에 계속 술과 음식을 날라 왔다. 나가려고 하니 주먹만한 작은 닭을 보내어 내일을 다시 기약했다. 다음 날 아침, 서리를 보내 [어서 오라] 재촉했다. 막 문에 들어서니 오공이 한창 안찰관按察官 완공阮公(이름이 등온登蘊이다)과 심문을 하던 차라, 머뭇거리며 발길을 멈추었다. 오공이 손을 흔들어 범인을 물러나게 하고 나를 끌어 가운데 앉혔다. 다시 시를 지어 서로 화답했는데, 중국의 풍속과 인물에 매우 통달했다. 앉은 지 오래 되어 점심을 먹고 다시 번갈아가며 담론을 나누었는데, 모두 세상을 다스리는 말로 마음이 통했다. 깊은 감회에 빠져 저물녘에야 작별했다. 15일, 완공이 공무로 출장을 나가고 오공이 술을 들고 친히 포장 집을 방문하여 잔을 들고 다음과 같이 말했다. "오늘은 정월 대보름이니 마땅히 발로 장단을 맞춰 노래하고 보름을 축하해야 합니다." 잔을 들어 술을 마셨다. [내개 고별인사를 하고 [광평을] 떠나려 하자 [오공은] 차마 잡지 못하고, 가마꾼이 길에 있는 것을 보더니 "왜 이렇게 가마가 초라합니까!" 하며 돈 3관을 주었다. 시를 지어 가는 길에 주어, 나 또한 운을 맞춰 시로 화답했다. 공이 갑자기 나가더니 관關 아래 역참에 부리나케 자리를 펴고 기다렸다가 다시 나와 술 석 잔을 마셨다. 눈물로 이별하고 손을 잡고 관을 나섰으며 2리 남짓 동행하고 돌아갔다. 관에 올라 멀리 바라볼 때까지 손을 흔들어 이별했다. 홍근과 동향의 오심吳深(역시 동안 사람이다)이 처자를 데려와 약을 주고 멀리 5리 밖까지 눈물로 송별해 주었다. 잠시 후 호송병사가 계속 왔는데 그중 한 사람이 오공이 친히 파견한 시종으로 계속 나를 받들었다(구정泃靜에 도착한 뒤, 시를 보내 오공에게 답례로 감사드렸다). 저녁에는 조륜帯崙(중국어로 좌륜坐輪이고 광평에서 40리 떨어져 있다)에 도착했는데 흐리고 비가 와서 달이 보이지 않았다. 객사 주인 장張 씨가 등을 켜고 잔치를 하며 대보름을 축하였는데, 나는 더 처량해졌다.

조륜에서 이틀을 걸어 존시溽市(80리 여정이다)에 도착했고 흐리고 추적추적 비가 내려 옷이 젖었는데 한기가 피부까지 스며들어 참기 어려울 정도였다. 존시에서 존강溽江을 건너 1리 남짓을 가서, 고륜固崙(중국어로 거륜據輪이다)에서 숙박했다.

19일, 날이 약간 개었다. 20리를 걸어 횡산령橫山嶺(중국어로 포정령布政嶺이다)에 도착했다. 험준한 산길을 2, 3리를 돌아가며 올라가는데 횡진橫鎮이라는 관關이 고개에 있어 현판에 "횡산관橫山關"이라고 쓰여 있었다. 군대가 주둔하여 지키는데 병졸 수십 명이 시시각각으로 방어하고 조사를 했다. 이곳이 북쪽으로 가는 요충지이기 때문이다. 관을 지나니 횡산령에서 곧바로 내려오는 길이 평탄하게 1여 리 이어졌다. 다시 50 여 리를 가서 중고^{中固}(지명이다)에 묵었다.

20일 오후, 하화부^{河華府}(부의 도읍이 길 동쪽 2리 남짓 떨어져 있다)를 지났다. 다시 3리를 가서 하정성^{河靜省} 도읍에 도착하여 왕칠^{王七} 집에 머물렀다(광동 조주^{潮州} 사람이다). 당시 포정관인 고공^{高公}(이름은 유익^{有翼}으로, 도광 임진년에 왕명을 받아 관선을 타고 장화현령^{彰化縣令} 고^故 이진청^{李振青} 가족을 호송하여 하문에 갔다. 돌아와서 가의대부^{嘉議大夫}[75]의 벼슬을 더했다)이 고뿔 탓에 나오지 않았고, 대신 내 숙소로 인편을 통해 편지를 보내 감사를 전하며 중국에 갔었노라고 덧붙였다. 21일 고공이 삼가 통판, 경력 두 관리를 보내 환송했고, 나는 편지로 감사를 전하고 길에 올랐다.

22일, 예안성^{乂安省} 도읍에 도착했는데 (중고에서 여기는 2백 리가 된다) 임송가^{林送家}(소안 사람이다)의 집에 머물렀다. 광평에서 예안이 4백 리 정도 되는데 땅이 저지대로 습기가 많고 진흙투성이라 발이 빠져 미끄러워 걷기 힘들었다. 평평한 광야에서 때로 수십 리를 가도 인가가 없었고 울창한 숲에 도적이 숨어 있어 행인이 경계를 해야 했다. 객사에서 가짜 약으로 많은 이들이 피해를 입었다. 소고기 속에 약을 넣는데 일단 먹으면 구할 도리가 없었다. 해독약으로 번강^{番薑}(다른 명칭으로 번초^{番椒}라고 했는데 네덜란드 산이다. 꽃이 희고 잎은 녹색인데, 열매가 익으면 주홍빛을 띤다. 중간에 씨가 있는데 맵고 딱딱한 겉껍데기와 함께 먹는다. 뾰족하고 긴 모양도 있고, 둥글고 약간 뾰족한 모양도 있다)이 있고 음식에 반드시 넣어 독을 방지한다.

---

75 예부(禮部) 상서(尙書)의 별칭으로 명 대에 처음 임명 시 정3품(正三品)을 주었으나, 청 대 들어서 폐지했다.

23일, 총독관總督官(하정河靜을 겸해서 관리하여 예정총독당관乂靜總督堂官이라 한다) 완공阮公(총독관은 모두 국왕의 친척이다. 위세가 높고 신분이 귀하여 그 이름을 감히 부르는 자가 없었다)을 알현했는데 서리 정덕흥鄭德興(원적이 복건성 덕화현德化縣이고 천주泉州 말을 할 수 있었다)이 말을 전했다. 공이 먼저 건장한 군사 넷으로 하여금 칼을 차고 관공서 맞은편에 서 있게 하였고(평소 고관이 당에 오르거나 관아 출입 시, 관리들을 줄을 세워 인사를 하게 하거나, 행차를 소리쳐 알리거나, 혹은 잡인을 길에 못 나오게 하는 일을 하지 않았다), 나를 불러들여 몇 마디 물어보고 갔다. 포정사, 안찰관 두 관리가 다같이 공무로 출타하여, 교수관教授官[76] 진해정陳海亭, 수재秀才[77] 호보정胡寶定(원적이 광동성 순덕현順德縣이다)이 와서 나와 시를 연달아 논했다. 호군의 시가 청아하고 아름다웠으며 재능이 특히 뛰어났다. 날이 저물자 불을 밝히고 계속 시를 논하다 닭이 울자 비로소 파했다.

24일, 호송병이 와서 길을 가자고 하여 드디어 출발했다. 여러 복건성, 광동성 동향들이 돈 3관을 모아 주었고, 여러 명이 포 밖까지 바래다 주었다. 예안을 출발해 10여 리를 가는데 비가 부슬부슬 내렸으나 다행히 그다지 고되지 않았다. 길가 나무 사이에 서식하는 공작 여러 마리가 있었다. 황금과 비취색이 눈 부셨는데 비가 꼬리를 적셔 무거워진 탓에 높이 날지 못했다. 청화에 도착할 즈음 돌산을 자주 보았는데, 천 길 절벽이 험준하게 높이 서 있었다. 마치 귀신이 조화를 부린 듯, 자연 그대로 깎인 모습이 아름답고 기이하여 이루 다 말할 수 없었다. 공작

---

76 청조에 대개 정7품 정도의 지위로, 관학의 유학을 가르치는 일과 행정을 맡았다.
77 한대 이후 과거의 한 과목으로 송에 이르러서 과거에 응시하는 선비를 모두 수재라 칭하였고, 명·청 대에는 현학(縣學)에 입학하는 생원까지도 수재라 칭했다.

과 흰 꿩 무리가 때로 절벽 위에 있었다. 산에서 계피가 생산되는데 맛이 진하여, 동경東京 계피보다 더 좋았다.

26일, 청화성 도읍에 도착했고(예안에서 240리다) 심임沈王(소안 사람이다) 집에서 숙박했다. 다음 날 총독관 완공(청화에는 완 씨 성이 많았는데 귀족 신분으로 다스리기 어려워 친척 총독관을 임명하여 다스리게 했다)을 만났다. 공이 손가락으로 대청 위를 가리키며 기둥의 대련에서 시의 주제를 찾았으며, 기분이 매우 좋아 여러 아들을 불렀다(큰아들이 거문고를 탔는데 부위관副衛官이었다). 미리 주둔병에게 서찰을 내려 가는 곳마다 관청에 숙박하게 하고 야간에 경호를 세웠다. 이어서 포정관 완공(이름이 약산若山, 원적이 복건성 복주福州다. 숙부가 예부상서吏部尚書를 역임하였는데 이미 작고하셨다)을 만났는데 [나를] 불쌍히 여겨 은 1냥과 좋은 차를 보내왔다. 다시 하내河內로 편지를 써서 광동 조주 통역과 포장 구鴆가 10금을 도와주라고 했다. 나는 그 뜻을 감사히 받고 시를 써서 보답했다. 28일 교유관 옹익겸翁益謙이 청하여 관청을 방문했다. 포 문을 들어서자 매우 기뻐하며 손뼉 치며 나와 환영했고 서로 환담을 나누었다. 자신이 박봉이라 안타깝다며 2관의 돈을 주었다. 여러 고향 사람들이 도합 3관의 돈을 가져왔으나 감사하며 사양했다. 해가 높이 떠서 고관에게 작별을 고하고 길을 나섰다.

29일, 영평성寧平省 도읍(속칭 평창平創이다)에 도착하여 축함祝艦 집에서 숙박했다(광동 조주 사람이다). 영평은 청화에서 160리 떨어진 곳에 있다. 돌산 대부분이 열을 지어 날카롭게 우뚝 선 기이한 모양인데, 돌산 가운데 동굴과 계곡이 있어 깊이를 가늠하기 어렵다. 비봉산飛鳳山이 도읍의 진영鎭 역할을 하고, 도읍 내부에 다른 작은 산이 [비봉산] 전면에 마치 병풍처럼 둘러 있었다. 두 산은 옛 명승지였고 경계가 뛰어나게 높아 함께 유람하고 볼 만하다. 옛 사람들이 이를 배경으로 시를 많이 지었다.

2월 1일, 순무관 완공(영평에도 역시 완 씨가 많았는데 아니나 다를까, 친족을 순무관리로 임용했다)을 만났다. 열병閱兵에서 돌아와, 조찬에 초대하여 관리들과 함께 술내기 시를 지어 즐겼다. 출발에 즈음하여 빈랑나무 한 그루와 돈 5관을 주었다. 빈랑은 받고 돈은 돌려주었다. 그날 60리를 걸어서 이인부里仁府에서 숙박했다.

2일, 지부관(지부를 지부관 또는 부당관이라고 칭한다) 여공黎公(이름이 정연靜淵이다)이 초대하여 술을 마셨는데 나는 한 잔만 마시고 갔다(조롱박으로 술 주전자를 만들었다). 5일, 상언부常信府에서 숙박했다(이인에서 240리 거리다). 6일, 지부관을 방문했으나 만나지 못했다. 상언을 지나 북으로 가니 비옥한 논과 밭이 있고 백성들이 매우 풍족했고 집이 점차 화려해졌다. 60리를 가니 하내성 도읍에 도착했다(즉 고대에는 동경東京이었으며 옛 명칭이 승륭昇隆이고 현재 하내로 개명했다). 복건 향사鄕祠에 머물렀다, 일어나 중국에서 이주한 동향인 증첨曾添 집에서 머물렀다(동안 금문金門 사람이다). 8일, 총독관 완공을 만났다. 명함을 넣자 공이 급히 나와 손을 잡고 말했다. "겨우 오늘에서야 중국의 문사를 만나게 되었습니다!" [둘이] 앉아서 시 이야기가 끊이지 않았으며 새벽부터 거의 정오가 돼서야 끝이 났다. 또 포정관 진공陳公(이름은 문충文忠으로 도광 임진년에 고유익 선생과 그 임금의 명을 받아 하문까지 왔다가 돌아갔다. 가의대부 벼슬로 승진했다)이 왔다. 당상에 자리几席[78]를 화려하게 차려 놓고, 공이 의관을 단정히 하고

---

78 궤석은 안석(벽에 세워 놓고 앉을 때 몸을 기대는 방석)과 자리다.

나왔는데 극도로 겸손했으며 차를 반드시 손으로 받들어 앞에 놓았다. 복주, 하문을 방문했던 이야기와 알고 있던 관리와 향신의 근황을 물었다. 며칠 머무르기를 강권하였으나 불가했다. 문을 나오자 은 10냥을 증정받았으나 사양했다.

9일, 선비인 진여침陳如琛, 진휘광陳輝光, 황벽광黃壁光(모두 광동 광주 사람이고 시를 잘 짓는다)이 방문했다. 동경이 땅이 넓고 물산이 풍부하고, 성벽과 연못이 견고하고 튼튼하며, 시장이 번화하여 월남에서 제일 보배로운 물건이 나고 또한 옷차림과 명승고적이 많아 한 번에 다 볼 수 없다고 말했다. [나를] 성으로 초대하여 여 씨黎氏 왕조 고궁을 보여주었다. 화려한 조각의 건물과 여러 누각들이 안개 속 풀들 사이로 하나하나 보였다. 저잣거리를 지나자 도폐刀幣[79]가 구름처럼 많았는데 본 적이 없는 어마어마한 양이었다. 이하강珥河江(옛 부양강富良江이다)을 건너 천사관天使館(이하강 왼쪽에 있다)을 관람했는데 높은 비석이 많이 설치되어 기상이 매우 근엄했다. 동인사同仁社도 가서 이녀묘二女廟를 관람했다(동한東漢 광무光武년간에 여자 징측徵側, 징이徵貳가 반란을 일으켜 마원馬援 장군이 월남에 와서 반란을 평정했고 두 여인은 월덕강月德江에서 죽었다. 그 시체가 다시 부양강으로 돌아와서 현지 사람들이 그들을 위해 사당을 세웠다)[80] 돌아와서 여침원如琛園에서 숙박했고 회한에 가득 차서 시를 읊조리며 새벽까지 잠 못 들었다. 아무래도 이런 곳을 관람한 뒤에 지나치게 여운을 곱씹으면 안 될 것 같다.

---

79 중국 고대에 청동으로 만든 칼 모양의 화폐를 뜻한다.
80 후한(後漢), 즉 동한의 건무(建武) 16년(AD 40) 복파장군(伏波將軍) 마원(馬援, BC 14∼AD 49)이 군사 1만여 명을 이끌고 월남 징 자매가 서기 40년 일으킨 독립 전쟁을 진압하러 갔다. 4년에 걸친 혈투 끝에 마원이 서기 43년 승리하여, 중국이 월남 남부까지 다스리게 된다. 월남에서는 징 자매를 독립영웅으로 숭상한다.

다음날 늦게 있어났다. 광동 포장인 하의흥何宜興, 통역 진진기陳振記(모두 광주廣州 사람이다), 진형관陳衡寬(조주 사람이다)이 동향 여러 사람과 은 10냥을 보내 여비에 보태라고 했다. 복건 포장 심림沈林(소안 사람이다)이 동향 여러 사람과 50관의 돈을 주었다. 모두 사절하고 양만기楊萬記, 성기成記(장태長泰 사람이다), 호영胡榮(옛 포장으로 장주漳州 사람이다), 증첨曾添 등이 주는 약만 받았다. 그날 동향들이 전별연을 마련했으며 나는 시를 써서 감사했다.

11일, 고관 완공, 진공과 이별할 때 호송 대원을 도열시키고 호송병 50명을 파견하도록 했다. 돈을 낭비할까 염려되어 전례를 따라 간소하게 하자 청했다. 오후에 자산부慈山府에 갔는데 지부관이 출타하고 없었다. 저녁에 북녕성北寧省 도읍에 도착했다(하내에서 130리 거리다). 12일에는 순무관 완공(왕가 친족이다)을 만나 인사를 나누고 향기 나는 차를 한 근 증정받았다. 13일은 양경부諒江府에서 숙박했고 지부관 여공黎公(이름은 정愼이고 거인 출신이다), 봉안현鳳眼縣 현승 범공范公(이름은 형亨이고 수재 출신이다)을 만났는데, 시 문답으로 유명했다. 14일에 근영둔芹營屯(주둔 관리가 있다)에 도착했다. 둔문강屯文江의 현 경계 가까운 곳에 구루해勾漏海라는 곳이 있는데 단사丹沙[81]가 난다고 했다. 15일 광랑둔桄榔屯에서 숙박했다(근영둔에서 광랑둔까지 모두 일곱 곳의 신방汛防을 설치했고 모두 주둔병이 있었다).

16일, 3리 남짓을 가서 귀문관鬼門關에 도착했다. "귀문관에 열 사람이 가면 한 사람이 돌아오네"라는 옛 사람들의 가요가 전해지는데, 전설에

---

81 수은으로 이루어진 황화 광물로 붉은 빛이 돈다.

의하면 귀신이 있어서 정오가 지나면 나와서 장사를 하는데 사람이 이를 어기면 병에 걸린다고 했다. 관 아래에서 잠시 쉬는데 음습한 바람이 피부 속까지 스며들어와 불어와 머리카락이 곤두섰다. 관 옆에 복파 장군 사당이 있는데 매우 기이했다(모든 사신이 왕래할 때, 반드시 사당에 들어가 향을 지피고 간다). 사당 앞에 율무가 가득 있었다(당시 마원이 먹었는데 독기를 다스린다 했다. 물로 인한 독기를 다스려서 사람들은 건곤초乾坤草라고 부른다. 나 역시 한줌 뜯어 행낭에 넣었다). 묘를 지나 동남 방향으로 2리 남짓 가자 돌산이 나타났고, 그곳에 구리로 만든 기둥이 서 있었다(구리 기둥이 두 개 있었는데 그중 하나가 흠주欽州 분모령分茅嶺에 있다). 높이가 1장 남짓 되었고 둘레가 열 아름 남짓 되었는데 자세히 보니 돌과 같은 색으로 새똥이 쌓여 있었다. 현지인들이 말하길, 그 위에 자주 기이한 날짐승이 온다고 했다. 저녁에 오대五臺(옛 변주태수汴州太守가 서산西山을 정벌할 때, 적들이 양산에서 동경으로 들어왔으므로 모두 18개의 대포 받침대를 만들고 서로 마주보도록 연결하여 세웠다. 지금은 삼대三臺, 오대五臺라는 명칭만 남아 있다)에서 숙박했다.

17일, 양산성 도읍에 왔다(북녕에서 360리 거리다). 양산에서 남하하여 북녕으로 가는 길이 줄곧 황야로 높이가 1장이 넘는 들풀이 무성하고 황량하여 인가가 거의 없다. 간혹 사람이 없는 산과 깊은 계곡에 지렁이들만 있을 뿐, 개간하지 않아 사람의 발길이 미치지 않는 탓에 자주 강도가 출몰한다. 갑자기 우뚝 솟은 험한 돌산이 나타났는데, 산 봉우리가 높아 두터운 구름 속에 묻혔다. 후텁지근한 독기가 빠져나가지 못하고 막혀 있어 온 종일 흩어지지 않는다. 산과 나무가 봄을 맞았으나, 누렇게 메마른 나뭇가지에 아직 생기가 없다. 돌은 쇠붙이 색으로 이끼가 곳곳에 나 있다. 시냇물이 그 아래로 흐르는데 공작이 종종 와서 무리를 지어 목욕을 했다. 시냇물이 흐르는 양쪽에 나무 그늘이 겹겹으로 드리워져 햇볕이 들어올 수 없었다. 벌레와 전갈이 숨어 있고 온갖 오물이 시내에 떨어져 물에는 지독한 독이 있다. 나그네가 식량을 먹을 때도 떨어지는 물을 감히 먹지 못한다. 조석 두 끼를 반드시 율무를 달여 먹었다. 멀리서 손님이 오면 음식이 가장 우려된다. 양산에 다다르자 온 천지에 작은 산들이 올망졸망 모여 있어 마치 만 개의 유성이 흩어진 것 같았다. 빙빙 도는 산길 20여 리를 가는데, 구불구불 오르락내리락 어지러이 산봉우리 수십 개를 지났다. 산 중턱에서 우연히 퉁퉁한 노인 한 분을 만났는데 후보지현관候補知縣官 무군武君(이름은 휘일輝一이고, 호는 당택唐澤이며 거인 출신이었다)으로, 고평성高平省으로 가는 길이라고 했다. 그와 2, 3리마다 좋은 술 한 바가지를 마시거나 마음 가는 대로 시를 지으며 쉰 덕분에 피로를 씻을 수 있었다. 고개를 넘자 읍을 하고 이별을 했는데 그 또한 호탕한 노인이었다. 도읍에 도착하자 이미 오후 3시쯤 되었고 순무관(고평도 겸해서 관리하여, 양평순무관諒平巡撫官이라 했다)인 진공陳公(이름은 문순文恂으로, 도광 임진년에 진문충 공, 고유익 공과 함께 임금의 명을 받고 하문에 갔고 돌아와서 가의대부의 벼슬로 승진했다)을 만났다. 처음 문 안으로 들어서자 여러 서리들이 나를 중국에서 직책이 높은 사람(월남에는 늘 생庠生이 없다)으로 착각하고 긴장했다. 공이 과거시험 과목을 화제로 삼아 이야기를 시작했는데, [내가 아직 과거에 합격한 사람이 아니라는 것을 알게 되재 "중국인이라면 비록 한갓 서생一衿[82]이라고 해도 필시 재주와 학식

---

82 푸른 옷깃(青衿)은 고대 학자, 수재가 입던 의복으로, 일금(一衿)은 서생을 뜻한다.

을 겸비하므로 가볍게 봐서는 안 된다"라고 했다. 진공은 몸집이 장대하고 멋있는 수염을 길렀으며, 동안에 흰머리였는데 풍모가 마치 신선 같았다. 예를 올리는데 중국의 예절과 동일했다. 진공이 말하기를 하문에 있을 때 운고 주개 관찰사와 친하게 지냈다고 했다. 주공 문하의 제자라고 하니, 더욱 공손히 대하고 평생지기인 듯 무척 반가워했다. 나를 성 동쪽의 객사(주인은 구방歐邦이고 광서성 태평太平 사람이다)에 머물게 하고 이부자리를 봐 주었다. 관청 내에서 모든 것을 마련해 주었고 매일 연회를 베풀었다. 먼저 태평부太平府에 보고하여 관을 출발하는 날짜를 정하라고 했다(전례에 따르면, 중국인이 월남에서 국경까지 갈 때 순무관이 태평부에 보고하고 공문을 받은 뒤, 정해진 기일에 관에 가서 접수해야 한다).

20일, 진공이 내가 심심하다는 것을 알고 다음과 같이 글을 써서 보냈다. "양산 변방에 병사가 불을 지른 후(3년 전, 양산의 고평 현지인이 난을 일으켰는데 작년에 비로소 평정되었다), 도읍이 황폐하고 잡초가 우거져 산천과 인물 등 볼 만한 경치가 없습니다. 동굴 한두 개 정도가 놀러 갈만한데 한번 가 보시지요." 8품 서리인 단문충段文忠(천주泉州 말을 한다)을 보내 광동, 조주 두 포장과 함께 유람했다.

도읍 동쪽으로 시내를 건너면 동북쪽에 험하게 우뚝 솟은 돌산이 있는데, 비래산飛來山이라 불렀다. 전설에 따르면, 마원 장군이 여기에 성을 축조하는데 기초를 다진 후 잠이 들었다. 갑자기 한 산이 일어나 시내 남쪽으로 옮겨왔고, 이곳에서 활을 쏘았는데 화살이 돌을 뚫었다고 한다. 오늘날에도 산 꼭대기의 갈라진 모습이 완연하다. 시내를 지나 2리 남짓을 가니 돌산들이 보이고 봉우리 네 개가 3, 4리 남짓 연결되어 빙 둘렀고 돌과 흙이 섞여 있었다. 산 앞에 동굴이 있는데 이청동二青洞

이라 했고(경흥景興 41년 기해년己亥年 양산진諒山鎭 오시임吳時任이 처음으로 발견했다고 한다. 옛날에 자연적으로 돌에 새겨진 글자가 있었는데, 마치 '이나청二那青' 세 글자 같아서 '이청'이라고 동굴 이름을 붙였다고 한다), 동굴 입구에 높은 벽돌 담과 널찍한 사립문 세 개가 있었다. 이십 보 남짓 걸어 들어가자 천연적으로 조성된 큰 공간이 있었는데 넓이가 한 마지기가 넘었다. 사방이 탁 트여 있고 색상이 영롱하며 부드러워 마치 양의 기름 같았다. 가운데에 돌무더기가 우뚝 솟아 있어 마치 연꽃이 처음 물에서 솟아 나와 피어나는 모습과 같았다. 돌무더기 사이로 공자상孔子像을 조각해 놓았다. 양쪽 벽 높이 반半까지 작은 좌대가 솟아 있고 왼쪽에 석가상, 오른쪽에 노자상老子像을 조각해 놓았다. 이를 삼교당三教堂(여유용黎有容이 기록한 책에 적혀 있다)이라 했다. 높은 곳에 종유석이 달려 있는데 생김새가 종鐘이나 북과 같았다. 어떻게 보면 남쪽을 향해 꼬마 승려闍黎[83]가 합장하고 있는 듯 보였는데 마치 살아 있는 것 같았다. 뒤쪽 동굴에 조각한 세존상世尊影像이 있었다. 가장자리에 난 굽은 계단을 지나 마침내 마지막 굴에 올랐는데, 산 북쪽의 삼청동三青洞으로 가는 길이 매우 어두컴컴하고 웅숭깊어 볼 수 없었다. 굴을 나와 오른 편으로 몇 걸음을 가서 작은 나무다리를 지나자 다른 굴이 나왔다. 바닥이 넓고 지붕은 좁아 마치 매달아 놓은 종 같았다. 아래에 편편한 돌 두 개가 있었는데 수십 명이 들어갈 수 있었다. 동굴 속에 시내가 에둘러 흐르는데 맑고 차서 6월에도 더위를 잊을 수 있을 것 같았다. 반나절을 배회하다 산 앞을 따라 2리 남짓을 걸어가니 삼청동(경흥 41년에 발견되었다)이 나타났다. 넓이가 이청동

---

83 사리는 범어(梵語)로 제자의 품행을 바로잡는 일을 하거나 일반 승려들에게 덕행을 가르치는 승려를 높여 부르는 말이다. 본래 '아사리(阿闍梨 혹은 阿闍黎)'라고 음역했다.

의 두 배지만 길이 덜 구불구불했다. 안에 영락보주瓔珞寶珠[84]를 걸친 제천보살상諸天菩薩像이 있었는데 눈부신 빛이 사방을 비추었다. 굴 위로 종유석이 있고, 사람이 다니지 않는 깊은 곳에서 흘러나온 물이 때때로 한 방울씩 떨어져 굳어 돌이 되었는데 역시 매우 기이했다. 굴 전면에 마주보고 높은 산이 홀로 서 있었는데 망부산望夫山이라고 했다. 전하는 바에 따르면, 소약난蘇若蘭이 남편 진두도秦寶滔를 기다리던 곳이라고 했는데 매우 황당한 이야기였다. 정오 즈음에 갔던 길로 되돌아왔다.

오후에 도읍 서쪽을 지나 다시 대청동大青洞(언제 발견했는지 모른다. 참고할 만한 비석에 새긴 기록이 없다)을 유람했다. 산길이 험하게 기울어져 있고 이끼가 돌에 붙어 있었는데 산굽이를 돌아 올라갔다. 산의 중턱쯤 오니 동굴 입구가 드러났다 숨었다 하는데 위태롭게 푹 꺼져 있어 돌이 금방이라도 떨어질 것 같았다. 벽에 "석불고적石佛古蹟"이라는 네 글자가 큼지막하게 새겨져 있었다. 몸을 구부려 들어가니 안이 매우 넓었다. 내부에 큰 선비상像이 있는데 매우 장엄한 모습이고 얼굴이며 생김새가 진짜 같았다. 정면을 응시하고 있는데, 세속의 모든 것이 공허하다는 듯한 표정이라 내 마음도 따라서 쓸쓸해졌다. 선비상 뒤로 몇 걸음을 걸으니 산 정상으로 가는 굴이 있는데 좁고 험했다. 상 오른 편 앞쪽으로 둥근 구멍 하나가 있는데 열 발자국쯤 되는 거리에서 비스듬히 빛이 들어왔다. 안내하는 사람이 여기를 지나면 굴이 더욱 유려한데 곧 석양이 지려한다며 애석해 했다. 마침, 다리 힘도 빠져 명승을 여기까지 보았는데 정말 나라 밖에서 한 특별한 동굴 구경이었다.

---

84 영락보주는 부처의 목·팔·가슴 같은 곳에 두르는 보석 따위를 꿴 장식품을 가리킨다.

24일, 순무관이 와서 문묘文廟에 제사를 지내는데 관속과 여러 학생들이 포袍를 입고 홀笏을 들어 의관을 차려 입고 예를 행했다. 묘에 제기祭器가 없고 음악이나 춤도 없이 피리와 호금만 연주하는데, 종과 북소리가 멈추지 않았다. 묘 밖 길에 군사가 동쪽과 서쪽에 네 줄로 도열하여, 장대를 들고 둘러 서 있고 문 밖에 화룡火龍 두 마리를 태우고 있었다. 제사가 끝나자 관리 편에 구운 고기를 보내왔다.

27일, 태평부 경공景公(이름이 곤鯤이다)의 회신을 받았다(3월 5일 이전까지 관으로 오라고 적혀 있었다). 진공이 [통행증에] 유효 기한이 있음을 알아, 28일 객사에서 크게 연회를 베풀고 장정부長定府 등공鄧公(이름이 휘술輝述로, 진사 출신이다), 경력관 완군阮君(이름이 등강登講이다), 녹평주祿平州 지주관知州官 완군阮君(이름이 정요廷姚다), 문개현文開縣 지현관知縣官 호군胡君(이름이 문저文著다), 부위관 완공阮公(이름이 금퇴金堆다) 등 문무 관리 5인을 배석시켰다. 술을 반쯤 마셨을 때 등공이 차례로 댓구를 짓게 하였고, 커다란 술잔이 나는 듯 벌주가 빈번히 오갔다. 등공이 술도 잘 마셨고 시도 빨리 지었는데 구절마다 웅장한 기운이 스며 있었다. 그날 모두 즐거워했다. 29일 들어가 진공께 감사드리고 다음날 출발하기로 정했다. 공이 내가 떠나려 하자 한동안 슬픔에 잠겼고 10냥 은자와 약을 보냈으나, 돈을 사양하고 시를 써서 감사를 표했다.

30일, 이별을 고하자 공이 6품 해대관 완문량阮文良, 8품 서리 단문충, 수애관守隘官 완정서阮廷西와 완행검阮行儉 등이 병사 20명을 데리고 수행토록 했다. 하나같이 선명한 빛깔의 의관을 차려 입고 정교한 무기를 든 채 관까지 호위했다. 공이 친히 관속을 이끌고 성을 나와 가는 길을 송별해 주었고, 하문에 가면 운고 주공께 사모의 뜻을 전해달라고 했다.

편지를 감히 부치지 않는 까닭이 예의상 외부와 교류하지 않기 때문이라고 했다. 눈물을 훔치며 읍하고 이별했다. 시내를 건너니 구노포駈驢庫(광동, 광서의 상인들은 여기까지 오도록 허가가 났다)였다. 35리를 가서 문연주文淵州에 도착했다.

3월 1일, 지주관 완군阮君(이름이 조眺다)이 초대하여 갔다. 이날 저녁, 수애관 완정서 또한 자리를 마련하여 만났다. 다음 날, 주 서리인 장숭례張崇禮와 늠생인 농맹구農盂區(광서 영명주寧明州 사람으로, 손님으로서 여기에 머물고 있었다)가 초대하여 시를 짓고 교유했다. 2일 지부의 등공이 추가로 시를 써서 보내왔다. 돈 2관도 보내왔다. 지주관이 이 소식을 듣고 시와 돈 2관을 보내왔다. 모두에게 시로써 감사를 표했다.

5일 아침, 문연을 떠나 좁은 길을 걸었다. 높고 낮게 어지러이 솟은 산들을 지났는데 아득히 인적이 없고 닭과 개소리도 들리지 않았다. 45리를 가서 유애由隘에 도착했는데 곧 남관南關(월남에서 유촌애油村隘라고 불렀는데 이곳이 광서 태평 영명주와의 경계였다. 월남과 광서가 접한 요충지로 파총把總[85]이 주둔하고 있었다)이었다. 그날 좌강도左江道, 명강분부明江分府, 영명주 세 곳의 관아(모두 남쪽 관 부근에 있다)에서 사람을 보내 병영에서 모이게 한 뒤, 관까지 가서 인계하도록 했다. 나는 호송하는 여러 사람께 감사를 하고 고별을 한 뒤 좌강도 등의 병사들을 따라 북쪽 길로 갔다. 여기서부터 월남을 나와 중국에 들어섰다. 갑자기 월남의 여러 관원과 여러 화교들이 베푼 두터운 정을 돌이켜 생각하니 나도 모르게 눈물이 쏟아지려 했다.

---

85 명·청 대 하급 무관의 직명이다.

처음 유애를 떠날 때는 주민이 매우 적고 길도 험난했으며, 황량한 산 경계에 속한 곳이었다. 25리를 가서 하석下石(지명이다) 문구관文口館(명강청에서 내부 병정을 파견해 지키고 있다)에서 쉬었는데 주인 손군孫君(이름이 배웅倍雄, 자가 자준子俊이다. 강소성 금궤金匱 사람으로 손평숙孫平叔 제군制軍의 조카다)이 머물도록 권유하여 술을 한 잔 나누었다. 다시 20리를 가서 상석주上石州에 도착하여 토지주土知州 폐군閉君(이름이 성수成鏐이고 현지인이다)의 관청에서 숙박했다(시종과 군사의 식사를 모두 관청에서 대 주었다).

다음날, 병사를 뽑아 다시 출발했는데(토지주土知州가 파견해 주었다), 저녁에 영명주에 도착했다(상석에서 70리 거리다). 7일 주리목州吏目[86] 여군呂君(이름이 진로振鷺, 순천대흥順天大興 사람이다), 당시 주자사州刺史[87]와 문보계寶桂 군이 공무로 성에 들어가서 여군에게 직무를 위임하여, 내막內幕 강군江君(이름이 손헌遜軒으로 강소성 사람이다)에게 나를 주 관청인 벽산호재碧珊瑚齋에서 머무르게 했다. [강군이] 마음에 들도록 준비에 소홀함이 없었고, 날이 저물어 물러났다. 다음날 서주전署州篆 유군俞君(이름이 무전懋典으로, 강서성 광풍廣豐 사람이다. 정묘년 거인이 되었다)이 취임하여, 들어가 축하드렸다. 또한 장문의 신분증명서를 청하여 복건성으로 돌아갈 때, 여러 곳을 거쳐 지체되는 수고로움이 없도록 부탁했다.

9일, 증명서를 받고 출발했다. 40여 리를 지나 작은 산을 넘는데 꼭대기에 관이 있고 현판에 "풍문준령風門峻嶺"[88]이라고 쓰여 있었다. 다시 4, 5리를 가서 망허望墟에서 숙박했다. 10일 태평부 도읍에 도착해(영명주성에서

---

86 청 대 각 주에서 설치되어 형벌을 관리하던 하급 관원이다.
87 황제가 파견했던 한 주(州)의 대표 관리다.
88 '바람이 지나는 험준한 재'라는 뜻이다.

135리 거리다), 금궤허金櫃墟(부 도읍의 북쪽 건너편 강에 위치했다)에 머물렀다. 당시 태수인 경공景公(이름이 곤錕이다)이 출타중이라 만나지 못했다.

11일, 비가 내려 길을 막았다. 다음날도 비가 내렸으나 이를 무릅쓰고 출발했다. 4일 남녕부南寧府 도읍에 도착했고(태평부에서 210리 거리다), 수사가水沙街에서 숙박했다. 18일 남녕에서 작은 배를 빌려 강으로 거슬러 저녁에 영순현永淳縣 도읍에 도착했다(남녕부 도읍에서 물길로 2백 리 거리다). 19일 삼주탄三洲灘으로 갔는데(모든 길이 전부 모래펄이었다), 물에 암초가 많았고 상당히 위험했다. 저녁에 횡주橫州 도읍을 지났다(영순현 도읍에서 물길로 160리 거리다). 20일 새벽에 50리를 가서 병당암㵼塘巖에 도착했다. 강가에 절이 있는데 전하기로 명나라 건문제建文帝가 여기 머물렀다. 21일, 탄두신灘頭汛에 도착하여 복파장군 사당을 참배했다. 사당은 위엄있는 모습으로 배산임수의 지세에 양쪽에 나무그늘이 있었다. 사당 앞에 집 한 채가 있었는데 금박으로 '복파승적伏波勝蹟'[89] 네 글자가 적혀 있었다. 이 사당은 매우 영험하여 여울로 내려가는 사람이 반드시 사당에 들려 지전紙錢을 태운다고 한다. 정오부터 기경탄起敬灘을 내려가는데 속도가 화살같이 빠르고 물살이 세서 똑바로 나가지 못했다. 좁은 물길과 날카로운 바위가 부딪혀 마치 개 이빨이 서로 부딪히는 소리 같았다. 중간에 선 하나가 있어 좌우로 왔다 갔다 하는 듯, 배와 물이 서로 길을 다투어 여러 여울 중에서 제일 험한 곳이었다. 저녁 무렵 귀현貴縣 도읍에 내렸다(횡주 도읍에서 물길로 180리 거리다).

22일, 심주부潯州府 도읍을 지나(귀현 도읍에서 물길로 190리다), 40리를

---

89 복파장군의 뛰어난 고적이란 뜻이다.

동고탄銅鼓灘으로 내려갔다. 물이 마치 나는 듯 세차게 폭포처럼 떨어지며 흐르고, 배가 똑바로 내려갔는데 높은 곳은 바둑판 돌 같았고 낮은 곳의 자줏빛 모래 선단紫沙頭도 몹시 위험했다. 23일 평남현平南縣 도읍을 지나(심주부 도읍에서 물길로 80리 거리다), 장군탄將軍灘을 내려가는데 수세가 대단하여 물보라가 용솟음쳤다. 큰 바위들이 별처럼 뒤섞여 깔려 있고 배가 이리저리 흔들리며 사방에 부딪혔다. 제일 마지막 돌이 마치 키箕가 입을 벌리고 있는 모양이었는데, 잠시 숨었다 다시 나타났다!

24일, 등현滕縣 도읍(평남현平南縣 도읍에서 물길로 160리다)을 지났다. 25일 새벽 세마탄洗馬灘에 도착했다. 이곳을 지나니 여울이 없었다. 저녁에 오주부梧州府 도읍(등현 도읍에서 물길로 120리다)을 지나, 다음 날 아침 봉천현封川縣 도읍에 도착했는데 여기부터는 광동성 경계로 들어 온 것이다(광동 조경부肇慶府에 속하고 오주부 도읍에서 물길로 60리 거리다). 저녁에 덕경주德慶州 도읍 아래(봉천현 도읍에서 물길로 100리 거리다)에 도착했다.

27일, 조경부 도읍을 지나자(덕경주 도읍에서 물길로 180리 거리다), 강가에 열강루閱江樓가 보였다. 용문신龍門汛에 도착하니 망부산望夫山이 있었다. 밤에 삼수현三水縣 도읍에 도착했다(광주부에 속하고 조경부 도읍에서 물길로 130리 거리다). 28일, 불산진佛山鎭에 도착했다(삼수현 도읍에서 물길로 100리 거리다). 불산의 지형이 빼어나고 인물이 출중하여 부호가 많았고 온갖 물자가 유통되고 있었으며, 저잣거리가 광주羊城[90]에 버금갔다. 3일 전에 서수취西水驟에 도착했는데(서수의 시원始原이 광서성이므로 서수라고 한다), 인가에 물이 3, 4자나 찼다. 작은 배를 타고 시장을 지나는데 마

---

[90] 양성은 광주의 별칭이다.

치 만화곡萬花谷**91**으로 들어가는 것처럼 눈이 휘둥그레졌다. 70리를 지나 광동성 도읍(오양성五羊城으로 불린다. 도읍 남쪽에 부서진扶胥鎭이 있는데, 즉 해구海口**92**다)에 도착했다. 남녕에서 여기까지 물길로 1,700여 리가 되었는데 내내 물길을 따라 흘러 내려왔고 지나온 여울만 68개로 모두 광동 서쪽 경계에 있었다. 시내에 가까운 뭇산에 고목이 많고 초록빛이 보이질 않았다. 이슬비도 계속 내려 산성과 교외 도시가 적적하게 보였으며 구름과 안개 속의 남녕과 오주梧州 두 도시만이 번화해 보였다. 조경을 지나자, 산수가 아름답고 경치가 선명했다. 시가지와 요새가 모여 있고 장사가 잘 되어 옥토라고 칭할 수 있다.

29일, 염운사鹽運使**93** 정공鄭公(이름이 개희開禧다. 호가 운록雲麓이며 복건 용계 사람이다)을 만나 반갑게 고향 이야기로 회포를 푸는데 내가 돌아오는 길에 겪은 경험을 절대 물어보지 않았다. 4월 1일 영상가迎祥街(정해문靖海門 밖에 있다)를 지났는데, 벗인 임백료林伯僚(복건 용계 사람이다)를 만났다. 같은 군에 사는 두광기杜光己(대만 담수淡水 사람이다)도 만났고, 그의 친구인 진천우陳天佑, 채절蔡節(모두 복건 하문인이다)과 함께 나를 성 안으로 초대했다. 함께 가서 오양사五羊祠를 구경하고(전설에 따르면, 성을 축조할 때 다섯 노인이 나타났다 갑자기 사라지고 다섯 마리 양으로 변했다. 사람들이 이들을 신선이라 여기어 '오양五羊'으로 성 이름을 짓고 사당을 지었다고 한다) 이어서 관음산觀音山을 올랐다(산은 도읍 북쪽에 있으며 제일 높아 도읍을 지키는 요충지다). 관음사 앞에 가니(절은 산 정상에 있다), 도읍 안 가옥이 비늘처럼 촘촘

---

91 만 개의 꽃이 핀다는 골짜기를 뜻한다.
92 바다가 육지 쪽으로 들어간 곳이다.
93 소금 운반을 책임지던 관리다.

히 많고 누대와 절의 탑도 똑똑히 보였다. 산 네 개가 도읍 밖을 빙 에워
쌌고, 여러 시내가 굽이치며 흐르고 나무가 듬성듬성한 먼 숲에 아지랑
이가 흩날렸다. 해구의 부도浮屠 세 개가 순서대로 서 있었다(일탑一塔, 이
탑二塔, 삼탑三塔이 있다). 향산香山, 오문澳門의 여러 산이 역시 아주 가까워
바다와 산의 멋진 경치에 감탄했다. 절에 들어가 절을 하고 나선 뒤, 동
쪽으로 오경루五鏡樓(오층 누각으로 높이가 20여 장이 된다)를 지나 정공사鄭公
祠(안기생安期生이 신선이 되어 올라 간 곳으로 지금은 사당을 세웠다)[94]에 가서 음
풍각吟風閣과 군옥산방群玉山房을 보았으며 돌아 나와 봉래궁蓬萊宮으로
갔다(모두 관료와 선비가 자주 연회를 여는 장소다). 구불구불 이어진 난간, 정
교하고 아름다운 창호牕戶, 꽃과 풀로 가득한 정원과 정자 등으로 마치
신선의 세상 같아 표표히 속세를 떠날 마음이 인다. 저녁에 시내로 들
어가 온갖 휘황찬란한 보석과 비단이 색색으로 전시된 가게와 산더미
같이 쌓인 외국에서 들여온 물건을 보았다. 저녁에 부서진(도읍 남쪽에
있다)에 갔는데 대금과 피리소리가 강에서 솟은 듯 들리고, 노래와 춤이
배에 가득 찼다. 촛불이 강 위아래를 훤히 비추고 시인과 호탕한 손님
이 다투어 목란주木蘭舟[95]에 오르고 있었다.

　다음 날, 강을 건너 남쪽으로 가 해당사海幢寺(강을 사이에 두고 남쪽에 있
다)로 가서 옆 사원沙園을 보았는데, 쟈스민 향기가 진동하여 들어가니
마치 향기로운 나라에 온 것 같았다. 돌아와 해주석海珠石(절 명칭은 자도
사慈渡寺인데 해주사라고도 한다)을 보았는데 파도가 일어 유람선이 주로 해

---

94 진(秦)나라 때 사람으로, 신선술을 익혀 봉래산(蓬萊山)에서 신선이 되었다고 한다. 장수하
　여 천세옹(千歲翁)이라 불리기도 한다.
95 목련을 깎아 만든 배로, 작고 아름다운 배를 뜻한다.

주석 옆으로 돌았다. 때는 정오로 뜨거운 햇살이 내리 쬐는데 갑자기 강풍이 불어와 얼굴과 옷깃에 스치니 풍광이 서늘해졌다. 순간의 변화가 이럴진대, 인생이 마치 눈앞에 스쳐지나가는 봄날 같고 결국 흔적만 남음을 한탄했다. 그 가운데 비록 즐거움이 있어도 어찌 연연하여 돌아감을 잊을 수 있겠는가! 이에 급하게 숙소로 돌아와 고향으로 가는 날짜를 계획했다.

4일, 두광기가 20냥을 빌려주고 다시 임시균貨施均(복건성 진강현 사람이다)을 선장으로 삼아 노릉老隆(용천현龍川縣의 지명이다)에 가기로 약속했다. 여러 사람과 고맙다고 작별 인사를 하고 바로 배에 올랐다. 7일, 박나현博羅縣 도읍(혜주부惠州府에 속하며, 광주 도읍에서 물길로 310리 거리다. 도읍 주위를 호로산葫蘆山이 에워쌌다)을 지나자 나부산羅浮山(속담에 '위로 올라 갈 때 나부를 보지 않고 혜주에 가는 일이 없고, 아래로 내려 갈 때 나부를 들르지 않고 광주에 가는 경우도 없다'라고 한다)이 보였다. 저녁에 혜주부 도읍(혜주에 도읍이 두 개 있는데 제독이 주둔하는 도읍과 지부가 주둔하는 도읍이다. 박나현 도읍에서 물길로 35리다)을 지났다. 부 도읍에 사무산思巫山, 백학동白鶴洞, 오강정吳江亭, 조운묘朝雲墓 등 여러 고적이 있는데 하나같이 소동파가 군에 임명되었을 때 세운 것이다. 도읍 동쪽으로 시내를 지나면 바로 귀선현歸善縣 도읍이다. 12일, 용천현 도읍(혜주 도읍에서 물길로 440리 거리다)을 지났다. 도읍을 지나 남으로 5리를 가면 귀신탑이 있다. 전하는 바로는 예전에 오래된 무덤이 많은 이곳에 현 도읍을 세우려 했다. 그러자 여러 귀신이 이를 꺼려 하여 야밤에 인가의 벽돌을 훔쳐 탑을 한 개 세웠다. 이에 도읍을 다른 곳으로 옮겼다고 한다. 탑은 흉측하게 생긴 데다 금방이라도 무너질 것 같았는데 보수하지 않은 채 그대로였다. 현 도읍에서 배로 25리를 가면 노륭老隆에 도착한다. 광주에서 노륭이 800여 리로 배로 9일을 왔는데 내내 덥고 후덥지근한 날씨 탓에 답답하여 견디기 힘들었다. 다행히 임회산林回山(용계 사람이다), 정군진丁君軫(진강 사람이다) 두 사람과 같이 배를 타서 때때로 담소를 나눌 수 있었다. 군진은 천문학에 밝았다. 일찍이 배를 타고 장사하러 필리핀 여송呂宋(동남방의 외국 섬이다)에 가서 몇 년 동안 살았으며 서양인으로부터 천문 측량법을 배웠는데 매우 정확했다. 하루는 나와 천문을 지치지도 않고 이야기하며, 지구도地球圖와 측량척식尺式을 논했다. 모두 서양 학문으로 중간선, 사선斜線 그리고 남과 북의 두 띠帶, 그리고 준지평선을 기준으로 땅과 남북극의 원근을 구했다. 그 방법 또한 혼천의渾天儀[96] 설명과 관계가 있는데, 측량할 때 비교적 편하고 빠르다고 한다. 나는 다음 기회에 주위 사람에게 물어 이론을 설명하고 누가 고명한지 증명하기로 하고, 같은 배를 타고 들었던 가르침을 잊지 않기로 했다.

13일, 노륭에서 육지에 올랐다. 30여 리를 가 진령秦嶺에 도착했고 또 20리를 가 남관藍關에 도착했는데 이곳이 광주에서 조주로 갈 때 반드시 거치는 길이었다. 관에 한문공韓文公[97]의 사당이 있었는데, 조문각趙文恪(이름이 신진愼軫이다)공[98]이 광동 동부에서 관찰사를 할 때 지붕을 수리하

---

96 천체의 운행과 위치를 관측하던 기계. 구형의 겉쪽에 해·달·별 등 천상(天像)을 그렸다. 사각(四脚) 틀 위에 올려놓고 돌리면서 관측했다.

97 당(唐)대 정치가, 문장가, 사상가인 한유(韓愈, 768~824)를 높여 부르는 호칭이다. 한유는 자가 퇴지(退之)이며 한창려(韓昌黎)라고 부르기도 했다. 화려한 형식의 변려체를 배격하고 자연스런 표현과 문이재도(文以載道)를 골간으로 하는 고문운동(古文運動)의 제창자로, 유종원, 삼소(三蘇), 왕안석(王安石), 구양수(歐陽修) 등과 더불어 당송팔대가로 불린다. 유명한 산문으로 「제십이랑문(祭十二郎文)」, 「사설(師說)」 등이 있다.

98 조신진(趙愼軫, ?~?) : 시호가 문각이며 무릉현(武陵縣) 출신이다. 가경(嘉慶) 원년인 1796년 진사가 되었고, 광서순무(廣西巡撫), 민절총독(閩浙總督) 등을 역임했다.

여 새롭게 보수하였다. 사당에 들어가니 신상이 살아 있는 것처럼 생생한 자태라 몇 번이고 참배하고 나와 길을 갔다. 10리를 가서 기령岐嶺에 도착했고, 날이 저물었다. 기령에서 작은 배를 빌려 주야로 계속 갔다.

15일, 새벽 삼하패三河壩(기령에서 334리 거리다)에 도착했다. 이곳에서 물길이 세 갈래로 나뉘는데 하나가 대포大埔로, 다른 하나가 조주로, 또 다른 하나가 기령으로 통한다. 이런 연유로 삼하三河라고 한다. 강가에 작은 도읍이 있었는데 순검사巡檢司[99]가 주둔했다. 도읍 밖에 도시가 있는데 자못 번화했다. 저녁에 대포현 도읍(조주부에 속하고 삼하패에서 170리 거리다. 도읍에서 2리 남짓 떨어진 곳에 배를 정박했다)에 도착했다.

16일, 대포에서 육지를 밟았다. 오후에 영정현永定縣 경계에 도착하니, 내 고향 복건 경계에 들어가는 것이다(정주부汀州府에 속한다). 17일 남정현南靖縣 경계에 도착했고(장주부漳州府에 속한다), 천령天嶺을 넘었다. 고개에 갓 도착해서 작은 길을 따라 굽이굽이 올랐고 5, 6리 길을 우회하여 올라갔는데 그다지 힘들지 않았다. 그러나 산 정상을 알리는 푯말에서 2리 남짓 못 미쳐서부터 한 걸음 가고 한 번 올려다보며, 마치 하늘의 계단을 오르는 것처럼 [가팔래] 가마꾼이 숨을 몰아쉬었다. 산을 내려 올 때 한달음에 연이어 삼천여 개의 계단을 내려오니 비로소 땅이 평평해졌다. 나는 굽어보면 떨어질 것 같아 무서워 감히 내려다보지 못했다. 산을 지나 20여 리를 가니 시냇가에 도착하였고 이어서 작은 배에 올랐다. 다음 날 오후에 관계琯溪(다른 명칭은 소계小溪인데 대포에서 여기까지 작은 길로 와서 거리를 모른다)에 도착했다. 내가 보건대 관계 이남에서 혜주, 조

---

99 원대 첫 파견한 임시 벼슬로, 지방의 군무나 백성의 어려움을 순행하며 살피는 임무를 맡았다.

주 두 군의 경계로 가는 길이 모두 높은 산과 깊은 계곡으로 첩첩산중이다. 사람들이 빙 둘러싼 산에 토루土樓100를 짓고 산다. 속세와 떨어진 골짜기라 범죄자가 쉽게 은거할 수 있다. 밭은 모두 산을 개간했고 경작할 만한 평야가 매우 적다. 게다가 바다가 멀어 물고기와 소금을 팔아 이문을 남길 수 없어 남녀 모두 장사를 하는데, 백성이 가난하고 풍속도 메말랐다. 이 또한 자연환경의 형세가 그러한 탓이다.

관계에서 배를 빌려 밤에 출발하여 19일 아침 장주부 도읍(관계에서 물길로 152리 거리다)에 도착했다. 이에 동쪽에 있는 여러 관청들을 살펴보고 북쪽으로는 지산芝山에 올라 주자朱子의 고적을 찾았다. 오래되어 연기처럼 사라지고 올려 보아도 정자가 없고 다만 산 아래에 옛 사당만 남아 있었다. 사당에서 절을 올리고, 성을 돌아 남쪽으로 내려와 밤에 남문 안에서 숙박했다.

20일, 남문을 나와 배를 찾아 구해서, 안쪽 시내에서 바다로 나왔다. 순풍이 불어 순조롭게 당일 하문에 도착했다. 22일 나의 선생인 운고芸皋 주 관찰사를 뵈었는데 다시 태어난 것 같았다. 스승께서 이번 여행에서 필히 매우 이채로운 것을 듣고 보았으리라고 말씀하시면서 "이미 「기험紀險」을 지었는데, 왜 「기정紀程」을 짓지 않는가? 후일 대양臺陽에 돌아가면 이 또한 너의 친우에게 알려라"라고 하셨다.

5월 2일, 바다 배를 탔다. 8일, 팽호에 돌아왔다. 동생 정양廷陽과 대청 아래에서 어머님께 절을 올리니 놀랍고도 기쁜 감정이 뒤엉켜 줄줄 눈물을 흘렸다. 지난 일을 되돌아보니 다시 태어났다고밖에 할 수 없었다.

---

100 원형의 토루(土樓)는 외부의 공격에 대비하기 위하여 4~5층으로 견고하게 만든 흙 건물이다. 아랫 부분 2~3층은 창이 없이 흙벽의 두께가 1미터 이상에 달하여 하나의 요새처럼 건축되었다.

이번 여정의 바닷길을 다시 헤아릴 수 없다. 을미년 12월 21일 광의에서 출발하여 병신년 4월 20일 하문에 도착했는데, 육로로 42일 걸었으며, 총 3천 3백 리다. 물길로 셈하면 33일에 모두 3천 3백 70리다. 물길과 육로, 그리고 지체된 날짜까지 계산하니 도합 118일이다. 어려움을 두루 겪었으나, 섬에 사는 변변치 못한 사람이 이렇게 널리 유람한 것 또한 하늘이 주신 복이니 자세하게 기록을 남긴다.

운고 주개 선생은 다음과 같이 평했다. "날짜순으로 목도한 풍경과 기이한 일을 적었다. 이습지李習之[101] 『내남록來南錄』, 귀희보歸熙甫[102]의 『임술기정壬戌記程』을 근거로 삼았으되 기록이 더 많고, 조우한 것들이 더 기이했다. 경치를 묘사할 때 반은 유종원柳宗元[103]의 유주柳州『산수기山水記』를 따랐다."

『해남잡저』 팽호 향조 채정란 지음

「월남에 대한 간략한 보고越南紀略」

월남은 고대 월상씨越裳氏라 불린 나라다. 남쪽 바다에 있으며 대만에서 물길로 83경[104]이면 도달할 수 있다. 땅의 동쪽은 바다이고 서쪽은 여러 오랑캐 나라(노과老撾[105] 등)와 접경하고 있으며, 남쪽은 점성占城[106]

---

101 이고(李翶, 772~841) : 자가 습지(習之), 호가 문공(文公)이다. 당 중기 유학자로 스승 한유(韓愈)를 따라 고문(古文)을 배웠다. 불교사상을 기반으로 심성(心性)에 대한 새로운 해석을 제기했다.
102 귀유광(歸有光, 1506~1571) : 자가 희보(熙甫), 호가 진천(震川)이다. 명의 문학가다. 유명한 글로 『선비사략(先妣事略)』 등이 있다. 당송파 문장가들의 추앙을 받았다.
103 유종원(柳宗元, 773~819) : 자는 자후(子厚)다. 하동(河東) 출신이다. 유주자사(柳州刺史)를 지냈기 때문에 유유주(柳柳州)로도 일컬어진다. 한유와 더불어 고문운동(古文運動)을 제창했다. 한유, 소식, 왕안석과 더불어 '당송팔대가'로 불린다.
104 1경은 40리다.
105 라오스를 뜻한다.
106 2세기 말엽에 참(Cham)족이 베트남 중부에 세운 나라다. 중국에서는 후한 말에서 수까지 임읍(林

(점성은 또 다른 국가로 옛날에 일남^{日南}이었고 명대^{明代} 들어서 여 씨^{黎氏}가 합병했다)이다. 북쪽으로 광서 사은부^{思恩府}, 운남 임안부^{臨安府}와 인접한다. 고대에 일남 땅을 광남^{廣南}이라고 하였으며, 서경^{西京}이라고도 불렀다. 옛 교지^{交趾} 땅을 안남^{安南}이라 하였고, 동경^{東京}이라고도 불렀는데 오늘날 합하여 한 국가가 되었다.

요순 시기에는 남교^{南交}, 진^秦 시기에는 상군^{象郡}이었다. 한^漢 초기에 조타^{趙陀107}가 할거했다. 한 무제^{武帝}가 남월을 평정하고 교지군^{交趾郡}을 설치했다. 광무^{光武108} 때, 징측^{徵側}, 징이^{徵貳} 자매가 반란을 일으키자, 마원^{馬援} 장군이 토벌하여 평정하였으며 구리 기둥을 세워 경계를 표시했다. 건안^{建安109} 연간에 교주^{交州}로 명칭을 바꿨다. 당대에 안남으로 명칭을 바꾸고 도호^{都護} 정해군절도사^{靜海軍節度使110}를 설치했다. 모두 중국에 예속된 땅이었다. 후에 [월남이] 자주 반란을 일으켜, [중국이] 내치고 조공을 바치도록 했다. 오대^{五代}에 현지인 곡승미^{曲承美}가 부당하게 차지하였으나, 남한^{南漢}에 의해 병합되었다. 송 초에 정련^{丁璉}이 중국에 사신으로 오자, [중국이] 그를 교지군 왕으로 봉했다. 정련의 후손이 세 번 왕위를 이은 뒤 신하 여환^{黎桓}이 나라를 찬탈했다. 여 씨 가문이 세 번 왕위를 이은 뒤,

<hr>

邑)으로, 당에서는 환왕국(環王國)으로, 당 말에서 송까지는 점성(占城)으로 불렸다. 17세기에 안남(安南)에 병합되었다. 점성은 남해와 중국 간 해상교역에서 요충지 역할을 했다.

107 조타(趙陀, BC240~BC137) : 남월의 초대 임금으로, 진(秦) 항산군(恒山郡) 사람이다. 진 말기의 혼란기를 틈타 남해군과 그 주변 지역을 병합하고 독립국을 세웠다. 철기 무역을 놓고 한과 대립했으며, 문제(文帝)에게서 책봉을 받은 후에도 외왕내제(外王內帝)의 형식을 취했다. 시호는 무제(武帝)다.

108 후한 세조인 유수(劉秀, BC6~AD57), 광무황제다. 자는 문숙(文叔)이다. 전한의 초대 황제 고황제(高皇帝) 유방(劉邦)의 9세손으로, 진 말기의 혼란을 수습하고, 한 왕조를 잇는다는 뜻에서 후한 왕조를 선포했다.

109 후한(後漢) 헌제(獻帝)의 연호다. 196년부터 220년까지 사용되었다.

110 교주절도사, 교지절도사라고도 불린다. 당 의종(懿宗)때 도호부(都護府, 현 베트남 북부)에 설치한 번진이다.

신하 이공온李公蘊이 왕위를 찬탈했다. 이 씨 가문이 여덟 차례 왕위를 전하고 아들이 없자 사위인 진일경陳日烄에게 왕위를 물려주었다. 원나라가 공격한 뒤, 진일경의 아들 광병光昺을 교지군주交趾郡王로 책봉했다.

명 홍무洪武[111] 초, 진일규陳日烜를 안남국왕으로 책봉했다. [안남국이] 자주 점성을 침범했다. [진 씨개] 후손에게 왕위를 네 번 물려준 뒤 신하 여수黎秀(이름이 아牙이다, 혹은 엄우厂牛이다)[112]가 이를 찬탈했고 진 씨 자손을 멸족시켰다. 영락永樂[113] 원년에 여 씨 아들인 호저胡奓를 왕으로 봉했다. 다음 해 진일규 동생 천평天平과 신하 배백기裵伯耆가 [명] 궁궐에 엎드려 복수를 청했고 이에 [명 황제개] 명을 내려 천평으로 하여금 월남으로 돌아가 나라를 맡으라 했다. 그런데 여 씨가 다시 천평天平과 그를 호송한 중국인 장수와 병사를 거짓으로 속여 살해했다. 이에 명나라가 군사를 일으켜 길을 나눠 진격하여 토벌하고 여 씨 부자를 잡아들였다. [명은] 진 씨의 후손을 찾았으나 실패하고, 월남 땅에 군현 및 기타 행정구역을 설치하였는데 17개 부府, 47개 주州, 570개 현縣, 12개 위衛와 삼사三司를 두어 다스리게 했다. 후에 진간정陳簡定과 아들 계확季擴이 계속해서 난을 일으켜서 [명이] 바로 평정했다. [난이] 평정되자, [이번에는] 여리黎利가 다시 난을 일으켰다. 선덕宣德[114] 2년, 여리가 사신을 통해 표表를 올려 진고陳暠를 왕으로 책봉하기를 청했다. 명은 양사기楊士奇, 양영의楊榮議를 써서 싸움을 멈추게 하고, 진고를 책봉했으며 삼사를 폐쇄했다. 진고가 죽

---

111 명 초대 왕인 주원장(朱元璋)의 연호로 1368년부터 1398년까지 31년 동안 사용되었다.
112 진익원 교열본에는 이름 '아'와 '엄우' 두 개가 모두 없다.
113 명 제3대 황제인 주체(朱棣) 영락제의 연호로, 1403년부터 1424년까지 22년 동안 사용되었다. 이 기간에 명은 세력을 크게 넓혀서 후세에 '영락성세(永樂盛世)'라고 불린 융성기를 맞이했다.
114 명나라 선종(宣宗) 때의 연호로 1426년부터 1435년까지 사용되었다.

자, 여리는 진 씨의 후손이 끊어졌다 거짓으로 고하고 허권^{許權}을 불러들여 국사를 보게 했다. 게다가 아들인 인사^{麟嗣}를 왕으로 봉했으며 뒤이어 점성도 병합했다. 자손에게 왕위를 열 번 계승한 뒤, 신하 막등용^{莫登庸}에게 왕위를 빼앗겼다. 가정^{嘉靖}115 16년, 왕자 신분이었던 여녕^{黎寧}이 중국으로 와서 병사를 청하자, 이에 등용이 두려워하며 [중국을] 믿고 따랐다. [명이 등용을] 안남도통사^{安南都統使}로 강등시켜 임명하고,116 여 씨^{黎氏}를 칠마강^{漆馬江}에 거주하게 했다. 막등용이 [아들에게] 다시 왕위를 물려주었으나, 여녕의 아들인 유담^{維潭}에게 추방되었다. 명이 유담을 불러도통사로 임명하였고, 막 씨를 고평^{高平}에 살게 했다. 이상이 칠마강 이야기이다. 천계^{天啓}117 4년, 여 씨가 고평을 공격하자, 막 씨가 더 약해졌다. 명 말기까지 여 씨와 막 씨가 나라를 분할하여 다스렸다.

청 강희^{康熙}118 5년, 여유희^{黎維禧}를 안남국왕으로 책봉했다. 건륭 54년, 여 씨가 왕좌에서 쫓겨나 완광년^{阮光年}을 안남국왕으로 책봉했다. 가경^{嘉慶}119 7년, 다시 월남국왕으로 명칭을 바꾸자 마침내 안남이 월남으로 명칭이 바뀌었다. 역사책에 기록된 일은 근거가 분명하여 고증을 할 수 있으므로 더 이상 말할 필요가 없다. 내가 길에서 들은 이야기는 모두 사실에 가깝지만, 시시콜콜히 모든 일을 고증할 수 없다. 다만 목

---

115 중국 명나라의 제11대 황제인 가정제(嘉靖帝) 때의 연호(1522~1566)다. 가정 연간에는 북쪽의 몽골족과 남쪽의 왜구로부터 비롯된 이른바 '북로남왜(北虜南倭)'의 문제가 명나라를 위협했다.
116 명은 안남이 계속 말썽을 부리자 1540년 안남국을 안남도통사사(安南都統使司)로 강등시켰다.
117 명 제15대 황제인 희종(熹宗) 천계제(天啓帝)의 연호로 1621년에서 1627년까지 사용되었다.
118 청 성조(聖祖) 강희제(康熙帝)의 연호로, 여덟 살에 즉위한 1662년부터 1722년까지 무려 61년간 사용되었다. 청에 이르러서 한 황제의 치세 기간에 하나의 연호만 사용하는 '일세일원제(一世一元制)'를 채택하여, 성조를 보통 강희제라고 부른다.
119 청 인종(仁宗) 때의 연호로 가경(嘉慶)은 1796년부터 1820년까지 사용되었다.

도한 바와 함께 적어, 바다 바깥 이야기를 잠시 남기고자 한다.

월남으로 이주한 자의 말을 빌리면, 여 씨 왕조 말년에 계季 씨가 난을 많이 일으켜 나라가 셋으로 나뉘었다고 한다. 가륭嘉隆[120](현 국왕 부친의 연호다. 성이 완 씨다. 월남인은 왕의 이름을 부르는 것을 제일 금기시한다)이 농내隴奈(지금의 가정성嘉定省이다)를 차지하고, 태덕泰德(성과 연호가 미상이다)이 신주新州(지금의 정평성定平省이다)를 점령했으며, 광중光中(성명은 미상이며, 본래 장사치였는데 서산사西山社에 거주하며 스스로를 서산왕西山王이라고 불렀다. 사람들은 [그를] 서산의 도적西山賊이라 했는데 가짜 연호가 광중光中이다)이 순화順化(곧 부춘富春이다)를 할거했다. 각각 한 지역에서 왕이라 칭했고 형제로 결맹을 맺었다. 태덕이 죽자 그 아들이 신하에게 핍박을 받아 광중에게 가서 의지했다. 광중이 모의를 꾸며 태덕의 아들을 죽이고 나라를 빼앗았다. 가륭이 진노하여 군사를 일으켜 토벌하고, 신주성을 부수고 자신의 부마駙馬를 주둔시켜 지키게 했다. 광중은 소부少傅[121]와 대사도大司徒[122]를 파견하여 병사로 하여금 신주를 포위하게 했으나 수년이 지나도 점령할 수 없었다. 이에 도독都督을 파견하고 병력을 증가시켜 공격했다. 신주성에 양식이 떨어지고 지원병이 너무 멀리 있어 병사들이 지치자(신주에서 북으로 순화는 11일이 소요되고, 남으로 농내는 20여 일이 소요된다) 패전을 거듭한 끝에 성이 함락되고 부마가 분신했다. 도독이 병사를 이

---

120 완조의 제1대 황제 완복영(阮福映)으로, 재위기간이 1802년부터 1820년이다. 채정란이 월남에 표류하였을 당시, 완조의 제2대 황제인 명명제(明命帝)가 다스리고 있었다. 명명제는 가륭제의 넷째 아들인 완복교(阮福晈)로, 1791년부터 1841년까지 재위했다.

121 삼공구경(三公九卿) 중 하나인 벼슬명으로, 태사(太師), 태전(太傳), 태보(太保)를 삼공(三公)이라 하였고, 정1품(正一品) 벼슬이다. 소사(小師), 소전(小傳), 소부(小保)는 삼고(三孤)로 불렸고, 종1품(從一品) 벼슬이었다.

122 중국 고대의 관명으로 호구, 전토(田土), 재화, 교육을 관장했다. 대사마(大司馬), 대사공(大司空)과 더불어 삼공(三公)이라 불렸다. 후한 이후 사도(司徒)로 명칭이 바뀌었다.

동시켜 농내로 돌아갔다. 가륭은 병사가 궤멸하자 성을 버리고 바다로 들어갔다. 광중이 더욱 강해져 동경도 병합했고, 여 씨를 대신해 왕이 되었다. 가륭이 바다로 들어가자, 해적 하헌문何獻文(광동인이다)이 수백 척의 배를 가지고 포위했다. 가륭이 궁지에 몰리자, 옷을 단정히 입고 나와 배에서 소리쳤다. "짐은 농내의 국왕이다. 지금 나라가 망하여 타국에 가서 병사를 청하여 복수하려고 할 것이다. 그러나 배에는 아무것도 없고 나를 해치면 이익이 없으리라![하내] 병사를 이끌고 적을 쳐부수어 공을 세우면 나라를 나누어 왕으로 세우기를 원하노라." 헌문이 기뻐하여 이에 같이 맹세를 하고 섬라국暹羅國[123]으로 가서 정예 병력 수만 명의 지원을 받아 길을 나누어 협공했다. 농내, 신주 두 성을 점령하고 승기를 잡아 순화를 공격하고 동경을 점령했다. 광중이 병사를 데리고 산으로 도망갔으며 소부와 대사도가 샛길로 동경으로 들어가다 복병에게 붙잡혔다. 가륭이 도중에 초를 밝혀 분신했던 부마를 위해 제사를 지냈다. 드디어 안남 땅을 가륭이 독차지했다. 농내를 가정으로 이름을 바꾸었고, 동경을 승륭昇隆으로 변경했다. 가륭은 가정에서 일어나 승륭에서 이루어졌다. 연호가 정해지자 사신을 중국에 보내 책봉을 받고 조공을 드렸다. 명칭이 바뀌어 월남왕으로 봉해졌다. 가륭이 군 하나를 떼어 헌문에게 주었다. 헌문이 반항하지 않았는데, 이는 군사가 적고 힘이 약했기 때문이다. 그러나 현지인이 불복하자, 버리고 다른 곳으로 가버렸다. 가륭왕은 마음이 후덕하여 항상 중국 사람을 후하게 대했다. 현 국왕이 왕좌에 오른 지 10여 년이 되었는데 변함없이 은혜를 베풀어,

---

123 샴, 지금의 태국이다.

상인과 여행자들이 안심을 한다.

후에 가정을 지키는 장군이 성을 점령하고 반란을 일으켰는데, 하루에 부府 네 곳을 함락시켰고, 외지 사람이 그를 많이 따랐다. 왕이 병사를 보내 가정성을 포위하고 공격하였으나 여러 해가 되어도 토벌하지못 하고 병사 오만여 명을 잃었다(대부분이 성에서 굴러온 나무에 깔려 죽었다). 가정성 사람들이 가륭제와 섬라 사이가 벌어진 것을 알고(섬라가 가륭이 나라를 찾도록 병사를 파견하여 도와준 적이 있었다. 가륭이 은혜에 감사하여 해마다 수백 명을 파견하여 섬라의 노역을 돕도록 했다. 그런데, 섬라가 파견한 월남인들을 교대해주는 기한을 넘기는 일이 잦았다. 후에 월남인들이 능욕을 참지 못하고 모두 도망쳐 돌아왔고, [가륭제가] 더 이상 [월남인을] 파견하지 않아 우호적 관계가 끊겼다), 몰래 섬라 국왕에게 서신을 보내 원군을 요청했다. 과연 [섬라국이] 배로 10만 원군을 보내고 중국인을 안내자로 삼았는데, 그 중국인이 성에 당도할 즈음 금을 훔쳐 도망갔다. 섬라 병사들이 길을 잃어 월남[가륭] 군사에게 과반이 살육 당하고 패전하여 돌아갔다. 가정성의 원군이 끊기자 대부대가 공격에 박차를 가하여 외성을 쌓고 그 위에서 [가정성] 내부를 굽어보고 대포로 공격했다. 15일 연전 끝에 가정성이 함락되고 모두 섬멸되었다.

임신년(도광 12), 고평의 토적이 난을 일으켜 광서성 변읍邊邑의 유랑민과 힘을 합쳤다. 사람을 불러 모아 고평성을 차지하고 널리 양산諒山까지 진격했으며 2년여 동안 반란을 일으켰다가 겨우 평정되었다. 많은 이들이 이 사건을 두고 중국인 탓을 했으나 우두머리가 모두 현지인이라는 것을 모른다. 더욱이 외부인 열 명에 한두 명만이 기회를 틈타도적질을 했지만 [대부분] 협박 때문에 어쩔 수 없이 그런 것이지 본심에서 저지른 일이 아니었다. 그러나 그곳이 고향인 수만 민중들이 은혜를 저버리고 국왕을 원망했다. 상선商船 또한 계속 납부해야 할 세금이 올랐으니, 어찌 또 원성이 없을 수 있겠는가!

서산 도적 광중이 입산 후에 어리석은 백성을 유혹해, 무리를 지어 약탈을 일삼으며 서산왕이라 불렸는데, 자손이 자리를 세습했다(경성景盛, 보전寶典 등의 여러 가짜 연호를 만들었다). 사귀蛇鬼라 불리는 또 다른 오랑캐도 있었는데 백묘白苗족으로 산에 살며 그 세를 크게 불렸다. 사귀왕이 통치하며 자주 무리를 지어 사람을 해쳤다. 그러나 월남 정세를 보건데, 왕성王城이 공고하고 대비가 잘 되어 있다. 산에 기대고 바다로 막혀 있는 지리상의 이점이 매우 뛰어나며, 자력으로 [적과 싸워] 이길 수 있다. 남북을 하나로 잇는 긴 줄 같이 5천여 리를 낱낱이 통솔하여 관할할 수 있고, 다투거나 병합하는 우환이 없어, 실로 외국 오랑캐 중에서 걸출한 나라다. 다만, 생각한 바대로 능력이 미치지 못하고 민심이 각박하고 변덕스러울 따름이다.

현 국왕이 나라를 다스림에 뛰어나고 질서를 세웠으며, 서사書史에도 능하고(자신이 제작한 시문집을 반포했다) 유교를 숭상하며(대관들을 다수 과거로 등용한다) 효심으로 어머니를 모시고 재물을 축적하였고(곳간에 금은이 가득하다), 자산을 잘 늘리고 사방으로 장사를 하여 무릇 나라에 어려운 사람을 도우고 [백성들이] 한 가지 기술을 반드시 전하게 했다. 의복은 비록 옛 제도를 따랐지만 법도는 모두 중국을 공경했다(예를 들면 관리, 학교와 선비, 글과 책, 율례가 중국과 다르지 않다). [국왕이] 일찍이 다음과 같이 말했다. "중국을 흠숭하고 복종하여 마땅히 세세대대로 신하의 도리를 해야 하며, 다른 오랑캐는 언급하기에도 부족하다." 지금까지 공헌을 함에 부족함이 없다. 중국 선비가 태풍을 만나 월남에 가니 모두 예로써 대해 주었다.

국왕이 정월에 한두 번 외유하는데 가마나 말, 또는 코끼리를 타는데 관복이 수려하고 의장대열이 준수하며 갑옷 입은 군사 천 명이 따른다. 가는 거리와 시장마다 백성은 향 탁자를 준비하여 어가를 맞이한다. 임금이 각각 3관의 돈을 하사하여 우수한 전례를 과시한다. 왕은 특별한 일이 없으면 항상 궁중에 기거한다. 왕자 백여 명은 별궁에 기거하며 조를 나누어 문학, 무예를 배운다. 음식을 정량으로 지정해서, 잘못을 저지르면 배급량을 줄인다. 친척이나 친지, 그 아래 사람들이 권세를 가지고 사람을 능멸하면 귀한 친척이라도 반드시 법으로 다스린다.

내외의 문과 직책은 품급에 따른 명칭이 있는데 한결같이 중국 관제를 모방했다. 이전에 관직을 받는 이는 모두 서리書吏 출신이고, 서리에서 주요 관직에 들어가지 못한 자가 결원이 생기면 점차 직책이 올라간다. 요즈음에는 과거를 중요시한다. 과거를 3년에 한 번 실시하고 독학관督學官에게 명령하여 경전에서 출제한다. 각 성省에서 나이 어린 생도가 성 관아로 가서 문예文藝, 경책經策, 시부詩賦를 보는데, 우수한 사람 중에 거인을 뽑고, 합격한 자가 수재秀才로 들어간다. 수재가 40세가 되면 선발하여 교직教職을, 거인이 지현知縣을 받는다. 벼슬에 나아가지 않으면 회시會試에 응시하여 그중에 진사進士를 뽑는다. 전시殿試[124]의 경우, 왕이 친히 한림翰林의 부속部屬을 점지하여 지현과 같이 바로 등용시킨다. 급제를 하지 않아도 명성을 떨친다. 무관은 옛 제도를 따르고 무과

---

124 과거제도 중 최고의 시험으로, 궁전의 대전(大殿)에서 거행하며 황제가 친히 주지한다.

시험을 실시하지 않는다. 관리가 되어도 녹봉이 박하고, 옥사나 송사가 있어도 뇌물이 통하지 않으며, 범법자는 벌이 중하다. 포정과 안찰사 같은 높은 관료도 겨우 백금百金의 녹봉을 받을 뿐이다. 평일에 관冠과 신발을 착용하지 않는데 백성을 대하거나 국왕을 만날 때도 그러하다. 공이 있는 자에게 허리띠와 신발을 하사한다. 전殿에 오를 때에 뒤가 트인 붉은색 신발을 신도록 한다(속칭 슬리퍼淺拖다). 큰 제사를 지낼 때만 품계에 따라 복장, 도포, 홀, 신발, 모자를 착용하는데 모두 한漢나라 제도를 따른다. 또한 사람들이 연꽃 주머니(모양이 연꽃 봉우리보다 크다)를 두 개 가지고 다니는데 문구류와 식품을 그 속에 넣는다. 일을 보는 이들이 이를 몸에 가지고 다닌다. 출입할 때 기름을 바른 푸른 덮개(큰 우산으로 덮개를 만든다)를 사용하는데 색상을 구분하지는 않는다. 공이 많을수록 덮개를 더 많이 덮어, 덮개가 많은 이를 영예롭게 생각한다. 가마를 탈 때 신분을 막론하고, 두 사람이 어깨에 매는 가마를 탄다(망자輤子가 바로 견여肩輿다. 견여는 대나무 막대기 하나에 횡목橫木을 앞과 뒤에 가로로 매달았다. 여기에 한 폭 넓이의 실로 뜬 망의 양 끝을 묶었다. 대나무 잎으로 짠 거북 등껍질 모양 덮개를 그 위에 씌웠으며 양 쪽 옆에 창포로 만든 돗자리를 만들어 가렸다. 앉을 때 창포 돗자리를 들고 옆으로 들어가 가운데 눕는다. 관원의 가마를 나무 막대에 붉은색 칠로 장식한다. 삼품三品 이상의 관직은 붉은색 천을 사용하고 나머지는 모두 검은 빛이 도는 남색을 사용한다). 앞에 건장한 군사 십여 명이 길을 안내하는데, 모두 긴 창, 나무 막대, 긴 칼佩刀,[125] 등나무 채찍 등을 여러 개 준비한다.

군졸들은 장군의 전속이 아니다. 문관의 크고 작은 관아에 배정되는

---

125 장식용으로 허리춤에 비스듬히 차는 칼이다.

군졸에 정족수가 있다. 성에서 노역을 하는 사람을 성병省兵이라 하고 대나무 삿갓(삿갓이 작아 근근히 머리만 가린다)에 금색을 칠했고 위에 닭 깃털을 꽂는다. 옷을 붉은색의 필지嗶吱[126]로 만들었고 녹색 옷깃에 녹색 소매이다. 부, 현에 근무하는 병사를 각각 부병府兵, 현병縣兵이라 하는데 삿갓에 녹색, 흑색 칠을 하고 닭 깃털을 꽂았으며 옷은 검은색 무명으로 만들었고 붉은색 옷깃에 붉은색 소매이다. 잡고 있는 무기가 매우 정교했다. 그러나 월남에 철도 나지 않고 화약도 적다(평상시 훈련할 때 조총을 점화하여 쏘지 않고 자세만 취한다). 병사의 기술과 역량이 열악하다. 군법이 매우 엄해 전투에 임하면 죽어도 전진한다. 장수의 용병술이 특히 기교가 많고 민첩하다. 백성이 군 세력의 강약을 보아 반란과 복종을 하기에, 금방 합쳤다가 금방 나누어져 어지럽기가 쉽다. 은혜와 신의로 백성을 단결시키지도 못한다.

백성을 다스리는 형구로 등나무 채찍, 긴 족쇄, 요구繚扣 등이 있다. 태형에 모두 등나무 채찍을 사용하고 가벼운 죄는 대나무 족쇄를 차제한다. 중죄는 나무 족쇄를 차게 하고, 요구를 덧 채운다. 군인을 참수하거나 교형을 집행할 경우 중국 법에 따라 정죄한다. 법이 엄격하여 죄인이 포역捕役[127]이 왔다고 들으면 자발적으로 와서 포박에 응한다. 등나무 채찍 하나로 수백 명을 압송해도 감히 도망가지 못한다.

마을에 각각 사장社長, 이장里長을 두었다. 일이 있으면 나무 딱따기를 두드린다. 마을에 도둑이 들면 사장이 연속해서 딱따기를 세 번 두드리고 이웃 마을에서도 이에 답하여 두드린다. 마을 사람들이 사방에서 나

---

126 비스듬한 무늬의 모직물이다.
127 명 · 청 시대 주현(州縣) 등의 죄인을 잡는 하급 관리이다. 포리(捕吏)라고도 한다.

와 도둑을 잡기에 도망갈 수 없다. 장물을 근거로 도적을 잡는데, 만약 빠져나와 문을 나왔는데 장물이 없으면 놓아 주기 때문에 좀도둑이 매우 많다. 싸움이 일어나면 남녀를 불문하고 둘이 대치하다 땅에 넘어지면 일어나지 않는데, 이를 난패亂霸라고 한다(먼저 일어난 자가 잘못을 한 것이 된다. 아주 친하거나 힘이 세다 하더라도 [옆에서] 도움을 주지 않는다. 사장이 알게 되면 딱따기를 두드려 사람들을 모아 조정하는데, 해결이 안 되면 관아로 가서 고한다. 다친 사람이 때린 자의 집에 가서 밤낮으로 신음하며 먹지 않는다. 관아에서 때린 사람에게 약값을 지불하여 치료케 하며, 이로써 송사를 다스린다. 백성이 이처럼 무기 없이 싸우며, 폭행으로 치사에 이르는 경우가 거의 없다. 특히 임산부를 건드릴 수 없다. 임산부를 다치게 하면 배로 벌을 받는다). 강간하는 경우, 시집을 가지 않은 경우와 시집을 간 경우를 나누어 논한다(시집가지 않은 자를 강간할 경우, 여자가 원하면 관가에서 합쳐준다. 시집간 사람을 범하면 참수를 시킨다). 기방妓房이 없다. 특히 아편을 엄단하여, 판매자와 흡연자 모두 사형에 처하고 가산을 몰수한다. 다만 도박을 금하지 않는다. 한량이 도박으로 생계를 영위하고, 객지에서 온 이들 가운데 좋아하는 자가 더 많다. 개중에 도박으로 푼돈을 번 사람도 있어 따라서 배운다. 습관이 날로 나빠져도 관가에서 살피지 않아 심히 우려가 된다. 가혹한 세금에 짓눌려(월남 장정 한 명이 매년 12관의 세금을 낸다. 중국인은 반액이다) 7명의 장정이 한 병사의 양식을 책임져야 한다. 땅이 거칠고 백성도 게을러서 생계가 막막한데, 부자라도 만금의 재산이 안 되고 가난한 자가 모두 장사, 나무 채취 등을 업으로 삼는다.

산에 호환이 많다. 일찍이 여러 나무꾼이 호랑이 한 마리를 포획해 대관에게 바치는 것을 보았는데 관에서 5관의 상금을 내렸다. 호랑이가 나오는 곳에 그물을 설치하고 잡아서 포박한 뒤, 이빨과 발톱을 빼서 무술 훈련장으로 보냈다. 코끼리 무리가 달려오자 호랑이가 보고 포효했다. 코끼리 떼가 물러나며 오줌을 쌌다. 늙은 코끼리 한 마리만이 돌진하여 호랑이의 이마를 때렸다. 세 번 내달려 세 번 때리니 호랑이가 엎어져 움직이지 않았다. 그러자, 여러 코끼리들은 다투어 호랑이를 짓밟아 순식간에 살과 가죽이 흩어졌다. "왜 이렇게 합니까?" 하고 물어보니, "코끼리가 호랑이를 무섭게 여기지 않도록 길들이기 위해서입니다"라고 대답했다. 코끼리는 힘이 세고 사람의 말을 알아듣는다. 각 성의 관아에서 십여 마리씩 길러, 매해 두 차례 모의 전쟁을 하는데(여러 코끼리를 사열시키고 먼저 사병들을 코끼리 속에 투입시킨 뒤, 풀을 묶어 허수아비로 삼아 앞으로 나가게 한다. 그런 뒤 코끼리를 유인하여 코로 때리고 공격하게 하는데 멈추어 서서 부순다. 오직 불과 연기가 날 때만 피한다) 돌격대라고 부르며, 가는 곳마다 적이 막기가 어렵다(코끼리를 막는 방법에 대하여 명사明史에 다음과 같이 기록되어 있다. "영락 4년 장보張輔가 안남을 쳐부술 때 꼬리에 불을 단 코끼리蠻象를 만났는데, 사자를 그려 말에 씌워 돌격하자 코끼리가 모두 도망갔다"). 생각건대 맹수가 용맹해도 백성의 마음을 얻는 것만 못하다.

게다가 일찍이 이 나라 백성의 마음을 찬찬히 살펴보았더니, 한漢의 후예조차도 오랑캐의 구습에 뒤섞여 남을 잘 속이고 변덕이 심하고 가볍고 인색하여 참으로 가까이 할 수 없다. 남자는 할 일 없이 도박하며 집에서 무위도식하고, 집안일은 부인 말만 듣는다. 검은색 옷과 붉은색 바지를 입기 좋아하고 삿갓(형태가 솥단지를 엎어 놓은 모양이다)을 쓰고, 사람을 만나면 벗는다. 고개를 낮추고 손을 포개어 맞잡고 경의를 표한다. 의복을 헤질 때까지 빨지 않아 이와 벼룩이 가득하여, 잡아 눌러서 입에 넣어 씹으면서 내 생기를 빨아 먹었다(귀천을 가리지 않고 모두 그러하다. 관리가 백성을 만나도, 역시 옷을 벗어 이를 잡아 누르는데 이상하게 여기지 않는다)고 한다. 목욕을 좋아하여 겨울에도 냉수로 머리부터 발끝까지 끼얹는다. 부인이 나가서 장사를 하는데 머리를 정수리에서 묶어 올리고 맨발에 주름진 비단으로 된 머리 두건을 썼다. 평평한 삿갓을 쓰고 좁은 소매의 붉고 검은 비단옷을 길게 땅까지 늘어뜨리고, 팔에 구슬 장식, 마노 염주, 혹은 동철銅鐵 팔찌를 차며 치마를 입지 않고 연지와 분을 바르지 않는다. 모든 음식, 잡화를 어깨에 메고 시장에 와서 땅에 펼쳐놓는데 이를 좌판排行棧이라 한다(하루에 두 번 장이 서는데 오전장, 오후장이라 한다). 시장에 온갖 상품이 구름처럼 많이 있다. 찻잎, 약품, 자기, 옛날 옷 등 여러 상품 중 중국 선박으로부터 와서 판매되는 것이 가장 많다.

남녀가 결혼할 때 빙금聘金[128]에 정해진 금액이 없다(적은 경우, 고작 10여 관일 때도 있다). 때가 되면 사위가 중매와 함께 신부 집에 와서 신부를 데려간다(신부가 신랑을 따라 가는데 가마나 말을 타지 않는다). 두 집에서 수행하는 이들이 모두 부녀자이고 채색 등불이나 음악도 없다. 만약 신부가 신랑을 버릴 경우, 빙금을 돌려주고 돌아온다. 여자가 중국인을 좋아하여 신랑으로 맞이하면 그를 아저씨라 부른다. 풍속의 예를 들면 다음과 같다. 여자도 균일하게 재산을 분배 받는다. 조상을 제사 지낼 때 반드시 장인, 장모도 겸해서 제사를 지낸다. 신주를 모시지 않고 대련을 대청 벽에 붙이고 향을 피우며 위패를 둔다. 집에서 제사를 지내는 신으로 본두공本頭公(중국 복건 지방에서 속칭 토지공土地公[129]으로 부른다)이

---

128 결혼할 때 신랑 집이 신부 집에게 주는 돈이다.
129 토지야(土地爺)라고도 불리며, 성 바깥쪽의 촌락이나 교외를 관할하는 신이다.

있다. 정원 중간에 구천원녀九天元女[130]를 모신다(높은 나무를 세우고 함을 그 위에 설치하여 향과 위패를 놓고, 아래에 붉은 대나무와 여러 꽃을 심는다). 사당에 신의 위패를 모시지만 조각상이 없다. 신을 맞이할 때 한 사람이 노래를 하고 옆에서 여덟 명(혹은 네 명)이 북을 치며 박자를 맞추는데, 다른 악기를 사용하지 않는다. 사당에 들어가면 폭죽을 셀 수 없이 많이 터트리는데 이를 길상吉祥으로 여긴다.

민가에는 초가집이 많고(기와나 석회가 모두 귀하다), 중간이 높고 사방이 낮은 구조다. 집 앞에 대나무 발을 쳐서 문으로 삼고 낮에 올려놓는다. 거처에 의자와 탁자가 없고 낮은 침상을 만들어 주야로 거기서 잔다. 이불과 요를 만들지 않고 추우면 깔개를 말아 덮는다. 부유한 중국인만이 기와지붕과 높은 문을 올리고 기물을 갖추는데, [그런 집을] 대갓집이라고 부른다. 음식을 구리로 만든 접시(구리 접시가 없으면 불경하다고 여긴다)에 올려 자리에 놓고 여러 안주와 음식을 자리에 차린다. 술을 매우 진하고 차갑게 마신다. 육고기와 생선을 반생식으로 한다(육식을 삶거나 지지거나 하지 않고, 피가 남아 있도록 다 조리하지 않는 것을 맛있게 여긴다. 모든 음식을 소량으로 만들어 한 젓가락에 먹을 수 있도록 만든다). 다시 여러 개의 큰 쟁반에 음식을 담아 생야채, 잡초, 그리고 짠 액젓을 먹는다. (취사 도구가 구리로 되어 있는데 본구本扣라고 불렀다. 채식을 많이 해서 구리 독을 없앤다. 또한 간장이 없으며 액젓을 대용하는데 매우 비리고 냄새가 난다). 식사를 마치면 손으로 얼굴을 닦고(얼굴 수건을 사용하지 않는다), 순화차順化茶를 한 잔 마신다(순화는 왕궁의 소재지로 현재 부춘으로 명칭이 바뀌었다. 이 지역에서

---

[130] 구천현녀(九天玄女)라고도 한다. 중국 고대 신화에 나오는 병법과 무술의 여신이다. 후에 도교의 영향을 받아 서왕모(西王母) 다음으로 높은 지위를 차지하게 되었다.

차가 나는데 구리 도구의 독을 제거할 수 있으며, 더위를 물리치는데 맛이 매우 쓰고 떫다), 종이로 연초를 말아 불을 지펴서 피운다(담뱃대를 사용하지 않는다). 자주 빈랑을 씹어 검은색 치아가 많다. 경사를 맞이하면 연희를 상연하여 즐긴다.

일찍이 상신부常信府에 갔을 때, 여관 주인이 고운 남자아이와 여자아이 한 쌍을 키워 잡극을 연기하게 하는 것을 보았다. 같은 숙소에 머문 손님들이 연기를 보고 돈 2관을 추렴하여 상으로 주었다. 극 중에서 아이가 붉은색과 검은색으로 얼굴을 칠했다. 맨발에 좁은 소매의 옷과 허리띠를 두른 채 맨발 차림이었다. 제자리에서 뛰어오르거나 빙빙 돌며 천마天魔[131] 춤을 추었고, 손을 뻗고 발을 내질렀다. 크게 소리를 내며 넓적다리를 때렸고, 징소리에 맞추어 절도 있게 움직였다. 화장을 지운 맨 얼굴로 비단 도포를 입고 촉한蜀漢의 유비劉備가 서원직徐元直과 이별하는 이야기[132]도 연기하는데, 빨랐다 느렸다하는 박자와 소리가 구슬프게 울렸다. 극에서 고수鼓手가 피리를 불고 호금을 타거나, 북을 치며 박자를 맞추었다. 조금 뒤 여자 넷이 나란히 나와, 가는 허리와 잰 걸음으로 어깨를 나란히 하여 장단을 맞추며 노래를 불렀다. 자세가 몹시 특이하고 요염했다. 노래를 마치면 엎드려 절하며 감사 인사를 했다.

또 일찍이 양산에서 한 노파가 취금嘴琴(모양은 마치 보통 월금月琴과 같았으나 손잡이가 길며 현이 4줄 있는데, 소리가 작지만 멀리까지 들린다)[133]을 연주

---

131 불교의 사마(四魔) 중 하나로. 사마는 번뇌마(煩惱魔), 음마(陰魔), 사마(死魔), 천마(天魔)다. 욕계(欲界)의 꼭대기에 있는 제6천(第六天)의 주인이다.

132 서원직은 유비의 참모로 일하며 제갈량을 추천했다. 유비가 조조(曹操)의 계략에 속아 서원직을 그에게 보내야 했다. 유비가 못내 아쉬워하며 한 번이라도 서원직을 더 보기 위하여 시야를 가리는 나무를 베라고 명했다는 이야기에서 '벌수망원직(伐樹望元直)' 고사가 나왔다.

133 우리나라에서는 구금(口琴)으로 불린다. 아시아나 태평양 등지에서 사용하는 입으로 연주

하고 두 여자가 화려하게 단장을 한 채 곡에 맞춰 노래를 했는데 서로 낮게 읊조려 여운이 처량했다. 한 곡이 끝날 때마다 번번이 둘이 마주 보며 소곤소곤 말을 하는데 알아들을 수 없었다. 나풀나풀 춤을 추는데 나아갔다 들어왔다 사뿐사뿐 움직이고, 쓰러질 듯 도는 모습이 아름다웠다. 사람들이 돈을 던지면 추파를 흘렸으며 머금은 미소가 교태로웠다. 이방의 풍속은 또 다른 가벼운 맛이 있었고, 사람들이 서로 음식을 권하며 술을 마셨다. 중국 노래를 할 줄 아는 이가 한두 명 있어 특히 사람들의 부러움을 샀고 인기가 있었다.

이 나라 무당, 의술, 명리학, 천문학, 산술 등 여러 학문을 모두 중국인이 맡는다. 배가 도착하면 각인각색 사람들이 골고루 모인다. 중국배가 모이는 곳으로 가정(즉 농내다)이 제일 많고 다음으로 광남(즉 혜안이다)이며 또 다음으로 평정平定(즉 신주다), 광의, 부춘(즉 순화이다), 남정南定(속칭 비방碑放이다), 예안성乂安省 순이다. 번화하거나 한적한 시장, 징세액에 따라 가득차거나 텅 빈 창고, 관리가 선물을 받아 얻는 이득의 크고 작음이 모두 배 크기로 차이가 난다. 배가 겨울에 도착하고 여름에 돌아간다. "공작이 이동하니 중국 배가 온다. 소화蘇和가 울면(옛날에 한 계모가 낳은 자식 이름이 소화인데, [소화가] 일이 있어 안남으로 도망가서 돌아오지 않았다. 다음 해에 어머니가 의붓자식을 보내어 찾게 했다. 의붓자식이 안남에 도착하여 동생을 찾았으나 소식이 없어 감히 돌아가지 못하다가 병으로 죽었다. [의붓자식의] 혼이 새로 변하여 사방에서 소화, 소화 하고 울어댔다. 중국 배가 돌아가려 하면 더 슬피 울었다고 한다. 여기에 소화 새가 매우 많은데, 우짖는 소리가 정말 소화

하는 현악기의 일종이다. 대나무 가운데를 가늘게 쪼개어 리드를 끼워 입에 물고 연주하는데, 쇠로 만든 것도 있다.

처럼 들렸다), 중국 배가 돌아간다"라는 속담이 있다. 수년 동안 관官에서 계피, 설탕 등 화물의 사사로운 수출을 금하고, 관에서 정하는 가격으로 구매하여 왕실 상인에게 팔도록 했다. 또한 상선의 세금을 증액시켰다. 이 때문에 중국 배들이 적게 왔는데 열에 대, 여섯이 줄어 백성들이 힘들어 했다. 하내河內(즉 동경이다), 평순平順(고대 점성에 속한 지역으로, 화염산火炎山이 있어 여름이 되면 땅이 불같이 뜨겁고 낮에 다니지 못해 사람의 왕래가 끊겼다) 등의 성省은 작은 배로 장사를 했고 광동 상품이 매우 많았다. 배가 이름이 "아자선牙仔船"(큰 것은 2백여 담擔[134]을 실을 수 있다. 대만 군郡 기록에 의하면 강희 56년 등나무 못을 박은 작은 배가 바람을 타고 팽호까지 표류해 왔다고 했는데, 바로 이런 종류의 배다)이다. 바닥이 모두 대오리로 엮었고 외부에 야자유를 발랐으며, 배 상부만 나무로 만들었다. 나머지 작은 배도 다 그러하다. 나무로 바닥을 간 배도 있는데, 등나무로 촘촘하게 이은 곳에 물이 들어오면 국자로 계속 퍼낸다(현지에서 철이 생산되지 않아 작은 배는 모두 쇠못을 사용하지 않는다). 『해국견문록海國聞見錄』[135]에서 언급하였던 이른바 알선軋船은 선두와 고물이 없다. 알선이 침몰하면 배 갑판과 바닥에 촘촘히 줄을 얽고 빽빽이 못으로 박아 멀리서 수백 척의 배를 이용해 노를 저어 얕은 곳으로 끌어낸다. 서양 선박들이 광남廣南의 알선軋船을 만나면 두려워한다는데 어쩌면 그들이 본 것은 아자선牙仔船이 아니었나 싶다.[136] 대부분이 바닷가에 의지하여 돈을 벌기 때문에 배들이

---

134 1담이 약 50킬로그램이다.
135 『해국견문록』은 청의 수사제독(水師提督) 진윤형(陳倫炯, 1687~1751)이 1730년에 지은 해양지리 종합서적이다. 동서 해양문화사에 미친 영향이 가장 큰 책 중의 하나로, 상권에는 「천하연해형세록(天下沿海形勢錄)」 등 총 글 8편을 포함했고, 하권에 〈사해총도(四海總圖)〉를 비롯한 지도 6폭을 실었다. 진윤형은 자가 차안(次安), 호가 자재(資齋)로 복건 동안현(同安縣) 사람이다.
136 아자선은 톱니처럼 뾰족한 배인 탓에 서양인들이 두려워했다는 뜻으로 이해된다.

몰려들고帆檣輻輳[137] 물산이 유통되는 것을 가장 좋아한다. 그렇지 않으면 할 일이 없는 가난한 이들이 모두 구덩이에 빠진 듯 곤경에 처하게 될 것이다.

농작물을 거름을 주지 않고(채소에 거름을 주면 더러워 감히 먹지 않는다), 또한 두레박틀이 없어 물을 댈 수 없기 때문에(가정집에서 두레박이 아니라 모두 옹기로 물을 긷는다) 가뭄이 들면 묘목이 마른다고 들었다. 벼는 때를 가리지 않고 수확하면 바로 파종한다. 고지대에 잡곡, 땅콩(일명 지두土豆이라고 한다)[138]을 심고 고구마를 많이 심지 않으며 고량高粱, 완두, 보리가 없다. 토산물로는 금과 진주, 거북 등 껍질玳瑁, 산호, 녹나무, 침단沉檀,[139] 침향나무,[140] 속향束香,[141] 계피, 오목나무, 소목蘇木나무,[142] 후추, 소합유蘇合油,[143] 영양뿔, 상아, 무소뿔, 외뿔소와 범, 침팬지, 개코원숭이, 공작, 흰 꿩, 비취, 이무기, 개미, 파인애플, 사탕수수, 야자유椰子油, 땅콩유, 서랑등薯榔藤,[144] 빈랑檳榔,[145] 면화, 삼베, 추사縐紗,[146] 꽃무늬를 짠 능직물, 고운 비단, 나전螺鈿 등의 물품이 난다.

땅은 32개 성省으로 나뉜다. 부춘富春(왕궁 소재지이다), 광남廣南, 광의廣義, 평정平定, 부안富安, 고면高綿, 경화慶和, 평순平順, 변화邊和, 가정嘉定, 하

---

137 범장북주는 돛대가 가득한, 즉 배가 많이 정박해 있는 바닷가 풍경을 묘사한 말이다.
138 땅콩의 별칭 가운데 지두(地豆)가 있어, 토두(土豆)라 적은 듯 하다. 보통 토두는 감자나 토란을 뜻한다.
139 인도가 원산지인 향나무로 불교용품을 만드는 데 많이 쓴다.
140 팥꽃나무과에 딸린 늘푸른 큰키나무로 한방 재료이기도 하다.
141 한방에서 침향(沈香) 나무를 약재로 쓸 때 이르는 말이다.
142 콩과의 키가 큰 상록나무로 한방재료로 쓰인다. 속이 붉어 염료로도 쓰인다.
143 소합향 나무에서 짠 기름을 가리킨다.
144 서랑(薯莨), 서랑(薯榔), 홍로(紅露) 등의 별칭이 있으며, 다년생 덩굴식물로 마(麻)의 일종이다. 줄기가 10m 정도에 이른다. 열매가 붉은색을 띠어 중국, 대만 등지에서 전통 염색재로 쓰인다.
145 빈랑나무의 열매로 성질은 따뜻하고 맛이 맵고 쓰다. 한방재료나 살충제로도 쓰인다.
146 면의 일종으로 주름이 약간 있어 두껍게 느껴진다.

천河僊, 안강安江, 정상定祥, 용륭永隆, 광치廣治, 광평廣平, 예안乂安, 하정河靜, 청화淸華, 영평寧平, 남정南定, 흥안興安, 흥화興化, 산서山西, 선광宣光, 하내河內, 해양海陽, 대원大原, 북녕北寧, 광안廣安, 양산諒山, 고평高平이다. 남북으로 도합 5천여 리가 되고 폭이 40리를 넘지 않으며, 모두 연해 일대다. 하내, 가정 두 성만 땅 면적이 광활하여 물산이 특히 풍부하다(하내에는 진귀한 보물과 용기가 많고, 가정에는 쌀과 엿기름이 많다). 이 두 성이 없다면 월남 물산에서 나오는 이문이 중국 하나의 군郡에 맞먹을 따름이다. 서남 내륙 산을 들어가면 높은 산과 울창한 숲이 수천 리 이어지고 인적이 없어 능숙한 안내자章亥[147]가 아니면 다 다니지를 못한다.

나는 바람과 파도의 액운을 만나 이역에 갔다. 비록 월남말을 다 알아듣지 못했으나 다행히 동향 이주자들을 많이 만나 가는 곳마다 들은 바를 기록했다. 더욱이 중국의 가르침이 궁색하고 황량한 바다와 땅까지 미치어 사람들이 열렬히 성은에 귀화하고, 중국과 외국이 하나가 되어 노자를 받아 고향땅으로 돌아왔다. 어찌 우리 황제의 높고 두터운 덕을 입어 이룬 일이 아니라 할 수 있겠는가! 삼가 좁은 소견을 취하여 밝힌 바를 대략 기록했다.

운고芸皐 선생님께서 다음과 같이 평했다. "속국의 일을 기록하는데 있어 일어난 일에 따라 정직하게 썼고, 오랑캐의 상황을 자기의 소견에 따라 기록했다. 높고 낮음이 모두 예의를 벗어나지 않으니 알맞다 하겠다."

---

147 장해는 고대 중국에서 길을 잘 걷는 사람을 일컫는 말이다.

발문跋[148]

존경하는 향조香祖 채생蔡生이 지은 「창해에서의 고난」은 뱃사람의 부주의 탓으로 어둠 속에 헤매고 고생한 일을 적었다. 「불타는 황야의 여정」은 때론 험난했고 때론 순탄했던 여정과, 돌아오는 길에서 겪은 체험을 기록했다. 마지막으로 「월남에 관한 간략한 보고」는 널리 제도와 의례, 복식과 인물, 풍토, 인정을 논함으로써 중국의 가르침이 멀리까지 닿아 미치지 않는 곳이 없음을 드러냈다.

[채생은] 먼저 길을 화제로 삼아서, 떠났던 길을 돌아오지 못한 상황을 설명했다. 차백次白 유홍고劉鴻翺 관찰사가 나에게 다음과 같이 말했다. "채생이 덕을 쌓았고 문장도 능하며, 분발하고 뜻을 이루려는 기개가 있으며, 학문이 깊고 문체가 화려한 재주가 있다. 관직에서 뜻한 바를 이루지 못하고 액운이 계속되어 이리되었으나, 하늘의 도리라면 그렇게 하지 않음이 마땅하다." 과연 채정란의 이름이 벌써 멀리 퍼졌고 그에 대해서 이야기하는 사람들이 점점 늘어나고 있다. 홀로 생각해 보건대 고금의 뛰어난 재능을 가진 이들을 논하자면, 굴원屈原[149] 이래로 왕발王勃,[150] 이백李白[151] 등이 있는데 이처럼 조물주가 재능을 용납하지 않아 파도에 빠졌던 경우가 없었던 것은 아니나 반드시 다 그렇게 된다고 볼 수 없다.

---

148 글 말미에 본문 내용을 요약하거나 간행 경위에 관해 간략히 설명한 글이다.

149 굴원(屈原, BC343?~BC278?) : 자가 영균(靈均)으로 전국(戰國) 초(楚)나라 정치가다. 멱라수(汨羅水)에 뛰어 들어 왕께 변치 않는 충절을 알렸다. 애국시인의 대명사다.

150 왕발(王勃, 650~676) : 호가 자안(子安)으로 당나라 변문(變文)의 대표작인 「등왕각서(滕王閣序)」를 남겼다. 26세에 아버지를 찾아 배를 타고 가다 익사했다.

151 이백(李白, 701~702) : 호가 태백(太白)이다. 두보(杜甫)와 함께 '이두(李杜)'로 병칭되는 중국의 대표적 시인이다. 낭만적인 시풍으로 시선(詩仙)으로 불리며, 술에 취해 강에 비친 달을 잡으려다 빠져 죽었다는 설이 전해진다. 굴원, 왕발, 이백 셋이 모두 글재주가 뛰어나고 익사한 공통점이 있어, 이들을 채정란의 표류에 비유했다.

과연 유 관찰사가 예언했던 대로 채생이 [무사히] 귀환하였으며, 어머님께 인사를 드린 다음 내 집으로 인사를 왔다. [그 당시] 대략만 내용을 묻고 자세하게 듣지 못했다. 며칠 지나, 채생이 글을 적어 왔다. [그 글을 읽으니] 채생이 고난 가운데 얻은 바가 있으며, 어려움을 만나도 신명神明함이 변하지 않았음을 확신하게 되었다. 부박한 선비가 재물과 영화에 빠지지 않음이 얼마나 되리오! 그런 자들은 야만의 나라에 [가면 그곳에] 경도되어 마치 자기 집으로 돌아간 것처럼 여긴다.

그가 「월남에 관한 간략한 보고」에서 말한 것은 빠짐없이 직접 보고 들었으며, 여러 사적을 고증해서 얻었다. 지괴소설志怪小說,[152] 『제해기齊諧記』,[153] 『십주기十洲記』[154]처럼 근거도 없고 믿기 어려운 유와 다르다. 채생이 학문을 좋아하던 마음이 오랑캐 땅에서 환난을 당해도 흐트러지지 않았다. 나는 이로부터 채생의 도덕이 굳건해졌고 문장 역시 기이한 기운을 더했음을 알 수 있었다. 후일 조정에서 쓰임이 있게 되면, 반드시 화와 복, 생과 사를 다스려 얽매임이 없이 스스로 설 것이다. 하늘이 채생을 위험에 빠지게 하고 수륙 만 리를 가게 하였으니 어찌 깊은 뜻이 없겠는가! 차백 유홍고 선생이 그를 위해 서문을 적어주셨으니 이에 몇 마디를 엮어 [선생을] 따르는 바이다.

—도광 병신년 음력 7월 16일,
대만부사府事 친한 벗 웅일본熊一本[155]이 쓰다

---

152 위(魏), 진(晉), 육조(六朝) 시대의 기괴한 일들을 적어 놓은 소설을 일컫는다.

153 『제해기』는 동진(東晉) 말에서 유송(劉宋) 초에 살았던 동양무의(東陽無疑)가 편찬한 지괴소설집이다. 양(梁)의 사학가이자 문학가인 오균(吳均, 469~520)이 편한 속편 『속제해기(續齊諧記)』와 더불어 당, 송 이래로 수많은 아류작을 낳았다.

154 『해내십주기(海內十洲記)』라고도 불린다. 고대 지괴소설집으로, 동방삭(東方朔)이 조주(祖州)를 비롯하여 열 곳의 신기한 곳을 방문한 이야기를 적었다고 전해진다.

발문

일찍이 복당福堂 출신 재상相國156 엽향고葉向高157가 『창하집蒼霞集』에서 중국이 여러 외국을 복종시킨 일을 기록하였는데, 전傳이나 논論을 포함한다. 중국 동남쪽의 오직 한 나라로 안남安南을 거론하면서 요순堯舜부터 한, 당, 송, 원을 거쳐, 명대에 이르기까지 시대순으로 그 나라의 반란과 복종을 기록하였으며 풍토와 인정까지 두루 살폈다. 무릇 재상 엽향고는 일찍이 안남에 가보지 못했다. 그러나 막莫, 여黎, 진陳 세 성씨가 서로 왕위를 찬탈하여 명대에 정복하여 군과 현을 설치했다가 후에 다시 버린 일에 대해 말하기를, "대군大軍을 세 번이나 파견했는데 잠시라도 무기를 거두면 금세 다시 어지러워졌으니, 이는 조정의 실책 때문이었다. 이렇게 해서는 안 된다"고 했다. 당시 엽향고가 파발을 통해 전해 들은 소식과 각종 지리지를 참고하였던 까닭에 이처럼 주장할 수 있었고, 그의 이러한 주장이 후대의 교훈이 될 수 있었다.

팽호 향조 선생이 하문廈門에서 큰 바다로 나아갔을 때, 배가 바람의 방향을 알지 못하여 태풍을 만나 열흘 밤낮을 표류하다 안남에 도착했다. 남쪽 사람들이 위, 아래 없이 서로 맞이하여 인사하고 왕래하며 은근히 시와 글을 청했다. 한 달여를 머문 끝에 운남雲南, 광서廣西 두 길이 중국에 통함을 알아, 안남에서 광서로 들어갈 것을 청했다. 광동廣東을

---

155 웅일본(熊一本, 1778~1853) : 자가 이관(以貫), 호가 개신(介臣)이며, 안휘성(安輝省) 육안 (六安) 사람이다. 청조 관리로 진사출신이다. 1834년 대만부지부에 부임하였고, 1842년 안찰 사에 임명되어 대만병비도(台灣兵備道)를 돌보는 일을 맡았다.
156 상국(相國)은 영의정, 좌의정, 우의정의 총칭이다.
157 엽향고(葉向高, 1559~1627) : 복건성 복청(福建省 福淸) 출신으로, 복당(福唐)은 복청의 옛 이름이다. 명대의 정치가, 문인으로, 자가 진경(進卿)이고 시호가 문충(文忠)이다. 만력(萬 曆), 천계(天啓)년간 두 차례 내각 재상을 역임했다. 저서로『창하집(蒼霞集)』이 있다.

지나, 정주汀洲, 장주漳州, 그리고 다시 하문에 도착하여 돌아왔다. 배로 갔다 육지로 돌아오니, 도보로 온 여정이 약 4개월을 넘었고, 「창해에서의 고난」, 「불타는 황야의 여정」, 「월남에 대한 간략한 보고」를 지었다.

무릇 선생이 충성과 신의로 파도를 건넜고, 위험을 전혀 개의치 않았으며, 신명함이 변하지 않아, 관찰사와 태수께서 서문에서 극히 이를 칭찬했다. 발걸음 닿은 곳이 왕성부터 국경까지 이르며, 깊이 있게 탐구하고 반복하여 풀이했으며, 지극히 상세하며 빠트림 없이 정리했다. 어찌 역사서가 부족한 바를 보충함에 그치겠는가? 안남이 우리 중국에 극히 두려움을 품어, 완 씨가 나라를 세운 뒤 가경嘉慶 초 곧장 중국의 관문을 두드려 조공을 바쳤다. 왕위를 계승한 현 국왕이 중국에 대해 신하로서의 예절을 깍듯이 지키고 있는 사실을 보아도 명대의 강압과 회유라는 두 가지 방법이 다 잘못되었고, 월남을 버리거나 취했던 조치 또한 모두 틀렸음을 명백히 보여준다. 나아가 나라와 민속의 대략을 기록하는데, 역사가의 체계를 정연하게 따랐다. 선생은 일의 형세에 있어 요점을 파악하고, 방법과 기상이 맑으며, 득과 실을 어루만지고 논박하는데, 들렀던 곳에 의거하고 [사례를] 들어 밝히니 어찌 단지 종이에 적은 공허한 말과 같겠는가?

명대勝國[158] 문충 엽향고는 뛰어난 재상으로, 그의 『창하집』이 예전에 비해 잘 정리되었다. [그러나] 채 선생의 기록이 그에 비해 더욱 정연한데다가 사실에 가깝다. 경험을 근본으로 하되, 의론을 펼쳤다. 이 글을 읽는 자는 가히 선생이 다른 날 조정에서 벼슬을 한다면 백성을 다스

---

[158] 승국은 전 왕조란 뜻이다.

리는 골자를 볼 수 있을 것이다.

—전前 정주 부학훈도府學訓導 어리석은 동생,

가용장柯龍章이 삼가 발문을 올린다

원문

周序

蔡生廷蘭, 澎湖士也. 道光十二年壬辰春, 余以興泉永道奉檄賑澎湖, 生袖詩來謁, 述風災小民饑苦狀, 余和之. 生請受業, 因其名, 字之曰香祖, 授以前人讀書法.

澎湖, 台灣府屬大海中之一島, 地斥鹵, 不宜禾稼, 薯芋雜糧生焉. 民習漁, 以海為業. 無學校, 額設生員四名, 隸府學. 生以島無藏書可讀, 就郡力學, 試高等, 為廩膳生. 鄉試渡海, 次廈門, 余常課之玉屏書院.

乙未(道光十五年)秋, 試歸, 遭颶風, 漂泊不知所之. 踰年丙申(道光十六年)夏, 歸自越南, 具道困苦, 且致越南使臣念余意(壬辰夏, 越南使臣工部郎中陳文忠, 禮部員外郎高有翼, 行人陳文恂, 送故彰化縣李振青眷來廈門, 冬歸國, 詩以送之). 余慶其再生, 資之歸澎湖.

是秋, 調在台灣, 生以所撰「滄溟紀險」,「炎荒紀程」,「越南紀略」來質. 余讀其文而異之. 一書大海中風雨晦溟, 波濤駭異, 生死不可測之情狀, 而中懷鎮定, 惟老母是念. 一述越南恭順, 雅重天朝文士, 與其士大夫相唱和, 及所歷山川道路之險夷, 城郭宮室倉廩府庫市廛之虛實. 一載越南故事, 略古詳今, 纖悉畢具, 以驗其風俗. 噫!生此遊可謂奇矣壯矣!顧念生生長窮島寂寞之鄉, 縱能力學, 見聞寡尠, 天豈以是跌蕩其胸臆, 開豁其心思耳目, 以益其為文耶?

太史公曰"余嘗西至崆峒, 北過涿鹿, 東漸於海, 南浮江淮矣", 故其文淹博踔厲而詭奇, 後世莫能及. 士君子遊歷所至, 何地不當究心山川人物有關經濟?凡可以供憑眺, 資考證者, 皆學也. 生既至絕域矣, 其有所記載固宜. 抑越南, 南越也, 昔陸賈至其地得多金而返. 生失路窮遺, 而於辭受間惟謹, 視陸賈又何如哉! 今以生選拔貢於朝, 其以是為行卷, 質之當代鉅公, 必有能賞之者.

蘇子由曰"於山, 見嵩華之高, 於水, 見黃河之大, 仰觀宮闕, 見天下之壯麗", 生其遊焉, 還視越南蔑如也, 則所以益其為文者, 當更無窮也.

劉序

東坡「居儋耳」詩 "九死南荒吾不恨, 茲遊奇絕冠平生", 故其文章之雄傑, 以海外諸作壓卷. 然儋耳隸廣東瓊州府, 遠陟蘇波, 在宋時初闢為南唐, 今則士大夫舟楫之所停集, 遊乎此者, 未足稱奇絕矣.

夫不履天下之奇險, 不能得宇宙之壯觀. 澎湖蔡生廷蘭, 礪介節, 富文學. 余歲, 科兩試, 皆取冠其曹. 不幸, 屢舉輒報罷. 道光乙未秋試後, 廈門渡洋, 猝遇暴風, 昏暝浮十晝夜, 抵越南. 越南王由陸路齎送, 逾年夏始歸. 吾閱其所著「滄溟紀險」, 颶颻迅發於島嶼之間, 潮水騰沸, 浪高如山, 舟桅折舵傾, 沉而復起, 匍匐叫號神明, 以求須臾之命, 不覺驚且嘆, 謂天何危生至此. 繼閱其「炎荒紀程」, 國王雅重儒術, 其國文武大小吏員皆曰 "不圖今日得見天朝文士!" 所至燕飲無虛日, 醉後必索詩, 能者亦酬和疊韻. 及臨別, 握手零涕, 並謂 "天涯南北, 別時容易見時難." 不覺歎且喜, 謂天既危生, 遐方之人何愛生至此. 終閱其「越南紀略」, 越南, 古越裳氏, 歷秦, 漢, 唐, 宋, 元, 明, 與中國分合治亂, 府州縣衛之沿革, 山川谿谷之高深, 鳥獸草木之怪特, 禮樂冠裳之異宜, 風俗人情之變殊, 二十七史外夷傳之所不載, 纖悉具備. 而生猶自名曰「紀略」, 不覺喜且愕, 愕且服, 生實善承天之危, 克致人之愛. 茲記當與東坡海外文章並傳, 洵乎 "九死不恨, 生平奇絕" 之遊也.

雖然, 吾更有以進生. 夫神志定, 乃可以處非常之事. 見聞博, 斯能以究萬物之情. 有孚心亨, 則習坎獲吉. 篤敬忠信, 自蠻貊可行. 生固非終身舉而不遇者, 其介節果亦能始終如東坡乎, 吾於生之茲遊望之矣. 是為序.

時道光十六年, 歲次丙申孟秋之月既望, 陝西按察使司前台澎兵備道友生劉鴻翱次白氏撰.

題詞一

蔣懌葊(鏞)司馬夫子

文章未遇屈秋闈, 海舶奔騰颿母飛.

天水浮沉旬夜迴, 煙雲杳渺一風回(棄椗後被西北風壓下, 幸轉東北, 得收安南, 否則直犯落漈).

南收荒島波濤險, 北望家山定省違.

往返梯航將萬里, 奚囊攜得錦囊歸.

取道歸程出桂林, 鷺門安抵喜傳音.

倚閭得慰萱幃望, 愛士能孚藻鑑心(廈門周觀察, 臺灣劉廉訪二憲均器重盼望之).

回首煙波驚甫定, 怡情桑梓戀應深. 長風巨浪鵬搏遠, 履險為夷卜大任.

題詞二

許蔭坪(德樹)廣文夫子

驚濤亂濺老萊衣, 九死難忘奉養違. 心似卷葹身似葉, 天留舜草報春暉.

荼芹汎口進銅盤, 萬里風檣客子單. 喜煞越裳諸父老, 扶藜來看漢衣冠.

蘇和聲裏嶺彎環, 乞得羈身百粵還. 掇取乾坤草盈袖, 幾人生度鬼門關!

對客揮毫慷慨吟, 香山名已遍雞林. 而今不寫閒風月, 一首新詩一餅金.

海南雜著 澎湖蔡廷蘭香祖撰

滄溟紀險

道光乙未秋末, 省試南旋. 既抵廈門(廈門別號鷺島), 值吾師周芸皋觀察壽辰(時任興泉永道, 駐節廈門), 隨眾稱觴, 歡讌累日. 遂渡金門(金門嶼在廈門之東), 適祖家(余家祖居金門). 由料羅(料羅汛在金門東南)覓舟, 將歸澎島問安老母(時遷澎湖), 即赴臺灣, 計不十日可至也(余是年在臺郡城主講引心書院).

十月初二日, 舟人來促. 率家弟廷揚偕從者馳至海濱, 見船已拔椗(椗以重木為之, 海舟用以定船), 張高篷(即帆也, 俗呼篷), 且去. 遽呼小艇, 奮棹追及之. 而日色沉西, 視東南, 雲氣縷縷騰海上, 變幻蒼靄間, 良久始滅. 入夜, 滿天星斗, 閃爍不定. 余指為風徵, 勸舟人且緩放洋(大海中汪洋無際處曰洋, 有內洋, 外洋之稱). 舟主持不可. 顧鄰舟三五, 亦漸次離岸. 余已暈眩, 自投艙中, 擁被屏息臥, 聽其所之. 約三更, 聞風聲颯颯, 船底觸水, 硍硍作急響, 勢顛簸, 殊不可支, 猶以為外洋風浪固然, 姑置之. 再燃更香以俟(舟以香一炷為一更, 名更香). 黑溝駛逾兩炷時, 度已踰黑溝(海中有黑水洋, 水深而黑, 東流急且低, 俗謂之黑溝), 平明當抵岸. 舟行愈急, 浪愈高而颶風作矣.

初, 見西北黑雲數片, 俄而東南四布, 馳驟若奔馬, 轉瞬間狂飈迅發, 海水沸騰, 舟傾側欲覆. 余身在艙內, 左右旋轉, 不容坐臥. 驚悸中聞舟人呼曰 "東向且迫岸, 急轉柁回者!"風烈甚, 柁曳水下金膠固(下金在船後水底, 用以拴柁者), 十餘人擁推之, 不少動. 乃下篷, 棄所載貨物, 冀船輕得走. 天明, 四顧迷茫, 白浪如山, 孤舟出沒波濤間. 按驗指南針, 猶指巽, 已不知何洋也. 如是者三日. 舟人語曰 "此去幸而暹羅, 呂宋, 猶有還期. 若犯南澳氣, 落漈(入溜為落漈, 水特下, 一去不返. 南澳氣, 逼入千里石塘, 萬里長沙, 皆在臺海之南),

我輩斷無生理!"乘風色稍定, 相與構火作飯, 盡一飽.

移時, 媽祖旗飄動(天后, 我俗皆稱媽祖), 風轉東北, 叫嘯怒號, 訇哮澎湃, 飛沫漫空, 淋淋作雨下, 濕人頂踵, 毛骨生寒, 眾相視無顏色. 忽然, 一聲巨浪撼船頭, 如崩崖墜石, 舟沒入水, 半瞬始起, 檻蓋木板皆浮(艙面蓋板曰檻蓋), 水傾盆瀉艙底矣. 余淹仆, 自分必死, 家弟手一繩, 泣令束腰間, 強扶掖出船上, 俯伏告天乞命. 舟人悉嗷㖀大慟. 余顧謂出海(舟主稱出海)曰 "哭無益, 速砍大桅!"桅折墜水中, 舟始穩, 隨波泛泛若輕鳧. 因視水櫃, 水將盡. 封閉禁勿汲, 且晚兩餐, 取鹹水蒸芋為食. 余焦燥, 思水不可得, 日啖芋孫半枚, 然亦竟忘饑渴.

逾四, 五日, 見白鳥飛翔, 海水轉淡黑色, 又漸轉淡藍, 料去山不遠. 日將下, 遙望浮雲中黑痕隱隱一線, 粘水不動, 大類山形. 明晨霧開, 則層巒疊嶂, 畢陳目前. 離船里許, 屹立三小嶼, 中有草樹青蒼, 嶼邊巨石碨磊, 狀俱險惡. 舟隨潮曲折流入, 辨來帆皆甲板(番船名), 梭織不絕. 熟視大山口有檣桅簇簇, 知為大港, 眾皆狂喜, 羅跪仰天謝.

午後, 微雨數陣, 陰雲驟合, 風雨交加, 上下瘴霧昏迷, 群山盡杳, 對面不相識. 潮流湍急, 湧浪滔天, 舟前後撞擊, 震響如雷, 衝突抵暮. 約初更, 眾慮擱淺, 各自為計. 余自問命絕於此, 手扳弟, 坐俟變. 無何, 風殺雨止, 浪亦就平. 探身艙外, 則月出東方, 黑暗中驟見天光. 凝眸諦覰, 覺南北山勢環抱, 似可寄泊. 投鉛鐘試之(鉛鐘以鉛為之, 繫長繩數十丈, 以試水深淺), 水深二, 三丈, 下皆細沙, 遂下椗而安焉. 屈指計之, 蓋十月十一日夜也.

越宿破曉, 見一漁艇過呼問, 語不可解, 指書'安南'二字. 少頃, 又一小艇來, 中一人能華語, 自稱唐人(安南呼中國人曰唐人), 登船, 愕曰 "客從中國來耶? 不識港道, 胡能至此?" 眾告以故. 搖首咋舌曰 "非神靈默護, 胡能爾爾?

初到小嶼, 即占畢羅嶼, 嶼東西眾流激射, 中一港甚窄, 船非乘潮不得進, 觸石立沉. 由西而南, 可抵內港, 桅篷已減, 逆流不能到也. 其東西一帶, 至此稱極險, 海底皆暗礁, 暗線(海底石曰礁, 沙曰線), 線長數十里, 港道迂迴, 老漁尚不稔識, 一抵觸, 虀粉矣!" 余聞而益駭.

念家住澎湖大海中, 自幼涉滄溟, 於今數十度往返, 俱順帆安穩無恐怖, 間有風波, 亦尋常事, 未若茲之艱險備歷, 萬死一生也. 然余聞古人以忠信涉波濤, 履險阻如平地, 或於驚濤駭浪間, 按劍沈璧, 怒罵笑談, 不動神色. 彼其人皆聖賢豪傑, 正直之懷, 所感通天, 亦不忍制其命, 以留為斯世用. 余自問區區一介, 無所短長, 雖忠信愚忱, 亦頗自持, 而際此顛危險難, 胡能不怖? 心怦怦然, 展念老母, 終焉不孝, 尚敢自望生全, 亦聽命於天已爾. 乃竟不死, 以至於斯. 不知天將厚造於余, 抑使余流落遐荒, 窮愁拂鬱, 而以詩自鳴於海外之國, 未可知耶? 然亦幸矣.

眾方具朝餐, 乃大肆飽噉, 負曝以坐, 濕衣遽乾, 啼痕未滌也. 急記之.

寫遭險狀, 窮極駭異, 各盡其致. 末段自寫胸臆, 尤可想其人. −周芸皐夫子評

海南雜著 澎湖蔡廷蘭香祖撰

炎荒紀程

舟泊越南境, 越日為乙未十月十三日, 有兩汛官駕小船來舟側, 皆烏縐綢纏頭, 穿窄袖黑衣, 紅綾褲, 赤兩脚(越南官員出入皆赤脚, 衣不分寒暑, 冬月猶著輕羅, 貴者多用藍, 黑二色, 纏頭亦然, 褲俱紅色), 帶通言一人(傳語者號通言), 作閩音(詔安人, 名沈亮), 呼謂舟主曰"此廣義省思義府榮芹汛守禦官也(一阮文鸞, 一阮文利), 聞有收風中國船, 特來盤驗." 延登舟, 啟艙遍視畢,

命具失水狀, 併持牌照去(國中悉用漢字, 其衙門案牘體式與中國略同), 囑明日移舟內港, 照例貢銅盤為稟報(凡送人禮物, 必置之銅盤, 戴頭上跪進, 謂之貢銅盤).

次日傍午, 見數十蒲帆如飛而至, 皆漁艇也. 前通言先引數人登舟, 或挾柁, 或拔椗, 令各艇繫一繩船首, 就己艇操檝牽挽, 我舟緩緩隨之行. 棹歌齊起, 咿啞嗢于, 響答雲水中. 鷗鷺翔翔, 聞人聲, 拍拍飛去. 薄暮, 入內溪. 見近山竹樹蔥蒨, 蒙蘢隱隱, 數村落起炊烟. 須臾抵岸, 岸上茆屋十餘間, 汛防在焉. 守禦官親至沙澳中指揮漁艇, 令移泊汛防署前. 維舟已定, 諸漁艇散去(其國舊例 : 舟入汛地, 守禦官設法防護, 於署前鳴鉦, 漁艇蟻集聽差, 不敢索工價). 夜聞戍鼓鼕鼕達曙(更鼓徹夜, 皆點鼓一聲, 不按更數, 大官則鳴鐘).

十五日, 偕通言登岸. 舟主攜船中物(薑, 麵, 煙, 茶, 其國所嗜), 假汛中銅盤以獻, 余亦附贈筆墨. 守禦官喜, 延余中榻坐(大小官署皆不置椅棹, 堂中設一低床, 南向, 尊者所坐. 左右各設一牀, 東西向, 左為主, 右為賓, 從漢制尚右. 同牀坐, 則尊者在外, 卑者以次在內). 急備文書, 馳報省堂官(駐省大員稱省堂官, 在府者稱府堂官). 因借米一方(約四斗), 錢一貫(鉛錢鑄"明命"年號, 以二錢准一銅錢, 每貫六百文), 辭守禦官歸船.

十六日午後, 望岸上昇二輢子至(肩輿號曰輢子), 中各坐一人. 從數人, 執籐條. 移時, 同守禦官下船. 仍喚前通言云 "是省堂官, 委來覆驗者."(一布政官未入流書吏陳興智, 一按察官未入流書吏阮進統)按牌照及搭客名數(呼海船中附載之客曰搭客), 令各伸左手中指印紋紙上, 謂之'點指'. 復熟驗艙中無違禁物(鴉片煙及軍器禁最嚴, 搜獲以洋匪論, 決斬). 縱橫量船面丈尺, 艙底淺深, 造册備徵稅(若船中無貨物, 免徵稅). 出紙筆, 各書一紙相問答. 約余次日赴省見大官. 遂登岸去.

經宿, 果乘小船來邀, 與舟主俱往. 風微水緩, 沿溪泛十餘里, 至岸. 日停午, 循阡陌間小徑, 行二, 三里, 至潞潤市(唐音呼栗萬, 有戍兵). 晚宿通言家. 五更起, 踏月行. 連村柝聲相聞, 深巷犬吠如豹, 池塘蛙蚓鳴聒不休. 約行二十餘里, 天已明, 飯道旁野店. 復行里許, 渡一溪, 二委員爭以輞子讓余坐, 卻之, 因呼隨兵導余緩步行(官無胥隸, 皆以兵給役). 大路寬二丈餘(國中惟一條大路, 直通南北), 兩旁植波羅密, 十步一株, 枝葉交橫, 繁陰滿地, 清風颯颯, 襟袖皆涼. 遠望平疇千頃, 禾稻油油. 人家四圍修竹, 多甘蕉, 檳榔, 風景絕類臺灣. 道中所過橋, 悉編竹為之, 新舊疊蓋十數重, 支以橫木, 足踏處步步作軟勢. 向午, 又渡一溪. 去溪里許, 即廣義省, 駐布政官一員, 按察官一員, 鎮兵官一員(藩, 臬二司, 人呼布政官, 按察官, 總兵呼翁官鎮, 合稱謂三官堂). 有小城(俗稱虬蒙城), 設東, 西, 北三門, 官署, 倉庫, 營局在城內, 居民, 市肆在城外(凡省郡城, 內無民舍). 適市, 遇唐人(彼國稱中國人曰唐人, 遂因之薙髮易認)林遜(同安人), 邀至家.

少頃, 委員趣見大官. 余冠帶入城, 觀者笑. 至署, 引入大堂(官署只一間大堂, 早晚視事皆在此, 屬員, 書吏畢聚堂上辦案, 散堂則各歸己家). 中坐兩官, 通言默告云 "一布政官宗室阮公(帛), 一按察官鄧公(金鑑)." 因向前一揖. 皆起立, 熟視大笑, 滿堂譁然, 指右榻令坐, 向通言噥噥語, 通言不能傳(通言所識, 亦尋常市井語, 餘多不諳). 大官自書於紙, 問籍貫, 履歷及遭風情狀. 遂詳書始末答之. 點首嘆息, 似甚矜憐. 召福建幫長鄭金(同安人)擇房舍安置(唐人多閩, 粵二籍, 閩稱福建幫, 粵稱廣東幫, 各設一幫長辦理公事). 先給米二方, 錢二貫, 資用度. 復傳舟主入, 准給憑開艙, 賣所餘貨物. 余起謝, 趨退, 主林遜家.

十九日, 繕詞囑幫長投進. 大官贊賞, 隨具疏附詞上國王(國王居富春城,距廣義省七日路程). 是晚, 布政官今書吏持一題紙來(四書藝一, 經藝一, 詩, 賦各一), 限明日辰刻來取稿本. 次晚, 鄧公亦令書吏持題來(如布政官篇數). 余俱如限撰就呈繳, 留閱不發. 二十二日, 詣辭, 復回船. 二十四日, 偕家弟盡取行李, 別舟人, 重赴廣義省. 自後, 遂不復至船.

二十六日, 大官聞余至, 命各屬員(知府一, 通判二, 經歷二, 知縣二, 縣丞一, 教諭一)同時來會. 以寓窄, 群揖而散, 不及通姓名. 詰旦, 往候大官, 諸人俱在, 因遍拜其枉辱. 時方會鞫大訟, 即告退. 居數日, 近城官吏及紳士絡繹來訪者以百計, 呼余曰"翁虜生"(俗呼尊者謂翁, 或稱太), 索句丐書, 不堪其擾. 惟布政吏裴有直, 阮仕龍, 與余情好獨摯.

十一月初五日, 大官傳有王旨下. 急詣署, 讀抄出硃批云"該名係文學出身, 不幸偶遭風難, 盤纏罄盡, 殊為可軫. 業經該省給發錢, 米外, 著加恩增賞錢五十貫, 米二十方, 俾有資度, 用示軫念天朝難生至意. 其船人亦按名月給米一方." 遂泐詞稱謝, 向省倉庫支領脯資, 得無乏. 由是大官益加敬禮, 暇輒呼共筆談.

初九日, 有新進士黎君(朝貴), 偕知府官范公(華程)來訪. 范公曾充副使, 入貢天朝, 著有詩集, 袖來示余, 細為評贊. 贈以詩.

初十日, 晤黃文(龍溪人, 住廣義庯), 云曾三次陸路回閩(回閩有二路: 一從廣東瓊州過海南赤崁為外路, 有劫盜, 人眾乃可行. 一走廣西大路為內路, 較遠, 不患伏莽), 語路中情事甚悉. 余狂喜, 遂決歸計. 次日上大官書, 乞貸行資, 給憑由陸回籍. 大官以格於例, 有難色(往例: 凡中國船收風抵境, 如文武官屬及紳衿, 俱配官船護送回中國, 商民有從陸路回者). 余力懇, 乃為疏請.

十三日, 往廣義庯(有商賈處稱庯. 廣義庯距城三十里, 中國船所集), 宿黃文家, 談鄉情歡洽. 主人喚子婦出拜客. 庯中唐人爭來問訊. 信宿乃還.

二十日, 有塾師陳興道以詩招飲. 閱兒童所誦四子書, 經史, 古文, 詩賦, 與中國同, 皆寫本. 又人置一磚, 塗泥水, 以竹筆作字, 悉粗劣(筆墨最少, 學字無法帖). 或持紙掌上作草書, 甚捷. 陳君頗通經史, 知詩, 人呼翁柴(呼先生謂柴). 自是, 諸人士邀飲者日眾.

十二月初六日, 王遣使裴敬叔(舉人, 候補知縣)來視, 親至寓, 慰諭甚慇. 越日, 往謝, 各官俱集省堂. 使者及大官揣王意, 咸勸余舍陸由舟, 約來春南風初發, 備官船達廈門, 舉座稱便. 余以急歸奉母為言, 操管往復, 自辰及未, 求益堅. 使者意始轉, 約復命之日, 請下部議, 遂星夜啟行去. 余歸心焦急, 於邑成疾, 十餘日不能起. 大官時遣人慰問.

十九日侵晨, 前驗船吏陳君(興智)入賀曰"部議准矣!" 余病若失, 躍起詰之. 陳君促余整衣詣大官. 大官出部覆及抄發硃批見示, 云"據該名累乞由陸回貫, 勢難久留, 理宜俯從所請. 著戶部封遞白金十兩, 賞助行資, 仍由該省官從優妥辦." 讀罷泣謝, 白大官訂期就道. 鄧公泫然曰"足下歸固善, 第此後天涯南北, 何時再見?" 余亦悲不自勝. 退令家弟治裝, 假從者偕行, 遂走別諸相識.

翌日, 二大官遣送戶部所遞金及路照關文(委該隊官一員, 帶兵二十名, 今護送至廣南. 又給關文, 沿途換派弁兵, 支領口糧), 外加贈銀五兩. 鄧公又別遣親隨, 以肉桂, 牙筒見遺. 俱拜納, 分謝以詩. 又受書吏裴有直餽錢三貫, 及同鄉林慊(同安人), 林遜, 鄭金輩所餽藥物. 諸以金來者, 悉卻之.

二十一日平明, 入別大官, 留牘乞轉謝國王. 大官送出署, 自知府以下, 祖餞城外. 諸同鄉擁送至溪邊, 灑淚而別. 舟主及同舟者皆留, 俟有便船乃送歸也. 計余居廣義五十餘日, 多陰雨, 煙嵐障盛, 地上泥濘, 足不能展一步. 衣履床席, 淋淋出水, 日夜蚊蠅籠匝. 偶值晴霽, 周旋大官及枉顧人不暇. 又無山水園林可消遣. 以此徘徊悵結, 情鬱鬱不得舒. 忽歸程一發, 余兄弟如困鶴出樊籠, 振翼青霄, 不慮前途尚有萬里也. 自廣義城行四十里至潞潤為一弓(每弓四十里, 設一營房), 風雨竟夕, 宿通言沈亮家. 次日, 行四十里至緊板(由緊板坐溪船, 一日夜可至廣南). 過溪二十里至幣潤(唐音呼坐萬). 又百六十里, 抵廣南省城(俗稱惠安, 其省城稱坐葵城), 宿庯長洪錠舍(福建同安人). 去城二十里為惠安庯(中國人最多), 有轉運使舊署, 甚軒敞(內祀前朝歷任運使公, 中國人供香火多不利, 今歸土人守管, 常封鎖不得入)

二十五日, 見巡撫官(兼管廣義, 稱南義巡撫官)潘公(名清簡, 號梅川, 進士出身, 曾入使天朝, 前任東閣大學士, 以事降外任, 調今職). 公裕才學, 性謙沖, 禮文閒適. 一日延敍兩次, 贈錢五貫及茶饌數事, 有倡和詩. 次早, 遣屬員持名紙送行.

二十六日, 行廣南道中. 見禾苗挺秀, 新秧綠縟如茵, 白鷺立田中不動, 遠樹低迷. 海中三台山, 分明鼎峙(海中三石山, 號三台, 空洞宏開, 天然屋宇, 俗傳：昔有七蜘蛛巢其中, 幻作好女為祟, 後為佛所除, 今稱七姊妹洞), 高出地二丈許, 望之屹然. 晚宿嶺下屯. 輴夫(輴夫即舁夫也)戒明日夙興飽飯, 登隘嶺(一路惟此嶺高峻, 為越南最險重關).

曉色初分, 出舍行二里許, 皆在霧露中. 仰視嶺際, 雲封如積雪, 縹緲接天, 不見峰頂. 朝暾已上, 度一小嶺, 曲徑斜穿出海岸, 海水洶洶, 飛濤吼浪, 震響巖谷間. 至小村口, 有汛官屯守, 盤詰甚嚴. 循山麓而上, 磴道迂迴十餘里. 兩旁荊棘叢雜, 篁簜森森如蝟毛. 樹間小鳥喞啾, 鳴聲百變. 野花開放, 落英繽紛, 其景不可名狀. 過山半, 高勢巉巖, 石級鱗疊, 若千丈雲梯. 輴夫以輴子橫肩而行, 眾護卒扶掖相助. 舉膝礙胸, 汗浹背如雨下. 凡七, 八里, 始達嶺巔. 憩古樹下, 仰見堅垣壁立, 以紫荊板厚尺許為門額, 書「海山關」. 設屯守員一員, 勁卒數十, 械礮環列, 真飛鳥不得度也. 登關以望, 北臨大海, 浩瀚迷茫, 帆檣出沒, 如數點鳬鷗, 浮沉蒼碧. 嶺前東西各一港, 內透重溪, 可容千艘. 清波微漾, 素練平鋪, 雲影天光, 徘徊水面, 足以盪豁胸臆. 西南一帶, 箐密林深, 為群象所宅. 與麋鹿, 猩猩蕃息其中, 荒莽非人境. 山木年久, 大者數百圍, 枝條樛結, 蓊鬱凌霄, 老藤纏繞, 猿猱攀接成群, 見人跳躑(山多交臂猨, 土人稱猨將軍). 須臾, 風度林杪, 萬籟蕭騷, 景象淒絕. 余乃悄然而下, 別屯員. 去關行六, 七里, 日垂暮, 宿嶺上野人家. 夜嚴寒, 床頭燒槲柹與弟烘之.

次日晏發. 行密樹中二, 三里, 出嶺右, 俯瞰其下, 則絕壁懸崖, 深不見底. 余乃舍輞子, 令二人掖以行, 背負石, 投足坎窩, 連下三百餘坎, 憩一石岡. 復逶迤前行, 過三小嶺, 悉崚嶒嶔崎. 約十里許, 始就平地海岸. 緣岸數里, 抵一大溪. 渡溪, 北有小市, 設屯員盤查. 輞夫為余言"上嶺至此, 所過神廟二十餘處(俗稱本頭公, 甚靈), 行人投香楮不絕, 雖日往來, 無蛇虎之患者, 神之庇也." 嶺自嘉隆間始闢(嘉隆, 今國王父年號), 當越南之中, 一夫守隘, 萬人莫開, 故稱隘嶺, 去富春百有四十里(下去廣南百里).

三十日, 抵富春城(俗稱順化城). 城以磚築, 甚堅緻, 高丈餘, 周四, 五里, 建八門, 城樓狹小. 城上相去二百餘步, 列大礟五, 相連屬, 皆覆以亭, 望之如群鳥舒翼. 城外環以濠(河深水不涸), 濠外環以溪(溪極深廣, 內通眾溪, 外達大海), 凡戰艦綵船, 大小列溪邊, 覆以茅亭. 近城四面, 闤闠甚譁, 貨物豐備, 人煙稠密, 廬舍整齊. 余至城, 日向午, 該隊官(該隊官, 官名, 職若千總)導進城, 見承天府尹阮公(碩甫), 府丞黎公(名肯夏, 進士出身). 阮公一見而退. 黎公頗負才辨, 授紙賦詩, 揮毫評論, 至忘形骸. 日將沒, 辭出, 往新庯(在城北溪邊), 宿陳親家(晉江人). 是日除夕, 人家換桃符, 放爆竹, 如中國送臘迎年故事. 余感時思親, 與家弟終夜零涕, 不能成寐.

明年丙申, 為道光十六年正月初一日(越南國明命十七年). 序慶履端, 辰徵首祚, 丁街亥市, 番舞夷歌, 歡聲動地. 余攜賀章, 與洪涼(廈門人)詣府堂官賀年, 且乞介紹賀國王. 會東閣大學士關公(仁甫), 戶部郎中阮公(若水)皆在府尹座, 閱賀章, 加獎飾, 關公手書示曰："我國有例, 元旦聞雞聲, 眾文武入宮拜賀, 賜金出, 即封宮門, 俟有旨啟門, 方許出入. 君欲修禮於下國, 俟門啟, 當引君一謁. 慮吾王以船相留, 必毋卻. 不然, 既有前命, 但執省官文憑行無礙, 待初七日開倉, 領糧起程, 留牘府堂, 自能為君達賀悃也". 余行意已定, 遂辭大官出, 遍歷城中. 其王宮在東南隅, 面印山(山形如印, 在城外, 上有山川, 社稷壇), 規制壯麗, 樓閣亭台, 俱極土木之勝. 殿脊安黃金葫蘆, 光彩耀目. 宮前為午門, 門前中道豎一大旗. 宮左右列營, 處親軍衛卒, 器械整肅. 稍北為左右將軍府, 貯大礮藥彈十六間. 宮外環高牆, 牆上四隅設礮台, 置紅衣大礮. 牆外周圍鑿深濠, 闊丈餘. 濠外護欄兩重, 禁閑人不得近. 又建明遠樓在別宮, 軒牕明淨, 棟宇輝煌, 為遊宴所. 王宮以西諸宮, 王子及親屬所居. 又西, 為內大官諸衙門. 近東北為倉廠, 糧米充實, 可支數十年. 餘皆文武官署, 營房及宮院, 祠廟, 少民居.

初二日, 赴府堂官讌. 聞者群以余中國士, 相率來觀, 室幾滿, 不辨誰何貴賤.

初七日, 以詩別閣學及府堂官, 賃溪船達迎賀(地名). 黎公特送出城, 今護送諸人先由陸路候廣治省. 陳親舉家送溪邊. 溪行二日, 霧匝雲迷, 四山晝暝, 篷牕雨急, 蘆葦中溪流潺潺, 新漲驟添兩三尺.

初十日平明, 抵廣治(自富春至此, 水程一百二十里). 艤舟溪曲, 隨榜人登岸, 行二, 三里至省城, 該隊員先在城門跕候, 雨且至, 急挽一書吏, 導入見巡撫官(兼管廣平, 稱治平巡撫官)何公(登科). 時公方袒衣捫蝨, 見客至, 斂衣, 遽怒鞭書吏二十. 余以書進曰 "某來未失禮, 何遽見辱?" 公霽顏起謝曰 "渠不先通報, 致老夫倉皇, 不能為禮, 一時唐突, 幸勿罪!" 乃請即景賦詩. 公閱詩喜, 留宿, 不可, 促辦關文, 換遣護送, 令先至迎賀相候. 余辭出, 榜人負余冒雨歸舟. 次日午後抵岸(自廣治至此, 水程四十里), 宿迎賀(迎賀至廣平二百四十里), 雇輞夫明日再發.

十三日, 抵廣平省城(俗稱洞海, 唐音呼龍回), 止庯長洪謹家(福建同安人). 入見布政官吳公(名養浩, 字宗孟, 號檜江, 歲貢生出身), 公改容起曰:"君冠服容止非俗士, 願以詩教". 呼酒即席遣詞, 吟興健甚, 遍饗從者酒食. 將出, 遺雛雞一握, 期明日再敘. 次早, 遣書吏來促. 甫入門, 公方與按察官阮公(登蘊)鞫案. 余遂巡駐足. 吳公揮退人犯, 延坐中榻, 復其唱酬, 熟訪中國風教人物. 坐久, 進午餐, 更番談論, 皆留心經濟之言. 感慨流連, 至昏乃退. 十五日, 阮公以事公出, 吳公攜酒親至庯長家, 手一舷, 曰"今日元宵, 宜共作踏歌, 以詠佳夕." 為引舷立酌, 辭不敢留. 公見輞夫在道, 曰"何緣薄乃爾!" 以錢三貫見遺, 賦詩贈行. 余亦依韻和謝. 公遽出, 疾赴關下郵亭, 設祖席俟余至, 復餞三杯, 淚數行下, 握手出關, 同行二里許, 乃返登關上, 佇望移時, 以手遙拱而別. 洪謹與同縣吳深(亦同安人)率妻子各攜藥物追贈, 遠送五里外泣別. 俄而護送官兵繼至, 中一人乃吳公所遣親隨, 於路奉承(余後至洵靜, 寄以詩, 回謝吳公). 是晚宿幂崙(唐音呼坐輪, 去廣平四十里), 陰雨不見月. 客舍主人張燈聚讌慶元宵, 余心益悲.

幂崙行二日至洔市(路程八十里), 皆霡雨霏霏, 衣衿沾滯, 透入肌膚, 寒不可耐. 由洔市過洔江里許, 宿固崙(唐音呼據輪).

十九日, 稍晴, 行二十里至橫山嶺(唐音呼布政嶺). 嶺路崎嶇二, 三里, 盤折而上, 一關橫鎮其巔, 額書「橫山關」, 有屯員駐守, 關卒數十, 時刻防查, 為北道要衝. 過關嶺, 勢直下, 徑趨平陽, 約里許. 再行五十餘里, 宿中固(地名).

二十日午後, 經河華府(府城在路東二里許). 又三里, 抵河靜省城, 宿王七家(廣東潮州人). 時布政官高公(名有翼, 道光壬辰年曾奉其王命, 駕官船護送故彰化縣令李振青家眷抵廈門, 返加嘉議大夫銜)寒疾不出見, 以書遣屬員來寓遜謝, 並道曾至中國. 二十一日, 高公飭通判, 經歷二官出送, 余留書謝別而行.

二十二日, 抵乂安省城(自中固至此二百里), 宿林送家(詔安人). 廣平至乂安四百里間, 地卑濕, 多汙泥陷足, 滑達難行. 平原曠野, 或數十里斷絕人烟, 蕪穢藏奸盜, 行人戒備. 客舍多以蠱藥害人, 置牛肉中同啖, 則不可救. 其藥忌番薑(一名番椒, 種自荷蘭, 花白瓣綠, 實熟則朱紅, 中有子辛辣, 帶売食之, 形有尖長者, 有圓而微尖者), 飲食必加, 防遇毒也.

二十三日, 見總督官(兼管河靜, 稱乂靜總督堂官)阮公(總督官皆國王親屬, 位尊勢大, 無敢言其名者), 書吏鄭德興(祖籍福建德化縣, 能作泉州人語)傳語. 公先令健卒四人, 佩刀對立堂側(平日大官陞堂, 無排衙喊班, 出入無鳴驅辟道), 乃延入, 交數言而退. 布, 按兩大官皆公出, 有教授官陳海亭, 秀才胡寶定(祖籍廣東順德縣)來聯吟. 胡君詩致清矯, 才尤敏. 日暮繼燭, 雞鳴始罷.

二十四日, 護送員來請行期. 遂發. 諸閩, 粤同籍共贈錢三貫, 群送至廟外. 出乂安十餘里, 值密雨廉纖, 幸不甚苦. 道旁多孔雀棲息樹間, 金翠奪目, 雨濡其尾, 重不能高飛. 將至清華, 多石山, 壁立千仞, 峻峭嵯峨, 若鬼斧神工, 天然琢削, 瑰奇莫可名言. 孔雀, 白雉, 時集其上. 山內產肉桂, 味最厚, 勝東京.

二十六日, 抵清華省城(距乂安二百四十里), 宿沈壬家(詔安人). 次日, 見總督官阮公(清華多阮姓, 恃貴室難治, 故以親屬總督官制之). 公指堂上, 索題楹帖, 意甚歡, 呼諸公子出見(其長公子能琴, 為副衛官), 札飭前路所宿諸屯官, 夜間防衛. 繼見布政官阮公(名若山, 祖籍福建福州, 其叔為吏部尚書, 已故), 蒙慰恤, 以白金一兩及好茶相遺, 復寓書河內, 囑廣潮通言, 庸長鳩助十金. 余感其意, 報以詩. 二十八日, 敎諭官翁益謙請過其署. 甫抵門, 撫掌出迎, 相笑語, 自傷俸薄, 餽錢二貫. 數同籍者共以錢三貫來, 俱謝而還之. 日已高, 辭大官登程.

二十九日, 抵寧平省城(俗稱平創), 宿祝艦家(廣東潮州人). 寧平距淸華百六十里, 石山羅列, 竦銳多奇形, 其中洞壑深不可測. 飛鳳山為省城之鎭, 而城內小山當其前, 如屛案. 二山舊稱名勝, 境界軒昂, 可供遊眺, 前人題咏頗多.

二月初一日, 見巡撫官阮公(寧平亦多阮姓, 亦用親屬巡撫官理之). 値閱兵回, 留早膳, 呼官屬相陪, 賭酒催詩為樂. 臨出, 贈檳榔一莖, 錢五貫. 受檳榔而返其錢. 是日行六十里, 宿里仁府.

初二日, 知府官(知府稱知府官, 亦稱府堂官)黎公(靜淵)招飮, 余為盡一瓢而行(以葫蘆匏作酒壺). 初五日, 宿常信府(距里仁二百四十里). 初六日, 訪知府官不遇. 過常信以北, 沃野良田, 民頗豐裕, 屋宇漸華. 六十里抵河內省城(卽古東京, 舊名昇隆, 今改河內), 止福建鄕祠. 經宿, 移主同鄕人曾添家(同安金門人). 初八日, 見總督官阮公. 投刺入, 公遽出握手曰: "不意今日得見天朝文士!" 旣坐, 詞意纏綿, 自辰至午, 始聽出. 又見布政官陳公(名文忠, 道光壬辰年, 與高公有翼奉其王命, 駕船至廈門, 返加嘉議大夫銜). 堂上燦陳几席, 公整衣履出見, 極謙讓, 茶必手捧而前, 訪福州, 廈門情事及所識官紳近狀. 強留數日, 不可. 出白金十兩相贈, 固辭乃已.

初九日, 有儒士陳如琛, 陳輝光, 黃壁光(俱廣東廣州人, 能詩)來訪, 言東京地大物饒, 城池鞏固, 市井繁華, 珍寶之利甲越南, 又多衣冠勝蹟, 不可不一寓目. 邀入城, 觀黎氏故宮畫棟雕甍, 重樓複閣, 歷歷煙草中. 過廛肆, 刀幣雲屯, 目所未睹. 渡珥河江(古富良江), 閱天使館(在珥河左側), 豐碑巍碣, 氣象巖巖. 又至同仁社, 觀二女廟(東漢光武中, 女子徵側, 徵貳反, 馬援來平, 二女死於月德江, 其屍流回富良江, 土人為立廟宇). 返宿如琛園中, 興懷憑弔, 吟答終宵, 覺觀覽之餘, 別深寄託.

次日旰起. 廣東庯長何宜興, 通言陳振記(俱廣州人), 陳衡寬(潮州人)偕鄉祠諸人送銀十兩, 佐以物事. 福建庯長沈林(詔安人)偕鄉祠諸人送錢五十貫. 余概辭謝, 惟受楊萬記, 成記(長泰人), 胡榮(舊庯長, 漳州人), 曾添等所餉藥物. 是日, 鄉祠各設餞席, 俱謝以詩.

十一日, 別大官阮公, 陳公時, 議照護送大員例, 遣兵五十名. 余慮其浩費, 請如舊數. 午後至慈山府, 知府官他出. 暮抵北寧省城(距河內百三十里). 十二日, 見巡撫官阮公(王家親屬), 寒暄數語, 贈香茗一勵. 十三日, 宿諒江府, 見知府官黎公(名楨, 舉人出身), 鳳眼縣縣丞范公(名亨, 秀才出身), 名有酬咏. 十四日, 至芹營屯(有屯守官). 近屯文江縣界有勾漏海, 出丹沙. 十五日, 宿桃榔屯(自芹營屯至桃榔屯, 共設七處汛防, 俱有屯員駐守).

十六日, 行三里許, 至鬼門關. 昔人謠云 "鬼門關, 十人去, 一人還." 俗傳有鬼市, 過午則群鬼出關貿易, 人犯之輒病. 小憩關下, 覺陰風襲肌, 毛髮欲豎. 關側有伏波將軍廟, 甚靈異(凡使臣往來, 必詣廟進香), 廟前皆薏苡(即馬援當時所餌, 能勝瘴氣, 解水毒, 人呼乾坤草, 余掇取盈橐). 去廟東南二里許, 有石山, 銅柱在焉(銅柱有二, 其一在欽州分茅嶺). 高丈餘, 大過十圍, 望之與石同色, 鳥糞堆積, 土人言常有奇禽宿其上. 晚宿台(昔時汴州太守征西山賊, 自諒山至東京, 共築十八座礮台, 聯絡相望, 今尚有三臺, 五台之名).

十七日, 抵諒山省城(距北寧三百六十里). 諒山以南至北寧, 皆荒墟野徑, 榛莽縱橫, 勁茅高丈餘, 萋萋滿目, 絕少人家. 或空山幽谷, 蠶叢未闢, 人跡不經, 常患奸匪. 又有石山, 崢嶸突屼, 聳入重霄. 煙瘴封埋, 竟日不散. 山樹當春, 猶黃枯無生氣. 石如鐵色, 苔蘚斑斑. 溪流出其下, 孔雀不時群浴. 溪水所經, 兩旁林木交蔭, 不漏天光. 虵蝎藏踞, 腥穢落溪中, 故水上最毒. 行人自裹糧糧, 滴水不敢入口. 且夕兩飯, 必燒薏苡湯下之. 遠客至此, 食性尤乖. 將近諒山, 見遍地岡巒攅簇, 若萬點流星. 有盤蛇嶺長二十餘里, 逶迤上下, 摩歷數十峰頭. 抵嶺半, 遇龐眉曳, 為候補知縣官武君(名輝一, 號唐澤, 舉人出身), 將往高平省, 攜良醞一瓢, 二, 三里輒踞地邀余憩酌, 隨意成吟, 藉忘勞頓. 踰嶺, 一揖而別, 亦豪曳也. 至城, 日已晡, 見巡撫官(兼管高平, 稱諒平巡撫官)陳公(名文恂, 道光壬辰年, 與陳公文忠, 高公有翼奉其王命至廈門, 返加嘉議大夫銜). 初入門, 眾書吏錯愕, 以為貴員(越南不設廩生). 公語以科目, 且曰"天朝人士, 雖一衿, 必才學兼優, 無輕視." 公身偉, 美鬚髯, 童顔鶴髮, 飄飄若仙, 行禮如中國儀, 自言在廈門時與周芸皋觀察善. 及聞為周公門下士, 益起敬, 歡若平生. 館余於城東客舍(主人歐邦, 廣西太平人), 舖設氊褥, 悉供自署內, 讌會饋遺無虛日. 先報太平府, 請定出關日期(往例: 凡天朝人由該國遞送到界, 巡撫官稟候太平府回札, 定期到關接收).

二十日, 公知余寥寂, 以書謂曰"諒山邊地, 且經兵燹後(三年前, 諒山高平土人作亂, 去年始平)城邑荒墟, 草草脩治, 山川人物無足觀, 惟一, 二巖洞可供清遊. 君試一涉歷焉." 遣八品書吏段文忠(能作泉州人語)同廣, 潮二庠長導余遊.

自城東過溪, 見東北一石山, 拔地巋然, 名飛來山. 相傳馬援築城於此, 基既定, 經宿, 忽起一山, 乃徙城溪南, 發一矢射此山, 矢穿石過, 今山頭穿隙宛然云. 去溪行二里許, 見石山一帶, 四峰循環相接, 幾三, 四里, 石質粘合渾融. 山前一洞, 名二青洞(景興四十一年己亥, 諒山鎮吳時任始闢. 舊有自然石文, 象'二那青'三字, 因以'二青'名洞). 洞口磚砌高垣, 三扉並豁. 進二十餘步, 殿宇天成, 方廣盈畝. 四面空竅玲瓏, 色滑潤若羊脂. 中突石座, 如出水菡萏初舒, 座間塑宣聖像. 兩旁半壁, 突出小座, 左塑釋迦像, 右塑老君像, 稱三教堂(黎有容撰記). 高際乳穗駢垂, 或如鐘, 或如磬, 或如小闍黎合南狀, 皆傴肯. 後一洞, 塑世尊像. 緣級曲折, 乃得登最後一穴, 穿出山北之三青洞, 深黑不可窺. 出洞右行數步, 度小木橋, 又探一洞. 底寬頂縮, 如戴懸鐘, 下平石兩片, 可容數十人. 洞水環注, 清清泠泠, 六月中忘炎暑. 徙倚半日, 循山前二里許, 至三青洞(景興四十一年闢), 廣倍二青, 而遜其幽折. 內供諸天菩薩像, 瓔珞寶珠, 金光四照. 洞上垂石乳, 有無根水時一滴, 滴處皆融結為石理, 亦奇矣. 洞前對山, 孤峰獨峻, 名望夫山, 俗傳為蘇若蘭望寶滔處, 語甚荒唐. 日向午, 尋舊路還. 午後過城西, 再遊大青洞(不知何時闢, 無碑記可考). 山徑欹斜, 攀蘿附石, 經數折乃上. 將近山半, 洞門翕張, 危石崁空欲墜, 壁間鐫"石佛古蹟"四大字. 聳身而入, 境界宏開. 內一生成大士像, 寶相莊嚴, 身手面目無少異. 凝神正視, 覺塵垢皆空, 心性俱寂. 像背數步, 有穴通山頂, 險窄難行. 像前右旁, 一圓穴, 十步之外, 即睇天光. 導人謂過此一洞更幽, 惜夕陽將墜, 足力亦窮. 然勝概奇觀, 已盡於此, 誠海外別一洞天也.

二十四日, 巡撫官致祭文廟, 官屬及諸生皆袍笏衣冠行禮. 廟中祭器不備, 無樂舞, 惟吹笛, 彈胡琴, 鳴鐘鼓不絕. 自廟庭以外, 東西分四行, 用健卒執干環立, 門外燒火龍二條. 祭畢, 遣官致燔肉.

二十七日, 接太平府景公(錕)回文(限三月初五日到闢).

陳公知有行期, 二十八日大設席於客寓, 命長定府知府官鄧公(名輝述, 進士出身), 經歷官阮君(登講), 祿平州知州官阮君(廷姚), 文開縣知縣官胡君(文著), 副衛官阮公(金堆)文武五人陪席. 酒半酣, 鄧公請依次聯句, 飛巨觥浮白. 鄧公雅量, 詩思較捷, 句亦雄健. 是日, 一座皆歡.

二十九日, 入謝陳公, 訂明日啟行. 公聞欲去, 惆悵久之, 出十金及藥物數味見遺. 余辭金受物, 謝以詩.

三十日, 告別, 公遣六品該隊官阮文良, 八品書吏段文忠, 二守隘官阮廷西, 阮行儉等, 帶省兵二十名, 衣帽鮮明, 器械精肅, 護送出關. 公親率官屬出城送行, 囑余回廈門, 致周公芸皋, 道思慕之意, 不敢寓書, 禮不外交也, 掩淚揖別. 過溪, 為駈驢庸(兩粵通商人等准至此). 三十五里, 抵文淵州.

三月初一日, 知州官阮君(眺)招赴席. 是晚, 守隘官阮廷西亦設席相邀.

次日, 州書吏張崇禮及廩生農孟區(廣西寧明州人, 客居於此), 各以詩來投.

初二日, 知府官鄧公寄詩追贈, 又寄贈錢二貫. 知州官聞之, 亦贈詩及錢二貫. 俱以詩報之.

初五日, 晨發文淵, 盤行小徑, 出入亂山中, 杳無人跡, 不聞雞犬聲. 四十五里至由隘, 即南關(越南稱油村隘, 屬廣西太平府寧明州界, 為交, 廣接壤要衝, 有把總駐守). 是日, 左江道, 明江分府, 寧明州三處衙門(俱附近南關)皆遣役會營, 到關接交. 余謝別護送諸人, 遂同左江等處兵役取道北行. 自是, 出異域而入中土矣. 然迴思越南諸官及流寓諸君殷殷之意, 又未嘗不流涕也.

初離由隘, 居民鮮少, 道路嶮巇, 亦屬荒山境界. 二十五里憩下石(地名)文口館(由明江廳派內丁駐防), 主人孫君(名倍雄, 字子俊, 江蘇金匱人, 係孫平叔制軍族子), 留小酌. 再行二十里, 至上石州, 宿土知州閉君(成銹, 本州人)署中(從人及兵役飯食, 悉自署內出供).

明日, 調兵役復發(由土知州調派), 晚抵寧明州(距上石七十里).

初七日, 見州吏目呂君(振鷺, 順天大興人, 時州刺史及聞君寶桂以事赴省, 委呂君攝篆)及內幕汪君(遜軒, 江蘇人), 留飲於州署之碧珊瑚齋, 綢繆款洽, 至暮乃退.

明日, 署州篆俞君(懋典, 江西廣豐人, 丁卯舉人)抵任, 余入賀, 請給長文護照, 徑行回閩, 免逐程遞送之苦.

初九日, 領文起程. 四十餘里過一小嶺, 上有關, 額書"風門峻嶺". 又四, 五里, 宿望墟.

初十日, 抵太平府城(距寧明州城一百三十五里), 宿金櫃墟(在府城北對河), 時太守景公(錕)以事赴省, 不得見.

十一日, 阻雨, 次日又雨, 遂冒雨行四日, 抵南寧府城(距太平府二百一十里), 宿水沙街.

十八日, 由南寧賃小艇行內溪, 晚經永淳縣城(距南寧府城水程二百里).

十九日, 下三洲灘(一路皆下灘), 水中多暗石, 頗險, 晚經橫州城(距永淳縣城水程一百六十里).

二十日, 曉行五十里, 至溽塘巖. 岸上有寺, 相傳明建文帝流寓於此.

二十一日, 至灘頭汛, 謁伏波將軍廟. 廟貌巍峨, 依山帶水, 兩旁樹木陰森. 廟前一坊, 金書'伏波勝蹟'四字. 神甚靈, 下灘人必詣廟焚楮鏹. 是午, 下起敬灘, 流疾如箭, 湍激不能直行, 夾水亂石巉巉, 犬牙相錯, 中間一線, 左右斜穿, 舟與水爭路, 為諸灘最險處. 暮泊貴縣城下(距橫州城水程百八十里).

二十二日, 經潯州府城(距貴縣城水程一百九十里), 四十里下銅鼓灘. 水懸流如飛瀑, 舟一溜直下, 高防棋盤石, 低防紫沙頭, 亦奇險.

二十三日, 經平南縣城(距潯州府城水程八十里), 下將軍灘. 眾水紛趨, 潰涌滂湃. 巨石錯列若星辰, 舟行交相摩盪, 四面抵觸. 最下一石, 張口如箕, 稍失, 葬石腹矣!

二十四日, 經藤縣城(距平南縣城水程一百六十里). 二十五日, 曉至洗馬灘. 過此, 則灘盡. 晚經梧州府城(距藤縣城水程一百二十里). 次早, 至封川縣城, 入廣東界矣(屬廣東肇慶府, 距梧州府城水程六十里). 暮達德慶州城下(距封川縣城水程一百里).

二十七日, 經肇慶府城(距德慶州城水程一百八十里), 岸側有閱江樓. 至龍門汛, 有望夫山. 夜經三水縣城(屬廣州府, 距肇慶府城水程一百三十里). 二十八日, 至佛山鎮(距三水縣城水程一百里). 佛山地理靈秀, 人物豪華, 富商巨賈, 百貨流通, 其市肆亞於羊城. 前三日, 西水驟至(水自廣西來, 稱西水), 人家水溢三, 四尺. 余乘小舟過市, 如入萬花谷中, 真令人目不暇給. 七十里, 抵廣東省城(名五羊城, 城南扶胥鎮, 即海口). 計南寧至此, 水程千七百餘里, 俱順流而下, 所過六十八灘, 皆粵西界. 近溪諸山, 多枯槁無蒼翠, 又連天烟雨, 時見山城, 野市寂寂, 雲霧中惟南寧, 梧州二郡差譁囂. 過肇慶以後, 則山水明媚, 景物鮮姸, 市鎮所聚, 生意十分, 可稱沃土.

二十九日, 見鹽運使鄭公(開禧, 號雲麓, 福建龍溪人), 敘鄉誼甚愨, 絕不問余道路事. 四月初一日, 過迎祥街(在靖海門外), 訪友人林伯僚(福建龍溪人), 遇同郡杜光己(台灣淡水人), 攜其友陳天佑, 蔡節(俱福建廈門人), 邀余入城. 遂同閱五羊祠(相傳造城時, 見五老人, 忽化為五羊不見, 人以為仙, 固以五羊名城, 立祠祀之), 繼登觀音山(山在城北, 最高, 為省城之鎮). 至觀音寺前(寺在山頂), 見城中屋宇魚鱗重疊, 樓台寺塔歷歷目中. 城外四山環繞, 眾水瀠洄, 疏林遠樹, 烟靄交橫, 海口三浮屠以次屹立(有一塔, 二塔, 三塔), 香山, 澳門諸山亦近在指顧, 嘆為嶺海大觀. 入寺頂禮出, 東過五鏡樓(樓五層, 高二十餘丈), 詣鄭公祠(安期生昇仙處, 今立祠), 歷吟風閣及群玉山房, 轉出蓬萊宮(皆官士不時遊宴之所), 欄杆曲折, 牕戶玲瓏, 園亭花草, 備極幽閒, 恍然神仙世界, 飄飄有出塵想. 晚適市, 見金玉錦繡色色舖陳, 外洋貨物珍積如山. 暮出扶胥鎮(在城南), 則笙簫沸水, 歌舞盈船, 燭影鐙光徹河上下, 騷人豪客競上木蘭舟矣.

次日, 渡河南, 觀海幢寺(在隔河南岸). 旁有沙園, 村多素馨茉莉, 入之如置身香國. 返見海珠石(有寺名慈渡寺, 亦名海珠寺), 湧起波中, 遊船多繞其側. 時方正午, 烈日薰蒸, 忽江風習習, 拂面吹衣, 光景炎涼, 須臾變換, 乃嘆人生過眼烟花, 俱成陳迹. 此中雖樂, 胡可戀而忘歸哉! 遂挈同遊回寓, 急訂歸期.

初四日, 杜光已以二十金見借, 復為貰施均(福建晉江縣人)貨舟, 約達老隆(龍川縣地名). 謝別諸人, 即時登棹. 初七日, 經博羅縣城(屬惠州府, 距省城水程三百一十里, 城圍葫蘆山), 見羅浮山(俗云 '上不見羅浮到惠州, 下不見羅浮到廣州'). 晚經惠州府城(惠州有兩城: 提督駐一城, 知府駐一城, 距博羅縣城水程三十五里), 府城中有思巫山, 白鶴洞, 吳江亭, 朝雲墓諸古蹟, 皆東坡到郡時立. 城東過溪, 即歸善縣城. 十二日, 經龍川縣城(距惠州府城水程四百四十七里). 南去城五里, 有鬼子塔. 相傳下多故塚, 昔縣城將築於此, 群鬼患之, 夜遍偷人家磚片成一塔, 乃移城他處云. 塔狀醜惡將傾, 然終不仆. 縣城舟行二十五里, 抵老隆. 自羊城至老隆八百餘里, 舟行九日, 皆炎熱, 煩悶不堪, 幸與林回山(龍溪人), 丁君軺(晉江人)二人同舟, 時共笑談. 君軺通星學, 嘗舟販呂宋(東南番島), 客居數年, 從番人學量天之法, 考據甚精, 日與余講天文不倦, 授地球圖及量天尺式, 大都如西法立中線, 斜線及南北二帶, 準地平以求地中與南北極相去遠近. 其法亦參渾天儀之說, 而量測較為便捷. 余周詢至悉, 俟異日推衍之, 以證諸高明, 不忘同舟教益也.

十三日, 由老隆登陸. 三十里至秦嶺, 又二十里至藍關, 為廣州往潮州必經之路. 關上有韓文公祠, 趙文恪公(慎軫)觀察粵東時葺而新之. 入祠, 見神像勃勃如生, 瞻拜流連, 乃出就道. 十里至岐嶺, 日暮, 由岐嶺貰小舟, 晝夜兼程.

十五日平明, 至三河壩(距岐嶺三百三十四里). 此處水分三道: 一通大埔, 一通潮州, 一通岐嶺, 故稱三河. 岸上有小城, 駐巡檢司. 城外有市, 甚譁. 晚至大埔縣城(屬潮州府, 距三河壩一百七十里, 離城二里許泊舟). 十六日, 由大埔登陸. 午後, 抵永定縣界, 則入吾鄉閩界矣(汀州府屬). 十七日, 抵南靖縣界(漳州府屬), 踰天嶺. 初至嶺, 緣小徑盤折而登, 迂迴五, 六里, 不甚苦. 將達嶺表二里許, 一步一仰, 若躡天梯, 輿夫喘息. 下嶺時, 由嶺直趨, 連投三千餘級, 地勢始平. 余府瞰欲墜, 懼不敢窺. 去嶺二十餘里, 至溪邊, 隨下小船. 至次日午後, 抵琯溪(一名小溪, 自大埔至此走小路, 故不能詳記里數). 余觀自琯溪以南至惠, 潮二郡界, 高陵深谷, 複嶂重溪, 其人架土樓環山而居, 幽棲巖壑, 最易藏奸, 田園皆依山開墾, 少原野可耕, 又去海遠, 無魚鹽之利, 男女負販, 民貧而俗悍, 亦所處之勢然也.

由琯溪雇舟夜行, 十九日早晨抵漳州府城(距琯溪水程一百五十二里), 乃東閱府署, 北登芝山, 尋先賢文公故蹟, 而年久湮沒, 無所謂仰止亭者, 惟山下舊祠存焉. 拜祠前, 循城而南, 夜宿南門內.

二十日, 出南門覓棹, 由內溪出海, 風甚順. 是夕, 達廈門. 二十二日, 見吾師周芸皋觀察, 以為再生, 謂此行必有甚異睹聞者, 且曰"既作「紀險」矣, 盍作「紀程」? 他日返台陽, 亦有以告爾親友也."

五月初二日, 登海舟. 初八日, 返澎湖. 與弟廷陽拜母於堂下, 驚喜文集, 涕泗汍瀾, 迴憶曩昔, 誠不啻再生焉.

斯行也, 海程不可以更計. 自乙未十二月二十一日由廣義啟程, 至丙申四月二十日抵廈門, 陸行凡四十有二日, 計三千三百里. 水行三十有三日, 計三千三百七十四里. 統水, 陸行程及途次濡滯, 共百十有八日. 縱險阻備嘗, 而海島鯫生得此曠遊, 亦天幸也, 因詳記之.

"挨日記事, 即景寓奇, 本李習之『來南錄』, 歸熙甫『壬戌記程』, 而尤覺鬱茂, 所遇異也. 寫景處, 半自柳柳州『山水記』得來." —芸皋夫子評

海南雜著 澎湖蔡廷蘭香祖撰

越南紀略

越南, 古越裳氏, 在南海, 由台灣水程八十三更可達. 其地東距海, 西接諸
蠻(老撾等地), 南為占城(占城別為一國, 古日南, 明時黎氏并之), 北界廣西
思明府, 雲南臨安府. 在古日南地者曰廣南, 稱西京. 在古交趾地者曰安南,
稱東京. 今合為一國焉.

唐虞時, 南交也. 秦為象郡. 漢初, 趙陀據之. 武帝平南越, 置交趾郡. 光武
時, 女子徵側, 徵貳反, 馬援討平之, 立銅柱為界. 建安中, 改為交州. 唐改安
南, 置都護靜海軍節度使. 皆隸中土. 後以叛服靡常, 棄之, 受朝貢. 五代時, 土
人曲承美竊據, 為南漢所併. 宋初, 丁璉有之, 封交趾郡王. 丁璉三傳, 為其臣
黎桓所篡. 黎氏三傳, 為其臣李公蘊所篡. 李氏八傳, 無子, 傳其婿陳日煚. 元
攻下之, 封其子光昺為交趾郡王.

明洪武初, 封陳日煃為安南國王, 時侵占城. 四傳, 為其臣黎秀犛所篡, 盡
誅陳氏子孫. 永樂元年, 封黎氏子胡奆為王. 明年, 日煃弟天平與其臣裴伯
耆伏闕請復仇, 詔令迎歸主其國. 黎氏詐殺天平及護送兵將, 遂興師分道進
討, 擒其父子, 求陳氏後不得, 乃郡縣其地, 為十七府, 四十七州, 百五十七
縣, 十二衛, 置三司治之. 後陳簡定及子季擴相繼為亂, 既平, 黎利復亂. 宣
德二年, 利遣使表請封陳暠為王. 用楊士奇, 楊榮議, 息兵封之, 罷三司. 暠
死, 利詐稱陳氏種絕, 詔許權國事. 子麟, 嗣封為王, 後并占城. 十傳, 為其臣
莫登庸所篡. 嘉靖十六年, 故王子黎寧來乞師, 登庸懼, 納款歸命, 改授安南
都統使, 而居黎氏於漆馬江. 莫氏再傳, 為黎寧子維潭所逐, 詔以維潭為都統
使, 而居莫氏於高平, 如漆馬江故事. 天啟四年, 黎氏攻高平, 莫氏益弱. 迄
明世, 二姓分據焉.

我朝康熙五年, 封黎維禧為安南國王. 乾隆五十四年, 黎氏失國, 封阮光年為安南國王. 嘉慶七年, 改封越南國王, 遂改安南為越南. 史冊所載, 班班可考, 何敢贅述. 廷蘭聞諸道路者, 皆近事, 不能詳考其實, 與所目睹者, 姑書之, 以供海外之談.

據流寓越南者言曰, 黎氏末季多亂, 國分為三: 嘉隆據隴奈(今國王父年號, 姓阮, 國人最忌言王名. 隴奈, 今嘉定省), 泰德據新州(未詳其姓, 亦年號. 新州, 今定平省), 光中據順化(姓名未詳, 本賈人, 居西山社, 自稱西山王, 人呼西山賊, 僭號光中. 順化, 即富春), 各王一方, 結為兄弟. 泰德死, 其子為臣下所逼, 走依光中. 光中謀死之而奪其國. 嘉隆怒, 起兵攻討, 破新州城, 以駙馬鎮守之. 光中遣其少傅及大司徒以兵圍新州, 數年不克, 復遣都督增兵力攻. 城中食盡, 援兵遠來疲乏(新州北去順化十一日, 南去隴奈二十餘日), 戰屢敗, 城陷, 駙馬自焚死. 都督移兵向隴奈. 嘉隆兵潰, 棄城入海. 光中益強, 兼并東京, 代黎氏為王. 方嘉隆之入海也, 海寇何獻文(粵人)率數百艘圍之, 嘉隆計窘, 乃衣冠出舟上, 呼曰"我隴奈國王也. 今國滅, 將適他國, 乞兵復仇, 舟中無所有, 害我無益! 若能悉眾相助破敵, 功成之日, 願以國並分而王之." 獻文喜, 遂與設誓, 同適暹羅國, 乞精兵數萬, 分道夾攻, 拔隴奈, 新州二城, 乘勝攻克順化, 進取東京. 光中率餘眾遁入山, 其少傅, 大司徒從間道走東京, 為伏兵所獲, 嘉隆塗為蠟炬, 生焚祭駙馬. 東京亦降. 安南之地, 悉為所有. 改隴奈為嘉定, 東京為昇隆. 紀元嘉隆, 取起於嘉定, 成於昇隆也. 位號已定, 遣使賣表, 奉貢天朝, 尋改封越南王. 割一郡之地授獻文. 獻文不敢抗, 卒以黨少力微, 土人不服, 棄而他去. 嘉隆心德之, 常厚視唐人. 今國王嗣政十餘年, 亦加惠如昔, 商旅安之.

後嘉定守將據城反, 一日陷四府, 客民多從之者. 王遣師攻圍數年, 不下, 折兵五萬餘(多被城上滾木壓死). 嘉定人知王與暹羅有隙(暹羅前以兵助嘉隆得國, 嘉隆感其恩, 歲遣數百人往彼國聽役, 瓜代爲常. 後以不堪凌虐, 皆逃歸, 不復遣代, 恩好遂絕), 陰致書求救於暹羅國王, 果以舟師十萬來援, 用唐人爲嚮導. 將至城, 竊其金而逃. 師迷失道, 被越南官軍截殺過半, 敗歸. 城中援絕, 大兵攻益急, 築外城, 從城上窺其內, 以大礟環擊之. 連戰十五日, 城陷, 俱殲焉.

壬辰(本朝道光十二年), 高平土賊作亂, 結連廣西邊邑流民, 嘯聚, 破高平城, 蔓延至諒山, 滋擾二年餘始平. 由是其王忌唐人, 不知首惡者皆土人, 客民中不過一二奸徒乘機竊附, 或被逼脅, 非本心, 乃致數萬寄籍之衆, 失恩取怨於國王, 而商販之船亦受增稅之累, 不亦冤哉!

西山賊光中自入山後, 誘制生番, 聚黨寇掠, 仍稱西山王, 子孫相襲(有景盛, 寶典諸僞年號). 又有一種蛇鬼番, 乃白苗種類, 居山中, 生育浩繁, 一蛇鬼王治之, 時群出殺人爲害. 然廷蘭竊觀越南形勢, 其王城固而有備, 憑山阻海, 得地利可自雄, 南北一帶如長繩, 五千餘里皆歸統轄, 可無爭并之虞, 實爲外藩傑國. 所慮鞭長不及, 民情澆薄無常耳.

今國王敬事天朝, 政治修明, 尤通書史(頒刻自製詩文集), 崇儒術(大官多用科甲), 事母以孝聞, 積財賄(庫藏金銀皆滿), 善貨殖, 通販四方, 凡國中所無者, 悉羅致之, 即一藝, 必傳其術. 衣服雖從前制, 而法度悉遵中國(如設官, 校士, 書文, 律例, 與中國無異). 嘗曰"天朝所欽服, 當世守臣節, 諸夷不足言也." 至於今, 貢獻無缺. 中國官士遭風至其地者, 皆加禮焉.

其王正月出遊一, 二次, 或坐輿輦, 或乘馬, 騎象, 冠服麗都, 儀仗美盛, 從甲士千人. 所過市肆, 家列香案接駕, 各賜錢三貫, 以示優典. 無事, 則常處宮中. 王子百餘人, 居別宮, 分習文事, 武藝. 食用設定額, 有過犯則減其供給. 宗黨姻屬以下, 有恃勢凌人者, 雖親貴, 必繩以法.

其內外文職, 品級名號, 皆倣天朝官制. 前所授官, 皆書吏出身, 由書吏未入流, 遇缺以次遞陞. 今則重科目. 科場例三年一試, 命督學官出典試事. 各省童生赴省垣試文藝, 經策, 詩賦, 佳者取中舉人, 合式者取進秀才. 秀才四十歲選授教職, 舉人選授知縣. 未出仕者應會試, 中式進士. 殿試, 王親點翰林部屬, 併知縣即用, 無及第名色. 其武職仍國舊制, 不設武科. 居官俸薄, 治獄訟不敢通賄賂, 犯者法綦重, 雖布, 按大僚, 無數百金之積. 平日不冠履, 赤腳, 臨民, 見國王亦如是. 有功者賜帶履, 上殿許穿缺後朱履(俗名淺拖). 惟大祭祀, 始按品級服章服, 袍笏鞾帽, 悉如漢制. 又人置兩荷囊(狀如荷包而大), 文具, 食品悉貯其中, 有職事者攜以隨身. 出入張靑油蓋(以大雨傘作蓋), 不分彩色, 有功加賜一蓋, 以擁蓋多者爲榮. 坐輞子, 不論尊卑, 俱兩人肩抬(輞子即肩輿, 用竹杖一條, 下以絲網一幅, 兩端施橫木維之, 懸於杖之前後, 以竹葉編成如龜殼狀蓋其上, 兩旁垂蒲席作障. 將坐時, 揭起蒲席, 從旁投入, 仰臥其中. 官則用木杖, 飾以朱漆. 其絲網, 三品以上用紅色, 餘皆藍, 黑色). 前導用健卒十餘人, 各持鎗子, 木杖, 佩刀, 藤條數對而已.

其軍卒, 不屬武將專領. 文官大小衛門, 配隸有定數. 給役在省者曰省兵, 戴竹笠(笠小, 僅可蔽首), 塗金色, 上插雞羽, 衣用紅色嗶吱, 綠緣綠袖. 在府, 縣者曰府兵, 縣兵, 笠塗綠色, 黑色, 插雞羽, 衣用黑布, 紅緣紅袖. 所執器械甚精銳, 但國不產鐵, 少火藥(常時演習, 鳥銃俱不點放, 以手作勢而已). 兵士技力劣弱. 以軍法嚴, 臨陣, 雖死必赴. 其將帥行兵, 尤以巧計倖捷. 民視軍勢勝敗爲叛服, 故乍合乍離, 易生亂, 亦恩信未能固結其民也.

其治民刑具, 藤條, 長枷, 繚扣等物. 杖責悉用藤條, 輕罪荷竹枷, 重罪荷木枷, 加繚扣. 至斬絞軍流, 俱遵天朝律例定罪. 法網嚴密, 罪人聞捕役至, 自來就縛. 以一藤條押解數百人, 無敢遁者.

其村莊各設社長, 里長. 有事擊木柝. 村中被盜, 社長連擊柝三次, 鄰村擊柝應之, 村眾四出截捕, 莫能免脫. 捕盜以臟為憑, 若被脫出門, 無臟者俱不理, 故鼠竊甚多. 遇爭鬥事, 不論男女, 皆兩人相持, 仆地上不起, 謂之亂霸(先起者為理屈), 至親雖強, 不敢助. 社長聞知, 擊柝集眾調停, 不解, 乃聽告官. 被傷者移臥仇家, 日夜呻吟, 不食. 官抑仇家醫愈, 方理其訟. 民以此無械鬥, 罕以爭毆致斃者. 孕婦尤不可犯(毆傷孕婦, 加倍治罪). 姦情事, 以未嫁, 已嫁論(姦犯未嫁者, 若女子願從, 官為配合. 犯已嫁者, 問斬罪). 無勾欄. 尤嚴禁鴉片烟, 賣者與食者俱置死罪, 家產沒官. 惟不禁賭博, 遊民以為生涯, 客民嗜者更多, 有以賭致小阜者, 遂相率效尤, 氣習日偷, 而官不之察, 為可慮也. 又逼於征斂(土人每丁, 年徵稅錢十二貫, 唐人減半), 七丁給一兵之糧. 地荒民惰, 生計無聊, 富者不及萬金, 貧者皆負販樵採為業.

山多虎患. 嘗見眾樵人檻一虎獻大官, 官賞錢五貫. 出虎置網中絆之, 去其牙爪, 移繫演武場. 驅群象至, 虎見咆哮, 象皆退伏, 矢溺俱遺. 惟一老象直前搏虎額, 三驅三搏, 虎仆地不動. 然後群象爭以足蹂踐之, 頃刻皮肉糜爛. 問"何為然?"曰"以擾象, 使不畏虎." 象多力, 解人言, 各省堂俱畜十數頭, 年習戰兩次(凡閱象, 先以兵列成隊伍, 驅象入陣中, 束草為人當前隊, 象引鼻搏擊之, 立碎, 惟遇火烟則避), 號衝鋒軍, 所向難禦(禦象之法,『明史』載: 永樂四年, 張輔破安南, 遇燧象, 以畫獅蒙馬衝之, 象皆反走). 究之, 獸雖猛, 不如得民為可恃.

又嘗細驗其民情, 雖漢裔居多, 而雜彝撩舊習, 詭隨輕訾, 殊不可親. 男子遊賭安閒, 室中坐食, 家事聽其妻. 好著黑衣紅袴, 戴篛笠(形如覆釜), 見人則脫其笠, 以低頭叉手為敬. 衣服至敝不澣, 蟣蝨常滿, 捫置口中嚼之, 謂吸自家生氣(貴賤皆然. 官臨民, 亦解衣捫蝨, 不為怪). 性喜浴, 冬月亦以冷水澆頂至足. 婦人出貿易, 椎髻跣足, 以縐綢纏頭, 戴平頂箬笠, 穿窄袖紅黑綾衣, 長垂地, 臂纏瓔珞, 瑪珞念珠, 或帶銅鐵鐲, 不著裙, 不施脂粉. 凡食物, 雜貨, 肩至市, 列地上, 謂之排行棧(一日兩次, 稱早市, 晚市). 市中百貨雲集, 其茶葉, 藥品, 磁器, 故衣諸貨, 皆中國客船販至售賣為多.

男女婚娶, 聘金無定數(少者只錢十餘貫). 至期, 婿同媒妁詣婦家引婦歸(婦隨夫行, 不用輿馬), 兩家隨行皆婦人, 無燈彩音樂. 若婦棄其夫, 還其聘金而歸. 女好納唐人為婿, 呼唐人為叔. 俗例: 子女均分家產. 祀祖先, 必兼祀岳父母. 不立主, 寫詩聯粘廳壁, 置香位焉. 家所祀神, 稱本頭公(如中國閩俗之稱土地公). 庭中祀九天元女(豎一高木, 設龕於上, 以安香位, 下多植紅竹及諸般好花). 其神廟設神牌位, 不雕像. 迎神用一人行歌, 旁八人擊鼓為節(或四人), 無他樂器. 入廟, 燃爆竹無數, 謂之吉利.

民居多草屋(凡磚瓦, 石灰, 皆貴), 中間高, 四圍低. 室前垂竹篷障門, 晝則擎起. 居處無椅桌, 作低床, 日夜宿其中. 不製被褥, 寒則以席捲而自覆. 惟中國人流寓, 富者有構瓦屋, 高門戶, 備器物, 稱大家園. 飲食, 設一銅盤(無銅盤則為不敬)置席上, 列肴饌其中. 酒甚醇, 冷酌. 牛, 豕, 魚肉, 半生熟(肉食無烹飪, 以帶血未熟者為甘美, 每物只少許, 一箸可盡). 復供數大盤, 率切生菜, 雜生草, 和鹹魚汁啖之(炊器用銅鐺, 號本扣, 故多食草菜, 以解銅毒. 又無醬油, 以魚汁代之, 甚腥臊). 飯畢, 以手洗面(不用臉布), 人進順化茶一甌(順化即王城所在, 今改富春, 地產茶, 能解銅器毒, 亦消暑氣, 味甚苦澀), 以紙條捲烟草葉, 燃火吸之(不用煙筒). 常啖檳榔, 多黑齒. 遇喜慶事, 亦演戲作樂.

嘗道出常信府, 見逆旅主人畜變童, 韶女一部, 能演雜劇. 同舍客醵錢二貫, 邀賞其技. 劇兒以朱墨塗面, 著窄袖短衣襪而不履, 跳躍盤旋, 作天魔舞, 舒拳踢腳, 撫髀拍張, 聽鳴金為度. 又易素面, 著錦襖, 扮蜀先主別徐元直故事, 促節曼聲, 嗚嗚欲絕. 劇師或吹笛, 彈胡琴, 擊鼓節曲. 俄而四女子並肩出, 纖腰細步, 聯臂踏歌, 姿致殊妖媚. 歌罷, 膜拜作謝.

又嘗在諒山, 見一老嫗彈嘴琴(狀如俗之月琴, 而柄甚長, 有四絃, 聲微韻遠), 二女子炫粧出度曲, 互唱低吟, 餘音淒咽. 每一曲終, 輒對語喃喃, 不可曉. 又能作婆娑舞, 進退輕盈, 嬌轉欲墜. 眾擲以金錢, 則秋波流睞, 含笑嫣然. 異方之俗, 亦別具一種風情, 人多邀以侑酒. 有一, 二能唱中國歌曲者, 尤人所豔好.

其巫祝醫命, 星卜算術諸家, 皆唐人為之. 海船至, 則各人色俱備. 中國船所聚, 以嘉定(即隴奈)為多, 次廣南(即惠安), 次平定(即新州), 廣義, 次富春(即順化), 南定(俗稱碑放), 乂安等省. 凡市賈之譁寂, 徵稅之盈虛及官史所獲送禮之利, 皆以船之大小多少為差. 船以冬到, 夏還. 俗云 "孔雀徙, 唐船來. 蘇和鳴(昔有一繼母所生子名蘇和, 以事逃安南, 不返. 次年, 母遣繼子往尋之. 繼子至安南, 訪弟無音耗, 不敢歸, 病死, 魂化為鳥, 四處呼蘇和, 唐船將回, 悲鳴尤甚, 因名蘇和鳥. 今此鳥甚多, 其聲宛然蘇和也), 唐船返." 數年來, 官禁肉桂, 生糖等貨, 不准私販出口, 定官價採買, 歸王家商販, 又增商船稅例. 以此中國船益稀少, 十減五六, 民甚苦之. 其河內(即古東京), 平順(古占城, 界內有火炎山, 入夏以後, 地熱如火, 日間不可行, 往來絕跡)等省, 悉本處小船通販, 粵貨甚多. 船號 "牙仔船"(大者可載二百餘擔. 『台灣郡志』載, 康熙五十六年, 有籐釘小艦飄風至澎湖, 即此等船), 船底皆竹篾編成, 外塗椰子油, 惟船上用木片. 餘小船皆然. 亦有木底者, 以籐密維合縫處, 水注入, 以木杓不時挹之(地不產鐵, 故小船俱不用鐵釘. 『海國聞見』所謂: 軋船無首尾, 沒水, 密釘細縷於甲板, 船底, 遠遠以數百船棹槳牽曳之, 其船擱淺, 西洋船畏見廣南軋船, 或即所見牙仔船也). 大抵濱海利賴, 最喜帆檣輻輳, 貨產流通. 不然, 貧無業者, 悉轉溝壑矣.

其耕農不糞田(蔬荣被糞穢則不敢食), 亦無桔槹運水(家用無木桶, 皆以磁甕汲水), 旱則聽苗自槁. 稻不分早晚, 收穫復播. 高地種黍稷, 落花生(一名土豆), 少栽地瓜, 無高粱, 荳, 麥. 土產金珠, 玳瑁, 珊瑚, 奇楠, 沉檀, 束香, 肉桂, 烏木, 蘇木, 胡椒, 蘇合油, 羚羊角, 象牙, 犀角, 兕虎, 猩猩, 狒狒, 孔雀, 白雉, 翡翠, 蚺蛇, 蟻子, 波羅密, 甘蔗糖, 椰子油, 花生油, 薯榔籐, 檳榔, 棉花, 土布, 縐紗, 花綾, 細絹, 螺鈿等物.

地分三十二省 : 富春(王城所在), 廣南, 廣義, 平定, 富安, 高綿, 慶和, 平順, 邊和, 嘉定, 河僊, 安江, 定祥, 永隆, 廣治, 廣平, 乂安, 河靜, 清華, 寧平, 南定, 興安, 興化, 山西, 宣光, 河內, 海陽, 大原, 北寧, 廣安, 諒山, 高平. 計南北長五千餘里, 廣不上四十里, 皆沿海一帶. 惟河內, 嘉定二省, 地面闊大, 物產尤豐(河內裕珍寶器用, 嘉定裕米穀糖油). 無此二省, 則越南所出之利, 不過當中國一郡耳. 西南入內山, 則高岡遠林, 連互幾千里, 人跡所不到, 非章亥所可窮矣.

廷蘭以風濤之厄, 身履異域, 雖譯語不能盡詳, 幸遇同鄉流寓者眾, 得隨地訪聞其事, 益知我朝聲教所被, 能使窮荒海壤, 喁喁向化, 中外一家, 贈貲得歸鄉土, 何莫非聖天子高厚之生成哉! 敬就管見所徵, 紀其大略.

"寫外藩, 據事直書, 而夷情自見. 抑揚處, 皆得體, 是謂識職." – 芸皋夫子評

跋

右蔡生香祖所著 : 一曰「滄溟紀險」, 述其舟人不慎, 冥行而幾敗也. 一曰「炎荒紀程」, 述其履危而平, 歸途所經歷也. 終以「越南紀略」, 則旁及其典章, 服物, 風土, 人情, 以見國家聲教所及, 無遠弗被也.

先是道路之言, 謂蔡生是行不復矣. 廉訪劉次白先生為余言"蔡生蓄道德而能文章, 負奮發有為之氣, 淵深博麗之才, 不得志於有司, 而復阨之若此, 天道當不其然."既而音益杳, 言者益眾. 竊意古今瓌奇之士, 自靈均而下, 如王子安, 李供奉之倫, 不為造物所容而淪沒於波濤者, 往往有之, 則亦未見其必然也.

今果如廉訪公之言, 蔡生歸矣. 既拜其親, 以次來謁吾庭. 余為詢其梗槪, 語不能詳. 越數日, 錄其所著以進. 益信生之中有所得, 遇難而神明不渝, 非浮華之士汨於利祿者之所能幾. 宜其顛倒於蠻貊之邦, 而所至如歸也.

若其「紀略」所言, 則皆得諸見聞, 考諸史籍, 而不類志齊諧, 記十洲者之無徵不信. 生之嗜學, 殆不以夷狄患難而有間矣. 吾知自是而後, 道德益堅, 文章益增奇氣. 他日有位於朝, 必能齊禍福, 一死生, 而卓然有以自立. 天之走生於險, 而使之水陸萬里也, 豈無意哉! 次白先生既為之敘, 於是綴數言以歸之.

道光丙申七月既望, 知臺灣府事友人熊一本書

跋

往讀福唐葉相國『蒼霞集』所紀外服諸國, 有傳有論, 於東南惟一安南, 起唐虞, 歷漢唐宋元, 迄於明代, 臚世次, 敘叛服, 間及風土人情備矣. 夫相國未嘗至安南也, 明一代中, 莫, 黎, 陳三姓相簒立, 先取而郡縣之, 後復棄之, 所云"元戎三遣, 旋戡旋棼, 蓋亦廟堂失策, 莫可如何"者, 相國得之郵傳, 參之志乘, 故發此論以垂鑒也.

今澎湖香祖先生, 自鷺島放洋, 舟子不諳風信, 災遇颶颺, 飄十晝夜至安南, 南人無貴賤, 相迎謁, 通慇懃, 丐詩求字. 居月餘, 知由雲南, 廣西二路通中國, 遂請從其國入廣西, 逾廣東, 抵汀, 漳, 復至鷺島而歸. 舟往而陸返, 行

經四閱月有餘, 所著有「滄溟紀險」,「炎荒紀程」,「越南紀略」三篇.

夫先生以忠信涉波濤, 履險如夷, 神明不渝, 觀察, 太守序中極言之矣. 而行蹤所及, 自王都以及邊界, 探訪繙譯, 至詳且悉, 豈徒為補史書所未備哉? 安南於我朝, 懷畏極矣, 其王阮氏有國, 於嘉慶初年, 即欵關入貢, 今嗣王尤恪守臣節, 以視前朝之勤撫兩失, 棄取皆非者, 相懸萬萬也. 而土宇民俗, 誌其大概, 史家之體例應然, 先生則於形勢扼要, 風氣淳澆, 撫馭得失, 隨所至而揭而出之, 是但紙上空言已哉?

葉文忠勝國, 名相也, 其書比前史為備. 先生之紀, 比『蒼霞』尤備, 且皆近事, 本閱歷而發為議論. 讀是編者, 可以見先生異日立朝佐治之概矣.

前汀州府學訓導愚弟柯龍章謹跋

반정규潘鼎珪, 『안남기유安南紀遊』

최정섭

해제

반정규는 청 강희康熙 연간 천주부泉州府 안계현安溪縣 사람이다. 글에서는 천주의 일부인 진강晉江 사람으로 스스로 표기하고 있다. 『사고전서총목제요四庫全書總目提要』에 의하면 이 글은 강희 27년(1688)에 지은 것이다. 번역의 저본은 『신편총서집성新編叢書集成 97사지류史地類(지리지부地理之部)』(臺北 : 新文豊出版公社, [民國74], 1985)이다. 청대 오진방吳震方이 강희 44년(1705)에 모아서 펴낸 『설령說鈴』[1]에 실린 것과, 청대 학자 마준량馬駿良이 개인적으로 집록한 총서인 『용위비서龍威祕書』[2]의 제7집 『오씨설령

---

1 가경(嘉慶) 기묘년(己卯年, 1819) 중각본 『설령(說鈴)』의 권14에 수록된 것을 일본국립국회 도서관 디지털 라이브러리에서 이용할 수 있다. http://dl.ndl.go.jp/info:ndljp/pid/2581711
2 모두 177종의 작품이 10집(集)에 나뉘어 수록되어 있다. 현재 청대 건륭(乾隆) 세덕당(世德堂) 중간본과 청대 석문(石門) 마씨(馬氏) 대유산방(大酉山房)본 등이 존재한다. 일본 와세다대학 도서관 소장 대유산방본을 이용할 수 있다. http://www.wul.waseda.ac.jp/kotenseki/html/bunk

람승吳氏說鈴攬勝』제8책에 실린 것을 확인할 수 있다.

반정규의 이 글은 의도치 않은 표류에 의해 발생한 사건에서 비롯한 것이 아니고, 저자가 의도적으로 여행가듯이 다녀온 기록이라는 점에서 일반적인 표해록과는 조금 성격이 다르다. 글에서 반정규가 실제로 다닌 곳은 오늘날의 베트남 북부 지역이다. 그 지역의 지형과 풍속 등에 대해 서술하는데, 한자로 표기한 현지의 인명과 지명에 오류가 보이기도 한다.

서두에서는 『한시외전韓詩外傳』의 기록을 토대로 엣 월상 씨越裳氏의 땅이라고 밝힌 후에, 한 대에 복파장군伏波將軍 마원馬援에 의한 정복과 명대 장보張輔에 의한 침략을 언급한다. 본문에서는 강희 27년에 자신이 배를 사서 베트남으로 들어가서 가장 먼저 본 화봉(하이퐁으로 추정) 지역의 자연경관에 대해 설명한다. 이어서 하노이 부근에서 본 현지인들의 삶의 모습을 묘사하고, 베트남의 관직과 과거제도 등이 중국의 영향을 받았음을 이야기한다. 여자의 지위가 높은 점을 묘사한 것이 특히 인상적이다. 그리고 당시에는 찐 씨鄭氏가 정권을 잡고 있다는 것을 묘사한다. 그 뒤에는 중국의 운남, 광서, 광동 지역과 베트남의 지리적 연계, 그리고 특산물들에 대해서 이야기한다. 지리에 대해 설명할 때는 오늘날의 관점에서 보아 부정확하게 보이는 묘사들이 보이기도 한다. 말미에서는 베트남이 정치적으로 북부와 남부로 나뉘어 있음을 설명하고, 중국이 명대에 베트남을 포기한 것에 대해 잘못된 책략이라고 아쉬움을 표현했다. 가장 마지막에 용문龍門이라는 곳에 대해 설명하고 있는데, 정확히 어디를 가리키는지 분명치 않고, 서술도 앞 부분과 중복된다.

---

o01/bunko01_01521_0046/index.html

『안남기유』

청淸 진강鎭江 반정규潘鼎珪 자등子登[1] 지음

안남은 옛 월상 씨越裳氏의 땅이다. 즉 주周나라때 통역을 거듭하여 들어와 조공하니 희공姬公[2]이 지남거指南車를 주어 돌려보냈다고 기록된 곳이다. 그 풍속은 남녀가 머리를 풀어헤치고, 두 발의 뒤꿈치를 서로 교차되도록 향한다. 그래서 교지交趾라는 이름을 얻었다. 진秦나라 이래, (중국에 대한—역자) 배반과 복종이 일정치 않았다. 중국에서 왕조가 교체되면 명을 내려 정벌하러 가고자 하였으니, 그 위덕威德이 매우 두드러져 그 사심邪心을 진압하기에 족했다. 한대漢代에는 복파장군伏波將軍[3] 마원馬援이 있었다. 명대明代의 영국공英國公[4] 장보張輔는 오늘날까지 그 묘廟의 모습이 우뚝하다. 그러나 마원장군의 신묘함은 영국공보다 더 빛난다. 그 왕王 이하 멀리서부터 예를 표하지望門瞻禮 않는 이가 없으며, 때마다 사당에 기도를 드린다.

예전 강희康熙 27년 겨울 나는 우연히 월粤지방의 고량高涼[5]에 일이 있었는데, 그때 해망海網은 이미 열려 있었고, 여러 오랑캐의 배들이 기다리며 소식을 주고받았다. 바다의 배들이 풍랑을 만나 표류하면 그 나라의 남쪽 지역으로 들어가는데, 만녕주萬寧州라고 하였다. 그 주의 항구를 그곳 명칭으로는 강평江平이라고 하였다. 하늘이 맑을 때는 우리 중

---

1 자등은 반정규의 자(字)이다.
2 주공(周公) 희단(姬旦)을 가리킨다. 주공의 성이 희 씨이기에 이렇게 불렀다.
3 말 그대로 파도를 항복시키는 장군이라는 뜻이다.
4 고위관직의 명칭이다.
5 현재의 광동성(廣東省) 고주시(高州市)에 위치한다.

국 월 지방의 고주高州, 흠주欽州, 염주廉州 세 주가 보일락말락한다. 가까운 바다의 바깥은 옛 주애珠崖로서 진주가 나는 곳이다. 명나라 중엽 중관中官6을 설치하고 감시하여, 진주를 몰래 채취하는 것을 금했다. 작은 섬이 하나 있는데, 주돈珠墩이라 한다. 상인들이 종종 그 아래에 배를 정박시키고 물을 긷는다. 강평 안쪽에 있는 그 국도國都로부터 큰 지역 셋으로 나뉘는데, 모두 바다를 끼고 있다. 나는 그 지역의 배를 사서 들어갔는데, 하루도 되지 않아 화봉華封7에 이르렀다. 화봉이라는 것은 바다의 섬이다. 그 사방은 모두 돌산이다. 산봉우리가 이어지는데, 그 형태가 백 만 가지이며, 해저로부터 불쑥 솟아나와 있다. 흙과 초목이 전혀 없다. 구부러진 모양의 소나무와 오래된 동백나무가 꼬부라지고 비틀어진 채로 돌 사이에 서려 있는데, 모두 뼈가 어긋나고 힘줄을 들어낸 것처럼 일어서 있다. 산의 높이는 수백 척 혹은 백여 척이다. 아름답게 서로 뭉쳐 있기도 하고, 구불구불 돌아 끊어졌다가 또 이어지기도 한다. 멀리서 추측할 수도 없고, 식별할 수도 없다. 멀리서 보면 갖가지 짐승의 모양 같기도 하고, 무사가 갑옷과 투구를 쓰고 앉아 있는 것 같기도 하고, 여름날 붉은 구름이 뭉게뭉게 피어오르는 것 같기도 하다. 멀리서 보면 비슷하나 다가가면 아니기도 하고, 바로 보면 그런 것 같으나 옆에서 보면 또 그렇지 않기도 하다. 매우 가까이에서 복잡하게 급변하여, 그 변환變幻을 예측할 수 없다. 나는 그 속으로 배를 타고 들어갔다가, 모두 나흘이나 자고서야 나왔다. 산이 끝나고 바다가 닥치면, 닻을 때마다 길이 막혀 통하지 않는 것이 아닌가 생각했으나, 한참 있으면 다

---

6 관직 명칭이다.
7 하이퐁(海防) 지방을 가리키는 것으로 보인다.

시 경계境界가 나타났다. 이런 일이 하루에도 백 번이었다. 밤에는 배를 돌 옆에 묶어 두었다. 그 물의 깊이를 재어보니, 대략 10심尋[8] 아래로 내려가지 않았다. 산의 사방에는 늘 바람이 없었다. 배가 왕래할 때는 바다를 건너고 있다는 것을 거의 잊어버렸다. 산이 끝나도 여전히 다시 큰 바다이다. 끝없는 바다이다. 조수를 따라 길을 찾는데, 조수가 물러나야 나아간다. 나는 처음에 놀라서 뱃사람에게 묻고서야 상세히 알게 되었다. 조수가 평온할 때는 하나로 섞이고, 조수가 물러나면 비로소 문을 나누어서 나왔다. 그 항港은 배 두 척을 나란히 댈 수가 없을 것 같았다. 며칠이 지나서야 사람들이 사는 촌락이 조금 보였다. 정유丁酉라고 하는 저자壚가 있었다. 장날이 되면 오랑캐 여자 수천 명이 그 땅에서 장사를 했다. 여기서부터는 비옥한 땅이 꽤 보였다. 또 며칠이 지나자 헌내軒內[9]에 도달했다. 헌내는 그 국도로부터 단지 110리 거리에 있었다. 사방의 서양배들이 모두 그 나라에 물건을 팔기에, 모두 정박하고 있었다. 그 땅에 관官을 설치하고 진鎭을 쳤다. 길거리시장 수십 곳이 있었는데, 천조가天朝街라고 하였다. 우리 중하中夏를 존중하여 천조天朝라고 불렀고, 우리 중하인을 천조인天朝人이라고 불렀다. 옛 제도를 계속 사용하고 있었다. 헌내에서 배로 사흘을 가면, 국도國都에 도달했다. 왕부王府가 거기에 있었다. 땅에는 성곽이 없고, 대포大礮를 빙 둘러 놓아 담장으로 삼았다. 군인과 민간인이 섞여서 거주하고 있었다. 장사를 하는 사람은 모두 여자였는데, 관리의 부인도 꺼리지 않았다. 관리의 등급은 모두 중국의 제도를 따랐으며, 관冠과 복식도 그와 같았다. 사인士

---

8 1심(尋)은 8척(尺)이다.
9 하노이를 말하는 듯하다.

人은 독서를 하는데, 강감綱鑑[10]과 성리性理[11]를 많이 숭상했다. 공자를 받들어 제사지내는 곳은 없다. 명明나라의 해학사解學士 진진[12]을 알현하였다. 해진解縉은 당시 좌포정左布政이었다. 해진은 그 땅을 안정시키고 문교文教를 일으켰다고 한다. 서법은 송체宋體를 준수했는데, 온 나라 사람들이 점획點劃의 형세가 다름이 없어서 나쁘고 좋음이 그다지 나뉘지 않았다. 나는 일찍이 그 사대부에게 그 이유를 물은 적이 있다. 대체로 우리 중국인이 글을 배울 때는 한 글자씩 격식格式에 맞춘다. 저들은 배울 때 한 글자의 점획을 찢어 나눈다. 그 재질에 다름이 없게 한 후에, 합하여 한 글자로 만든다. 이 역시 하나의 방법이다. 쓸 때에는 바닥에 자리를 깔고 두 손과 팔을 모두 자리에 붙이지 않는다. 왼손으로 종이를 잡고 오른손으로 붓대롱을 잡는다. 대정大廷[13]의 사책射策[14]이라 하더라도 작은 해자楷字를 쓰며, 그렇지 않은 것이 없으니 매우 어렵다. 군제軍制에는 정해진 인원이 없으며, 무기는 오로지 포화砲火만을 쓰고, 도검刀劍은 그 다음이다. 부대의 편성은 모두 옛 전부법田賦法[15]에 의지한다. 그러므로 그 풍속은 여자를 낳으면 좋아하고 남자를 낳으면 걱정한다. 남자가 남의 집에 장가들고, 여자는 남의 집 사람을 데려와서 결혼한다. 여자가 남의 집 사람을 데려와서 결혼할 때 안정된 수입과 재산이 있는 남자가 아니면 천대하여 버리고도 꺼리지 않는 일이 많다. 간혹 중국인

---

10 명·청대에 주희(朱熹)의 『통감강목(通鑑綱目)』의 체례를 본따 지은 통사들을 말한다.
11 『성리대전(性理大全)』을 가리킨다.
12 명대(明代)의 해진(解縉, 1369~1415)을 말한다. 해학사는 해진의 별칭이다. 해진은 교지(즉 월남) 포정사우참의(布政司右參議)로 폄적된 적이 있다.
13 외조(外朝).
14 과거시험의 일종이다.
15 전부는 토지에서 생산된 곡물로 바치는 세금이다.

이 그곳 여자와 결혼하는데, 아들을 낳으면 기다렸다가 데리고 돌아가고, 딸을 낳으면 머물러 있고 돌아가지 않는다. 여자가 남자보다 귀해서일 것이다. 남자는 정丁이 된다. 정액丁額에 부합하여 부대에 편입되어야 하는 이는 관官에서 그 이마 위 머리카락을 한 치 정도 깎아서 민民과 구별한다. 나라에서는 병사와 코끼리가 많은 것을 부강하다고 여긴다. 그러나 그 수는 코끼리가 매번 삼 천을 넘지 못하고, 병사는 항상 십만에 못 미치는데, 복파장군이 알아차렸다고 전해진다. 도성의 위아래를 강을 따라 오륙십 리 포위하고서는 전함을 늘어 놓았다. 땅이 끊어지자 도적이 놀라 해안에 배를 숨겼다. 푸른 색과 황색으로 조각했는데, 기술이 극히 뛰어났다. 역시 그 나라가 과장하여 강함을 과시한 일일 것이다. 그 풍속은 무武를 중시한다. 작토爵土를 찢어 군공郡公이라 부르는데, 수백 원員에 이른다. 후侯 아래로는 계산이 안 된다. 문신文臣은 백여 원員인데, 문서 처리를 담당할 뿐이다. 3년마다 과거를 열고 대책對策 시험으로 관리를 뽑아 7명에게 주현州縣을 제수한다. 공물을 바칠 때는 그 원員을 단위로 한다. 그 땅에는 옛날에 여 씨黎氏와 진 씨陳氏가 있었다. 지금은 나라를 찬탈하여 정 씨鄭氏이다. 현지인에게 물어보았더니 대답해주었다. "정 씨 성은 선조가 우리 중하인中夏人이다. 대대로 안남安南의 청화青花에 거주했는데, 후에 나라를 차지했다. 여 씨와 진 씨의 자손은 거의 남아 있지 않다. 또 후에 큰 풍뢰風雷와 전염병의 변을 겪고서야 비로소 그 옛 주인의 지손支孫을 천자로 앉히고, 자신은 스스로 신하로서 그를 섬겼다. 중국 조정에 조공하고, 안남왕 신臣 아무개라고 칭한다. 나라 안에서는 천자라고 부른다. 정 씨는 스스로 안남왕이 되었고, 중국의 사자가 도착하면 그 주인의 자격으로서 만났고, 정월正月의 조회도 그와 같다. 그렇게 하지 않으면 [중국에서 온 사자의] 출국을 허락하지 않는다. 위사衛士 백 명을 두고 그 의식衣食과 봉양奉養을 공급한다. 위衛라고 이름을 붙이지만 실질적으로는 수守일뿐이다"라고 대답했다. 도성 남쪽 수백 리에서 바다를 접한다. 동남쪽은 운남雲南과 통하고, 서북쪽은 광서성과 통한다. 정동正東 방향은 광동성과 경계를 마주한다. 땅은 종횡으로 수천 리에 걸쳐 있다. 주현州縣은 모두 백여 개이다. 토산품은 은銀이 있다. 잠사蠶絲, 대모玳瑁,[16] 계칠桂漆, 빈랑檳榔[17]같은 것, 그리고 제비집, 상아象牙, 비취翡翠, 공작孔雀 같은 것이 매우 풍부하다. 그 풍속은 교활하고 음험하며, 암투를 벌인다. 이기기를 좋아하고 재물을 탐한다. 여자들은 아부를 좋아한다. 염치와 구별의 풍속이 없다. 그 땅은 우리 중국과 붙어 있는 것이 셋이다. 서북쪽으로는 광서성廣西省의 남녕南寧부터 길이 시작되어 동주銅柱와 협이진浹二辰을 넘으면 국도國都에 닿을 수 있다. 모두 육지로 접해 있다. 정동쪽으로는 광동성의 흠렴欽廉[18]에서 출발하면 반드시 바닷길을 통해야 한다. 용문龍門을 넘고 강평江平과 화봉華封을 건너면 우측에 험한 돌산이 있는데, 그 지역 사람이 배를 몰지 않으면 닿을 수가 없다. 동남쪽으로는 전남滇南[19]과 접한다. 수초水草는 사람을 해치는 독이 있어 감히 건드리지 못한다. 나라에 일이 있어 여행을 떠나더라도 다른 물을 싣고 가야 한다. 그런즉 또 그 땅의 국경 지역은 험준한 대大 요새지이다. 정남쪽만이 바다에 면해 있다. 바다를

---

16 바다거북의 일종이다.
17 종려나무의 일종인 빈랑나무의 열매이다.
18 청대 광동성 염주부(廉州府)의 포현(浦縣), 흠현(欽縣), 영산현(靈山縣), 방성현(防城縣) 등을 말한다.
19 운남(雲南)의 다른 이름이다.

긴 항구를 독부獨部라고 한다. 배로 가면 도성都城에 도달한다. 점차 강안으로 들어가 닷새 내지 이레면 도착한다. 다시 도성에서부터 강이 시작되는 곳으로 거슬러 올라가려면 한 달이 넘게 걸려야 끝난다. 강안江岸의 넓이는 우리 중국의 강들보다 좁지 않다. 강을 따라 수 천 리가 모두 옥토이고 살진 밭이다. 독부 바깥쪽으로는 곧 대해大海에 속한다. 주변 바다는 사방 수백 리까지 얕다. 조수가 물러나면 물은 겨우 칠, 팔 척정도밖에 되지 않는다. 배가 출입할 때는 반드시 조수가 가라앉고 바람이 잦아든 다음에야 통행할 수 있다. 현지인들은 좁은 입구에 빈랑나무 기둥을 세워 경계로 삼는데, 멀리서 보면 목책木柵같다. 다른 나라가 배를 타고 와서 노략질하는 것을 방지할 수 있는 것은 특히 천연의 험준함 때문이다. [중국이] 이 땅을 버리기 이전에 지역이 가장 넓었을 것이다. 명대 초기에 동남쪽 열 몇 개의 주현州縣을 잘라내어 버렸다. 그 후 정 씨가 나라를 훔쳤는데, 목 씨穆氏[20] 성을 가진 그 생질甥姪에게 나누어 주어 지켰다. 후에 마침내 할거하며 광남廣南이라 칭했다. 지금은 해마다 침벌侵伐해서, 비록 모두 그 주主의 정삭正朔을 받들긴 하나 각자 강역疆域을 둔다. 교지交趾에 속하는 것을 의안義安이라고 한다. 광남에 속하는 것을 포정布政이라고 한다. 그들 사이에서는 각각 바다를 경계로 삼고, 많은 군사가 지킨다. 광남은 땅이 좁고 민도 적지만 군대는 강하다. 안남은 땅이 넓고 민이 많지만 군대가 약하다. 그러므로 비록 서로 적대시하고 살해하지만, 양쪽이 서로 굽히지 않는다. 온 세상에 왕토 아닌 곳이 없다. 주진周秦이래로 천 수백 년간 모두 중국의 판적版籍에 들어있었는데,

---

20 여기서 반정규는 穆氏로 표기하고 있으나, 莫氏를 잘못 표기한 것으로 보인다.

명조明朝에 이르러 버렸다. 안정적으로 덜어내는 훌륭한 방법이라고 하지만, 실로 잘못된 책략이다. 경생經生[21]이 자신의 어리석음을 헤아리지 않고, 삼가 예전에 둘러본 바에다가 그 지도도 살펴본 다음, 듣고 본 것을 추가하여 이와 같이 그 본말本末을 상세히 배치하였다.

용문龍門이란 것은 바다의 섬이다. 그 땅은 교주交州와 광동廣東 사이에 걸쳐 있다. 흠주欽州의 정남외호正南外戶에 해당한다. 흠주에서 출항하면 하루도 걸리지 않는다. 이어지는 산봉우리가 72개이다. 대해大害 속에 이리저리 흩어져 있어, 크고 작은 섬들이 각자 서로 이어지지 않는다. 바다 영토에는 일이 많으니, 종종 도적이 그 속에 기대어 소굴로 삼는다. 강희 23년에 여기에 새로 진鎭을 설치하였다. 나는 기묘년己卯年 가을에 흠주欽州에 일이 있어 그곳을 지났고, 또 기록했다.

---

21 저자 반정규 자신을 가리킨다.

원문

安南, 古越棠氏地. 即周時所紀重譯入貢, 姬公錫指南車以返者也. 其俗男
女披髮, 兩足大趾交曲相向. 故取名交趾. 自秦以降, 畔服不常. 中夏迭興, 輒
命將往征, 威德最著, 足以鎮壓其邪心. 在漢則有馬伏波將軍援. 明張英國公
輔, 至今廟貌並巍然. 而馬將軍靈爽視英國尤赫. 自其王以下罔不望門瞻禮,
歲時禱祠焉. 曩康熙二十七年冬, 余偶有事于粵高涼, 維時海網已開, 諸彝艘
聽往来取捷. 海舟受風飄, 入其國西偏, 曰萬寧州. 州之港求, 土名江平. 天色
晴明, 望吾粵高欽廉三州, 山隐隐如見. 環海之外, 即古珠崖產珠處. 有明中
葉, 設中官監守, 禁人盗採. 有一小嶼, 曰珠墩. 賈人往往泊舟其下取水焉. 自
江平以内之其國都, 分爲三孔道, 俱沿海. 余買其土舟入, 不一日, 抵華封. 華
封者, 海嶼也. 四望悉石山. 重峰叠岫, 百萬其形, 從海底挺出. 絕無沙土. 草
木怪松, 古柏離奇, 盤困於石隙中, 並錯骨露筋以起. 山之高, 或數百尺, 或百
十尺. 或玲瓏相抱, 或紆迴斷續. 不可懸擬, 亦不可方物. 或望之如百獸形, 如
雄武夫介胄坐, 如夏日失雲峰勃湧. 或遠之而似, 即之而非, 或正視之而然,
側視之而又不然. 風雲目眩, 變幻不測. 余浮舟其内, 凡四宿乃出. 每到山窮
海窄處, 幾疑洛塞不可通, 良久乃復見一境界. 如是者, 一日殆不啻百迴. 夜
則繫舟石側. 試其水浚深, 約不下十尋許. 山四逼常不風, 舟往来, 幾忘涉海
云. 山盡仍復巨浸. 汪洋無際. 随潮汐取途, 潮汐則行, 滿則止. 余始駭之, 質
之舟人, 乃悉. 蓋潮平則混爲一, 汐退乃如分門出. 其港率不可方舟焉. 越數
日, 乃少小見民居村落. 有墟曰丁酉, 逢墟期, 彝女數千人, 貿易其地. 自是稍
見沃壤. 又數日達軒内. 軒内者去其國都只百十里. 尼四方洋販販其國, 悉泊

焉. 設官分鎮其地. 有街市數十, 曰天朝街. 尊我中夏曰天朝, 稱我中夏人曰天朝人. 沿舊制也. 自軒內舟行三日, 達國都. 則王府在焉. 地無城郭, 環大炮爲垣墻. 軍民雜處. 互市率女人, 雖官之內子不爲忌. 品秩悉依漢制, 冠裳如之. 士人讀書, 多尚綱鑑性理. 無崇祀宣聖所. 瞻謁明解學士緒. 蓋學士緒時爲左布政. 鎮其地, 與文教云. 書法遵宋體, 盡國之人, 點畫形勢無不同, 不甚分醜好. 余嘗與其士大夫國人講求其故. 大都我中土人學書, 合一字格式. 學彼則裂一字之默畫分之, 使其材質靡不同然後合爲一字. 亦一法也. 書時, 席地坐, 兩手腕並不附麗於席. 左執紙而右搦管. 雖大廷射策作細楷字, 無不然, 尤最難也. 軍制無定額, 器械則純用炮火, 刀劍次之. 編伍悉依古田賦法, 故其俗生女則喜, 男則憂. 男則娶於人, 女則娶人. 女娶人, 非有常產資財男, 多鄙棄不屑. 間有中土人娶其女, 生男, 則聽取回, 生女則留不返. 蓋女貴於男. 男成丁. 符於定額, 宜編伍者, 則官剃其額上髮寸許, 以別於民焉. 國以兵象多爲富強. 然其爲數, 象每不踰三千, 兵恒歉十萬, 則傳爲伏波將軍識定也. 環都城上下沿江五六十里, 列戰艦. 地絶寇驚, 則藏舟于岸. 丹黃雕鏤, 備極人工. 蓋亦其國誇靡示強之一事也. 其俗重武 裂爵土, 稱爲郡公, 幾百十員. 侯以下無算. 文臣百, 執掌文書故事而已. 三年開科策士, 中式七人, 授以州縣. 方奉貢時, 即以其員往. 地舊爲黎陳二氏. 今篡國則鄭姓. 質之土人, 云. 鄭姓, 先吾中夏人. 世居安南青花, 後據國. 二氏子孫殆無遺. 又後感大風雷疫癘之變, 乃復立其故主支孫爲天子, 身自爲巨事之. 奉貢于中朝, 則稱安南王臣某. 號於國中, 則曰天子. 而鄭氏自爲安南王, 有中朝使者至, 則以其主見, 正月朝會如之. 非是則不許出. 設衛士百人, 供給其衣食奉養. 名曰衛之, 實曰守之而已. 自都城以南, 數百里臨海. 東南通雲南, 西北連粵西. 正東界粵東, 地縱橫綿亘數千里. 州縣凡百有奇. 土產則有銀. 蠶絲玳瑁桂漆檳榔之屬, 燕窩象牙翡翠孔雀之類, 甚盛富也. 唯其俗狡險而鬪智, 好勝而貪財. 女多苟合. 乏廉恥有別之風. 是其醜也. 其地與吾中土聯屬者三. 西北從西粵南寧取道, 逾銅柱, 浹二辰, 可達國都. 俱土壤相接. 正東從東粵欽廉以行則須由海道. 越龍門, 渡江平華封, 則有石山之險, 非其土人駕舟不可至. 東南接滇南. 水草毒人, 不敢犯. 雖其國有事征行, 俱載他水以往. 則又其地封疆險阻之大要也. 唯正南面海. 箝海之口曰獨部. 舟行達都城. 漸入内江, 五七日可至. 復自都城, 溯河源, 逾月乃盡. 岸闊不下吾中土諸江. 沿江千數百里, 盡沃土腴田. 至獨部以外, 乃屬大海. 環海四遠數百里, 地淺. 汐退, 水只七八尺許. 舟出入, 必候潮平風緩乃行. 土人於隘口樹檳榔柱爲界, 望之類木柵然. 蓋以防他國彝舟剽掠, 尤其天險也. 大抵是土未棄以前, 壤地最闊. 自明初割棄東南十數州縣. 鄭氏竊國, 分其甥穆姓以守. 後遂割據, 號稱廣南. 今連年侵伐, 雖並奉其主正朔, 而各自置疆域焉. 屬交趾者曰義安. 屬廣南者曰布政. 中各以海爲界, 重兵戍之. 廣南地窄民少而兵. 強安南地廣民多而兵弱. 故雖兩賊殺, 兩不能下也. 夫普天之下, 莫非王土. 自周泰以來, 千數百年, 俱入中土版籍, 迨明一朝棄去. 雖曰安攘大經, 實非策也. 經生不量迂愚, 謹因昔所閱歷, 稽其輿圖, 參以聞見, 詳爲詮次本末如此.

龍門者, 海嶼也. 地枕交廣之間. 當欽州正南爲外户. 自欽州發舟, 不一日. 至重峰疊岫七十有二. 錯落大海中, 大小各不相續. 海疆多事, 則往往盜賊盤據其中爲窟宅. 康熙二十三年間, 新設鎮于此. 余己卯年秋, 有事欽州, 過其地并爲誌之.

정광조鄭光祖, 『표박이역漂泊異域』

최정섭

해제

저자 정광조에 대해서는 자세한 기록이 없다. 『표박이역』은 정광조의
『성세일반록醒世一斑錄』「잡술雜述 권卷1」[1]에 또 다른 간략한 표해기록인
「육국마두六國馬頭」와 함께 실려 있다. 『표박이역』은 세 가지 이야기로 되
어 있다. 첫째는 오늘날의 상해시 근처인 장서에 살며 산동 근처에서 상
업을 하던 장용화張用和라는 이가 소유한 배인 항리恒利가 가경嘉慶 2년
(1797)에 떠내려가 버렸다는 이야기를 간단히 기술한다. 둘째는 역시 상
해근처인 호포滬浦에 살던 대 씨戴氏집 배 한 척이 류큐琉球의 나하항那覇港
에 표류해 들어갔다가 돌아온 이야기를 기술한다. 중국의 난민임을 안 류

---

1 역자가 저본으로 삼은 것은 『속수사고전서(續修四庫全書)』(上海 : 上海古籍出版社, 1995) 자
　부(子部) 잡가류(雜家類)에 실린 『성세일반록』이다.

큐의 국주가 후하게 대접하였고, 배를 수리한 비용이 천금이었다는 등의 내용이 서술되어 있다. 셋째는 첫째 이야기에 등장하는 장 씨가 도광道光 3년(1823)에 또 다른 배인 원태源泰를 타고 산동으로 향해 가다가 표류하여 일본에 도착한 이야기이다. 그들이 일본에서 받은 대접과 표류민에 대한 일본 당국의 처리 과정, 나가사키에서 목격한 대청회관大淸會館 등에 대해 서술한다. 류큐와 산동을 거쳐, 2년 만인 가경 4년 5월 초순에 집에 돌아 왔다고 한다. 뒷부분에는 일본인들의 복식과 주택, 그리고 바다의 상황 에 대해 서술한다.

『표박이역』

백묘해구白茆海口는 장서張墅[1] 동쪽 10리에 있다. 장용화張用和라는 이가 있었는데, 그 집은 평소 바다에 나가는 것을 업으로 삼았다. 매번 관산關山 동쪽(산해관山海關 동쪽의 우장牛莊 등의 곳과 산동山東 교주膠州와 내양萊陽 등지)에 가서 돈벌이를 했다. 가경嘉慶 2년[2] 항리恒利라는 배가 있었는데, 바다로 떠내려가 종적을 감추었다. 같은 날 풍랑을 만났다. 또 호포滸浦(장서 북쪽 10리에 있다)의 대 씨戴氏집 배 한척이 류큐琉球의 나하항那覇港에 표류해 들어갔다. 류큐국의 국주國主는 중국의 난민임을 물어서 알고는, 빈틈없이 구휼하였다. 술과 쌀과 육식을 모두 후하게 내놓았고, 돛과 키와 노를 모두 수리하였는데, 그 비용은 거의 천금千金에 달했다. 1년 반이 지나 비로소 집으로 돌아올 수 있었다. 국주가 이미 상주문을 통해 조정에 알려 작은 나라를 돌보았다. 사용된 비용으로 이후의 공비貢費를 대체하도록 했으니, 회유懷柔의 도道[3]를 다한 것이다.

후에 도광道光 3년 9월 장 씨張氏에게 또 배가 한 척 있었다. 이름이 원태源泰였다. 산동 내양萊陽에 이르러 물건을 팔고나서 콩깻묵, 양가죽, 배[4] 등의 물건을 실어서 돌아오다가 풍랑을 만나 뒤집어졌다. 태평람太平籃(바다에서 배가 역풍을 만나면 반드시 큰 대나무 광주리로 큰 철닻을 감싸서 물에 빠트리고 긴 닻줄로 끌면, 비록 닻이 바다 밑바닥에 닿지 않더라도 배가 그로 인해

---

1 지금의 상해시(上海市)에 있다.
2 1797년.
3 외국인을 대하는 태도.
4 과일의 한 종류이다.

되살아났다)을 밀고 가다가 닷새 밤낮이 지나 한 곳에 이르렀다. 항구에 들어가니 적막하여 거주민이 없었다. 안으로 들어가니 연기가 보였다. 산아래에서부터 언덕으로 올라가 살펴보니, 다른 말을 사용하고 다른 옷을 입은 이들이 모여 있었다. 의도를 살펴보니 전혀 악하지 않았다. 이윽고 관리가 나왔다. 맨발인 것은 뭇사람들과 같았으나 의복은 구별이 있었고, 태도도 달랐다. 아마도 중국에서 항구를 지키는 천총千總·파총把摠과 같은 군관일 것이다. 뱃사람이 붓으로 고려高麗, 류큐, 루손呂宋[5] 등의 이름을 써서 알아보라고 주자, 그들은 모두 손을 내저었다. 일본日本이라고 쓰자 머리를 끄덕였다. 그래서 우리 중국의 군현郡縣의 지명을 써서 보여주었다. 좀 지나자 통역도 왔는데, 대략 말이 통했다. 우리를 소당인小唐人이라고 불렀다. 배를 끌고 다시 나아가게 하기에 큰 진鎭에 이를 때까지 들어갔다. 이름이 협라포夾喇浦였는데 그곳에 정박했다. 이 땅은 왕도王都와 여덟 참站의 거리가 있는데, 이미 상주문을 올려 알고 있다고 했다. 국왕國王은 존귀한 자리에 있고, 모든 일은 대장군大將軍[6]에게서 결정된다. 정박한 곳에서는 저들의 사람을 시켜 감시하게 하여, 우리가 가벼이 언덕에 오르지 못하게 하였다. 만약 언덕에 오르면 그들이 반드시 함께 가서 조사하였다. 배 안에 있는 것은 모두 이미 내려서 그것들을 가지고 구제救濟할 수 있었다. 그 쌀은 색이 조금 검었으나 먹을 만했다. 그 나머지 잡다하게 필요한 것은 감시를 맡은 이가 대신 처리해 주었다. 날마다 기록하는데, 장부 한 책을 사용했다. 종이는 고려지高麗紙를 닮았고, 횡정자橫釘字[7]는 중국 글자를 닮았으나, 글을 써

5　필리핀.
6　도쿠가와 막부의 쇼군.

놓은 것은 반도 알아볼 수 없었다. 배 속의 콩깻묵은 양송洋鬆에 실었으나 남은 것은 겨우 절반뿐이었다. 배와 양가죽은 저들이 많이 가져다 사용하였다. 다음날 그 왕의 지시가 도착했는데, 모자라는 것을 도와주라고 명하는 것이었다. 그러나 원래 있던 돛대는 이미 부서졌고, 돛은 펼칠 수 없었다. 다시 (돛과 돛대를) 달라고 상주하자, 우리를 끌고 산에 올라가 유송油松 한 그루를 골랐다. 배의 크기를 짐작해 둘레 3척 짜리를 사용했다. 배에까지 가져갔다. 저들이 사용하는 도끼는 호미처럼 생겼다. 손으로 척촌尺寸을 재었다. 어느덧 장비하고 떠나게 되었으나, 물자가 다 떨어져 괴로운 사정을 말하였다. 마침내 항구 밖으로 끌고 나가 나가사키長崎로 보내 정박했는데, 나가사키는 그 나라의 큰 항구이다(그 나라의 수도가 있는 섬의 서쪽 끝에 있다).**8** 위에는 대청회관大淸會館이 있었다. 소주인蘇州人으로 양 씨楊氏 성을 가진 이가 있어 거기서 동銅을 구매하였다. (호구산당虎邱山塘**9**에는 가혜국嘉惠局이 있어 일본의 동銅을 구매하였다. 왕래에 힘써, 모두 여섯 척의 배가 사포乍浦**10** 위아래에 정박해 있었다.) 문은紋銀**11** 200량兩을 빌렸다. 저들이 이끌고서 류큐로 배를 보내었고, 류큐에서 다시 산동해구山東海口에 이르렀다. 이에 바닷길을 찾아 집으로 돌아오니 (가경) 4년 5월 초순이었다. 돈을 바라는 사람이 이미 먼저 집에 소식을 알렸다. 그 땅의 말린 물고기를 가져갔는데, 크기가 주먹만하거나 팔뚝만 했는데, 등살이었다. 목어木魚라고 불렸는데, 매우 딱딱해서 얇은 조각

7　일본의 가나문자를 가리키는 것으로 보인다.
8　서술자의 착오로 보인다.
9　소주시(蘇州市)에 있다.
10　지금의 상해시(上海市)에 있다.
11　과거 중국에서 사용되던 표준은(標準銀)의 일종이다.

으로 만들어도 맛이 없었다. 또 고양이가 있는데 귀가 작고 생김새도 자못 달랐다. 쥐를 잡는데 매우 힘을 썼다.

일본의 복식은 남녀에 큰 구분이 없다. 남자는 귀밑머리를 남기지 않고 여자는 귀걸이를 하지 않는다. 모두 소매가 넓은 옷을 입는데, 관장官長의 소매가 넓은 옷은 자녹색紫祿色이다. 치마주름도 다르다. 서민은 청포靑布와 흑포黑布를 안에 입는다. 바지를 입지 않고, 맨발에 짚신을 신는다. (관장은 짧은 양말을 신는다.) 정수리의 머리털의 앞쪽 절반은 모두 삭발한다. 뒤쪽 머리는 모아서 묶는다. 절반을 뒤집고 돌려서 앞부분이 빛난다. 부채처럼 잘라서 가지런히 하여 꾸민다. 사람의 몸을 보면, 각자 빗 하나와 작은 거울 하나, 그리고 머릿기름을 휴대하고 있다. 아침에는 반드시 빗질하고 씻는다. 집은 중국과 대략 같다. 안에는 탁자와 의자가 없다. 들어가면 손님과 주인이 바닥에 앉는다. 쌀과 보리와 돼지와 양과 닭과 오리는 동일하다. 그때가 12월인데 꽃양배추와 유채꽃과 보리가 마치 3월 같았다. 돈은 관영통보전寬永通寶錢[12]을 사용한다. 그 나라는 서양 천주교를 완전히 끊었기에 서양인은 감히 닿지 못한다. 서지모직serge毛織이나 자명종시계 같은 것 역시 감히 하나도 가지고 들어오지 못한다. 은은 문은紋銀을 사용한다. 서양돈은 그림자도 없다. 나가사키의 점포들은 중국과 같다. 또 공동목욕탕이 있는데, 남자의 목욕이 끝나면 여자가 이어서 했다. 그곳에는 또 여자 기생이 있는데 기꺼이 이방인을 접대했다.

그 가지고 다니는 장부에 쓴 글을 보니, 우리 중국인을 소당인小唐人이

___
12 간에이(寬永) 3년(1626)부터 메이지시대까지 사용된 일본의 동전이다.

라 하고, 배는 소당선小唐船이라 하였다. 차茶나 주酒 같은 글자를 알아볼 수 있으나 그 나머지는 알아보기 어려웠다. 당대唐代 (중국의) 강역疆域이 과연 후대보다 작았고 바다 바깥의 섬나라 오랑캐島夷의 말버릇은 지금 도 바뀌지 않은 것을 생각해보면, 일본이 전에 틀림없이 야랑자대夜郎自大 했음을 알 수 있다. 나가사키에 이르면 소주인蘇州人이 있는데, 일본의 동 銅을 구매한다. 순무巡撫의 증명서가 있고 모두 회전會典13에 실려 있어 믿 을 수 있다.

무릇 해양에서 가까운 내안內岸에서는 물이 항상 황토진흙과 섞인다. 그러므로 그 색은 홍황색紅黃色이며, 홍수紅水라고 부른다. 바다로 나가 면, 바깥쪽 물은 맑고 맛이 짜다. 깊이가 20탁托14이 되면 물색이 달처럼 희다. 깊이가 30탁이 되면 색깔이 청색으로 변한다. 40탁이 되면 반들 반들한 진초록색이 된다. 깊이가 50탁이 되면 점차로 검어진다. 깊이가 60탁이 되면 먹처럼 검어진다. 물을 길어보면 맑기는 똑같고, 그 염도鹽 度도 똑같다. 배 속에는 모두 땔나무가 충분히 놓여 있다. 물은 매우 귀 하다. 매일 사람들은 단지 한 대야의 세숫물과 목욕물을 지급받는다. 또 짠물은 사람의 뱃속으로 들어가서도 안 되고, 빨래를 해서도 안 된 다. 바다 한가운데에서는 진흙 냄새가 약간 나서 때때로 코로 냄새를 맡을 수 있다. 납통으로 물 밑바닥의 진흙을 건져 올리면, 색은 모두 황 색이다. 부드럽기도 하고 딱딱하기도 해서 일정하지 않다. 캄캄한 밤중 에 사람이 배 옆으로 소변을 보면, 수면에 물방울이 튀는데, 마치 불꽃 에 빛이 있는 것 같다. 그러므로 어두운 가운데에서도 물을 헤치면 빛

---

13 법률과 정치제도를 기록한 책. 청대의 경우는 『대청회전(大淸會典)』이다.
14 성인이 두 팔을 편 길이이다.

이 생겨서 볼 수가 있다. 배가 큰 파도를 만나서 뒤집히면, 배 속 사람들은 떠다니는 구름에 앉은 것과 같다. 항상 구역질을 한다. 걸어다닐 때는 반드시 벽판에 기대어야 넘어지지 않을 수 있다. 잘 때는 요를 사용하지 않는데, 미끄러지면 넘어지기 쉽기 때문이다. 배가 바람을 타고 뒤집어져도 키는 아직 힘이 있다. 큰 바람의 경우에는 처음에는 고요하고 물결이 이전과 같으나 키에는 힘이 없다. 배가 옆으로 물결을 받으면 더욱 무섭다. 남풍의 경우에는 미친 듯이 며칠 불다가 갑자기 북풍으로 바뀐다. 그 물결은 더욱 거칠어지고 더욱 커진다. 배가 파도에 떨어지니 돛대는 그 끝이 보이지 않는다. 배가 파도에 실려 올라가면 배腹와 등이 모두 그 뼈를 드러낸다. 근안近岸에 물이 얕고 수초水草가 많은 것은 대략 내하內河와 같다. 일종의 꽃과 덩굴이 있는데, 모두 번과番瓜[15]를 닮았고, 수번과水番瓜[16]라고 부른다. 그 열매가 어떤지는 모르겠다.

---

15 호박을 말하는 것으로 보인다.
16 파파야를 말하는 것으로 보인다.

白茆海口, 在張墅東十里. 有張用和者, 其家素以泛海爲業. 每至關山東(山海關東牛莊等處, 山東膠州萊陽等處)生理. 嘉慶二年, 有船號恆利者, 漂失無踪. 同日遭颶. 又有滸浦(在張墅北十里)戴家一船(船戶王盛發) 漂入琉球那霸港. 國主詢知是中土難民, 周恤備至. 酒米肉食胥從厚, 桅帆舵楫並修整, 其費幾及千金. 越一歲有半, 始得回家. 國主已爲奏聞朝廷, 體恤小邦. 著以所費, 抵已後頁費, 盡懷柔之道矣.

後於道光三年九月, 張氏又有一船號源泰. 已至山東萊陽, 銷貨又置豆餅羊皮水梨等貨而返, 遭颶倒. 拖太平籃(凡海舟遇逆風, 例必備大竹管, 包於大鐵錨上, 沉水長纜拖之, 雖不著海底, 而舟賴以緩). 五日夜至一處. 入港, 寂無居人. 及人內見烟. 從山下出登岸探之, 異言異服者聚. 而觀意殊不惡. 旋有知事者至. 其赤足同衆, 而衣服有別, 意氣亦異. 殆猶中土守港口之千把總也. 舟人以筆寫高麗琉球呂宋等號與認, 彼皆搖手. 及寫日本, 乃首肯. 因寫我中土郡縣地名示之. 頃又有通事者, 至畧能通語. 稱吾人爲小唐人. 令將船再行, 而入至一大鎭. 名夾喇浦, 停泊云. 此地去王都八站, 已爲奏聞矣. 國王居尊位, 凡事胥決於大將軍. 泊處彼令人看守, 不使吾人輕於登岸. 若登岸, 彼人必偕行調護. 舟中一切, 已缺藉得周濟. 其米色少黑, 亦可食. 其餘雜需, 看守者代爲置辦. 逐日記, 有用帳一冊. 紙類高麗, 橫釘字彷中土書寫, 半不能識. 船中豆餅在洋鬆載, 存者僅半. 水梨羊皮, 彼人愛之, 多爲取用. 越日其王諭到, 令資助所乏. 然原桅已斫, 帆無可施. 又奏許給, 乃引吾人上山, 擇油松一本. 酌船大小, 用三尺圍者. 搢至船. 彼人所用之斧式如鋤. 以手量尺寸.

倏忽裝就, 但資用乏絶, 告以苦情. 乃引出港送, 泊長崎是彼國之大馬頭也. (彼國都島極西邊). 上有大清會館. 有蘇州人楊姓在其中辦銅. (虎邱山塘有嘉惠局, 管日本銅務, 往來凡六舟泊乍浦上下.) 向借紋銀二百兩. 彼人引送開船, 交琉球琉, 球又轉送至山東海口. 乃尋海道回家, 四年五月初旬也. 索銀者已先致信來家矣. 攜回其地之大魚腊塊, 大如拳如臂, 脌肉也. 呼木魚, 甚硬薄片之, 亦不可口. 又有貓小耳形. 稍異捕鼠甚力.

日本服式, 男女不甚可辨. 男不囂鬚, 女不帶環. 身並穿海青, 官長海青紫綠色. 襠摺亦異. 庶民則青布黑布為之內. 不穿褲, 赤足穿草鞋. (官長則穿短襪.) 頂髮前半皆剃去. 後髮聚而攏之. 翻轉約半炸於前. 如扇剪之使齊以飾. 觀瞻人身, 各攜一梳一小鏡與膏沐之物. 朝必梳洗如式. 房屋畧如中土. 內無桌椅. 入則賓主席地坐. 米麥猪羊雞鴨所同. 惟時十二月, 見荣花麥浪已儼如三月. 錢用寬永通寶錢. 該國痛絶西洋天主教, 故西洋人無敢一至. 西洋貨物如羽毛嗶嘰自鳴鐘表之屬, 亦無敢攜至一物者. 銀用紋銀. 洋錢無影. 長崎鋪戶畧如中土. 亦有混堂, 男浴已畢, 則女繼之. 當地亦有麤劣女妓, 肯與異方人接引.

視其攜回帳簿上書, 稱吾中土人為小唐人, 船為小唐船. 茶酒等字可識, 其餘難辨. 因考唐代疆域固較小於後代, 然海外島夷口角, 至今不改, 可知日本在前, 必夜郎自大. 至長崎, 有蘇州人辦銅. 係有撫院文憑, 實載會與可信.

凡海洋近內岸, 水常渾或混黃泥. 則其色紅黃, 稱紅水. 洋出, 外水清味鹹. 深二十托, 水色月白. 深三十托, 色轉青. 深四十托, 成油綠. 深五十托, 則漸黑. 深六十托, 則黑如墨矣. 若取水起視, 則其清如一, 其鹹亦如一. 舟中柴米均置足. 水則甚珍. 每日人只給一盂洗沐. 並廢鹹水不堪入腹, 并不宜浣濯也. 在洋中, 微有泥臭時, 聞於鼻. 以鉛筒取起水底之泥, 色並黃. 或軟或硬,不一定. 黑夜人溺於舟旁, 水面濺起水珠, 如火星有光. 故暗中擊水可以生光而視. 舟被巨浪顛播, 舟中人如坐浮雲. 恆多嘔逆. 行走必倚壁板. 方免傾跌. 睡不用蓆, 滑則易傾也. 舟乘風顛播舵, 尚有力. 若太風, 初靜浪猶如故, 而舵上無力. 舟橫受浪更可怕. 若南風, 狂數日忽轉, 北風. 其浪愈猛愈大. 舟落浪槽, 桅檣不見其末. 舟掀浪, 背腹底並露其骨. 近岸水淺, 水草之多, 畧同內河. 有一種花與藤, 並似番爪, 云水番. 未知其結實何如也.

제3부

일본

이시이 본石井本, 『달단 표류기韃靼漂流記』

이시이 본石井本, 『달단 표류기韃靼漂流記』

최가진

해제

『달단 표류기』는 일본의 근세에 해당하는 에도시대江戶時代(1603~1867)에 성립한 표류기록이다. 도쿠가와 막부德川幕府의 3대 쇼군將軍 도쿠가와 이에미쓰德川家光의 통치 시기였던 1644년, 에치젠越前 지방 사카이 군坂井郡 미쿠니우라三國浦[1]의 상인들이 무역을 목적으로 마쓰마에松前[2]로 출발했다가 당시 중국 청나라의 영토였던 달단 지역 즉 현재의 러시아령 포시예트만 연안에 표류하게 된다. 표류민들은 청나라 수도인 북경으로 송환되어 일 년간 체재 후, 1646년에 조선을 거쳐 일본으로 돌아왔는데 그 전말을 도쿠가와 막부가 취조하여 기록한 것이다. 이 기록은 표류민들의 송

1 현재의 후쿠이 현(福井縣) 사카이 시(坂井市)에 해당한다.
2 현재의 홋카이도(北海道)에 해당한다.

환이 중국의 명·청 교환기에 이루어졌고, 일본의 쇄국 정책 시기에 이루어진 외국과의 이례적인 접촉이었기 때문에 많은 관심을 받았다.

'달단韃靼'은 타타르Tatar의 한자 음역으로 명나라 이후 몽고 지방 또는 몽고족을 지칭하는 말이었으며, 현재는 남 러시아부터 시베리아 중부에 걸쳐 분포하는 북방 터키계 주민을 가리킨다. 『달단 표류기』가 성립했던 일본 에도시대에는 북아시아의 토지 및 여러 민족을 막연하게 가리키는 호칭이었다.

하지만 당시 일본에서 '달단'이라는 말이 금기시되었기 때문에[3] 『달단 표류기』는 사본으로만 전해지다가 1750년에 처음으로 『조선 이야기朝鮮物語』라는 제목으로 출판되었다. '달단'이라는 명칭이 공식적인 출판물의 형태로 등장한 것은 1900년, 박문관博文館에서 간행된 『표류 기담집漂流奇談集』의 권두에 이시이 타미지石井民司가 편집한 「달단 표류기」가 실린 것이 최초이다.[4]

일명 '이시이 본石井本'으로 알려진 「달단 표류기」는 15명의 생환자 중에 구니타 헤이에몬国田兵右衛門과 우노 요사부로宇野与三郎가 수도인 에도(현재의 도쿄東京)로 불려가 조사받으면서 상세하게 진술한 내용을 그대로 기록한 형식을 취하고 있다. '이시이 본'은 1939년에 만주의 신문사에 주재하던 소노다 가즈키園田一亀가 『달단 표류기의 연구韃靼漂流記の研究』(남만주철도주식회사철도총국서무과 발행)를 출판할 때 전문全文을 권두에 소개하면서 다시

---

3 정하미, 「「韃靼」 표류의 口上書의 작성경위와 관련 연구에 대한 고찰」, 『일본학보』 78, 한국일본학회, 2009, 297~298쪽 참고.
4 그 저본은 「이국 이야기(異國物語)」라는 제목의 권자본(卷子本)이었는데 이시이 타미지가 이를 빌려 편집·출판하는 과정에서 「달단 표류기」라는 제목을 붙였다고 한다. 園田一亀, 『韃靼漂流記』, 平凡社, 1991, 56쪽 참고.

주목받게 되었다.[5] 이후 이 표류 기록에 관한 연구는 여러 전본傳本 중에서도 『조선 이야기』와 '이시이 본'을 중심으로 진행되어 왔다고 볼 수 있다.[6]

『달단 표류기』는 '이시이 본' 외에도 여러 전본들이 존재하는데 현재 50점이 확인되며 제목은 「이국 표도기異國漂渡記」, 「이국 이야기異國物語」, 「달단 표박기韃靼漂泊記」 등 다양하지만 그 내용은 표류 연대에 약간의 차이가 있을 뿐 크게 다르지 않다.[7] 그 내용을 사건 순서에 따라 간략하게 정리하면 다음과 같다.

- 1644년 4월 1일, 에치젠 지방 사카이 군 미쿠니우라에서 다케우치 도우에몬(竹內藤右衛門) 부자를 필두로 한 58명이 3척의 배를 타고 마쓰마에로 출발
- 사도시마(佐渡島) 도착, 다시 출범했으나 대풍을 만나 십 수 일을 표류하다 달단국에 도착.
- 다케우치 도우에몬을 비롯한 43명은 주민들에게 살해당하지만 다행히 5명은 구명[8]

---

5 이 책은 소노다 가즈키가 만주와 일본과의 교류사가 기록된 문헌으로서 의미를 부여하여 해군의 날에 맞추어 발행했다고 한다. 정하미, 「『朝鮮物語』에 나타난 표류민의 越境과 송환」 『일어일문학』 41, 대한일어일문학회, 2009, 363쪽 참고.
6 필자가 번역한 텍스트 또한 1991년에 복간된 園田一龜, 『韃靼漂流記』(平凡社, 1991)에 실린 '이시이본'임을 밝혀둔다.
7 松本智也, 「표류기에 보이는 에도시대 일본 민중의 조선에 대한 인식」 (고려대 석사논문, 2015), 18~20쪽의 〈표 3〉 '『韃靼漂流記』 이본 일람'과 園田一龜, 위의 책, 54~67쪽 참고.
8 후쿠이 현 사카이시(坂井市) 미나미혼마치(南本町)에 위치한 쇼카이지(性海寺) 경내에는 '다케우치 도우에몬(竹內藤右衛門)의 묘'와 '달단 표류자 공양비(韃靼漂流者供養碑)'가 위치해 있다. 다케우치의 묘는 다케우치 가문의 3대 당주에 의해 건립된 오륜탑이며, 공양비는 조난자들의 13회기 때 건립되었다고 한다. 현재 사카이 시의 지역문화재로 지정되어 있다. 출처 : '후쿠이 현 사카이 시 공식 웹사이트(https://www.city.fukui-sakai.lg.jp/bunka/kanko-bunka/bunka/bunkazai/takeuchi-toemon.html)', 검색일 : 2019.11.4.

- 달단의 청나라 주재관에 의해 보호를 받다가 달단의 수도였던 성경(盛京) 까지 35일간 기마 여행, 한 달 체재.
- 봉천(奉天)으로 송환되었다가 다시 북경으로 송환, 일 년간 체재하다가 고향으로 돌아가고 싶다고 청원
- 1645년 12월 11일, 북경 출발
- 1645년 12월 28일, 조선 경성 도착
- 1646년 1월, 부산에 있던 쓰시마 번(對馬藩) 왜관(倭館) 도착
- 1646년 6월 16일, 오사카(大阪) 도착
- 고향으로 돌아간 생환자 15명중 구니타 헤이에몬과 우노 요사부로가 수도인 에도로 불려가 봉행소(奉行所)에서 조사를 받음

구니타 헤이에몬 등 표류민들은 달단에서 북경으로 송환되는 도중에 만리장성을 보기도 하고, 북경에서 일 년 간 체재하면서 북경성과 청나라 군대의 기사騎射 훈련을 구경하기도 하는 등 다양한 체험을 한다. 또 이국에서 생활하는 동안 달단의 언어와 청나라의 언어를 기억하여 취조 시에 구술하고 있다. 요컨대 『달단 표류기』는 당시 쇄국 정책으로 인해 외국의 자세한 사정을 입수하기 어려웠던 막부에 있어서 민간인들이 직접 경험한 이국의 풍경, 관습, 언어, 음식, 황족의 모습, 성읍, 만한인의 인간적 특질, 조선에서의 경험 등을 상세히 알 수 있는 중요한 자료였던 것이다.

특히 이 표류 사건이 일어났던 1644년은 명나라가 멸망하고 청나라로 바뀌는 때였다. 즉 동아시아의 정치 상황이 크게 변화하는 역사적으로 중요한 시기였기 때문에 그 정황을 직접 견문한 표류민의 정보는 더

욱 의미가 있었다. 마찬가지로 에도시대의 일본과 외국과의 교류 문헌이 드물다는 점에서 이 표류 기록은 현재의 관점에서도 당시 일본과 만주의 교류를 확인할 수 있는 귀중한 자료이다.

뿐만 아니라 표류민들이 조선을 거쳐 돌아왔기 때문에 일본과 조선의 교류 양상까지 살펴볼 수 있는 문헌이라는 점에서 근세 동아시아의 교류사 연구 측면에서도 사료적 가치가 매우 크다고 할 수 있다. 실제로 한국에서 『달단 표류기』는 일본과 조선의 통교 시스템 연구나 일본인이 본 조선관의 연구 자료 등으로 활용되고 있다.

또한 『달단 표류기』는 지배층이나 지식인이 아닌 일반 민중의 표류 기록이라는 점에서 더욱 주목할 만하다. 근세 일본의 지식인들은 주로 문헌에 의지해 외국을 간접적으로 체험할 수밖에 없었다. 이에 비해 표류민들의 체험은 행동반경 내에서의 단편적 이해라는 한계는 존재하지만 자신의 눈과 귀를 통한 직접 체험이었기 때문에 독자적인 가치가 있다. 또 그들이 이문화와 접촉한 후 대응하는 방식과 이를 통해 외국에 대한 나름의 인식을 구축해가는 과정을 포착할 수 있다는 측면에서 근세 일본 민중의 사상을 연구하는 데 있어서도 귀중한 자료이다. 덧붙여 말하면 『달단 표류기』는 만주어와 한어를 비교하는 내용이 포함되어 있어 언어학적 자료로도 활용할 수 있다는 점 등에서 앞으로의 연구 가치와 가능성이 매우 큰 사료라 할 수 있다.

이시이 본石井本, 『달단 표류기』*

에치젠越前 지방[1] 미쿠니우라三國浦 신포 촌新保村[2]의 다케우치 도우에몬 竹內藤右衛門과 그의 아들 다케우치 도조竹內藤藏가 배 두 척, 또 구니타 헤이에 몬國田兵右衛門이 배 한 척 이상 배 세 척에 58명이 승선한 후, 마쓰마에松前[3]로 장사를 하기 위해 출범했다가 해상에서 대풍을 만나 달단국韃靼國[4]에 표착 했습니다. 달단국의 수도로 불려갔다가 여기에서 청나라[5]의 북경北京으 로 송환, 그 후에 조선의 수도로 호송되었고 쓰시마對馬 태수 후루카와 이 에몬古川伊右衛門의 저택으로 인도되어 그 후 쓰시마에 도착했습니다.

위에 기술한 각 나라에서 각서

간에이寬永 21년(1644)[6] 신년申年 4월 1일에 에치젠 미쿠니우라 신포 촌 에서 출발하여 노토能登[7]의 헤쿠라노시마へくらの島[8]에 도착, 15일 정도

---

* 구니타 헤이에몬(國田兵右衛門)·우노 요사부로(宇野与三郎) 구술.
1 일본의 옛 지방 이름 중 하나로, 지금의 후쿠이 현(福井縣) 동북부에 해당한다.
2 후쿠이 현 사카이 군(坂井郡)에 있는 마을이다.
3 지금의 홋카이도(北海道)에 해당한다.
4 '타타르(Tatar)'의 한자 음역으로 명나라 이후에는 몽고 지방 또는 몽고족을 지칭했다. 일본 에도
  시대(江戶時代, 1603~1867)의 '달단'은 북아시아의 토지 및 여러 민족을 막연하게 가리키는 호칭
  이었다. 현재는 남 러시아부터 시베리아 중부에 걸쳐 분포하는 북방 터키계 주민을 지칭한다.
5 원문에는 '대명(大明)'이라고 기술되어 있다. 구니타 헤이에몬(國田兵右衛門) 등이 표류하여 북
  경으로 송환된 1644년은 명나라 멸망 후 청나라가 중국을 통일하여 제3대 황제 순치제(順治帝)가
  즉위한 시기였다. 구니타 헤이에몬 등은 이러한 사실을 몰랐기 때문에 '대명'이라고 구술하고
  있다. 하지만 이들이 견문한 것은 청나라 시기의 중국이었으므로 이하, 원문의 '대명'은 모두
  '청나라'로 번역하였다.
6 당시 일본은 도쿠가와 막부(德川幕府)의 3대 쇼군(將軍) 도쿠가와 이에미쓰(德川家光)가 통
  치하던 시기였다.
7 호쿠리쿠(北陸) 지방의 중앙 부근부터 일본해(日本海) 북쪽을 향해 돌출되어 있는 반도이다.
  근세 이전에는 대부분 노토(能登) 지방이었기 때문에 이와 같이 부른다.

항구에 정박하며 항해에 적합한 날씨를 기다리다가 그로부터 사도佐渡[9]에 도착했습니다. 20일 정도 정박하며 날씨를 고르다가 5월 10일에 사도를 출발했는데 그날 밤에 대풍을 만나 15, 16일째에 어딘지 알 수 없는 곳에 다다랐습니다. 사람도 없고 산만 보였기 때문에 작은 배를 내려서 물을 길러 갔습니다. 그곳에서 열흘 정도 체류하며 산에서 나무를 베어다가 배의 바닥 등 손상된 곳을 고칠 연장을 만든 후에 일본으로 돌아갈 수 있을 줄 알고 배를 내었을 때, 바람이 좋지 않게 불어 앞서 말한 곳으로부터 50리里[10] 정도 서쪽에 도착했습니다.

육지에서 1리 정도 떨어진 앞바다에 머무르고 있자 3심尋[11] 정도 크기의 작은 배가 차례로 60척 정도 다가와서 말을 걸었으나 서로 말을 알아듣지 못했기 때문에 대답도 할 수 없어서 모두 육지로 돌아갔는데 그중 배 3척이 다시 다가왔습니다. 일본인과도 이야기를 나눌 수 있는지는 모르겠지만, 무기도 없었으므로 그들을 함께 배에 태워 이야기해보자고 의논해서 가까이 오게 하여 배에 타라는 시늉을 해보였기 때문에 3명이 승선하여 술과 음식을 대접하려 했습니다. 하지만 먹지 않아서 필시 마음을 놓지 못하고 있음을 알고 우리들도 먹는 모습을 보여주었으므로 그것을 보고 먹었습니다. 그러고 나서 인삼 세 다발을 지참하여 각각의 배에 타자 냄비요리를 보여주어서 인삼과 맞바꾸어 돌아왔습니다. 그때 우리들이 이런 것들은 많이 있습니까? 하고 손짓 몸짓으로 물

8　헤구라지마(舳倉島)를 뜻한다. 이시카와 현(石川縣)의 노토 반도에서 북쪽으로 약 50km 떨어진 일본 해상에 떠 있는 섬이다. 현재 와지마 시(輪島市) 아마 정(海士町)에 속해 있다.
9　일본의 옛 지방의 이름 중 하나로, 지금의 니가타 현(新潟縣) 관할하의 섬이다.
10　약 196km에 해당한다. 에도시대의 1리는 걸어서 약 1시간 걸리는 거리로 대략 3.9km이다.
11　약 5.5m에 해당한다. 심(尋)은 양손을 펼친 길이를 가리키며 현재는 낚시 용어나 선원 사이에서 사용되고 있다. 통상 1심은 약 1.8m이다

어봤더니 이런 것들은 저 산에 있다는 흉내를 해보였습니다. 우리들이 함께 의논하기를 어차피 여기에 온 것도 장사를 하기 위한 것이므로 저 사람들을 꾀어 인삼이 있는 장소를 알려 달라고 해서 캐러가는 것이 마땅하다고 상의했습니다. 그들에게 쌀을 얻어야만 하기 때문에 쌀이 있는 곳을 보여 달라고 말하자, 무슨 말인지 짐작하고서 새벽닭이 울 때까지 와야 한다며 닭이 우는 시늉을 하고 돌아갔습니다. 동틀 녘에 그들 3명이 왔으므로 또 음식과 술을 대접하고 함께 산에 올라갔습니다. 3척의 배에 14명을 남겨두고 44명은 산으로 갔습니다. 이전에 해상에서 대풍을 만났을 때, 용신에게 기도를 올리기 위해서 큰 칼과 호신용으로 차는 작은 칼을 남김없이 바다 속에 던진 후 모두 엎드려서 빌었으므로 무기는 없었습니다. 3만 보 정도 걸었더니 억새밭이 있는 산이었습니다. 이런 곳에 인삼이 있을 리가 없다고 생각했는데 여기저기서 사람 소리가 들리고 억새 소리가 요란했으므로 이상하다고 생각한 순간, 우리들을 에워싸더니 활로 쏘아 죽였습니다. 무기가 하나도 없었기 때문에 맞서 싸우지도 못하고 여기저기로 흩어져 도망가는 것을 이쪽저쪽 곳곳에서 쏘아 죽였습니다. 그중 13명이 억새밭에 숨어 있는 것을 붙잡아서 손을 옭아매고 그대로 놔두었습니다. 그 사람들은 5백 명 정도 된다고 생각했는데 나중에 함께 모였을 때에는 1천 명 정도였습니다. 그 후 일본 배로 가서 그 안에 있던 사람들을 죽이고 연장을 모두 가지고 왔습니다. 배에 있던 사람 중 2명은 목숨을 구했습니다. 그중 한 명은 뱃사공 구니타 헤이에몬, 한 명은 조리토리草履取り[12]였던 다케우치 도조竹內藤藏

---

12 일본 무가(武家)에서 주인의 짚신을 들고 따라다니던 하인이다.

로 그해 14살이었습니다. 구니타 헤이에몬의 배에는 횃불을 던져 넣어 불태웠으므로 구니타 헤이에몬은 바다에 뛰어들었는데 여기저기서 활로 쏘아 죽이려는 것을 앞서 음식과 술을 대접받았던 2명이 와서 구하기 위해 애썼습니다. 그리하여 두 사람 모두 데리고 가서 산에 붙잡아둔 사람들과 이상 15명을 한 곳에 모아두고 그 후 한 명씩 마을로 데리고 가서 밭의 잡초를 뽑게 했는데, 잡초를 잘 뽑는 사람도 있었습니다만 잡초를 놔두고 작물을 뽑아버렸기 때문에 그 후에는 잡초를 뽑으라고 하지 않았습니다.

그곳에서 5일 정도 걸리는 곳에서 무사처럼 보이는 사람이 와서 우리들을 보더니 무엇을 하고 있는지 세세하게 캐묻고 돌아갔습니다. 그로부터 20일 정도 지났을 때, 예전에 왔던 사람까지 포함하여 10명이 다시 찾아와 그 마을 사람들 중에서 3명을 골라내어 데리고 갔습니다. 일본인들도 모두 말에 태워 35일째에 큰 광장에 도착했습니다. 나중에 삼가 듣기를 이곳은 달단의 수도였습니다.

우리를 그곳의 관청처럼 보이는 곳으로 데려갔는데 어떤 자들을 데리고 왔는지 의심스러운 듯이 살펴봤습니다. 그때 마을 사람 3명을 불러내서 여러 가지 캐묻는 것 같이 보였는데 무슨 말을 하는지는 알아들을 수 없었습니다. 또한 우리들에 대해 물을 때는 손짓 몸짓으로 여러 가지 흉내를 내보였는데 그 모습을 보고 대강 짐작했습니다. 일본인들이 도둑질을 하러 왔기 때문에 죽였다는 흉내를 냈으므로, 우리들도 대풍이 불어와 떠내려 왔던 것이며 도둑질 할 뜻은 전혀 없었다고 여러 가지 흉내를 내며 말했으므로 잘 알아듣고서 그 말 그대로 그런 일이 있을 수 있다는 손짓 몸짓을 또한 해보였습니다. 그때 마을에서 데리고 온 마을 사람 3명을 끌어내어 옷을 벗기고 엎드리게 한 다음, 정말로 두껍고 큰 대나무를 깎아서 그 대나무로 엉덩이와 허리를 50대씩 참으로 강하게 내리쳤습니다. 엉덩이가 처참하게 터지고 피가 나서 반은 살고 반은 죽은 것처럼 보였습니다. 달단국의 죄인은 죄의 경중에 따라 개수를 정해서 태형을 내린다고 합니다. 그 후 뜻밖에도 일본인들에게 친절하게 대해주며 옷과 맛있는 음식을 주라는 분부를 내렸으므로 달단의 수도에서 20일 정도 머물렀습니다. 그 뒤에 또 관청에 불려갔더니 안장을 얹은 말 15필에 우리 15명을 태우더니 태수라고 짐작되는 사람이 우리 일본 사람들을 2, 3명씩 불러내어 먼저 데리고 갔습니다. 달단의 수도를 출발하여 청나라 북경에 35일째에 도착한 사람도 있으며, 혹은 40일 만에 도착한 사람도 있었습니다. 그때는 신년 10월에서 음력 11월 사이였습니다. 달단의 수도에 체류하는 동안은 아침과 저녁식사 모두 요리사에게 준비하라고 명령했는데, 달단은 상하 모두 조粟를 주식으로 하며 쌀은 없습니다.

청나라의 북경에서 관청으로 불려간 후에 집을 내어주고 우리가 원하는 대로 공사 및 수리할 수 있도록 명령을 내려주었습니다. 인부 3명을 보내주었고 일본인 한 명당 하루에 흰쌀 23되, 돼지고기 대저울로 1근, 밀가루와 메밀가루, 차와 술, 하얗고 커다란 새 2마리, 이 새는 일본에서 오리라고 부르는 새인 듯합니다. 장작은 태우는 즉시 지급해주고 생선·채소·된장·소금·쌀을 하루마다 내려주었습니다. 의류는 비단·잠옷·이불·목면·모자·속옷·신발·덧신까지 하사해 주었습니다.

조금이라도 몸이 안 좋아지면 의사를 보냈습니다. 일본인은 깨끗한 것을 좋아한다고 들었다며 때때로 목욕물을 주었습니다. 또한 항상 관청 관리들의 부인 등이 불러서 일본의 노래나 속요 등을 청해 들었으며 게다가 여러 가지 대접을 해주었습니다.

새해가 밝아 1645년 유년酉年 5월, 우리가 함께 상의하기를 아무리 좋은 대접을 해주어도 일본에 돌아가고 싶으므로 설령 죽임을 당할지라도 일본에 돌려보내 달라고 소송을 하자고 뜻을 모았습니다. 5월 5일 청나라의 예일禮日을 염두에 두고 관청에 소송하기를 일본으로 돌려보내달라고 청했습니다. 그때는 말도 대충 알아들을 수 있었습니다. 우리들이 하는 말도 알아들어서 우리가 말한 그대로 되어 만족했습니다. 같은 해 음력 11월까지 기다리고 있었더니 5일에 불러내어 모두에게 양가죽으로 만든 옷과 속옷, 안에 입을 옷, 모자, 덧신, 신발을 하사해 주고는 10일 무렵에 일본으로 돌려보내 주겠다고 말했습니다. 그 말 그대로 10일째에 양고기 20마리와 술안주를 많이 하사해 주었고, 11일에 무사처럼 보이는 사람이 말 15마리를 끌고 맞이하러 와서 우리 15명을 말에 태우고 관청으로 데리고 갔습니다. 모든 일을 청나라의 예법에 따라 발가락이 다섯 개인 용 문장이 그려진 큰 깃발 2개, 하얀색 작은 깃발 8개, 붉은색 작은 깃발 4개, 창 3개, 봉 12개, 사람 1백 명 정도를 함께 딸려서 조선의 국경까지 보내주었습니다. 요리사는 곳곳에 있었습니다. 대체로 우리를 신기하게 여겨서 가는 곳마다 많은 사람들이 구경하러 나왔습니다. 조선의 국경에는 12월 9일에 도착했습니다.

그리고 나서 조선인들 2백 명 정도가 우리를 인도받았으며, 청나라에서 보낸 사람 중 10명이 따라붙어 조선의 수도에 도착했습니다. 같은 달 28일이었습니다.

그러는 중에 저희에게 하사품도 주었습니다.

조선에서의 대접은 정말 여러 가지여서 말씀드리기가 어렵습니다. 밤에는 잠옷·이불·명주로 만든 옷과 띠 1벌씩, 베개와 목면 3단씩, 묵 3개·붓 5필, 종이 5첩씩을 하사해 주었습니다. 그 해는 조선에서 새해를 맞이했습니다. 새해가 되어 술년戌年 정월 7일, 수도를 출발해 10일 정도 이동하자 '신사쓰シンサッ'[13]라는 곳에서 그곳의 태수가 대접해주었습니다.

태수가 사는 관사로 초대하여 일본의 음곡을 듣고자 했으므로 구니타 헤이에몬·우노 요사부로가 노래 등을 불렀습니다. 또 15명 중에 한 명은 원래 에도江戶 사람으로 유행가요 등을 불렀기 때문에 외국인들이 감동해서 눈물을 흘리며 재미있어 했습니다. 대체로 달단에 체재했을 때부터 여기저기의 연회 자리에서 노래했는데 청나라의 노래와 소리는 잘하지 못합니다. 종이 5첩씩과 과자 1봉지, 꿀 등을 넣어 조린 약 1포를 받았습니다.

담배 5근씩을 하사받고 그곳을 나와서 같은 달 28일에 동래東來[14]라고 하는 곳에 도착했습니다. 그곳의 태수도 대접을 해주어서 종이 2첩씩, 곶감 15줄, 쌀 5가마니, 말린 대구 2백 장, 술안주, 된장, 소금을 하사해주었습니다. 이후 쓰시마對馬 태수인 소宗 가문의 후루카와 이에몬 님을 뵈었을 때, 그 기쁨은 죽어도 좋을 정도였습니다. 후루카와 이에몬님은 달단과 청나라의 이야기를 들으시고는 쓰시마의 가신들에게 문서를 내려서 술통 1태, 표고버섯 1두, 오징어 1백 장, 종이 15묶음, 별

---

13 원문에 한자가 표기되어 있지 않아 지명 불명이다.
14 평안북도 구장동의 옛 별칭이다. 영변대도호부의 동쪽에 위치해 있고 나무숲이 우거진 산천 경개가 좋은 고장이라 하여 동녘의 숲 지대라는 뜻으로 동래라고 했다.

사탕 10근, 담뱃대 20개, 담배 10근이 든 상자를 하사해 주셨습니다.

3월 17일에 쓰시마의 와니우라鰐浦에 도착했습니다. 같은 달 22일, 관청에 도착하자 쓰시마 태수께서 요리사를 보내주셔서 전부 맛있는 음식뿐이었습니다. 목면 겹옷 15벌, 속옷 15벌, 베로 지은 홑옷 15벌을 주셨습니다. 6월 2일에 쓰시마를 출발하여 같은 달 16일에 오사카大阪 해안에 도착했습니다.

하나, 조선의 수도에서 대접해 준 것은 다음과 같습니다. 3척에서 5, 6척 정도 크기의 밥상을 한 사람 앞에 두 상씩 차려주었습니다. 한 상에는 여러 가지 반찬을 수북하게 담아주고 조화造花를 세워놨으며, 송어회와 기타 생선류, 조류 종류는 통째로 차려 놓았습니다. 그 외에 소고기, 양고기, 갖가지 어패류를 수북하게 주어서 한 상에 6, 70 종류나 되는 듯했습니다. 또 다른 상에는 떡과 만두 외에 차에 곁들여 먹는 과자 종류를 훌륭한 솜씨로 쌓아 놓았습니다. 이것도 6, 70 종류는 되는 듯했습니다. 이 두 상을 놓은 후에 술을 내오고 여러 번 다시 채워서 마지막 잔을 마신 후에 상을 물렸습니다. 그 뒤에 또 상을 내왔습니다. 이것은 밥과 국을 차린 상으로 3척尺 4방方15 정도의 크기였습니다. 생선과 새 요리가 여러 가지 있었습니다. 국은 다섯 종류, 반찬의 수는 두 상에 5, 60가지나 되었다고 기억합니다. 이처럼 조선의 수도에서 대접해 주었습니다. 수도를 나와서 만난 다른 태수들의 대접도 당연히 경중은 있었으나 대체로 같았습니다. 그 밖에 한 사람, 한 사람 극진히 대접을 받았으며 그 거동이 실로 정성스럽게 보살펴 주었습니다.

---

15 가로·세로 90cm에 해당한다.

하나, 달단에 갔을 때 처음에는 말을 알아듣지 못하여 서로 손짓 몸짓으로 짐작했지만 자세한 것은 알아먹기 힘들었습니다. 이후 차츰 귀에 익숙해져서 말을 듣고 기억하여 일본인이 이야기하는 것도 알아들었기 때문에 자유롭게 이해가 되었습니다. 하지만 달단어를 하는 것은 불가능했습니다. 그렇지만 나중에는 대강 달단어도 사용했습니다. 사물의 이름도, 급할 때 쓰는 말도 대체로 기억하고 있습니다. 구니타 헤이에 몬과 우노 요사부로 두 사람에게 달단어와 북경어를 듣고 말하게 했으므로 거의 자유롭게 할 수 있어서 적어두게 했지만, 흐린 먹으로 쓴 물품목록이어서 알아보기 힘들기 때문에 사물의 이름만을 여기에 적어두겠습니다.

하나, 달단국은 남북 에치젠 지방의 건방乾方[16]에 해당한다고 알고 있습니다.

하나, 달단에서 일본인들이 살해당했을 때부터 수도에 갈 때까지 35일간 살펴보니 논은 일절 없었습니다. 조와 피 기타 잡곡은 일본과 닮았습니다. 산길투성이로 그중에 깊은 산도 있었습니다. 큰 나무는 대체로 일본에 있는 나무였으며 단, 소나무는 오엽이었습니다. 또 일본에서 보지 못한 나무도 있었습니다. 깊은 산의 바깥은 갈대밭과 들이었으며 산의 틈새에는 넓은 장소도 있었습니다. 앞서 말한 장소에서 출발한지 5일 정도 되자 확실히 길도 없었습니다. 갈대밭을 헤치고 지나갈 뿐이었습니다. 지나가는 길에 여관도 없었으므로 대체로 산에서 야숙했습니다. 음식은 말에 실었고 머무는 곳곳에서 식사를 준비했습니다. 인원

---

16 팔방의 하나이다. 정북(正北)과 정서(正西) 사이 한가운데를 중심으로 한 45도 각도 안의 방향이다.

이 많았지만 상하 모두 말을 탔습니다. 수도에 도착하기 3일 정도 전부터 길옆에도 백성들이 사는 집이 있었습니다.

하나, 사람들의 체격은 일본인보다는 컸습니다. 상하 모두 머리를 깎고 머리 꼭대기에 1촌寸 4방方17 만큼 머리카락을 남겨두고 길게 길러서 세 가닥으로 땋았으며, 윗수염은 그대로 두고 아랫수염은 깎았습니다. 태수, 관리, 일반 백성까지 모두 같았습니다.

하나, 여자는 머리카락을 정 가운데에서 양쪽으로 나누어 앞뒤 거꾸로 잡아당겨 둘러서 머리띠처럼 하고 있었습니다.

하나, 상하 모두 머리에 쓰는 것이 있어서 겨울에는 테두리가 둥근 두건을 씁니다. 청나라는 돋을무늬로 짠 비단과 테두리는 모피로 만든 것을 쓰며 색은 회색입니다. 이 천은 값이 비싸다고 합니다. 꼭대기에 여러 가지 술을 달며, 신분이 낮은 사람들의 두건은 형태는 같아도 꼭대기에 술을 달지 않습니다. 테두리는 여우가죽, 양가죽 등 털이 있는 가죽 종류로 만듭니다. 여름에는 상하 모두 삿갓을 씁니다. 이 삿갓도 크기와 형태 모두 두건과 같습니다. 상하에 따라 모양은 제법 다른데 일본에 이 두건을 가지고 왔으므로 보여드리겠습니다. 의복의 형태는 태수, 관리, 일반 백성들까지 신분에 따라 제법 다릅니다만 착복의 형태는 같습니다. 이것도 일본에 가지고 왔으므로 전부 보여드리겠습니다. 소매는 매우 좁고 손등까지 올 정도로 길며, 겨드랑이에서부터 옷자락이 펼쳐집니다.

하나, 달단의 수도는 일본식 단위로 하면 2리里 4방方18 정도입니다. 그 안에 왕이 사는데 일본의 성과 모습이 비슷합니다. 단, 일본의 성보

---

17 약 3cm에 해당한다.
18 약 7.8km에 해당한다.

다 허술합니다. 구석구석에 성루 등이 있습니다. 2리 4방 정도 안에 저택과 상가를 딱 달라붙게 줄지어 만들었습니다. 큰 것은 일본의 사원처럼 몹시 크게 만들어서 원형 기둥이며, 기와는 약을 칠해서 오색으로 빛납니다. 또 평범한 기와도 있었습니다. 상가와 집도 일본처럼 지붕은 모두 기와로 이어서 만들었습니다. 그러나 훌륭한 모양새는 아닙니다. 매우 튼튼하게는 보였습니다. 마루는 없고 모두 포석이 깔려 있습니다.

하나, 달단을 다스리는 왕. 이름은 차우텐チャウテン이며 나이는 8세라고 합니다. 저희들이 북경에 체재했을 때 전해 들었습니다. 이 왕은 북경으로 이사 와서 계속 이곳에 있습니다.

하나, 신하들에 관한 것입니다. 지위가 높은 사람들의 이름은 '키우안스キウアンス', '하토로안스ハトロアンス', '시이안스シイアンス', '호우센스ホウセンス'로 기억하고 있습니다. 이 외에 지위가 높은 자들이 있으며, 총8명이 영지의 통치를 맡고 있다고 합니다. 앞서 말한 '키우안스'는 왕의 숙부입니다. 나이는 34, 35세로 보였습니다. 선이 가늘고 마른 사람이었습니다. 이 사람이 제1의 신하로, 상하를 막론하고 두려워해서 직책이 높은 자들도 직접 말을 걸지 못한다고 합니다. 거리를 행진할 때 보니 마을 사람들 모두 머리를 땅에 조아리고 있었습니다. 우리들을 가엽게 여겨서 감사한 배려로 분부하시어 당신 가까이 자주 불러주셨습니다.

'하토로안스'라고 하는 사람도 왕의 숙부로 '키우안스'의 형입니다. 성미가 거친 사람으로 분별력도 없기 때문에 영지의 통치 등에 관한 일에는 상관하지 않는다고 합니다. 나이는 50세가량으로 보였습니다. 얼굴은 곰보로, 살이 쪘고 우람하며 눈빛이 매서워보였습니다. 대단히 강한 남자로, 전쟁 때도 성을 부술까봐 걱정시킬 정도였으며 패배하는 일이 없다고 합니다. 청나라와 달단이 전쟁을 했을 때에 여러 번 공적을 쌓았지만, 내성內城을 공격했을 때 성안에서 항복하겠다고 했으므로 왕이 허락하겠다고 명했지만 '하토로안스'는 수긍하지 않고 많은 사람들을 죽였습니다. 이 잘못으로 얼마 만큼인가의 봉토를 몰수당했다고 합니다. 나랏법이 매우 강하고 정직하기 때문에 여차하는 경우에도 술회하지 않는다고 합니다.

하나, 시이안스. 이 사람은 키우안스의 남동생입니다.

나이는 30세가 되는데, 의외로 학자라고 합니다. 그 외에 다다스이ダダスイ, 오우제히쿠와하이オウゼヒクワ杯라고 하는 사람도 군공을 세워서 지위가 높다고 사람들로부터 전해 들었습니다.

하나, '키우안스'가 매사냥을 하러 나온 것을 한 번 보았는데 큰 매를 1천 마리씩 데리고 있었다고 합니다. 저희들이 보았을 때, 매의 수는 알수 없었으나 실로 1천 마리는 된다고 생각할 정도로 많았습니다. 또한 함께 따라온 신하들도 많이 있었습니다. 이는 북경에서 본 것입니다.

하나, 태수에게 불려갔을 때, 안토데이アントデイ라는 사람이 앞뒤로 자유롭게 말을 길들이는 것을 보았는데, 말 위에서 자유자재로 상당히 어려운 활쏘기 묘기를 모두 해냈습니다. 대체로 말을 타며 화살을 20간間[19] 정도 떨어진 과녁에 맞추는 것이 신기했습니다. 궁마弓馬를 얼마나 잘하는지 내기 등을 하면 특히 재미있었습니다.

하나, 모든 법도의 관례가 매우 명백하고 바르게 보였으며 상하 모두 자비롭고 정직했습니다. 거짓을 말하는 일이 일절 없었습니다. 금과 은

---

19 약 36m이다.

을 놔두어도 훔쳐가는 경우가 없었습니다. 자못 태도가 겸손하고 정중했습니다. 먼 나라이기 때문에 법도를 묻지 못했습니다만 그처럼 보였으며, 일본인들을 죽인 일을 자세하게 조사하는 상황에서 자못 화가 난 모습을 보였습니다.

하나, 달단에도 청나라의 북경에도 재판소가 7곳에 있으며 곳곳마다 관리의 수가 정해져 있습니다. 재판소 7곳의 곳곳마다 어디서든지 자세하게 조사한다고 들었습니다. 시비를 면면히 분별한 다음에 7곳에서 8명의 '완스わんす'들에게 문서를 써주면 일단 관청에 가지고 갑니다. 그때 '완스'들이 7개의 문서를 펴보고 관리의 편파성을 끝내 면밀히 조사하여 만약 나쁜 일을 행한 관리에게는 벌금을 물게 합니다.

이런 일이 괘씸하게 자주 있으면 직책의 경중에 따라 여러 가지 벌을 내립니다.

'완스'들이 심문한 후에 죽어 마땅한 자가 있을 때에는 왕에게 아룁니다. 그때 황실에서 하늘의 뜻에 따라 점을 쳐서 무죄라는 점괘가 나오면 중죄인일지라도 사면하라고 명합니다. 유배는 없으며, 사형 외의 경우라면 끝을 잘게 쪼갠 대나무로 횟수를 정해서 곤장을 때립니다.

단, 불충·불효의 죄는 엄중하게 다스립니다.

대부분의 경우 사람을 죽이는 일은 없습니다. '완스'라는 것은 왕의 대리인으로서 법도를 행하는 사람을 뜻합니다.

하나, 작은 죄를 범한 자가 있을 때, 맨 처음 한 번은 용서해 줍니다. 사람이라는 것은 실수로 죄를 저지르는 일이 있는 존재라고 생각해서 사면해주거나 또는 곤장을 몇 대 때립니다. 또 두 번째로 죄를 저지른 자는 그 경중에 따라 법도대로 처리합니다.

하나, 다른 나라에서 와 있는 자가 죄를 저지르게 되면 그곳의 관습을 안내받지 못했기 때문에 3년간은 사면해 줍니다. 3년이 지났는데 죄과가 있을 때는 법도에 따라 처리합니다.

하나, 상하 모두 큰 칼은 차지 않습니다. 크기가 1척尺 5, 6촌寸[20] 혹은 2척[21]가량의 작은 칼을 칼집을 씌워 허리에 차고 다닙니다. 날밑도 있으며 이 작은 칼로는 나무나 대나무를 벱니다.

하나, 태수들이 외출할 때는 인장이 찍힌 깃발 장식을 들고 다닙니다. 창이나 긴 칼 등은 가지고 다니지 않습니다.

하나, 무구武具는 활이 제일 많이 보였습니다. 활의 길이는 4척[22] 정도입니다. 청나라에서 일본으로 건너온 그 활의 형태를 하고 있습니다. 매일 말 위에서 활 묘기를 하며 자유자재로 활을 쏩니다. 10간[23]·20간[24] 정도 떨어져 있는 과녁을 쏘면 못 맞히는 화살이 드물었습니다. 말위에서 쏠 때는 말을 달리게 해서 전후좌우 자유롭게 쏘았습니다. 맞힌화살을 말을 타고 달리면서 뽑고, 사법射法에 따라 화살의 휘어짐이 다양하여 볼만했기 때문에 재미있었습니다.

하나, 갑옷은 일본의 홑옷 같은 것에 철로 갑옷미늘을 만들어서 틈새를 잘 꿰매어 입습니다.

하나, 말이 뜻대로 잘 움직여줘서 좀처럼 뭐라 명령할 필요도 없었습니다. 일본에서 왔기 때문에 승마는 서툴렀지만, 말이 알아서 했으므로

---

20 약 45cm에 해당한다.
21 약 60cm에 해당한다.
22 약 1.2m에 해당한다.
23 약 18m에 해당한다.
24 약 36m에 해당한다.

안장 안이 참으로 편안해 마음 편히 탔습니다. 손에 든 채찍을 보여주면 똑바로 뛰었고, 멈추고 싶을 때는 고삐를 느슨하게 하면 그대로 멈췄습니다. 옆으로 가는 일이 없으며, 아무리 뛰어다녀도 숨이 차는 일이 없다고 합니다. 이렇게 자유자재로 움직이는 말 때문인지 달단인은 말을 타고 산 고개와 벼랑길을 자유롭게 돌아다니고, 아침부터 밤까지 심하게 탈 때에는 풀과 물을 먹이지 않는다고 하며 밤에 말을 쉬게 할 때는 조와 피의 껍질을 먹입니다. 콩을 먹일 때는 조의 껍질을 잘게 잘라 콩과 섞어 먹입니다. 쌀이 없기 때문에 쌀겨도 없습니다. 말을 거세하고 코를 뚫습니다. 짐 안장은 결코 없습니다. 승마용 안장에 짐을 싣습니다.

하나, 군법에 관한 일입니다. 선대부터 써놓은 군법에 대한 문서가 있어서 장군과 기타 조장까지는 이것을 보고 읽게 합니다. 잘 읽고 기억하는지 군사들에게 항상 물어보아서 본보기로 징계합니다. 읽는 일이 막히는 자는 벌금을 내게 하며, 또한 마음가짐이 해이하다며 징계한다고 합니다. 상하 모두 당연히 군법을 열심히 기억해야 한다고 들었습니다. 전장에서 전사한 자에게는 남녀를 상관하지 않고 정직하게 영지를 내려줍니다. 충성을 다해 공훈을 세운 자에게는 설령 전사했을지라도 가증해서 하사합니다. 상처를 입은 자에게는 요양을 위해 금과 은을 하사합니다. 충실히 근무한 경중에 따라서 녹봉을 더 내려 줍니다. 겁을 먹고 도망친 자에게는 그 죄과를 물어 처자식을 몰수해 종으로 부리게 합니다. 이와 같이 법도가 엄격하여 일반 병졸들까지 그대로 행실한다고 들었습니다. 이러한 사항은 저희들이 알 수 없으나 달단에 갔을 때는 청나라와 전쟁을 치룬 이후였으므로 달단 사람에게 조금 더 상세히 들었습니다.

적군일지라도 장군의 머리는 인정상 효수하지 않는다고 합니다. 달단의 징계는 이와 같습니다.

앞서 말했던 것처럼 처음 갔을 때는 아무 말도 몰랐으나, 2년 체재했기 때문에 나중에는 말도 알아들을 수 있었으므로 무엇이든 질문할 수도 있게 되었습니다.

하나, 주인과 하인과의 예의범절이 부모자식처럼 보였습니다. 고용인을 수고롭게 생각하는 마음이 자식과 같으며 또 주인을 생각하는 마음이 부모와 같으므로 상하 모두 사이가 좋아 보였습니다. 영주들의 예절은 알지 못하며 10명, 20명 정도의 고용인, 고닌候人[25] 또 그 이하는 이러한 모습으로 보였습니다. 하인이 몇 명이든지 모두 아내가 있기 때문에 부부가 함께 봉록을 받습니다.

하나, 달단인은 키가 크든 작든 늙었든 젊든 모두 추위에 조금도 힘들어하지 않습니다. 의류는 속옷이라고 해서 하나를 반드시 입고 그 위에 얇게 솜을 넣은 것 하나를 입습니다, 상의는 안쪽에 모피를 대며 바깥쪽은 솟을무늬를 넣어서 짠 비단, 두텁고 윤이 나는 견직물, 공단 등 다양하게 사용하며 무엇이든지 훌륭했습니다. 영주는 소리개의 털가죽을 입습니다. 털색은 쥐색이며 대단히 부드럽게 부풀어 있는데 이 옷은 한 벌에 대략 은銀 2, 3관貫[26] 정도라고 하며, 대부분의 사람들은 양가죽으로 된 것을 입습니다. 신분에 상관없이 모두 모피로 만든 것을 상의로 입습니다. 하의는 겉을 목면으로 만들기도 합니다. 이 위에 걸치는 짧

---

25 무가(武家)의 종자(從者)로 비교적 고용관계가 느슨했다.
26 일본 에도(江戶)시대의 화폐 종류는 금화, 은화, 전화(錢貨) 세 종류였으며, 관(貫)은 은화와 전화에 사용되는 단위였다. 은 1관은 현대의 약 125만 엔 정도에 해당한다.

은 겉옷도 상의처럼 모피를 안쪽에 대고 바깥쪽은 다양한 직물을 사용하는데 소매가 없습니다. 일본인들에게 옷을 하사해 주었는데 몹시 따뜻했습니다. 일본옷은 소매통이 넓어서 입으면 몹시 추웠습니다.

하나, 요리는 생선, 닭, 양, 소, 돼지 그 밖에 많은 짐승을 물에 끓입니다. 간장, 소금을 넣어서 국을 끓입니다. 먹을 때는 물에 졸인 간장을 찍어 먹으며 된장에 졸이는 경우도 있습니다만, 된장 맛이 일본의 것과는 달랐으므로 입맛에 맞지 않았습니다. 술은 소주입니다. 달단에서는 조粟로 만들며 북경에서는 쌀이나 조로 만듭니다.

하나, 식사 때에는 다리 달린 밥상 위에 숟가락, 젓가락을 인원수대로 놓고 밥과 국을 사발에 담아서 두세 명이 함께 먹습니다. 대부분의 사람들은 이러하며 영주들의 예절은 보지 못했습니다.

하나, 여름의 더위에 관해서입니다. 달단과 북경 양쪽 모두 시기가 같으며 일본의 여름과 비교할 수 없습니다. 겨울은 일본보다 배나 춥기 때문에 달단에서는 눈이 내립니다. 북경은 매우 추우며 눈은 조금 내립니다.

하나, 행정관들이 우리들에게 몸짓과 언어로 말을 하기를 '일본인은 의리가 있고 싸움도 강하며 자비롭다고 전해 들었다. 달단국 또한 비슷하다'고 말했습니다. 그 때문에 일본인을 대접하게 했다고 합니다.

하나, 달단의 수도에서 바닷가까지는 3, 4일 걸린다고 합니다. 살아 있는 생선이 일절 없습니다.

하나, 짐을 부칠 때는 로토우そとう라고 부르는 말에 실어 나릅니다. 달단에서는 이 말을 토모토토ともとと라고 하며 안장은 채우지 않습니다. 등에 천을 덮고 겨드랑이에 가늘고 긴 줄을 걸친 다음 아랫배에 둘러서 짐을 쌓아 올리고 이 줄을 당겨서 조종한다고 합니다. 단, 이것을

본 적은 없습니다. 코끼리는 몇 번이나 봤습니다.

하나, 달단의 수도에서 청나라 북경까지는 도로가 평평합니다. 산이 있는 곳도 있습니다. 도로의 폭은 7, 8간間[27]에서 10간씩이며 훌륭하게 만들어 두었습니다. 도중에 있는 숙소는 일본의 것처럼 훌륭하진 않지만 대체로 좋았습니다. 35, 36일의 여정 동안 바닷가를 지나간 적은 하루였습니다. 작은 강은 있었지만 배로 건널 정도의 강은 없었습니다. 북경의 앞 방면에 있는 토구치요とぐちょ라고 부르는 곳에 폭 2정町[28] 정도의 강이 있어서 선교船橋를 놓았습니다. 지나가는 길옆에 청나라의 거성居城이 얼마쯤 있었습니다. 일본인들이 북경에 갈 때, 달단에서 옮겨가는 남녀가 35, 36일의 여정 동안 끊이지 않았습니다.

하나, 달단과 청나라의 국경에 석벽을 쌓아두었습니다. 굉장히 길다고 하며 높이는 12, 13간[29] 정도로 보였습니다. 단 돌로 쌓지는 않았습니다. 기와 같은 것으로 쌓았는데 두께 3, 4촌[30]으로 겹쳐서 석회를 발랐습니다. 견고하고 매끈매끈해서 도자기에 유약을 칠해놓은 것 같았습니다. 매우 오래돼 보였지만 조금도 파손되지 않았습니다. 통행하는 곳에는 이 석벽을 둥글게 도려내어 망루를 세웠습니다. 둥글게 도려낸 부분에도 유약을 발라서 손톱도 걸리지 않습니다.

하나, 청나라 북경의 왕성은 일본 도로를 기준으로 6리里 4방方[31]입니다. 북경인이 말하기로는 청나라의 국경 주위에는 전부 석벽을 세웠다

---

27 간(間)은 일본에서 오래전부터 사용했던 척관법(尺貫法) 중 길이의 단위다. 1간은 6척에 해당하며 약 1.9m 정도이다.
28 약 218m에 해당한다.
29 약 21.8~23.6m에 해당한다.
30 약 9~12cm에 해당한다.
31 약 23.4km에 해당한다.

고 합니다. 우리들이 북경에 갈 때, 그리고 조선에 갈 때 왕성의 양 쪽을 모두 지나갔는데 어느 쪽이나 이와 같았습니다. 입구는 둥근 석벽을 통과하면 위에 망루가 있고 그 주위에 대포를 설치해 놓았습니다. 6리 4방의 한 가운데에 24정町32 4방 정도로 수로를 파두었으며, 그 안에 큰 저택의 수가 의외로 많이 보였습니다. 기와는 오색으로 유약을 칠해서 빛났으며 사방에 문이 네 개 있었습니다. 각각 우리들이 함께 보았습니다. 왕성의 정면 출입문에는 커다랗게 만든 석교石橋 다섯 개가 나란히 놓여 있었습니다. 교각의 횡목, 디딤널, 난간 모두 돌로 되어 있으며 난간에는 용龍을 새겨 놓았습니다. 다리를 다섯 개 나란히 설치한 이유가 무엇인지 물어보았더니 정월과 그 밖의 예일禮日에 다리 한, 두 개는 인파가 혼잡하지 않도록 하기 위한 것이라고 합니다. 또 그중 하나는 대왕이 행차할 때 건너는 다리라고 합니다. 나머지 세 방향의 문에는 석교를 세 개씩 걸어놓았습니다. 6리 4방 안에 저택과 상가를 빈틈없이 만들었습니다. 일본의 큰 사원처럼 원형 기둥을 만들었고 기와는 오색으로 섬세하고 짜임새 있는 것은 아니지만 자못 튼튼하게 지었으며 마루가 없습니다. 포석을 깔았고 저택 주위에는 일본의 나가야長屋33 같은 곳도 있습니다. 다만 5, 6간34 정도로 보였기 때문에 의외로 큽니다. 나가야의 바깥은 석회로 메운 돌담입니다. 상가도 전부 기와지붕이며 장사하는 곳은 일본의 임차 가게와 같아서 집주인은 거리에서 쑥 들어간 곳에 살고

---

32 약 2.618km에 해당한다.
33 칸을 막아서 여러 가구가 살 수 있도록 길게 만든 공동 주택이다. 일본 에도시대에는 중층 이상의 상가 등은 큰길에 독립된 가게를 가지고 있었지만 그 외의 상인, 직인(職人) 등은 대부분 뒷길의 나가야를 빌려서 살았다.
34 약 9.9~11m에 해당한다.

있고, 또한 그렇지 않은 곳도 있습니다. 상품들의 수가 매우 많고 부귀가 부족함이 없어 보이는 것이 달단국의 수도와는 매우 다릅니다.

하나, 북경에서 해변까지는 육로로 6일이 걸립니다. 그 때문에 살아 있는 바닷물고기가 일체 없습니다. 붕어와 잉어 기타 민물고기 종류는 있습니다.

하나, 북경인의 마음은 달단인과는 달라서 도둑이나 사기꾼도 있으며 자비가 없다는 건 이런 것인가 하는 생각이 듭니다. 그렇기는 하지만 지금은 달단의 왕이 북경에 와 있어서 달단인도 많이 있습니다. 모든 법을 달단에서처럼 똑같이 명하여 인심을 달래려 한다고 달단인은 말합니다.

하나, 청나라의 북경·남경 모두 손에 꼽힐 정도의 사람들이긴 하지만 달단인과 같이 머리를 박박 밀고 머리카락을 조금 남겨두었습니다.

하나, 청나라는 쌀이 많이 있습니다. 흰쌀을 사고팝니다. 저희들이 체재했을 때는 은銀 1문匁에 흰쌀 1승升[35]씩이었습니다. 최근 국란이 있었기 때문에 값이 올랐다는 말을 들었습니다.

하나, 문자는 달단국·청나라 모두 통한다고 들었습니다.

하나, 북경에서 남경까지의 길은 서두르면 30일 걸린다고 들었습니다. 이 사이에 큰 강이 있다고 합니다. 남경도 달단국에 빼앗겨서 토벌군이 북경으로 돌아왔습니다. 단, 장관 1명은 남경에 남았다고 합니다. 그 후 남경의 사람들이 북경으로 예를 올리러 온 것을 저희들이 확실히 보았습니다. 남경 사람들도 모두 달단인처럼 머리를 깎고 왔습니다. 달단국 대왕은 청나라의 왕 때문에 접촉했는데 자비로운 사람처럼 보였습니다.

---

35 1승의 양은 시대 및 지역에 따라 다른데 일본에서는 약 1.80리터에 해당한다.

하나, 새해맞이는 대체로 일본과 다르지 않았습니다. 문 앞에 소나무 장식도 세워둡니다. 사흘간 충분히 축하합니다. 서로 인사를 올리러 가는 것 외에 행사는 없습니다. 사흘 동안 왕성王城에 예를 올리러 가는 사람들이 매우 많았습니다. 태수의 옷차림은 일본의 사냥복 같은 것을 겉에 입었습니다. 그 외에는 새로 지은 평상복을 입었습니다.

하나, 7월 14일, 15일, 16일 사흘 동안 불교 축제를 합니다. 일본과 조금도 다르지 않습니다. 절에 목불을 세워둡니다. 절 한 곳에 크고 작은 것이 1만개는 있는 것 같았습니다. 큰 절에는 임시 막사를 세워 놓습니다. 그 안에 화상畵像이 있으며, 그 앞에 향과 여러 가지 꽃이 많이 쌓여 있었습니다. 불전에 물을 올리는 것과 시아귀施餓鬼 공양[36]의 모습은 일본과 다르지 않았습니다. 7월 외에 불교 행사는 없습니다.

하나, 8월 15일은 축일祝日입니다. 무엇을 축하하는 날이냐고 묻자, 말과 흉내로 칠석제七夕祭라고 설명했습니다. 9월, 3월 행사는 없습니다. 5월 5일은 축일로 감사일입니다. 일반 백성들까지 모두 생일을 축하합니다.

하나, 한중寒中은 45일로 정해져 있습니다. 음력 동짓달부터 한중에 들어가 45일에 입춘立春이 됩니다.

하나, 달단과 청나라 모두 절이 많이 있습니다. 어떤 절이라도 부처 앞에 경전을 많이 쌓아 놓습니다. 부처를 믿고 염불을 욉니다.

'나무오미타후쓰南無阿彌陀佛'라고 합니다.

하나, 산에 놀러가 구경할 때 상설 무대를 설치하며, 원숭이 조련사 등도 있습니다. 일이 있는 경우 등은 불참을 용인합니다.

---

36 법회(法會)의 하나로, 아귀도(餓鬼道)에 빠졌거나 혹은 연고자가 없는 사자(死者)를 위해 올리는 공양이다.

하나, 태수는 채가 긴 가마를 탑니다.

하나, 북경에서 조선의 국경까지 길이 좋았습니다. 이 사이에 폭이 2, 3정町[37] 정도 되는 강이 있으며, 물 위를 사람과 말이 건너갑니다. 여름에는 배로 넘어간다고 합니다. 그 외에 작은 강이 많이 있었습니다. 국경에서 조선의 수도까지 가는 도중에 큰 강이 3개 있었고, 이것도 물 위를 건너갔습니다. 조선 안에서는 대체로 산길이었으며 널찍하게 트여 있는 곳이 극히 드물었습니다.

달단국에서 1부터 10까지를 말할 때

아모アモ, 조우ヂョウ, 아테アテ, 토이トイ, 스차スチャ, 니우코ニウコ, 나다ナダ, 차고チャゴ, 우요ウヨ, 초에チョエ

북경에서 1부터 10까지를 말할 때

이쓰코イツコ, 란코ランコ, 산코サンコ, 시이코シイコ, 우쓰코ウツコ, 리쓰코リツコ, 치이코チイコ, 하쓰코ハツコ, 키우코キウコ, 시우코シウコ

양국 모두 1부터 10까지를 말할 때

이쓰イツ, 치이チイ, 산サン, 시이シイ, 코コ, 리우リウ, 시쓰シツ, 하쓰ハツ, 키우キウ, 주우ジュウ

하나, 달단에서 음식은 '호타토ほたと'라고 합니다. 먹는다는 말은 '세

---

37 약 0.2~0.3km에 해당한다. 에도시대의 토지 면적은 정(町)·반(反)·무(畝)·보(步)로 표시했다. 1정은 약 0.109091km이다.

부ᅟᅠᆢ세부'라고 합니다. 북경에서 음식은 '한나ᅟᆞᆫᅟᆞᆫ나'라고 하며, 먹는다는 말은 '치이ᅟᆞᆺ이'라고 합니다. 따라서 밥 먹으라고 말할 때에 '치이 한나'라고 합니다.

하나, 국을 달단에서는 '슈시카ᅟᆞᆯᅟᆞᆯ시카'라고 합니다. 북경에서는 '탄토ᅟᆞᆫ토'라고 부릅니다.

하나, 반찬 종류를 달단에서는 '하야레ᅟᆞᆨ야레'라고 합니다.

하나, 젓가락을 북경에서는 '하이즈ᅟᆞᆨ이즈'라고 합니다.

하나, 식기류를 달단에서는 '모로ᅟᆞᆺ로'라고 합니다. 북경에서는 '오한ᅟᆞᆸᅟᆞᆫ'이라고 부릅니다.

하나, 떡은 달단, 북경 모두 '호쿠ᅟᆞᆨ쿠'라고 합니다.

하나, 술은 달단에서 '아쓰케ᅟᆞᆺ쓰케'라고 합니다.

하나, 된장은 달단, 북경 모두 '미쇼ᅟᆞᆺ쇼'라고 합니다.

하나, 두부는 달단, 북경 모두 '타우후ᅟᆞᆮ우후'라고 합니다.

하나, 후추는 달단, 북경 모두 '후우테후ᅟᆞᆮ우테후'라고 합니다.

하나, 겨자는 양국 모두 '케이모토ᅟᆞᆮ이모토'라고 합니다.

하나, 채소는 '바사이ᅟᆞᆸᅟᆞᆺ이'라고 합니다.

하나, 부추를 '키우사이ᅟᆞᆷ우사이'라고 합니다

하나, 말馬은 달단에서 '모우레ᅟᆞᆺ우레'라고 부릅니다. 북경에서는 '호구세ᅟᆞᆨ구세'라고 합니다. 말에 타라고 말하는 것을 달단에서는 '모우레야로ᅟᆞᆺ우레야로'라고 합니다. 말을 달리게 하는 것은 '호구세ᅟᆞᆨ구세'라고 합니다. 북경어는 기억나지 않습니다.

하나, 재갈을 달단에서는 '타토로ᅟᆞᆮ토로'라고 하며 북경어는 기억나지 않습니다.

하나, 소를 달단에서는 '에하ゑは'라고 합니다. 북경어는 기억나지 않습니다.

하나, 닭을 달단에서는 '테우코てうこ'라고 하며 북경에서는 '키이きぃ'라고 합니다.

하나, 개를 달단에서는 '인타호우いんたほう'라고 합니다. 북경에서는 '코우こう'라고 합니다.

하나, 매는 달단에서 '키야호우きやほう'라고 합니다. 북경에서는 '인いん'이라고 합니다.

하나, 남자를 달단에서는 '니야아마にやあま'라고 하며, 여자를 '하라세はらせ'라고 합니다. 소녀는 '사루하세さるはせ'라고 합니다. 북경에서는 남자를 '한사はんき', 여자를 '로우호우ろうほう'라고 합니다.

하나, 태수를 달단에서는 '아바조あばぞ'라고 합니다. 북경에서는 '타아신たあしん'이라고 합니다.

하나, 활을 달단에서는 '후리ふり'라고 하며 화살은 '뇨로にょろ'라고 합니다. 활 쏘는 것을 '가후타がふた'라고 합니다. 북경에서는 활과 화살을 무엇이라고 하는지 물어보지 않았습니다.

하나, 담뱃대를 양국 모두 '타하たは'라고 합니다. 담배는 양국 모두 '타바코たばこ'라고 합니다.

하나, 불을 달단에서는 '토아とあ'라고 하며, 북경에서는 '호우ほう'라고 합니다.

하나, 물을 달단에서는 '무쓰카むつか'라고 하며, 북경에서는 '스히すひ'라고 합니다.

하나, 뜨거운 물을 달단에서는 '하루코はるこ'라고 합니다. 북경에서는 '야구사이^{やぐさい}'라고 합니다.

하나, 절의 승려들이 입는 가사^{袈裟}는 일본과 조금도 다르지 않습니다. 염불을 욀 때 '나무오미토부^{南無おみとぶ}'라고 합니다.

조선국에서는 '나무미토후이^{ナムミトフイ}'라고 합니다.

하나, 집을 달단에서는 '호우^{ほう}'라고 하며, 북경에서는 '한스^{はんす}'라고 합니다.

하나, 강을 달단에서는 '헤우^{へう}'라고 하며 북경말은 잊어버렸습니다.

하나, 배는 양국 모두 '초우안^{ちょうあん}'이라고 합니다.

하나, 원숭이를 달단에서는 '우바이^{うばい}'라고 합니다.

하나, 씨름을 달단에서는 '샤하나요^{しゃはなよ}'라고 합니다. 양국 모두 씨름을 좋아합니다. 북경에서 씨름을 뭐라고 하는지는 듣지 못했습니다.

하나, 일본에서 손님을 접대할 때 여러 가지 예를 올리는 것을 달단에서는 '반네하^{ばんねば}'라고 합니다. 북경에서는 '스쿠치요^{すくちよ}'라고 합니다.

하나, 일본에서 '사라바 사라바^{さらばさらば}'라고 말하는 작별할 때 인사를 달단에서는 '쿠라리 쿠라리^{くらりくらり}'라고 합니다. 북경어는 잊어버렸습니다.

하나, 성^城을 달단에서는 '호쓰^{ほつ}'라고 합니다. 북경에서는 '하자우^{はじゃう}'라고 합니다.

하나, 귀족 등에게 예를 올리는 일을 달단에서는 '요쓰코우^{よつこう}'라고 하며, 북경에서는 '모로코토^{もろこと}'라고 합니다.

하나, 달단·북경 모두 아이들이 부르는 노래로 '탄톤^{タントン}', '니요쓰카우^{ニョツカウ}', '군톤자^{グントンジャ}', '야쓰치요^{ヤツチヨ}', '모쓰토리^{モツトリ}', '즌겐세^{ズンゲンゼ}'가 있습니다. 모든 사람들이 자주 부릅니다.

하나, 오늘·내일·모레를 달단에서는 '이노키^{いのき}'·'치요리^{ちより}'·'치야우레^{ちやうれ}'라고 합니다. 북경에서는 오늘을 '키우루카^{きうるか}', 내일을 '메아레카^{めあれか}', 모레를 '우루카^{うるか}'라고 합니다.

하나, 양국 모두 해를 '슌^{しゅん}'이라고 하며 달은 '히야아^{ひやあ}'라고 합니다. 해와 달이 뜨는 것을 '바도키토메^{ばどきとめ}'라고 하며 달이 지는 것을 '도쓰카메^{どつかめ}'라고 합니다.

하나, 아침을 북경에서는 '소우시^{そうし}', 낮은 '슌호^{しゅんほ}', 저녁은 '한샤^{はんしや}'라고 합니다. 달단어는 잊어버렸습니다.

하나, 바다를 달단에서는 '모토리무쓰카^{もとりむつか}'라고 하는데 '무쓰카'는 물을 뜻합니다. 북경에서는 '다아스이^{だあすい}'라고 합니다.

하나, 달단에서는 눈은 '야사^{やさ}', 코는 '오호로^{おほろ}', 귀는 '시야^{しや}', 손은 '카우^{かう}', 배는 '토로^{とろ}', 다리는 '호로코^{ほろこ}'라고 하며 북경어는 잊어버렸습니다.

하나, 달단어는 무수히 기억하고 있으며 북경어는 약간 기억합니다. 이처럼 자세한 것은 말을 타고 방방곡곡 먼 길을 떠났을 때 동행한 사람들이 모두 달단인이었기 때문에 가는 도중 듣고 기억했습니다.

하나, 통역하는 사람을 양국 모두 '토쿠소우^{とくそう}'라고 불렀는데, 일본인 15명 중에 그때 나이 14, 15세가 되는 자가 한 명 있었습니다. 이 사람은 앞서 피살되었던 다케우치 도우에몬의 아들 다케우치 도조이며, 무가^{武家}에서 주인의 짚신을 들고 따라다니던 하인이었습니다. 청나라 사람과 말을 주고받으며 통역사 역할을 자유자재로 했기 때문에 이 사람을 관청 사람들 및 그 외의 사람들이 '아지키^{あちき} 토쿠소우'라고 불렀습니다. '아지키'는 사동^{使童}, '토쿠소우'는 통역사를 뜻합니다. 일본인

들이 관청에 갈 때 번소番所를 지나가는데 보초들이 새삼스럽게 또 저희들을 검문했으므로 다케우치를 앞장세워서 대왕님의 허가로 어디라도 들어갈 수 있다고 보초들에게 통역하게 했더니 즉시 해결되었습니다. 또 관청에 갈 때는 대왕님의 명령으로 왔다는 말을 그 나라 말로 다케우치가 딱 잘라 말했으므로, 대왕님의 허가라는 말을 듣고 정중하게 지나가게 해주었습니다. 그가 나이가 어려도 이처럼 말을 자유자재로 기억한 것은 하늘이 도우신 일이라고 생각할 정도였습니다.

이 젊은이는 일본어로 이야기하는 것도, 어떤 일을 기억하는 것도 잘하지 못해서 전혀 중요하게 여기지 않았습니다. 그런데 달단·청나라 사람들과 말을 주고받아 15명이 할 수 없었던 일을 혼자서 해결했습니다. 14명이 다함께 말하기를 이 짚신 들고 다니던 하인은 전생에 달단이나 청나라 사람이었는데 현생에 일본에서 환생한 것이 아닌지 의심스럽다며 서로 웃었습니다. 이 사람을 에도에서 소환하여 모든 사정을 상세히 물었으므로 아는 것을 모두 말씀드리자, 그 말을 들은 대로 전부 문서로 작성했습니다. 에치젠으로 돌아왔는데 다케우치를 불러서 일본어로 물어보면 정말이지 바보 천치라는 생각이 들지만, 달단·청나라 사람들과 만나면 이야기꽃을 피워서 신기하게 생각되었습니다.

위의 내용들은 달단에서 일본으로 돌아온 15명 중 구니타 헤이에몬, 우노 요사부로라고 하는 자를 절차를 생략하고 에치젠 지방에서 에도로 바로 불렀을 때에 여러 번 자세한 사정을 물어서 확인했더니 조목조목 설명한 것이 전술한 바와 같다.

쇼호正保 3년(1646) 병술丙戌 8월 13일

원문

越前国三国浦新保村竹内藤右衛門、同子藤蔵船二艘、幷国田兵右衛門
以上三艘に、五十八人乗くみて、松前へ商のため致出帆、海上にて大風
に逢ひ韃靼国へ吹附られ、同国都へ召寄られ、是より大明の北京へ被
送、夫より朝鮮の都へ送られ、宗対馬守殿御内古川伊右衛門殿へ被渡、
夫より対馬へ着申候、

右之国々にて覚書。

寛永二十一年申年四月朔日に、越前三国浦新保村を出、能登のへくら
の島に着、十五日程日和待仕、夫より佐渡へ着申候。二十日余、日和待
仕、五月十日に佐渡を出、其夜より大風に逢候て、十五六日目に、何方
とも不知所に着申候。人もなく山斗見へ申候間、小船をおろし、水をとり
に参り候。其所に十日斗逗留仕、山にて木を伐、船の底などのそこね道具
をこしらへ、日本へ可罷帰と存、船を出し候処に、風悪敷なり右の所より
五十里斗西の方へ着申候。

陸より一里ばかりの沖に懸り申候処、三尋斗有之小舟に、壱人宛六十
艘程参り、呼はり申候得共、互に詞不聞知候故、返答も不申候得ば、皆
陸地へ帰り申候て、又右の船三艘参り候。日本の者とも談合申候は、替
儀も有間敷候間、彼者共を舟に乗せ可申と談合にて、招寄乗り候へと仕
方を致し見せ候へば、三人乗申候、酒食を給ささせ候へ共給不申候、定
て気遣ひを仕候と存、我等も給候て見せ候得ば、夫を見候て給申候。夫
より名々の船に乗、人参三把持参候而、料理鍋を見候て、人参に取かへ

て帰申候。其時我等共申候は、此様なる物は沢山に有之候やと、仕かた
を致問候へば、此様成物はあの山に御座候と真似し見せ候。我等共談合
には、何方へ参るも商の為に候間、あの者共をたらし、人参の有所を教さ
せ、取に可参と談合申、彼者共に、米を取せ可申候間、有所を見せ申候
へと申ければ、合点仕、暁の鳥のうたひ候はゞ、是迄可参と鳥のなくまね
を致し帰候。夜明かたに彼者三人参候故、又食酒を給させ、同道し山へ
登り申候。三艘の船に十四人残し置候て四十四人は山へ参候。最前海上
にて大風に逢候とき、龍神へ祈禱の為刀脇差不残海中へ投入申候に付、
皆丸腰にてあがり申候。十町ばかりも参候へば、萱原の山にて候。個様の
処に人参あるまじきかと存候所に、方々にて人音聞へ候て、萱原さゞめき
候間不思議に存候処に、日本の者どもを取籠、弓にて射ころし申候。刀
脇差も無之故、立ち合戦候事も不成、方々逃散候ところを、かなたこなた
と、所々にて射殺し申候。其内十三人萱原に隠れ居申候を捕、手を括、
其儘置申候。その人五百斗可有之様に存候へ共、後に一所に集り候とき
は、千人斗も御座候。夫より日本の船へ参、船中の者共を殺し、道具を
皆々取申候。船の内にて二人助り申候。此中壱人は船頭国田兵右衛門、
壱人は竹内藤蔵草履取其年十四歳に候。国田兵右衛門船には、松明を投
込焼申候にて兵参り、走り廻り助申候。夫より弐人の物共召連、山にて
捕候者と巳上十五人一所に置、其後壱人づゞ村々え召連参候て畠草を取
せ候へ共、草をば残し作物を引捨候へば、其後は草を為取不申候、又は
草をよく取候者も御座候。

　其処より五日路程有之よしの所より、侍がましき人参り、我等共を見
申候て、何事やらん穿鑿がましき事を申候て帰り候。其後二十日程過候

て、最前参候十人の者共又参候て、其在所の者共の中を三人撰出し召連候。日本の者共も不残馬に乗、三十五日めに、大きに広所へ着申候。此所を後に承候へば、韃靼の都にて候。

其所の奉行と覚しき所へ召連参候。いか成者を召連参候と、不審立申様に見へ申候。其時彼の三人を召出し、種々せんさくの様子に見へ候へ共、何事を申やらん不聞分、又我等共に御尋の様子は、仕形を被成種々にまねして御見せ候。其様子大かた合点仕候。日本の者共盗に参候に付、殺し候と御申候まねにて御座候に付、我等共申候は、大風に吹流着申候、盗仕候儀はすこしも無之候と、是も種々まねをいたし見候へば、能合点申され、其通りにて可有之と、又仕形にて御見せ候。其時右の在所より召連参候者三人を引き出し、着物を脱せ、うつむきにねさせ、大竹のいかにも性の厚きを削て、其竹にて尻腰を数五十宛いかにも強くたゝき申候。尻さんざんに破、血出半死半生に成申候体に見へ申候。韃靼国の科人は罪の軽重に依て数を定め擲申候よしにて其後日本の者共に、殊外御懇に被成、着類を被下御馳走被仰付、韃靼の都に廿日余り罷在候。其後又奉行所へ御呼鞍置馬十五疋揃、十五人の者を乗せ、大名と覚しき人日本の者を二人三人宛請取召連、韃靼の都を出、大明の北京へ三十五日目に着候人も御座候。又は四十日斗に着候人も御座候。其時分は申の年の十月霜月の間にて御座候。韃靼の都に居申候間は、朝夕の食も賄人仰付られ、上下共に韃靼は粟の食にて御座候。米無御座候。

大明の北京にて奉行所へ被召寄、夫より家を御渡し候。内作事の義我等共望の如く可仰付被下候。人足三人御渡にて、日本の人壱人前一日に白米二三升宛、ぶた一人に付秤目一斤、麦粉そば粉、茶酒、しろき大きな鳥二羽、此鳥は日本にて鵝と申候由に候。薪は焼次第、肴野菜味噌塩米一日宛御渡被成候、着類絹市夜着蒲団木綿帽子肌袴足の装束迄も被下候。

少し気分悪敷候へば医師を御掛候。日本人は奇麗ずき成由にて切々行水を仕候。又毎度奉行衆の奥方などへ御呼候て日本の謡・小歌等を御聞その上にて色々御馳走下され候。(内藤本、古老本、帝図本乙)

明る酉の年五月。我等共談合仕候は、何程御馳走に被成候ても、日本へ帰度候間、たとへ被殺候共、日本へ参度よし訴訟可仕と存立、五月五日大明の礼日にて御座候を心掛、奉行所へ訴訟申候へば、日本へ御帰可被成よしを被仰聞候。其時分は詞も大かた聞知申候。我等共申候事も御聞しられ右の通に致満足候。同年霜月迄待申候所に、同五日に被召出、羊の皮の着物、並下着肌袴帽子踏皮沓皆々被下候て、同十日頃に日本へ御帰し可被成と御申候。其如く十日めに羊の肴二十疋、酒肴沢山に被下、同十一日に馬十五疋率せ、侍と覚しき人迎に参候。十五人を馬に乗せ、奉行所に召連参候。五つ爪の龍の紋付たる大旗二本、白小旗八本赤き小旗は四本、笠鉾三本棒十二本諸事唐の馳走札為持人百人斗添、朝鮮国の境迄送り被成候。賄は所々にて御座候。総じて珍敷がり、所々より見物に出申候。人多見へ申候。朝鮮の境迄は十二月九日参着申候。

夫より朝鮮の者共請取二百人斗、扨又大明より送り人の中十人差添て、朝鮮の都へ着申候。同二十八日に御座候。

中に我等ともへのあてがひ偖々いたいけに能付添申候。(内藤本、古老本、帝図本乙)

朝鮮にての御馳走いろいろ様々にて、難申述候。夜は夜着蒲団紬の着物帯一筋づゝ、枕木綿あはせ木綿三反宛、墨三挺・筆五本・紙五貼づゝ被下候。其年は朝せんにて年をとり申候。明くる戌年正月七日に都を出候而、十日路ほど参候へば、シンサツと申処にて、大名御振廻被下候。

大名の御館へ被召呼、日本の音曲を望まれ申候故、国田兵右衛門・宇野与三郎謡などうたひ申候、又十五人の内に一人は最前江戸者にて小歌などをうたひ候故うたひ申候へば唐人衆感涙を流し面白がり申候。惣じて韃靼に罷在候時より謡杯方々にてうたひ申候、唐人の歌音ふとく能無く御座候。紙五貼づゝ菓子一袋・練薬一包(内藤本、古老本、帝図本乙)

たばこ五斤づゝ被下候、其所を出、同二十八日にたうねんき(東莱)と申処に着申候。其所の地頭も大名にて、御振廻被下候、紙二貼づゝ串柿十五連米五俵干鱈二百枚酒肴味噌塩被下候。夫より宗対馬守殿御侍衆、古川尹右衛門殿に掛御目候に付、其嬉しさ身も世もあられ不申候。韃靼大明の物語を御聞候て、対馬守御家老衆へ御状被差添候、古川伊右衛門殿より酒樽壱駄椎茸一斗烏賊百枚紙十五束こんぺいとう十斤きせる二十本たばこ十斤いれ箱被下候。

三月十七日に対州鰐の浦へ着申候。同二十二日府中に着、対馬守殿より御賄ひ被仰付、種々御馳走無申斗候。木綿袷十五、下帯十五、筋帷子十五被下候。六月二日に対馬を出、同十六日に大阪へ着岸仕候。

一、朝鮮の都にて御振廻被下候次第。膳の大さ三尺に五六尺ほどの膳を一人の前に二膳づゝすへ申候。一善には肴の類色々高盛にして、作花を立、生鱒其外魚類鳥共は丸ながら居申候、其外牛羊魚貝類数々高盛にして、一善に六七十色も御座可有候。又一善には餅饅頭其外茶の子の類。結構に積並置候。是も六七十いろも可有御座候。此二膳を居候て後、酒を出し、数篇盛返し酒納候て膳を引申候。其跡へ又膳を出し申候。是は食汁膳にて三尺四方程にて候。魚鳥の料理色々御座候。汁五つ菜の数は二膳に五六十も可有之と存候。都にて如此御振廻被下候。都を出大名衆の御振舞も大かた同事にて候。尤軽重も御座候。其外馳走の次第、人々殊外馳走いたし、其ふり懇実に見へ申候。

一、韃靼へ参候時、始は詞を聞知候事成不申候、しかたまねをして雙方互に合点仕候へ共、委は聞合難く候。後は次第に聞馴して詞を聞覚へ、日本人申事をも聞知申候ゆへ、自由に合点仕候。去ながら韃靼の詞を申事は成不申候。然れ共、後には大かた詞もつかひ申候。物の名も差合の詞も大かた覚申候。国田兵右衛門宇野与三郎両人に、韃靼北京共に詞を申させ聞候へば、大かた自由に成候間、書付申度候へ共、すみ濁り詞の品書分難申候間、物の名斗此奥に書付候。

一、韃靼国は従越前国乾方に当り申候と存知候。

一、韃靼にて日本の者共被殺処より、同都迄三十五日路の間に、田は一切無御座候。粟稗其外雑穀は、日本の如くにて候。山路斗にて其内に深山も有之候。大木共大かた日本に有之木にて、但松は五葉にて候。又日本にて見不申木も御座候。深山の外はよし原野山にて候。山の間に広き所も御座候。右の所より五日路程出候間は、道も慥に無之候。萱原を分て通り候所斗にて候。道筋に宿も無之候ゆへ、大かたは山に泊り申候。食物は馬に付候て、泊り泊りにて賄仕候。人数何程多候ても、上下共に馬に乗り申候。都へ着候三日路程前方より、道筋の脇も百姓の家御座候。

一、人の体日本人よりは大に候。上下共に頭をそり、てつぺんに一寸四方程頂の毛を残し長くして三つに組置候、上髭は其まゝ置、下髭は剃申候。大名小名下々百姓までも其通にて候。

一、女の形は頭の毛を真中より両方へ二つに分、後前へ引廻し鉢巻の様に仕候て居申候。

一、上下共に頭にかぶり候物、冬は頭巾を丸く縁を取かぶり申候。大明は純子と毛皮に而縁を取かぶり申候、鼠色にて候。此皮高直成よしにて候。てへんに色々房を付申候、下々の頭巾は形は同事にても、てへんに房も付不申候。へりは狐の皮羊の皮、其外毛ある皮類にて仕候。夏は上下共に笠をかぶり申候。此笠も頭巾の大さ、形も頭巾の如く仕候。上下によりて結構の様子はかはり申候、次頭巾日本に持参候て見せ申候。着物の様子は大名小名下々迄、身上次第に結構の義はかはり候へ共、着服の形は同事にて候。是も日本へ持参申候故、皆見られ候、袖はいかにも細く、手の甲迄懸り候程長く候、脇より裾ひろがりにて候。

一、韃靼の都は、日本道二里四方ほど御座候。其中に王の御座候処、日本にての城の様子にて候。但日本の御城より麁末に御座候。角々に櫓など御座候。二里四方程の内に、屋形作り町屋ひしと造り並候。大形は日本にて堂寺などのごとく、如何にも大きく造り、丸柱にて、瓦は薬を懸候て、五色に光り申候。又常の瓦も御座候。町屋家も日本のごとく作り、不残瓦葺にて候。併結構なる様子は御座無く候。大に丈夫には見へ申候。板敷は無之皆切石にて候。

一、韃靼総王。御名はチャウテンと申候。御年八歳のよし。我等共北京に居申候時承申候。此王北京へ引越不断御座被成候。

一、臣下衆の事キウアンス、ハトロアンス、シイアンス、ホウセンス、古の衆の名覚申候。此外歴々御座候よし申候、仕置等は万事八人にて被

仰付候由に候。右のキウアンスは王の叔父にて御座候。年三十四五に見
へ申候。細く痩たる人には御座候。此人第一の臣下にて、上下共におそ
るゝ事歴々の衆も、直々物申事成不申候由に御座候。町の御通りの節見
申候。町人其人其外も頭を地につけ罷在候。日本の者共は不便に思召候
由にて御前ちかく度々被召出、御懇に被仰候。

　ハトロアンスと申はキウアンスの兄にて、是も王の叔父にて候。荒き人
にて分別もあらく候ゆえ、御仕置等の事には御構無之よしに候。年五十斗
に見へ申候。いも顔にて、ふとく逞敷眼さし恐敷見へ申候。大剛の人に
て、合戦の時も、城を破候にもおもひかけ候へば、不勝といふ事なきよし
申候。大明と韃靼と合戦の時、度々の手柄も有之、内城を攻申され候
時、城中より降参可仕と申候に付、王より御赦免可在之と被仰付候得ど
も、ハトロアンス合点不申、数多殺し申候。此科にて知行の内、何ほどや
らん被召上候と申候。国の作法にて、如何にも律儀に正直候故、如此の
義にても述懐無之由に候。

　一、シイアンス。是はキウアンス弟にて御座候。

　年三十歳に御成候が殊外学者にて御座候由申候。その外ダゝスイ、オ
ウゼヒクワ杯と申す人も歴々にて軍功致され候衆とうけたまはり申候。（内
藤本、古老本、帝図本乙）

　一、キウアンス鷹狩に御出候を、一度見申候大鷹千宛据出候由申候。
我等共見申候処、鷹の数は存不申候得共、誠に千据も可有之哉と存候程
多く見へ候。御供の衆も猶以て多く御座候。是は北京にて見申候。

　一、アントデイと申、大名の御方へ召呼れ候時、馬を御責め候を見申
候に、前後自由なる事、中々難申尽候弓稽古、馬上にて自由自在にて

候。的廿間程まではづれ候こと稀に御座候。其矢を馬の上にて取り申候、惣じて弓馬の上手なる所にて欠物杯仕候へば殊更面白く御座候。(内藤本、古老本、帝図本乙)

一、御法度万事の作法、ことの外明に正しく見へ申候、上下共に慈悲深く、正直にて候。偽申事一切無御座候。金銀取ちらし置候ても盗取様子無之候。如何にも慇懃に御座候。但日本人の人を殺候処は、遠国故御法度も聞請不申候。御穿鑿之様子、左様に相見へ、殊外御立腹の体に相見へ申候。

一、韃靼にても大明の北京にても、評定場七ヵ所に評定有之、一所一所の奉行数定り候。何にても一色穿鑿在之事は、七所の評定所一所づゝ聞候よし。面々分別次第、理非を七処にて書付八人のわんす衆へ一度に奉行所へ持参申候。其時七ツの書付わんす衆披見して、奉行人の依古晶屓、遂穿鑿、申し様の悪敷奉行人には、過錢を掛被申候。

是も度々不埒に御座候へば役上り軽重に依り色々御科に仰付られ候。(内藤本、古老本、帝図本乙)

はんす衆、吟味の上にて、死罪の者在之候時は、王へ被申上候。其時御門天道へ御鬮取候て死罪に仕間敷との御鬮おり候へば、重科の者にても御赦免被成候。死罪の外は流罪は無之、扨は割竹の杖にて数を定たゝき申候。

但不忠不考の科は重く仰付られ候。(内藤本、古老本、帝図本乙)

大かたの儀にて人を殺候事は無之候。わんすと申は、王の御名代に仕置法度被仰付人を申候。

一、小科の者有之時、最前一度の科は御免候。人の身の上には、あやまちにて科仕候事在候物候とて、御赦免或は杖て数少くたゝき申候。二度に及び科仕候者は、其軽重により、御法度の如く被仰付候。

一、他国より参り有附にて居申候者は、科仕候ても、三年の間は御赦免被成、其所の作法不案内故の義にて候。三年過候て罪科有之候ときは、法度のごとくに被仰付候。

一、上下共に刀はさし不申候。一尺五六寸或は二尺斗程の大脇差の様成物をさげ、鞘の様に仕候て腰にさげ申候。拵様は太刀鮫鞘にて候。漆にて結構に塗候事は不仕候。鞘の形先細に仕小尻を張申候。鍔も懸申候、此脇差にては木竹もきり申候。

一、大名衆他行の時は、印の旗飾為持候。鎗、長刀等は為持不申。

一、武具は、弓第一と見へ申候。弓の長ヶ四尺斗御座候。唐の弓とて日本へ渡候其弓の形にて御座候。毎日弓稽古、馬上にても自由自在に射申候。的をも射申候。拾間廿間程にてはつれ矢は稀に御座候。馬上にて射候時、馬を駆させ、前後左右自由に射申候。其矢を馬上より走りながら取申候、見物致候得ば、種々さまざま射法射曲在之候て、おもしろき事に御座候。

一、具足は日本のさね帷子の如く、鉄をさねにこしらへ、透間もよく縫ひ附申候て着用申候。

一、馬自由自在成事、中中可申様も無御座候、日本より参候者どもに、馬に乗候事は下手にて候へども、馬自由にて候ゆへ、心安く乗申候。手に持候鞭を見せ候へば、一文字に駆出し、鞍の内いかにも平にて、留たく存候節は、手綱をゆるめ候へば、其儘留まり申候。脇へきれ候事も無候、何ほどかけ廻候ても息仕候事も無之候よし申候。如此馬自由に候ゆへやらん、韃靼人、馬にて山坂岨道、自由にかけ廻し、朝より晩迄強く乗候時は、草も水も飼ひ不申候由に候、夜馬を休候時は、粟稗のからを飼申候。大豆を飼には、粟からをこまかに切り候て、大豆に交飼申候。米なく候ゆへ、糠も無之候。馬のきんを抜、鼻をさき割申候。荷鞍は決て無之候。乗鞍に荷物を付申候。

一、軍法の事。先代よりの御書附有之義と申候、武頭仕候人、其外小頭迄は、軍法の事を書附置、為読御覧被成候。読こと滞る人には過銭を出させ、其上心掛薄く候と、御戒のよしに候。能く読覚軍勢に常に為申聞候へとの御仕置と申候。上下共に軍法を不断に覚候て、可罷在筈のよし申候。戦場にて討死仕候者には、領地其外男女に不構正直に被下候。手柄を仕候忠功の人には縦討死仕候共、加増を被下候。手を負候者には為養生金銀を被下候。忠勤の軽重に随て、加恩被下候。臆病仕候て、にげ候者には、其身罪科に被仰付、妻子をば闕所被成候て、召仕ものに被仰付候。如此の御法度きびしく候に付、嗜候事下々迄其通りのよし申候。斯様の儀、我等共存候事にてはなく候へ共、韃靼参候時分は、大明と合戦以後の事にて候ゆへ、韃靼の人すこしは為申聞候間、猶くわしく聞申候。

譬へ敵にても大将可為人の頭杯は晒し申候事杯無之候由申候。それも心々にて御座候由韃靼の仕置は此の通りに候。(内藤本、古老本、帝図本乙)

右の書付の如く、始て参候時は、何事も不存候へ共、二年罷在ゆへ、後には言葉も聞知申候故、何事を尋候義も成申候。

一、主と下人との作法親と子との如くに見へ申候。召仕候者をいたはり候事、子のごとくに仕候。又主をおもひ候事、親のごとくに仕候ゆへ、上下共に親しく見へ申候。大名衆の義は不存候、拾人廿人程召仕候人、又は其以下は此通りの様子に見へ申候。下人何ほど召仕候共、のこらず女房を為持、夫婦共に扶持仕候。

一、韃靼の人は、大身小身老若共に、寒事にすこしも痛不申候、着類は肌着と申て、一つ定りて着申候、其上に薄く綿入候もの壱、上着は毛皮の着物毛の方を裏にして、表には紗綾純子襦珍其外何にても結構に仕候。大名はとんびの皮と申を着申候。毛の色鼠色にて、殊外和らかにむくむくと仕候、是は着物壱つにて、銀弐参貫目ほど入申候よしに候、大かたの衆は、羊の毛皮着申候、上下共に毛皮の着物は、上着に仕候。下には表を木綿にても仕候。羽織も右のごとく毛皮にて仕、表何にても仕候、袖なし羽織にて候、日本の者共に被下候品、着申候に殊外暖く御座候、日本の着物袖広に候を着候ては、格別に寒く覚申候。

一、料理の仕様、魚鳥羊牛ぶた其多獣を、水にて煮申候。醤塩さし汁に仕候。さいには水煮仕候て醤油を付て喰申候、味噌にて煮申候事も候得ども、味噌の味ひ日本のと違ひ申候故、口にあひ不申候。酒はせうちうにて御座候。韃靼にては粟にて作り申候、大明の北京にては、米にても粟にても作り申候。

一、飯喰候時は、足の付候台の膳に、鉢に食を入、汁斎も鉢に入、二三人宛相合にて喰ひ申候。さじと箸と人数ほど置被申候、大かたの衆は此通にて候、大名衆の義は見不申候。

一、夏あつき事。韃靼北京両所同時にて候、日本の夏と相替り不申候。冬は日本の一倍も寒く候故、韃靼は雪降申候。北京は寒じ申斗にて、雪は少し降り申候。

一、御奉行衆、日本の者共に、まねと言葉にては御申候は、日本人は義理もかたく武辺も強く、慈悲も有之よし伝聞候。韃靼国も似候よしに被仰候。夫ゆへ日本人を御馳走被成との御申様にて候。

一、韃靼の都より海辺へは、三日四日路有之候よし。生肴一切無之候。

一、荷物を付候事、ろとうと申馬につけ申候。韃靼にては、此馬をともとゝ申候、鞍は置不申候。背中に物を布せ、筋のこうの脇より縄をかけ、下腹へ廻しからくり候て、荷物を積み、牽せ候よし申候。但し是は見不申候。象はいか程も見へ申候。一、韃靼の都より、大明の北京迄、道平に御座候。山有之所も御座候。道の幅七八間十間斗宛在之、結構に作り置候。道中の宿、日本の如く結構には無之候得共、大方よく候。三十五六日路の間、海辺を通り候事、一日路程御座候。小川共は、御座候得共、船渡し程の川は無御座候。北京より前方に、とぐちよと申処に、幅弐町程の川有之、船橋を懸け申候。道筋の脇に、大明の居城いかほども御座候。日本の者共、北京へ参時分、韃靼より引越候男女、三十五六日路の間、引も切不申候。

一、韃靼と大明との国境に、石垣を築申候。万里在候よし申候、高さは拾二三間ほどに見へ申候。但石にては築不申候。瓦の様成物、厚さ三寸四寸にして重ね、しつくひ詰に仕候。堅く滑に候事焼物にくすりを懸け置候ごとくにて候。事の外古く見へ申候得ども、すこしもそこね不申候。道通の所は、此石垣を丸くくりぬき、其上に門矢倉立申候。此丸く候処も薬を懸け候ごとくに爪もかゝり不申候。

一、大明北京の王城は、日本道六里四方も御座候。北京の人申候は大明の道積りにて申候。総廻りは国境に築申候石垣の如くにて候。我等共

北京へ参候時と、朝鮮へ参り候時と王城の両方を通申候。何方も此通り
のよし申候。口には石垣丸くくり坂、上に門矢倉を立、総廻りに石火矢
を仕掛け申候処御座候。六里四方の真中に、二十四町四方程に堀をほり
廻り、其中に御殿の数こと外多く見へ申候。瓦は五色にて薬をかけ、光
かゞやき、四方に門四口御座候。口々我等共見物仕候。大手の御門に
は、大成石橋五つ並て置申候。橋柱のゆきげた踏板らんかん、いづれも石
にて、欄干には龍を彫付申候、橋を並て五つ掛候事、何のためにて候と尋
候へば、正月其外御礼日の時橋一つ二つにては、人込合候て不成候よし
申候。其中一つの橋は、大王御幸のとき御渡り候橋にて候と申候。残り
三方の御門には、石橋三つ宛懸け申候。六里四方の中に、屋形作り、町
家、透間もなく御座候。日本にて大なる堂寺の如くに、丸柱にて作り、瓦
は五色にて、細かに結構なる事御座なく候、いかにも丈夫に仕候、板敷無
御座候。切石を敷申候、屋敷廻りは、日本の長屋の如くに仕候所も御座
候、但五六間ばかり程も見へ申候間、殊の外大に候。長屋の外は漆喰詰
の石垣にて候。町屋も不残瓦茸にて候、物商売の所は、日本の借店の如
くに仕、家主は引込居り申候、又左様に無之処も御座候、商物共万沢山
に御座候、富貴結構に見申候事、韃靼の都とは殊の外違ひ申候。

一、北京より海辺へは、又六日路も有之よし申候。夫ゆへ生肴一切無
之候。鮒鯉其外川魚の類は御座候。

一、北京人の心は、韃靼人とは違ひ、盗人も御座候、偽も申候、慈悲
も無之かと見へ申候。去ながら、唯今は韃靼の王、北京へ御入座候に
付、韃靼人も多く居申候、御法度万事韃靼の如くに仰付候て人の心は能
成候はんと韃靼人申候。

一、大明の北京・南京共に、手に入られ候処の人共、韃靼人の如く頭を剃すこし毛を残し申候。

一、大明は、米沢山に御座候。白米にて売買仕候。我等共居申候間は、銀一匁に、白米一升づゝ仕候。近年乱国ゆへ高値にて候由申聞候。

一、文字は韃靼国大明国同事に通し候由。

一、北京より南京迄の道、急ぎ候へば三十日にて参り候よし申候。此間に大川有よしに候。南京も韃靼国へ切取申候、討手の軍勢北京へ罷帰候。但し一頭は南京に残り候よし申候。其後南京の人共、北京へ礼に参候を、我等共愷に見申候。南京の人も皆々頭を剃、韃人の如くに仕候而参候。韃靼国の大王は、明王の由申触候。慈悲深き人に見へ申候。

一、正月の祝、大かた日本に替不申候。門松も立申候。三ヶ日を能祝申候。其外は祝無之候。互に礼に参候。三筒日の間、王城へ御礼衆殊外多御座候。装束、大名は、日本にて狩衣の様なる物を上に着申候。其外は常の着物に新敷を着申候。

一、七月十四日十五日十六日三日の内、仏を祭申候。日本に少しも違ひ不申候。寺に木仏を立置候。一寺に大小一万も可有之様に見へ申候。大寺に余り、仮屋を立入置申候。其内画像も御座候前に香花種々の盛物御座候。七月外、仏事無御座候、水向候所、施餓鬼の様子、日本に替り不申候。

一、八月十五日は祝申候。何の祝にて候やと尋候得ば、星を祭候とまねと言葉にて申候。九月三月の祝は無御座候。五月五日は祝にて、礼日にて候。下々迄も、総て誕生日をいはひ申候。

一、寒は四十五日に定り申候。霜月中より寒にいり、四十五日に寒明申候。

一、韃靼にも大明にも、寺々多御座候。何れの寺にも、仏前に経を積置候事夥敷候。仏を信じ念仏を唱へ申候。

南無阿弥陀仏と申候。(内藤本、古老本、帝図本乙)

一、遊山見物の事、定舞台を構へ、何事やらん仕候へ共合点不参候、ほうか猿引なども御座候。

一、大名は長柄の輿に乗り申候。

一、北京より、朝せんの境目迄、道能御座候。此間に幅二三町程の川あり、氷の上を人馬共に渡り申候。夏は船にて越候由申候。其外小川共は、沢山に御座候。国境より朝せん都迄の間に、大川三ッ有之、是も氷の上を通申候。朝せん国の内は、大かた山路にて、広く打開たる所甚稀に候。

韃靼国にて十の数の事

一(アモ)、二(ヂョウ)、三(アテ)、四(トイ)、五(スチヤ)、六(ニウコ)、七(ナダ)、八(チャゴ)、九(ウヨ)、十(チョエ)

北京にて十の数の事

一(イツコ)、二(ランコ)、三(サンコ)、四(シイコ)、五(ウツコ)、六(リツコ)、七(チイコ)、八(ハツコ)、九(キウコ)、十(シウコ)

同国にて又

一(イツ)、二(チイ)、三(サン)、四(シイ)、五(コ)、六(リウ)、七(シツ)、八(ハツ)、九(キウ)、十(ジュウ)

一、韃靼にて食はほたと申候。喰といふ言ばは、せぶと申候。北京にて食をはんなと申候。喰といふ詞をちいと申候。其故にめしをたべと由事を、ちいはんなと申候。一、汁をだつたんにては、しゆしかと申候。北京にてはたんと呼申候。

一、さいの類、韃靼にてはやれと申候。

一、箸を北京にては、はいずと申候。

一、椀家具の類、韃靼にてはもろと申候。北京にてはおはんと呼申候。

一、餅は韃靼にても、北京にてもほくと申候。

一、酒は韃たんにてあつけと申候。

一、味噌は韃たんにても、北京にてもみしよと申候。

一、豆腐はだつたん、北京共にたうふと申候。

一、胡椒は韃靼、北京共にふうてふと申候。

一、からしは右両国共にけいもと申候。

一、なは、ばさいと申候。

一、韮をば、きうさいと申候。

一、馬は韃靼にてもうれと申候。北京にてはまあと申候。馬に乗れといふ事、韃靼にてはもうれやろと申候。同馬を駆させ候事は、ほぐせと申候。北京にて詞覚不申候。

一、轡を、韃靼にては、たとろと申候、北京にての詞覚不申候。

一、牛を韃靼にてはゐはと申候。北京の名覚不申候。

一、鶏を韃靼にては、てうこと申候。北京にてはきいと申候。

一、犬をだつたんにてはいんたほうと申候。北京にてはこうと申候。

一、鷹は韃靼にては、きやほうと申候。北京にてはいんと申候。

一、男を韃靼にては、にやあまと申候、女をはらせと申候。小娘杯はさるはせと申候。北京にては男をはんさ、女をろうほうと申候。

一、大名を韃靼にてはあばぞと申候。北京たあしんと申候。

一、弓をだつたんにてはふりと申候。矢はによろと申候。弓を射候事は、がふたと申候。北京にては弓箭の事たづね問不申候。

一、きせるを、両国共にたはと申候。たばこは両国ともにたばこと申候。

一、火は韃靼にてはとあと申候。北京にてはほうと申候。

一、水は韃靼にてはむつかと申候。北京にてはすひと申候。

一、湯は韃靼にてははること申候。北京にてはやぐさいと申候。

一、寺の坊主衆の袈裟衣、日本にすこしも違ひ不申候。念仏をば南無おみとぶと唱申候。

朝鮮国にてはナムミトフイと申候。（衛藤本）

一、家は韃靼にてはほうと申候。北京にてははんすと申候。

一、川をばだつたんにてはへうと申候、北京にては名覚不申候。

一、船は両国共にちよあんと申候。

一、猿は韃靼にてはうばいと申候。

一、相撲を取事、韃靼にては、しやはなよと申候。両国共に相撲をすき申候て取申候。北京にてのすもふの名聞不申候。

一、振廻其外何にても、馳走に逢候とき、日本にて、いろいろ御馳走恭と礼申候詞を、韃靼にては、ばんねはと申候。北京にてはすくちよと申候。

一、同国にてさらばさらばと申し暇乞の事をくらりくらりと申候。北京詞失念仕候。（内藤本、古老本、帝図本乙）

一、城を韃靼にてはほつと申候。北京にてはじやうと申候。

一、貴人などへ御礼申上候事、韃靼にては、よつこうと申候。北京もろこと申候。一、韃靼北京ともに子ともの謳ひ申候謡・タントン、ニヨツカウ、グントンジヤ、ヤツチヨ、モツトリ、ズンゲンセ。是をみな人よくう

たひ申候。(内藤本、古老本、帝図本乙)

一、今日、明日、明後日を、韃国にては、今日をいのきと云、明日を
ちよりと云、明後日をちやうれと申候。北京にては、今日をきうるか、明
日をめあれか、明後日をうるかと申候。

一、両国共に、日をしゆんと申候、月はひやあと申候、日月の出るをば
どきとめと申候、月の入るをば、どつかめと申候。

一、朝の事、北京にてはそうし、昼の事しゆんほ、晩の事はんしやと申
候。韃靼の詞はわすれ申候。

一、海を韃靼にてはもとりむつかと申候、むつかは水の事に候。北京に
てはだあすいと申候。

一、韃靼にては、眼はやさ、鼻はおほろ、口はあんか、耳はしや、手は
かう、腹はとろ、足はほろこと申候、北京にての詞失念申候。

一、韃靼の詞は余多覚申候。北京の詞は少く覚申候。此子細は方々へ馬
に乗り、遠路被送候時同道人不残韃人にて候ゆへ、道すがら聞覚へ申候。

一、通使申者を、両国ともとくそうと申候、日本人十五人の内に、其時
分年十四五歳に相成候一人居申候、此者最前被殺候竹内藤蔵草履取にて
御座候。大明の人と詞をかはし候、通使仕候事自由自在にて候ゆへ、此者
を御奉行衆其外の人々、あちきとくそうとよばれ申候、あちきとはわらん
べの事にて候。とくそうとは、通詞の事にて候。日本の者共、御奉行所へ
参候時、番所を通候に、番衆改候時も、人々咎められ候得ば、此草り取を
先に立、番衆と通詞をさせ候得ば、即時に埒明申候。番衆咎候時、日本の
者共にて、大王様の御許にて何方をも通り候と申候。或は奉行所へ参候時
は、御諚にて参候と申候事を、彼国の詞にて右の通使断申候へば大王様の

御免と申を聞て、いかにも慇懃に仕通し申候、彼者若年には候へども、如
此詞を自由自在に覚る事、天道の御助かと存候程に御座候。

　此若輩者、日本の詞にて、ものを申候事、一切不調法に候て、物覚申
事も、成不申候処に、韃靼大明の人々と、詞をかわし、埒明申事、十五
人の者共、一身仕候ても、罷成候事にては無御座候。十四人の者共申候
は、此草り取は、前生韃靼大明の衆生にても候へ共、今生にては日本へ
生来るかと疑ひ申候て互に笑申候、此者を江戸へ召連参候て、万委事御
尋の義共を可申上ものをと存候、越前へ罷帰、追々よろづの詞聞届候
て、書付可申上候、但し此者を、召出され、日本の詞にて御尋被成候
はゞ、扨も扨もたわけ者と可被思召候、然共両国の人々と出会、物を申
候事は、花をちらし申候、不思議に被存候。

　右の趣者、韃靼国より帰朝仕候十五人の内に、国田兵右衛門、宇野与
三郎と申者、越前より江戸へ指越候時、数多委細に相尋申、口上の段々
如件、

　正保三年戌八月十三日

제4부

베트남

장등계張登桂, 『일본견문록日本見聞錄』

장등계張登桂, 『일본견문록日本見聞錄』

김보배

해제

『일본견문록』은 1815년 베트남의 가정성嘉定城, Gia Dinh 병사 5명이 수
도로 이동하던 중 태풍을 만나 표류하게 되면서 일본에 표착했다가 돌
아오는 여정의 견문을 1828년에 장등계가 채록해 남긴 표해록이다. 번
역의 저본은 베트남의 고문서를 보관하는 베트남 한놈연구원漢喃研究員,
Viện nghiên cứu Hán Nôm에 소장되어 있다. 장등계는 응우옌왕조阮王朝, Nhà
Nguyễn의 정치인으로 왕조 초기 4명의 황제 재위기간[1] 동안 20년간 재상
을 맡을 정도로 뛰어난 정치가이다. 시인이자 역사가로서 학문적 성품
또한 뛰어나 응우옌 왕조 티에우 찌紹治, Thieu Tri(1807~1847) 황제의 스승

---

1 베트남 응우옌왕조의 초기 4대 황제. 자롱(Gia Long, 1762~1820), 민망(Minh Mang, 1820~
   1839), 띠에우 찌(Thieu Tri, 1841~1847), 뜨득(Tu Duc, 1847~1883). 왕위명은 재위기간에 사
   용한 칭호를 베트남어로 발음한 것을 기준으로 하였다.

이 되기도 하였다.

여정과 관련한 내용은 매우 소략하며, 송환 과정에 대해서는 언급하지 않았다. 이들이 일본에서 머물고 있을 동안 의식주를 비롯한 풍토와 생활상을 상세히 설명하고 있어 19세기 초 일본 민족지학을 연구할 수 있는 희귀하고 중요한 자료로 평가받는다. 머리 형세, 옷매무새, 신발 등 당시 일본인의 모습을 머릿속에서 손쉽게 상상할 수 있을 만큼 상세히 묘사하고 있다. 지형과 기후에 대한 설명을 비롯해 각종 생산물을 소개해 식생활과 식사 예절과 관련한 내용을 아우르고 있다. 주거와 관련해서는 건조建造 방식을 간단히 소개하고 있을 뿐만 아니라 행정구역에 따른 형태도 알 수 있게 서술하였다. 관찰 주체가 병사라는 관인官人의 특성에 맞게 군사와 행정과 관련된 다양한 제도를 소개하고 있어 당시 일본의 관제를 확인할 수 있다. 뿐만 아니라 무역 형태나 화폐 등을 소개하는 등 상업과 관련해서도 상당한 내용이 기재 된 것으로 보아, 당시 표류하였던 이들의 뛰어난 관찰력을 확인할 수 있다. 한편, 이 지역에 서양인 선교사들이 도래하였음을 알 수 있는 대목이 등장하는데, 이들로 인해 각종 혼란이 발생하였고 이를 막기 위한 유적이 있었다는 기록을 통해 당시 이 지역 사람들이 서양에 대한 부정적 시각이 있었음을 알 수 있다.

『일본견문록』

가륭嘉隆 14년[1] 4월일, 가정성嘉定城[2]의 병사戌卒 등유배鄧有杯[3]등 5인이 해대該隊[4]의 지휘 아래 나무뗏목으로 갈아타고 바다 동쪽을 건너 수도로 오는 이틀째 되던 밤에, 갑자기 바다에서 몹시 심한 바람을 만나 바다 밖으로 표류하였다.

5월 초7일. 한 모래섬에 표착하였다. 섬에는 우물이 있었는데 물이 달아 마실 만 하였고, 옆에는 꽃과 풀이 무리지어 피어 있었다. 잠시 머물렀다.

초8일. 청나라 사람 6명이 삼나무 널빤지로 만든 작은 배 두 척을 타고 오기에 바다로 나아가서 물었다. 그러나 언어가 서로 달라 전혀 이해할 수 없었다. 곧 배에 올라 떠나갔다.

초9일. 다시 와서 쌀밥을 주고 떠난 뒤 다시 돌아오지 않았다. (등)유배 등은 음식을 다 먹고는 새를 잡고 소라를 따서 허기를 채우려 하였으나 사방이 황망하여 오래 견딜 수 없었다.

6월 15일. 마침내 뜸대浮竹를 캐어 하나의 작은 뗏목으로 엮어 물길을 따라 바다로 나왔다. 배고플 때에는 뗏목 양쪽 옆에 붙은 작은 물고기를 채취하여 삶아서 음식으로 해먹었고, 목이 마르면 밤이슬을 마셨다. 병고病苦로 거의 스스로 지탱할 수 없었다.

---

1 1815년.
2 자딘성(Gia Dinh). 오늘날의 호치민(Hô Chi Minh) 지역 일대를 일컫는다. 베트남 응우옌왕조는 국토명칭을 북기(北圻) 중기(中圻), 남기(南圻), 북성(北成), 근기(近圻), 가정성 등의 이름으로 북부와 중부 그리고 남부를 구별하였다.
3 당 흐우 보이(Đặng Hữu Bôi).
4 카이라이(Cai đồ Lai).

8월 15일. 비로소 큰 섬에 도착하였다. 섬 안으로 들어가 언덕을 올랐다. 옆으로 돌아 사찰로 가니 죽을 주었다. 이때 완유보阮惟寶가 조금 글자를 안다는 것을 깨닫고 글자를 써서 이곳이 어디 지방에 속하는지를 물으니 섬사람이 일본국 근방이라고 답하였다. 3일 동안 머무르다 섬사람의 배를 타고 나와 하룻밤을 가서 한 섬에 도착하였는데 중군점中軍店이라고 하였다. 하루를 머물고, 다시 다른 섬으로 보내졌는데 칠마진七麻鎭이라 하였다. 20여 일을 머무르다 또다시 칠마진 땅에서 나와 다시 바다로 나아갔다.

11일 밤 성곽 하나 없이 넓은 공터에 사람들이 모여 있어 그들에게 물으니 이곳은 대관성大官城이라고 하였다. 중군점으로부터 대관성에 이르기까지의 길은 담천도譚穿島를 건너 구불구불 선회하였다. 출입하는 항구 및 나루가 있는 만灣에는 아랫부분에 많은 모래가 있었고, 윗부분은 대개 석괴石塊가 거듭 쌓여 있어 자못 다니기에 어려울 것을 깨달았다. 본디 (이곳에) 도달하고자 한다면 물길을 아는 자가 배를 인도해 언덕으로 도달할 수 있도록 하였으며, 비로소 모래가 있는 나루터에 정박할 수 있었다.

그 나라 사람은 크고 씩씩하며 건강하고 힘이 있다. 남자는 수염을 기르지 않고, 앞머리는 모두 깎고 오직 한 가닥만 남겨두었다. 정수리에서 뒷머리에 이르기까지 윗부분은 밀랍으로 칠하고 이마 앞쪽을 향하게 하였는데, 형상이 새의 부리와 같았다. 부인들은 머리가 길고 높게 상투를 틀어 꼭대기 위에 닿았다.

겉옷은 남자와 여자가 모두 동일하다. 옷은 매우 길고 양 소매는 트여 있으며 짧았다. 모두 꽃무늬가 있는 무명花布를 사용하였으며 여러 폭이 겹쳐 있다. 칼로 잘라 끊은 부분은 볼 수 없다. 빨래할 때에는 풀고, 빨래 후에 다시 폭을 합쳐 꿰매서 전과 같게 한다. 허리는 실과 같은 띠絲帶로 묶고 하체는 바지를 입고 속옷은 입지 않는다. 발에 신는 버선이 없는 신발도 있고, 그렇지 않은 신발도 있다. 신발이 있어도 버선을 만들어 발을 감싸고, 양쪽 엄지발가락 사이에 버선코韈頭를 두고 꿰매어 갈라지게 해 편하게 신발을 신고 다닐 수 있게 하였다. 짧은 끈을 정강이에 이어 매었는데, 신발은 대부분 황소 가죽을 이용하였고, 어떤 것은 짚으로 만들었다.

관리의 의복은 꽃무늬가 있는 비단花綵으로 되어 있다. 모두 동일한 모양인데 오직 허리띠腰帶 하나만 다르다. 관리용은 연보라색茄藍花色 또는 남색이었으며, 모두 꽃무늬로 각인하였고, 병사용은 순남색純藍色, 순흑색純黑色을 사용하여 구분하였다. 그들의 관직 명칭은 중군점에서는 소야구정小夜俱廷이라 하였고, 칠마진에서는 좌세언左世嫣이라 하였으며 대관성에서는 대야구정大雅俱廷이라 하였다. 병사는 야구정夜俱廷이라 하며, 부엌에서 일하는 하인은 힐顕이라고 한다.

관리하는 성管城, 상점管店, 관아官司는 모두 1년마다 다시 교체한다. 외부 행차 시 아내와 자식을 데리고 갈 수 없었다. 그들이 묵는 곳에는 관청公廳과 밭, 공원이 있고 모두 대나무 울타리竹笆로 둘러져 있다. 오직 대관大官이 묵는 곳에는 한 개의 둥근 모양을 지닌 요새城子가 있으니 언덕의 기세로 인해 시렁을 얹은 것이 높고 길다. 나머지 부분에는 목책馬木冊을 세웠고, 성문에는 성루가 하나도 없다. 형세 또한 지나치게 넓지는 않지만, 우리나라의 관청과 견줄 만합니다. 군대가 행진할 때에는 깃발旗, 북鼓과 징의 우렛소리 없이도 빛났다. 군사들의 무기는 길고 짧은 검을 함께 갖추어 사용한다. 창과 몽둥이와 같은 물건은 보지 못했다. 오직 관청 내에 조총鳥銃 1가架를 두었는데 한 다발이 20여 개였다. 옆에는 곧게 세워둔 파鈀[5] 한 자루柄가 있었고 벽에는 각궁角弓 여러 개가 매달려 있었다. 길이는 각각 5척이었으며 좌세언의 긴 지팡이行杖은 2기器가 있다. 모양은 파초芭蕉 송이과 같았으며, 칠흑색漆黑色으로 덧칠했다. 자루의 길이는 2척이었는데 모양 역시 군용이었다. 철은 가장 견고하고 날카로웠다. 칼과 검을 주조하였는데 칼의 날카로움은 비교할 것이 없다. 습속에 귀천이 없고 모두 긴 칼 차기佩劍를 좋아한다. 비록 8~9세의 아동일지라도 작은 칼이 허리에 매달려 있다.

무릇 거듭 존장尊長[6]을 뵐 때면 곁에는 칼이 놓여 있다. 존장이 명하면 한번 소리를 내고, 마치기를 청할 때에는 연달아 4~5번 소리를 낸다. 위급한 경보를 만나더라도 두려워하는 모습을 보지 못했다.

타는 말은 갈기와 털이 다듬어지지 않으면 대나무로 된 빗으로 다듬는다. 모든 말은 안장을 씌우지 않는다. 오직 주둥이에 쇠갈고리鐵鉤 하나가 있어 갈고리 꼭대기에 고삐를 맨다. 말 등을 덮은 두터운 요는 수령官長이 말을 탈 때에는 스스로 그 덮개를 지닌다. 말을 타는 것이 마치 소와 같은데, 내달리는 형상이 너무 빨라 보기 힘들다.

배를 제조하는 방식은 선미船尾를 높고 넓게 하였고 배 뒷부분의 키舳舵는 조금 짧게 했다. 뱃머리 앞에는 높게 솟구쳐 길이가 길고 뾰족하고 좁았다. 큰 것은 7~8개의 노, 작은 것은 3~4개의 노에 불과하였는데 항해 중에는 두루 노를 저어 바다를 건널 때에 자못 날렵했다. 관선官船

---

5   파(鈀)라는 농기구에서 발달된 무기로서 넓은 타격부와 긴 손잡이가 특징인 무기이다.
6   스승이나 아버지, 또는 나이가 많은 웃어른을 일컫는 말이다.

이 다닐 때에는 뱃머리 양쪽에 작은 통을 두었고, 위에는 가로지른 나무橫木를 설치하였다. 한 사람이 나뭇조각을 잡고 배를 움직이면서 소리를 내면 여러 사람이 응대하며 노를 어루만지고 호흡을 가지런히 하면서 말하길 "퇴라사라堆羅蛇羅"라 한다. 상선과 어선은 오직 2~3인이 노를 저으며 "타농咪哝"이라 말할 뿐이다.

군사 제도兵制는 둘로 나누어 반은 관청에 있으면서 공무를 행하였고, 반은 민간에 있으며 촌락에 흩어져 살았다. 한 해가 끝나면 차례로 돌아가면서 교대한다. 민간에 있는 자들은 관리구역 모두에 뒤섞여 있는 도둑이나, 싸우고 때리는 사람들을 모두 감금시킨다.

거처하는 가옥은 대개 판자로 지었는데, 사이에는 모시풀로 이은 것이 고르지 않고, 집의 기둥은 모두 바르다. 가게와 상점鋪店 또한 있었는데 2층으로 지었다. 그 제작 형태가 매우 수수하고 허름朴陋하여 조각雕刻에 공교함이 없었다. 중군점에서 칠마진에 이르기까지 백성이 거처하는 곳은 그다지 조밀하지 않았고, 오직 대신의 거처는 저자거리 가게가 이어져 번잡했는데, 장사치가 모여들어 자못 도회지라 칭할 수 있었다. 성안에 지어진 한 기와집에 청나라 상인이 거주하였는데, 밖에는 병사가 지키고 있었다.

그 나라에서 나이 든 기생이 와서 삼삼오오 무리를 이룬다. 복색이 화려하며 사람마다 각자 흰 우산白傘, 옷襦, 침구被褥을 온전히 갖추었는데 등에는 가방을 매어 안에 옷이 있다. 문을 지키는 병사가 수색하여 몰래 물건貨物을 취하는 것을 허락하지 않는다. 사람이 머리에 쓰는 수건纏頭 수 천개를 주면 그 병사들이 일일이 장부에 기록하였다. 가옥 안에는 삼중으로 쇠창살 창문鐵窓을 만들었다. 창의 내부는 위아래가 있고 모두 두꺼운 널빤지로 되어 있었다. 자물쇠鎖는 철로 만든 열쇠鐵鑰로 열어야 하는데 열쇠는 여주인大女柱에게 있었다.

절도한 자는, 경중을 막론하고 모두 가둬두고 출입을 허가하지 않는다. 음식을 나눠줄 때에는 지팡이 앞부분에 음식을 메달아 창 안으로 넣어 보낸다. 그러므로 그 나라 백성들은 모두 법을 어기는 것을 두려워하여 감히 사사로이 서로 다투거나 싸우며 때리는 자가 없었다. 옥사 크기 또한 죄인을 잡아가두기에 작다.

병을 치료하는 곳에서는 침 놓는 자, 뜸 뜨는 자, 진맥하는 자, 약 조제하는 자들이 각자 전문으로 하고 있으며, 서로 분산되지 않았다.

장사를 지낼 때는 관棺과 곽槨을 사용하지 않고, 한 개의 원통을 만들어서 죽은 사람을 그 안에 웅크려 앉히고 면으로 묶어 넘어지지 않도록 하고, 위에 평평한 널빤지를 사용하여 덮고 두 사람이 들고 갔다. 최복喪服,[7] 이복孝服[8]을 입은 자를 보지 못하였다.

그들은 추위를 막기 위해 구리화로를 만들었는데 모양이 마치 관수금면灌水金面과 같았다. 가로는 넉넉하고, 바닥에는 다리 세 개가 있다. 아래에 팔각목판을 세우고 못을 박았다. 편하게 옮길 수 있도록 가운데에 선반鐵架을 만들고 그 위에 숯을 태웠다. 위에는 찻주전자茶礶을 두고 서너 명이 앉아 담배를 피우고 차를 마시며 서로 즐거워한다.

목욕하는 나무통木桶을 만들었다. 높이는 삼척이 됨직하고 길이는 삼척이다. 재차 사용할 수 있는 대통모양의 철통鐵筒을 만들어 그 안에 가로로 두었다. 기다란 통을 가지런히 두고, 사방에서 물을 저장하였다.

---

7 아들이 부모, 조부모, 증조부모, 고조부모의 상중에 입는 상복을 일컫는다.
8 상중에 지켜야 할 제도나 상복을 입는 자의 예복(禮服)을 말한다.

통 안에 숯을 태워 물을 항상 뜨겁게 하고 사람이 그 안으로 들어가 목욕한다. 매우 추운 겨울날에는 날마다 3～4차례 하였다.

살림살이 그릇器皿은 대부분 자기를 사용한다. 사람마다 자신만의 소반을 가진다. 각기 외출할 때, 품 안의 주머니에 젓가락을 넣어 다니며 식사하고, 식사가 끝나면 하얀 종이로 젓가락을 닦아 다시 가슴 안에 넣었다. 웃어른尊長이 준 것이 있으면 양손으로 움켜쥐고 먹었는데 이는 공경하고 중하게 여기는 의미이다. 아침에 일어나면 항상 소식하고, 하루가 저물 때에는 함께 먹는다. 정월이나 단오와 여러 절기에 제사를 지내지 않고 모두 모여서 먹고 마시며 즐긴다.

무역할 때 사용하는 화폐錢文가 있고, 은銀은 사용하지 않는다. 화폐에는 '문화통보文化通寶'라는 네 글자 한자가 각인되어 있는데 글자체가 대개 뛰어나며 끊어지지 않고 이어져 있다. 붓과 종이도 사용하는데, 그 종이는 견고하고 두터우며, 깨끗하고 하얗다. 붓은 대부분 청나라에서 만든 것이다.

여러 나라에서 상업을 위해 오는 자들은 먼저 물건을 육지에 운반한다. 자리를 잡고 배열해 가격을 책정하고 중요한 구입품의 항목은 첩帖에 적는다. 서로 해당 국가 사람들과 거두어 쌓아두고 헤아린다. 돌아가는 날이 다다르면 첩 안의 항목과 산 물건을 대조하여 일일이 맞추어 돌려보낸다. 거듭 선박을 검사하고, 그 나라의 동전과 철화폐를 얻어 항구 밖으로 떠나보낸다. 청나라 사람들이 여러 번 무역하러 오는데 항상 8～9개 선박이 와서 대관성 나루터에 정박한다.

날씨는 매우 춥고 드물게 가물다. 9월에서 10월 사이에는 항상 비와 눈이 왔다. 5～6월에는 더운 기운이 있었지만 심하게 덥진 않다. 말을 기를 때에는 대부분 갈잎[9]과 엿을 섞어 평평하지 않게 한다. 말의 발 모두 벼와 풀을 엮어 속을 싼 후 움직이게 한다.

땅은 대부분 모래로 되어 있다. 밭을 갈아 비옥하게 하기 위해 층이 져서 고르지 않다. 곡식을 기르는 제도는 땅에 뿌리거나 심고 자라기를 기다린다. 항상 납월臘月[10]에 파종하고, 11월에 거두어들인다. 1년에는 2계절이 있다.

생산물은 대부분 황소를 통해 대부분 물건을 운반하거나 나를 때 사용하고, 사람이 탈 때에는 말을 이용한다. 그 법도는 새끼줄을 꼬아 말 머리에 걸고 양쪽 옆구리까지 이어지게 하고 쟁기를 이어맨다. 한 사람이 끌어당기고, 한 사람이 옆에서 도우며 간다. 닭, 돼지, 개, 고양이와 같은 동물은 모두 여송呂宋[11]과 동일하다. 다만 다른 한 가지는 사향뒤쥐香鼠인데, 크기가 작아 손으로 움켜쥐어도 가득차지 않는다. 선명한 모피鮮毛는 가늘고 윤기가 흐르며 회흑색灰黑色이고, 성질이 매우 온순하다. 사람들이 항상 가슴에 품고 다니니 그 향이 종일토록 날아가지 않는다.

먹을거리는 해초류海菜[12]가 가장 많다. 바다에서 모여 나는 것으로 그 잎이 긴데 사탕수수를 닮았고, 매우 두툼하다. 그 나라 사람들이 바다에 들어가 채취하여 햇빛에 말려 국을 만들어 먹는다. 혹 삶아서 젓갈로 담근다. 그 맛이 달고 시큼하여 맛이 좋다. 청나라의 상선商船이 많이 구입한다. 싣고 돌아가서 밭두둑에 심는다.

(밭의) 절반은 감자와 무로 우거져 한 무리를 이룬다. 무는 한 가지 종

---

9   칡이다.
10 음력 섣달을 일컫는다.
11 루손(Luzon)섬. 현 필리핀 최북단에 위치한 섬이다.
12 길이 1~2m 크기의 흙빛말무리에 딸린 바닷말. 황갈색 또는 검은 갈색을 띠는 미역과 식물이다.

류가 있는데 뿌리가 매우 크고 길이는 약 4~6촌寸이다. 잇닿은 뿌리에 잎이 달려 있는데 채취하여 말린다. 소금에 절여 채소절임을 만들기도 하고 혹 국을 끓이기도 하는데 맛 또한 좋다.

꽃이나 풀 또한 많이 볼 수 없다. 오직 하나의 무리지어 핀 기이한 꽃이 있는데 길이는 약 4척촌尺寸이며 대나무를 꽂아서 이를 지탱한다. 잎은 국화와 비슷하다. 3~4월 사이에 꽃이 크게 피는데 잔盞과 같다. 꽃잎이 심히 두텁다. 짙은 누른빛深黃色도 있고 짙은 다홍빛深紅色도 있으며, 하나의 줄기에 두 가지 색의 꽃이 핀 것도 있다. 심어놓은 곳에 뿌리는 겹쳐져서 5겹을 이루는데, 나누어서 마름질한다. 홍색과 황색이 서로 섞여 있는 것을 바라보니 비단과도 같다. 정원과 길에는 소나무가 많이 심어져 있다. 도로의 중앙은 돌을 쌓아 구분하였다.

민간에서는 승려를 좋아하여, 곳곳에 사찰과 도관道觀[13]이 많이 있다. 등유배등이 처음 도착하였을 때 또한 절 안에서 거주하였다. 그곳에는 네 가지 법도를 따른다.

그 나라該國 사람들이 처음에는 알아차리지 못하였는데, 청나라 상인과 왕래하며 문의하여 알게 된 후에야 비로소 그들의 자국민을 위한다는 것을 믿게 되어 더욱 공경을 가하였다. 일찍이 청나라 사람에게 질의하여 그들로 하여금 귀국시켜 주도록 하였다. 유독 기이하다 할 만한 것은 등유배등이 관원을 뵈러 들어갔을 때 성의 관리들이 대열해 있었고, 당 계단 아래에 덩어리 모양의 구리 그릇을 보았는데, 사람형상이 양각 되어 있다. 그 나라 사람들이 돌아보며 말하기를, "무릇 여러 나라

---

[13] 도교 사원, 도사(道士)가 수도 하는 곳이다.

사람들 중 처음 도착한 자는 모름지기 발로 저 구리그릇을 밟고 지나가야 합니다. 정직하고 죄가 없는 사람임을 인정하는 것으로 이에 대관大官을 알현할 수 있습니다" 하였는데 이것이 어떤 의미인지 이해할 수 없었다. 좌·우에서 모시는 신하 사이에 이르자 임금께서 시신에게 일러 말하기를 "일본국에 처음 서양인이 와서 그 나라의 종교를 전하며 대중을 부추기고 유혹하니 잠잠히 혼란이 생겨났다. 그 나라의 아우된 자가 탐지하고 대중에게 몰래 알렸다. 무릇 그 나라 사람은 모두 하얀색 꽃 모양의 천으로 만든 천막을 갖추고 다니는데 이렇지 않은 자는 역적으로 엮어 모두 죽였다. 하룻밤 사이에 그 무리를 모두 죽였으니 이처럼 서양을 미워함이 특별히 심하였다. 곳곳의 다리 기둥이나 도로 사이에 서양인 교주의 형상이 있어, 사람들에게로 하여금 이것을 밟게 하였다. 이로써 서양인이 발길을 끊고 감히 다시 오지 않았다" 하였다. 먼저 (등)유배가 본 것은 그 유적遺跡이었다. 명명明命 9년[14] 9월일, 신 장등계張登桂가 기록하여 그 나라에 덧붙인다. 역음譯音은 다음과 같다.[15]

算數

卒(一) 作(二) 樧(三) 啐(四) 捽(五)

□(六) 覺(七) 湟(八) 喇(九) 粗(十)

左世嫣(大官) 大雅俱廷(長官)

小雅俱廷(小官) 夜俱廷(兵卒) 頡(廚廝)

錯撒(□盜) 嚱嚱(唯唯) □俚(礻長□)

---

14 1828년.
15 이하 □ 표기는 해독이 어려운 한자를 표기해 둔 것이다.

扐撤(去) 矙(視) 螗(家)

依(梢知) 惡志(署) 且爲(寒)

暗迷雨(註) 希(火) 奔繩(僧)

薎(水) 闌□(相聞) 澤制姑(雄鷄)

泰呵嵜(牝鷄) □謝(猪) 蔴(馬)

蜒(狗) 泥姑(猫) 泥營(鼠)

䗖虫(蟾蜍) 倚無(魚) 費(蚊)

肺(蠅) 捷無□ 薎(冷水)

薎這蜎(湯水) 迷嗌(食飮) 迷嗌車(飮茶)

원문

嘉隆十四年四月日, 嘉定城戌卒鄧有杯等五人, 隷從該隊來 解遞木板筏, 越海東來京, 行二日夜, 遇海颶暴發, 漂流洋外.

五月初七日. 泊入一沙洲. 洲上有井, 水甘可飲, 旁有花卉叢生, 因棲止焉.

初八日. 有清國與六人來, 乘小杉板二艘, 從海中來, 問之. 但言語侏離, 殊不可曉, 卽上杉板去. 初九日. 複來, 給以米飯, 後去不複來. 有杯等食盡, 捕鳥採螺以充饑 四望濛茫, 料非長計.

六月十五日. 遂採浮竹, 結一小筏, 隨流而去. 饑辰採取附筏兩旁之小魚, 煮以爲食, 渴飲夜露, 病苦幾不能自持.

八月十五日, 始迫入壹島. 島中入扯, 將上岸, 扶歸寺中, 給以饘粥. 乃醒阮惟實頗識字. 因畫字, 問此屬何處地方, 島中人答是日本國地頭, 居三日, 島中人掉船相送, 經一日夜, 至壹島, 曰中軍店. 居一日, 復送至一島, 曰七麻鎭. 停住二十餘日, 又由七麻鎭起陸, 施復水行.

十一日夜, 無一所城郭, 高廠人民湊會, 問之, 是大官城, 自中軍店至大官城, 凡經過之路, 涉譚穿島, 屈曲紆廻, 其出入之港口津灣, 下多碓磧, 上皆石塊疊峙, 頗覺難行, 素得此中水道者, 船皆可達, 比到岵䢀, 始有沙津可迫之處. 其國人大率魁偉, 健彊有力. 男子不留鬚, 額前髮皆剃, 惟留一縷. 自頂至腦, 上用蠟塗之, 揚向額前, 狀如鳥喙. 婦人留髮而高髻, 至於巓上.

所著衣服, 男婦皆同, 衣身甚長, 兩袖濶而短, 俱用花布, 累幅湊成. 不見有刀剪斜截之處, 澣濯卸解去, 澣後, 再合幅縫之如舊. 腰束絲帶, 下體有袴而無褌, 足著韈以無靴. 有履而無鞋, 有履而其韈製布爲之, 韈頭於兩大指之間, 斜縫作岐, 而便受履而行. 短□及脛繫之以條, 其履多用黃牛皮, 或織以稻草.

官民衣服花綵. 均是一樣, 惟腰帶一條, 官用茄藍(花)色, 或藍色, 并印以花綵, 兵民用純藍純黑色以別之. 其官名, 在中軍店曰小夜俱廷, 在七麻鎭曰左世嫣, 在大官城曰大雅俱廷. 兵曰夜俱廷, 厨厮曰頡.

管城管店官司, 俱以一年更換, 行外辰并不得携將妻子, 所居公廳田園, 俱蔽以

竹笆, 惟大官莅所, 有一座圓樣城子, 亦囚崗阜之勢, 而加架之高丈, 餘上設馬木栅, 城門并無樓, 大勢亦不甚廷廣, 但比我國府□而已. 其行軍并無旗鼓, 鉦銃之色. 屬軍器, 俱用長短劍把, 却不見槍戟棍捧物, 惟公廳內置鳥鎗一架, 約二十餘個, 旁竪釘鈀一柄, 壁縣角弓數把, 長各五尺, 其隨左世嫣官行杖, 即有二器. 狀如芭蕉房, 加以漆黑色. 柄長二尺, 想亦軍用也, 其鐵最爲堅剛, 鑄造刀劍, 鋒利無比. 俗無貴賤, 皆好佩劍, 雖八九歲兒童. 亦有小劍縣腰.

凡三見尊長, 則唧劍於旁, 尊長命之, 則噉一聲, 請畢, 連噉四五聲. 縱遇警急, 未嘗見忙遞之狀.

所乘馬, 鬃毛不加修飾, 轉以竹箟梳之. 并不用鞍鐙. 唯吻間有一鐵鉤, 鉤頭繫韁. 馬背覆以厚褥, 官長騎之, 則自持其蓋. 若騎牛然, 并不見有馳驟狀.

船艘之制, 尾高而廣, 舳舵稍竪. 艣前聳長而尖狹. 大者不過七八櫓, 小者三四櫓. 辰常蕩槳港中, 及駛越洋面頗亦輕捷, 官船行則覆兩小桶於船頭, 上置橫木. 一人執木片擊之, 以爲聲節, 衆人應節, 撫櫓齊呼, 曰堆羅蛇羅. 商船及漁船, 則惟兩三人搖櫓, 呼曰哚哝而已.

兵制側分爲二, 一半在官, 應行公務, 一半在民, 散居村落, 歲終輪次更代,

其在民者, 凡鄉關一切昆匪竊發, 及鬪毆者, 則坐在該兵.

所居室屋, 蓋以板片, 間有茅葺不齊, 而屋柱皆方, 鋪店亦有構作二層者,

其制殊屬朴陋, 不有雕刻之巧, 自中軍店至七痲鎭, 民居不甚稠密, 惟大官所, 市廛纏繯. 商買湊湊集, 頗稱都會, 城中構一瓦屋以居淸商人, 外有兵丁守之.

該國媼妓來, 三五成群, 服色華麗, 人各持一白傘襦被褥悉具, 每出入辰, 從一個頭. 背一色栿, 內貯衣. 該守門兵盤索, 不許陰取貨物. 其遺贈纏頭數千, 該兵一一登記于帖, 屋內作三重幷有鐵窓. 窓內上下, 皆列以厚板, 縫處鎖以鐵鑰, 鑰大女柱.

凡犯盜竊者, 不論輕重, 皆內之, 幷不許出入, 遇飮食辰. 以物繫杖頭從窗眼處餽之, 故其民皆畏犯法, 無敢私相鬪毆者, 獄間亦小囚繫.

治病之家, 針灸切調藥者, 各有專業, 幷不相離.

喪葬不用棺槨, 惟造一圓桶, 令沒者蹲坐于其內, 寔之以綿縟, 使不僵仆, 上用平板蓋之, 兩人擡以行. 幷不見披衰掛孝者.

其禦寒, 製一銅鑪, 狀如灌水金面, 橫尺餘, 底有三足, 下設八角木板釘之. 以便移, 轉盆心作一鐵架, 燃炭於其上. 上置茶礶, 三四人圍坐吸煙飮茶, 相對爲藥.

沐浴造一木桶. 高三尺餘, 徑三尺. 再用鐵筩, 橫挿其中. 長桶齊, 四旁貯水. 燃炭於鐵筩內, 使水常溫, 人入其中, 任其洗浴, 隆冬之候, 日常三四次.

器皿多用磁器. 每人食自爲一盤. 各出懷中夾袋取箸而食. 食訖, 以白紙拭之, 再納于懷. 其尊長有賜 則兩手掬而啗之, 是爲敬重. 朝起常食素, 日中及黃昏, 如茹葷. 臘月端午諸節, 幷不見祭, 及會飮行樂.

所用貿易, 有錢文, 無銀用. 其錢文刻文化通寶四華字, 而該國字體, 則類高綿, 亦有筆紙, 其紙堅厚淨白. 其筆類淸國所製.

凡諸國船來商者, 先運貨項登陸. 基編發兌之價. 及要買諸貨項于帖內. 交該國人收貯料理. 至返柁日, 照帖內貨項與所買貨. 一一給還. 再搜檢船內, 不許該國錢銅鐵錢文得所訢送出港. 清人數來貿易, 常有八九艘, 泊在大官城津次.

其天氣則極寒而小旱. 九月十月間, 常有雨雪. 五六月, 暑氣亦不甚薰熱.

養馬多以葛葉伴糖之鍛之. 馬足皆編稻草包裹以行.

地多砂磧. 田畝肥曉不等. 藝粟之法, 播秧於地, 以待其成. 常以臘月播粟, 十一月收成, 一年凡二候.

所産多黃牛, 凡搬運馱載皆用之, 而乘則用馬, 其法綴繩於馬頭, 連及胸脅兩旁, 繫犁犁其後. 一人牽之, 一人扶以行, 鷄豚猫犬之類, 皆與呂宋相同, 惟有一類香鼠, 其形小不盈掬, 鮮毛細潤灰黑色, 性甚馴. 國人常取置之于懷, 其香終日不散.

食物海菜最多, 叢生於海中, 其葉長似甘蔗, 而梢厚, 國人入水採之, 晒乾作羹食, 或單煮伴醬食. 其味甘酸脆美, 清人商船多買之, 載還, 園畦所植.

半是蕃薯蘿菊之屬, 蘿菊有一類 根最肥大, 長約四六寸, 連根帶葉, 取之晒乾, 醃之爲菹, 或作羹, 味亦佳.

花品花草, 亦不多見, 惟有一叢異花, 長約四尺寸, 插竹篾以扶之, 葉似菊. 三四月間花開大如盞. 瓣甚厚, 有深黃色, 有深紅色, 亦有一莖而二色花者, 植處疊土五層, 分栽之, 紅黃相間, 望之如錦繡然, 園林道路, 多植以松, 街衢之間, 則砌以石.

俗好僧, 處處多有寺觀, 鄧有环等初至, 亦於寺中居之. 所帶隨身, 文憑四道.

該國人初不之識, 及與清商人往來, 詢知之, 始信其爲我國人, 益加敬重. 嘗以義質清人, 使送之歸國. 獨可異者, 有环等入謁官城官辰, 見堂階下有一塊方樣銅器, □上陽刻人形. 該國人顧語之曰, 凡諸國人初到者, 須以足踏這銅器, 過去. 方是正直無罪之人, 乃可拜見那大官, 不解其何意也. 及侍左右間, 上謂侍臣曰, 日本國初有西洋人來, 設敎于其國, 煽惑誘衆, 潛然作亂, 該國人之弟, 偵知之, 暗號于衆. 凡爲該國俱以白花布纏頭, 如無者, 係是從逆, 皆誅之, 一夜間, 盡殲其黨, 於是惡西洋特甚. 海於橋梁道路間 則不該西洋敎主形狀, 令國人踐踏之, 是以西洋人絶迹, 不敢復來. 始环之所見, 卽其遺跡也. 明命玖年玖月日, 臣張登桂錄, 幷附該國 譯音如左.

算數

卒(一) 作(二) 檣(三) 唪(四) 捽(五)

□(六) 覺(七) 湟(八) 吶(九) 粗(十)

左世嫣(大官) 大雅俱廷(長官)

小雅俱廷(小官) 夜俱廷(兵卒) 頡(廚廝)

錯撒(□盜) 嘁嘁(唯唯) □俚(ネ長□)

扡撒(去) 矚(視) 蒂(家)

依(棤知) 惡志(署) 且爲(寒)

暗迷雨(註) 希(火) 奔繩(僧)

蔑(水) 闈□(相聞) 澤制姑(雄鷄)

泰呵崎(牝鷄) □謝(豬) 痲(馬)

蜓(狗) 泥姑(猫) 泥營(鼠)

蝀虫(蟾蜍) 倚無(魚) 費(蚊)

肺(蠅) 捷無□ 蔑(冷水)

蔑這蜆(湯水) 迷嗤(食飮) 迷嗤車(飮茶)

제5부

부록

채정란蔡廷蘭의 월남越南에서의 행적과 민속기록

진익원(陳益源)*

1. 서문

원적原籍이 대만台灣 금문金門이고, 중국 강서江西에서 관료생활을 한 채정란蔡廷蘭(1801~1859)은 청대淸代 팽호澎湖 출신의 유일한 진사進士였다. 그가 저술한 『해남잡저海南雜著』(이 책의 본문에는 「창명기험滄溟紀險」·「염황기정炎荒紀程」·「월남기략越南紀略」 3편이 포함되어 있다)는 대만인이 외국의 역사와 민족문화에 대해 저술한 첫 번째 걸작이다. 그 내용은 '청나라 도광道光년간(1796~1850)에 월남越南(베트남)의 풍토風土와 민정民情에 관한 한 편의 현지 조사기록'이라 할 수 있으며, 역사적·문학적 가치를 지닌 대만의 중요 문헌이다. 이 글에서는 생생하고 진실하게 쓰여진 이 책의 내용을 심도 있게 탐구하고, 그 가치에 대해 논의해 보고자 한다.

---

* 대만 국립성공대학(國立成功大學) 교수.

2. 「창명기험滄溟紀險」

> 곤궁함도 심하고 놀라움도 심하여, 각각 그 극치를 다하다(窮極駭極, 各盡其致).

채정란의 월남에서의 행적에 관해서는 『해남잡저』의 서두편인 「창명기험」에서부터 이야기를 시작해야 한다.

그 이야기는 이러하다. 청나라 때인 도광 을미乙未 15년(1835) 늦가을 무렵 팽호의 수재秀才였던 채정란은 복주福州로 가서 복건성福建省 성시省試에 참가하고, 하문廈門에서 은사恩師인 주개周凱의 생신을 축하한 다음, 돌아오는 길에 금문에 들러 조상께 제사를 올리고, 친동생 채정양蔡廷揚과 함께 요라만料羅灣에서 배를 타고 팽호로 돌아와 부모님께 인사드린 후, 다시 서둘러 대남台南에 있는 인심서원引心書院으로 돌아와 교육활동에 종사할 예정이었다. 하지만 생각지도 못하게 음력 10월 초2일 출항한 당일 밤에 폭풍을 만나 순식간에 해상난민海上難民 신세로 전락하고 말았다. 선상船上의 마조깃발媽祖旗은 끝없이 흔들렸고, 광풍에 의해 일어난 거대한 파도 역시 쉼 없이 배 안으로 덮쳐 곧장 배의 밑바닥까지 흘러들었다. 10일 후, 그들 형제가 승선한 이 복건 소속의 상선商船은 물결 따라 표류하다가, 뜻밖에도 멀고 먼 월남의 광의성廣義省 사의부思義府 채근신菜芹汛에 이르게 되었다.

채정란은 이전에도 수십 차례 이상 해상여행을 했었지만, 이번처럼 만 번의 죽을 고비를 넘기고 겨우 살아난 놀랍고 두려웠던 경우는 경험하지 못했다. 그는 이처럼 놀랍고 두려운 와중에도 해상조난의 전체 과정을 자세히 기록하고, 아울러 스스로를 안심시키고 위로하였다.

하늘이 장차 내게 두터운 은덕을 베풀어주시고자 나로 하여금 외지고 먼 곳까지 표류하게 하여 시름케 하고 마음을 울적하게 만든 것임을 알지 못했고, 또한 해외의 나라에서 시를 지으며 나 자신을 위로하게 될 것이라고는 예상하지 못했다.[2]

문제는 목숨은 비록 보전했지만 어떻게 돌아가느냐? 하는 것이었다. 채정란은 같은 배에 탔던 난민들이 "앉아서 햇볕을 쬐거나 젖은 옷가지를 말리고, 눈물 자국도 씻지 않고 있을 때(負曝以坐, 濕衣遽乾, 啼痕未滌也)"에도, 아마 여전히 월남에 과거 선례가 있었음은 알지 못했을 것이다.

무릇 중국선박이 풍랑을 만나 국경에 이르렀을 때, 문무 관리들과 신사(紳士, 지식인계층)들의 경우는 모두 관선(官船)을 마련하여 중국으로 호송하여 돌려보냈고, 상인들은 육로를 통해 돌아온 사람도 있었다.[3]

예를 들면 4, 5년 전에 월남국왕은 공부낭중工部朗中 진문충陳文忠, 예부원외랑禮部員外郎 고유익高有翼, 행인行人 진문순陳文恂 등을 파견하여, 대형 선박 서룡호瑞龍號를 이용하여 옛 창화현彰化縣의 지현知縣 이진청李振靑의 권속眷屬들과 풍랑을 만난 난민을 호송하여 하문으로 송환한 일이 있었

---

2 『해남잡저』 「창명기험」. "不知天將厚造於余, 抑使余流落遐荒, 窮愁拂鬱, 而詩自鳴於海外之國, 未可知也."
3 『해남잡저』 「염황기정」. "凡中國船收風抵境, 如文武官屬及紳衿, 俱配官船護送回中國, 商民有從陸路回者."

다.[4] 이때 당시 대표로 나서 월남 관원들을 접대하였던 중국 관원이 바로 채정란의 은사인 주개였다.

우리들이 반드시 알아야 할 사항은, 당시 청 조정은 월남이 오직 육로 陸路상 지정된 지점을 경유하여 조공하는 것만 허락했고, 양국이 해상무역에 종사하는 것은 엄격히 금하였다는 사실이다. 월남국왕은 이와 같은 상황을 타파할 길을 절실하게 모색하고 있었고, 여러 차례 난민들을 호송하여 고향으로 송환하는 경우를 활용해 무역을 확대할 기회를 찾고자 하였다.[5] 채정란은 "해외에 있는 나라에서 견문을 넓히려는[擴見聞

---

4 주개(周凱)가 편찬한 『하문지(廈門志)』 권8 「번시략(番市略)」에 다음과 같이 기록되어 있다. "도광 16년(1836) 6월에 월남의 국왕은 자신의 신하 공부낭중 진문충과 예부원외랑 고유익 등을 파견하여, 옛 창화현 지현 이진청의 권속과 풍랑을 만난 난민들을 호송하여 고향으로 송환하여, 하문에 도착했다. 선박 이름은 서룡호였으며, 삼단으로 된 돛대에 베로 만든 돛을 매달고 있었다. 위위(衛尉) 여순정이 백여 명의 병사를 데리고 왔다. 신고 온 화물은 육계·사인·연와·침향·상아·서각·황랍·백석·오목·금문목·흰 설탕·작은 새우·건어물·흰 토끼가죽 등이었다. 사람들은 모두 속발(束髮)하였으며, 관원들은 오사모(烏紗帽)를 쓰고 원령포(圓領袍)를 입고 각대(角帶)를 둘렀으며, 예의 있고 공손하고 온순했으며 문묵(文墨)에도 능통했다. 병사들은 짧은 옷을 입고 있었고, 조타수 등의 사람들은 짧은 흑색 옷을 입고 있었는데, 옷에는 깃이 달려 있었다. 총독 손이준이 입조(入朝)하여 아뢰니, 교지를 내려 칭찬하고 격려해 주고, 차등을 두어 상(賞)을 하사했다. 관례에 따라 염채(鹽菜: 소금에 절인 채소)·끼니로 먹을 음식·은량(銀兩)·배 수선비 은 160량을 제공했으며, 무역도 허가했다. 12월에 본국으로 돌아갔다(道光十一年六月, 越南國王遣其臣工部郎中陳文忠, 禮部員外郎高有翼, 送前故彰化縣知縣李振靑眷屬及遭風難民回籍, 至廈門. 船名瑞龍, 桅三節, 布帆; 衛尉黎順靖帶兵百餘名. 所載貨物, 肉桂, 砂仁, 燕窩, 沈香, 象牙, 犀角, 黃蠟, 白錫, 烏木, 錦紋木, 白糖, 蝦米, 魚乾, 白兔皮. 人皆束髮, 官則烏紗, 圓領, 角帶, 禮貌恭順, 亦通文墨; 兵丁服短衣, 舵水人等服黑短衣, 衣有領. 總督孫爾準入奏, 降旨嘉奬, 賞賚有差; 照例給與鹽菜飯食銀兩, 修船銀一百六十兩, 許貿易. 十二月, 回國)". 南投: 台灣省文獻委員會, 1993, 253쪽.

5 湯熙勇, 「人道·外交與貿易之間─以朝鮮·琉球及越南救助淸代中國海難船爲中心」을 참고하라. 이 논문에서는 "해상에서 조난당한 중국 선박과 선원들이 월남에 표류하면, 월남의 관부(官府)에서는 인도적인 도움을 제공하였다. 또 한편 이를 무역을 확대할 수있는 좋은 기회로 보기도 했는데, 중국의 조난선박을 본국으로 송환하는 때를 기회로 삼아, 이른바 '밸러스트화물(배의 균형을 잡기 위해 배 밑바닥에 두는 물건)'을 싣고 가 청 조정에 그 화물들을 광동(廣東)에서 판매하는 것을 허락해 줄 것을 요구하였다. 이와 유사한 조치들은 그 예를 일일이 다 들 수 없다. 이역시 월남의 관부가 채정란과 그의 동생에게 해로를 통해 중국으로 귀환하는 조치를 받아들일 것을 강력하게 권유하고 설득한 내재적 이유이기도 하다"라고 하였다. 台北: 「第九屆中國海洋發展史學術硏討會」論文, 中央硏究院中山人文社會科學硏究所, 2003.3.12~14.

於海外之國" 마음을 품고 있었는데, 만약 해당 지역에 체류하면서 봄날 남풍이 처음 불어올 때까지 기다렸다 관선官船을 타고 고향으로 귀환한 다면, 이는 자신이 바라던 소원을 이룰 수 없는 것이었다.

나중에 채정란도 이점을 알아차리고, "하루라도 빨리 귀국하여 어머님을 모셔야 한다는 말을 구실로 삼아(以急歸奉母爲言)" 사자使者와 대관大官들을 설득시키고자 노력했고, 결국 월남 명명明命국왕의 마지못한 동의를 얻어냈다.[6]

통계에 따르면, 청대에 월남의 연해沿海 지역으로 표류한 중국 선박은 최소 62건이 넘는다.[7] 그러나 해상조난의 경험을 상세하고 사실적으로 기록한 것은 아마도 오직 채정란의 「창명기험」뿐이다. 물론 많은 난민들 중에 문무 관원이나 신사의 신분이었던 사람으로 채정란이 유일한 인물은 결코 아니다. 그러나 오직 그만이 강렬한 호기심을 품고 스스로 민정民情을 살필 수 있는 육로관광이라는 좋은 기회를 만들어내고, 이국異國의 여정에서 겪는 고단함과 어려움도 두려워하지 않았으며, 결국에는 「염황기정」이라는 세세한 기록을 쓸 수 있었으니, 그의 굳건함과 인내심 그리고 강인함은 확실히 사람을 탄복하게 한다.

---

6 『해남잡저』「염황기정」, 도광 15년(1835) 11월 조목에 "19일 동이 트자 (…중략…) 대관이 부복(部覆, 옛날 각 관청 사이에 주고받던 공문서)과 초발(抄發, 군사를 선발하여 떠나게 하는 것)을 명한 주비(硃批)를 꺼내 보여주면서 이렇게 말했다. '(국왕께서는) 그대가 이와 같은 명분에 근거하여 여러 차례 육로를 통해 고향으로 돌아가길 요구하여 오래 머물기 힘든 형편이 되었으니, 이치에 따라 마땅히 해당 부서에서 요청한 바를 따라 주도록 하셨소. 또 호부에 부탁하여 백금 10냥을 하사하도록 하셨고, 여행 물품과 비용도 찬조해 주도록 하셨으며, 해당 성(省)의 관리들로 하여금 특별히 우대하여 처리하도록 하셨소(十九日侵晨 (…中略…) 大官出部覆及抄發硃批見示云 據該名累乞由陸回貫, 勢難久留, 理宜俯從所請;著戶部封遞白金十兩, 賞助行資, 仍由該省官從優妥辦)"라고 기록하고 있다.

7 湯熙勇, 앞의 글을 참조하라.

3. 「염황기정炎荒紀程」

날짜에 따라 사건을 기록하고, 경관을 대할 때마다 호기심을 기탁하다(挨日記事, 即景寓奇).

(청나라) 도광 15년(1835) 10월 13일 (월남의) 광의성 사의부 채근신의 신관汎官 2명(곧 완문란阮文鸞과 완문리阮文利를 말한다)과 접촉하던 순간부터, 채정란은 월남인이 입고 있는 복장을 포함하여 매우 진지하게 월남을 관찰하기 시작했다.

두 명의 신관이 작은 배를 몰아 우리 배 옆으로 다가왔는데, 두 명 모두 추주(縐綢, 바탕이 쭈글쭈글한 견직물)로 만든 두건을 머리에 쓰고 있었고, 소매가 좁은 검은색 옷을 입고 있었으며, 붉은색 비단으로 만든 바지를 입었는데, 두 발 모두 맨발이었다(월남 관원들은 출입할 때 모두 맨발이었으며, 옷도 추위나 더위를 구분하지 않아, 겨울에도 여전히 얇은 비단옷을 입었다. 그리고 신분이 높은 사람들은 남색과 흑색 2가지 색상을 많이 사용하였고, 머리에 쓰는 두건 역시 그러했으며, 바지는 모두 홍색이었다).[8]

조사와 수속이 모두 끝난 후, 그는 청나라 때 문사文士인 늠생廩生(청나라 때 생원의 첫째 등급)의 신분이어서 관부官府와 중국 화교들로부터 특별

---

8 『해남잡저』「염황기정」. "有兩汎官駕小船來舟側, 皆烏縐綢纏頭, 穿窄袖黑衣, 紅綾褲, 赤兩脚(越南官員出入, 皆赤脚. 衣不分寒暑, 冬月猶著輕羅, 貴者多用藍, 黑二色, 纏頭亦然, 褲俱紅色." 괄호 안의 인용문은 채정란 본인이 주(註)한 것이며, 이하 모두 동일하다.

한 중시를 받아 교유가 끊어지지 않았다. 게다가 채정란 자신이 얻고자 애썼던 육로를 통한 귀국도 관련 부서의 논의 결과와 국왕의 비시批示 (임금의 비답)를 기다려야 했다. 이러한 일들을 위해 광의성 성내에서 50 여 일을 기다려야 했고, 12월 21일에야 비로소 정식으로 출발하여 귀국 길에 오를 수 있었다.

채정란의 월남에서의 행적은 남쪽에서 북쪽으로 향하는 노정이었는 데, 구체적으로는 다음과 같다.

광의성성(廣義省城)(도중에 노민(潞潤) 긴판(緊板)·조민(帮潤)을 경유함) → 광남성성(廣南省城 : 좌규(坐葵), 속칭 혜안(惠安)이라고 함. 도중에 혜안포(惠安庯)·삼대산(三台山)·칠자매동(七姊妹洞)·애령(隘嶺)·해산관(海山關)을 경유함) → 부춘경성(富春京城 : 속칭 순화성(順化城)이라고 함) → 광치성성(廣治省城)(도중에 영하(迎賀)를 경유함) → 광평성성(廣平省城)(속칭 동해(洞海)라고 하고, 중국말로는 용회(龍回)라고 함. 도중에 조륜(帮崙)·천시(㳾市)·고륜(固崙)·횡산령(橫山嶺)·중고(中固)·하화부(河華府)를 경유함) → 하정성성(河靜省城) → 예안성성(乂安省城) → 청화성성(淸華省城) → 영평성성(寧平省城)(속칭 평창(平創)이라고 함. 도중에 비봉산(飛鳳山)·이인부(里仁府)·상신부(常信府)를 경유함) → 하내성성(河內省城)(곧 옛 동경(東京)이다. 여씨고궁(黎氏故宮)을 관람하고 이하강(珥河江)을 건너 천사관(天使館)을 구경하고, 동인사(同仁社)를 찾아 이녀묘(二女廟)를 관람함. 도중에 자산부(慈山府)를 경유함) → 북녕성성(北寧省城 : 도중에 양강부(諒江府)·근영둔(芹營屯)·광랑둔(桄榔屯)·귀문관(鬼門關)·복파장군묘(伏波將軍廟)·오대(五台)를 경유함) → 양산성성(諒山省城 : 비

래산(飛來山)을 찾아 이청동(二靑洞)·삼청동(三靑洞)·대청동(大靑洞)·
문묘(文廟)를 구경함. 도중에 구려포(駈驢庯)·문연주(文淵州)·유애(由隘)
를 경유함).

유애는 바로 남관南關으로, 월남에서는 유촌애油村隘라 불렀으며 광서
廣西 태평부太平府 영명주寧明州 경계에 속하는 지역이었다. 채정란은 이
곳에서 길을 잡고 북상하여, 월남을 벗어나 중국으로 들어와 광서·광
동廣東·복건을 경유하고 다시 하문에서 배를 타고 팽호로 돌아왔다.
그 자신의 계산은 다음과 같다.

이 행로에는 바닷길 노정을 추가로 계산에 넣지 못했다. 을미년 12월 21일
광의에서 출발한 때로부터, 병신년 4월 20일 하문에 도착할 때까지 육로로
모두 42일이 걸렸으며, 거리는 총 3,300리에 달했다. 반면 수로 여행은 33일
이 걸렸고, 총거리는 3,374리에 달했다. 육로와 수로를 통한 여행 노정과 도
중에 체류했던 기간을 다 합하면, 모두 118일이었다.[9]

월남을 여행하면서, 채정란은 날마다 자신이 각 지역에서 교유하고
수창酬唱했던 인물들을 기록하였는데, 이 인물들에는 광의지부관廣義
知府官 범화정范華程, 남의순무관南義巡撫官 반청간潘淸簡, 동각대학사東閣大
學士 관인보關仁甫, 치평순무관治平巡撫官 하등과何登科, 광평포정관廣平布政

---

9 『해남잡저』「염황기정」. "斯行也, 海程不可以更計. 自乙未十二月二十一日由廣義啓程, 至丙
申四月二十日抵廈門, 陸行凡四十有二日, 計三千三百里; 水行三十有三日, 計三千三百七十四
里; 統水, 陸行程及途次濡滯, 共百十有八日."

官 오양호吳養浩, 하정포정관河靜布政官 고유익, 예안교수관乂安敎授官 진해정陳海亭, 하내포정관河內布政官 진문충, 양강지부관諒江知府官 여정黎楨, 양평순무관諒平巡撫官 진문순, 문연주지주관文淵州知州官 완조阮眺……등 수십 명의 월남 사대부들이 포함된다. 이들 중에서, 고유익·진문충·진문순 세 사람은 바로 몇 년 전에 왕명을 받들어 배를 호송하여 사신으로 왔다가 하문에서 채정란의 은사인 주개와 친분을 나누었던 관원들이었으므로, 서로 간에 특별히 더 각별했던 것이다. 아주 재미있는 일화가 전하는데, 도광 16년(1836) 정월 초10일에 비가 내리자 그는 황급히 서리 한 명을 이끌고, 통보도 없이 관아로 뛰어 들어갔다가 치평순무관 하등과를 보는 바람에 아주 난감한 장면을 연출한 적이 있다.

이때 공은 한창 웃옷을 벗어 이를 잡고 있었다. 손님이 온 것을 보자 옷을 챙겨 입고는 갑자기 화를 내며 서리를 채찍으로 스무 대나 때렸다.[10]

이 일화는 그가 친히 목격한 사건이었는데, 그는 이 일화를 민정을 소개하고 있는 「월남기략」 편에도 기록해 두었다.[11]

관원이나 사대부들과 교유한 기록 외에도 「염황기정」편에는 또 상당히 많은 월남의 민속활동, 예들 들면 섣달 그믐날 밤(곧 "집마다 도부桃符(중국에서 설날 아침에 마귀를 쫓기 위해 붙이던 작은 나무 조각)를 바꾸고, 폭죽을

---

10 『해남잡저』「염황기정」. "時公方祖衣捫蝨, 見客至, 斂衣, 遽怒鞭書吏二十."
11 『해남잡저』「월남기략」에 "의복은 다 헤질 때까지 세탁하지 않아서, 이와 서캐가 늘 가득했고, 그것을 입속에 집어넣고 씹어 먹으면서, 자신의 원기를 흡입했다고 말하였다. (귀한 사람이나 천한 사람 할 것 없이 모두 그러했다. 그래서 관원들은 백성들 앞에서도 옷을 벗어 이를 잡는 것을 괴이한 짓으로 생각하지 않았다(衣服至敝不澣, 蟣蝨常滿, 捫置口中嚼之, 謂吸自家生氣(貴賤皆然; 官臨民, 亦解衣捫蝨, 不爲怪)"라는 기록이 있다.

터뜨리곤 하였는데, 중국에서 묵은해를 보내고 새해를 맞이하는 풍습과 같았다(人家換桃符, 放爆竹, 如中國送臘迎年故事)라고 기록하고 있다), 설날 아침(곧 "차례대로 새해 첫 날을 축하하고, 새벽부터 새해 첫 날을 증명하듯, 시가지에 모여 춤추고 노래 부르는데 즐거움과 기쁨의 소리가 대지에 울려 퍼졌다(序慶履端, 辰徵首祚, 丁街亥市, 番舞夷歌, 歡聲動地)"라고 묘사하고 있다), 정월 대보름날("객사의 주인이 등불을 켜놓고 연회를 열어 정월대보름을 축하하였다("客舍主人 張燈聚讌慶元宵"라고 묘사하고 있다) 등과 같은 세시명절歲時名節을 경축하는 모습과 그가 귀국길에 보았던 풍경이나 들었던 기이한 일에 대해서도 기록하였다. 예를 들면 도광 15년(1835) 12월 26일 조목에는 다음과 같은 기록이 있다.

광남으로 향하던 도중에 벼 이삭이 아주 크고 수려하게 피어나고, 새로 옮겨 심은 모가 마치 쑥처럼 무성하며, 백로가 논 한가운데 선 채 움직이지 않고, 먼 곳의 나무가 가지를 늘어뜨리고 있는 광경을 보았다. 바다 위에 위치한 삼대산은 또렷하게 서로 마주보며 솟아 있었는데(바다 위로 솟아 있는 삼석산은 삼대라고도 하는 데, 동굴이 넓게 뚫려 있어 마치 저절로 만들어진 가옥과 같았다. 세간의 전설에 따르면 그 안에 일곱 개의 거미집이 있었는데 아리따운 여인으로 변신하여 사람들을 해치다가 후에 부처님에 의해 제거되었으며, 지금은 칠자매동이라고 부른다고 한다), 높이가 지표면으로부터 2장이 넘었는데 그곳을 바라보니 참으로 우뚝했다.[12]

---

12 『해남잡저』 「염황기정」. "行廣南道中, 見禾挺秀, 新秋綠縟如茵, 白鷺立田中不動, 遠樹低迷, 海中三臺山分明鼎峙(海中三石山號三臺, 空洞宏開, 天然屋宇; 俗傳昔有七蜘蛛巢其中, 幻作好女爲祟, 後爲佛所除, 今稱七姊妹洞), 高出地二丈許, 望之屹然."

여기에 기록된 '칠자매동七姉妹洞'이 거미의 정령精靈이라는 전설은 월남의 『대남일통지大南一統志』나 『동경지여지同慶地輿誌』 등의 지리지에는 모두 실려 있지 않다. 이 기록은 채정란이 이듬해 2월 16일 '귀문관鬼門關' 부근에서 듣고 기록한 도깨비시장 무역과 마원건곤초馬援乾坤草나 구리 기둥銅柱 등의 전설에 관한 기록과 마찬가지로 모두 민간문학의 가치 있는 소재가 된다.

또 예를 들면 도광 16년(1836) 정월 24일 조목에는 다음과 같은 기록이 있다.

> 예안성을 나와 10여 리를 가다, 부슬부슬 내리는 가랑비를 만났는데 다행이도 그다지 심하게 고생스럽지는 않았다. 도로 주변에는 나무 위에 서식하는 공작새들이 많았는데, 금빛 꽁지가 사람의 시선을 현혹하였으며, 비에 그 꼬리가 젖은 탓인지 무거워서 높이 날지는 못했다. 얼마 후 청화에 도착했는데 돌산이 많았고, 절벽이 천 길 높이로 우뚝하고 험하게 솟아 있어 마치 귀신이 솜씨를 부린 듯 천연스럽게 깎여 있었는데 그 아름다움을 말로는 다 형용할 수 없다. 공작새와 흰 꿩이 때때로 그 위로 모여들었다. 산 안에는 육계가 자라는데, 맛이 아주 좋아 동경의 것보다 뛰어났다.[13]

여기서는 예산乂山이나 청화淸華 일대의 도로 주변에서 흔히 볼 수 있는 공작새가 무리지어 서식하는 정경을 언급하고 있는데, 채정란은 같

---

13 『해남잡저』「염황기정」. "出乂安十餘里, 値密雨廉纖, 幸不甚苦. 道旁多孔雀棲息樹間, 金翠奪目, 雨濡其尾, 重不能高飛. 將至淸華, 多石山, 壁立千仞, 峻峭嵯峨, 若鬼斧神工, 天然琢削, 瑰奇莫可名言. 孔雀, 白雉, 時集其上. 山內産肉桂, 味最厚, 勝東京."

은 해 2월 17일 양산성에 도착한 이후에도 "양산에서 남쪽으로 가면 북녕에 이르는데, 모두가 황량한 땅으로 들길만 나 있었고, 종횡으로 초목만 무성하였다. (…중략…) 바위들은 은빛을 띠었고, 그 위로 이끼들이 알록달록하게 끼어 있었다. 계곡물이 그 아래로 흘러내렸고, 공작새들이 때때로 무리지어 목욕하고 있었다(諒山以南至北寧, 皆荒墟野徑, 榛莽縱橫 (…中略…) 石如鐵色, 苔蘚斑斑. 溪流出其下, 孔雀不時群浴)"라고 또 언급하고 있다. 이와 같은 자연생태에 대해 「염황기정」에서는 꽤 많이 묘사하고 있는데, 이는 19세기 전반기 월남의 사회생활이 담긴 많은 감동적인 사진을 촬영한 격이라 하겠다.

이 밖에도, 월남의 명승고적, 종교신앙, 도로교통, 지방 특산물 등등의 민속과 풍정風情에 관해서도 「염황기정」에서는 하나하나 자세히 기록하고 있어, 독자들로 하여금 마치 그 정경을 직접 마주한 듯하고, 정신이 황홀해지고 마음이 끌리는 느낌을 준다.

4. 「월남기략越南紀略」

사실에 근거하여 진실하게 기록하니, 이국의 실정이 절로 드러나다(據事直書, 國情自現)[14]

---

14 주개는 「월남기략」을 평하여 "외국의 번국에 대해 묘사함에 사실에 근거하여 진실하게 기록하였으니, 오랑캐 나라(夷國)의 실정이 절로 드러난다(寫外蕃, 據事直書, 而夷情自現)"라고 하였는데, 이(夷) 자는 타당하지 않으므로 본문에서는 이정(夷情)을 국정(國情)으로 바꾸었다. 도광 11년(1831)에 복건의 '월남이사공관(粵南夷使公館)'은 월남 사절이었던 이문복(李文馥)의 항의를 받고 '월남국사공관(粵南國使公館)'으로 이름을 바꾸었는데, 그해 이문복은 「이변(夷辨)」이라는 글을 지어 자신의 입장을 적극 옹호하였다. 주개는 이 글을 보고 '참으로 옳습니다(是是)'라는

채정란의『해남잡저』첫 번째 편인「창명기험」은 해난을 당해 월남에 표류하게 된 험난하고 두려웠던 과정을 묘사한 것이다. 반면에「염황기정」은 그의 여행일기나 전야田野를 조사했던 작업일지와 마찬가지로 그가 견문한 것을 자세히 기록한 것이다. 마지막 편인「월남기략」에 이르면 오히려 새로운 국면이 전개된다. 먼저 역사서를 참고하여 월남의 옛 역사의 발전 과정을 간략히 서술하고, 뒤이어 월남에 이주하여 거주하는 화교들의 구술에 근거하여 월남 완阮왕조 가륭嘉隆황제의 건국과 관련된 당시의 사건과 당시 명명황제의 전장제도典章制度 및 고평高平의 토적들이 난을 일으켰을 때의 일을 설명하고 있으며, 마지막으로 대부분의 편폭篇幅을 할애하여 자신이 이번 여행에서 탐방하거나 통역을 통해 알게 된 월남의 풍속을 종합적으로 서술하고 있다. 그 대상으로는 군인도 있고 백성도 있으며, 그 내용은 백성들의 의·식·주·행衣食住行 및 혼인·제사·향약鄕約·오락, 그리고 교역·농경·물산·지리 등에 이르기까지 각 측면을 폭넓게 포함하고 있는데, 옛 것은 간략하고 현재의 것은 상세하며, 자세하고 세밀하여 모든 것이 빠짐없이 두루 갖추어져 있다.

따라서 채정란의「월남기략」은 당시 월남 완왕조 전기 무렵의 풍정風情에 대한 진실한 기록이고, 동시에 후인들이 월남 민속의 발전과 변천 과정을 고찰하는 데 귀중한 자료가 된다.

그 예를 하나 들어본다.

두 글자 평어를 남겼다. 이에 대해서는 이문복의『민행잡영(閩行雜詠)』에 자세히 기록되어 있다.

이곳(월남)의 촌락에는 각각 사장(社長)과 이장(里長)을 두었다. 어떤 사건이 일어나면 목탁을 두드려 알렸다. 마을에 도난 사건이 일어나자, 사장이 목탁을 연달아 세 번 두드렸고 인근 부락에서도 그에 응하여 목탁을 두드렸다. 마을 주민들이 사방에서 나와 길목을 차단하고 체포하려고 하니, 도망칠 길이 없었다. 도둑을 잡을 때는 장물(贓物)을 그 증거로 삼았다. 그러나 만약 문을 탈출하고 장물이 없을 경우에는 모두 죄를 묻지 않았는데, 이 때문에 좀도둑들이 많았다. 서로 다투는 일이 있을 경우에는, 남녀를 불문하고 모두 두 사람이 서로 붙들고 땅에 드러누운 채 일어나질 않았는데, 이를 난패(亂覇)라고 불렀다(먼저 일어나는 사람이 이치에 어긋나 굴복하는 사람이 되었다). 친한 친척이 비록 유력자일지라도 도와줄 수 없었다. 사장이 다툼이 발생했음을 알게 되면 목탁을 쳐서 사람들을 모으고 중재하였다. 그래도 해결되지 않으면, 그때는 관아에 알린다. 상해를 입은 사람은 다툰 상대방의 집에다 옮겨 눕히는데, 밤낮으로 신음하며 아무것도 먹지 않는다. 관아에서는 다툰 상대방을 압박하여 치료해 주도록 함으로써 비로소 그 소송을 해결한다. 백성들이 다툼 때문에 흉기를 가지고 싸우는 경우는 없기 때문에, 다투다가 구타 등으로 사람을 죽이는 일은 거의 없었다.[15]

월남의 촌락에서는 서로 협력해 도둑을 잡는 관습이 있는데, 우리는 80여 년 후에 기록된『양산성고록주매파총안택사속례諒山省高綠州枚坡總安宅

15 『해남잡저』「월남기략」, "其村莊各設社長, 里長. 有事擊木柝. 村中被盜, 社長連擊柝三次, 隣村擊柝應之, 村衆四出截捕, 莫能免脫. 捕盜以贓爲憑; 若被脫出門, 無贓者俱不理, 故鼠竊甚多. 遇爭鬥事, 不論男女, 皆兩人相持, 仆地上不起, 謂之亂覇(先起者爲理屈); 至親雖强不敢助. 社長聞知, 擊柝集衆調停, 不解, 乃聽告官. 被傷者移臥仇家, 日夜呻吟, 不食. 官抑仇家醫愈, 方理其訟. 民以此無械鬥, 罕以爭毆致斃者."

社俗例』에서도 동일한 처리 방법을 볼 수 있다.[16] 난패亂覇라는 민간풍속에 대해서는,『가정성통지嘉定城通志』「풍속지風俗志」에서도 유사한 생떼쓰기 풍속을 볼 수 있으며, 여기서는 그것을 와화臥禍라고 불렀다.[17]

또 다른 예 하나를 들어본다.

산에는 호환(虎患)이 많았다. 이전에 여러 나무꾼들이 호랑이 한 마리를 우리에 가두어 대관에게 바치자, 대관이 엽전 다섯 꾸러미를 상으로 내려주는 것을 본 적이 있다. 호랑이를 꺼내 그물 안에 넣고 움직이지 못하게 묶은 다음, 이빨과 손발톱을 없애고 무예 연마장으로 옮겨 묶어 두었다. 여러 코끼리를 몰아 다가가니, 호랑이가 이를 보고 포효하였다. 코끼리들은 뒷걸음치다가 엎어지거나, 오줌을 지리며 모두 흩어졌다. 오직 늙은 코끼리 한 마리가 앞으로 곧장 달려가 호랑이 이마를 들이받았는데, 세 번 달려들어 세 번 들이받으니 호랑이가 땅에 쓰러져 움직이지 못했다. 그런 다음에야

---

16 『양산성고록주매파총안택사속례』에서는 "사내(社內)의 각 비점소(批店所)는 매 비점소마다 각기 북 하나를 매달아놓거나 혹은 목탁 하나를 매달아 놓았다. 만약 사내에 절도나 도난과 같은 어떤 사건이 발생하면, 각 비점소와 인근의 비점소에서 동시에 북이나 목탁을 연이어 5번 두드려 신호를 보낸다. 각 비점소의 장은 비날마다 18세 이상의 모든 장정들 중에서 반수(半數)를 선발하여 구원에 응하게 한다[社內各批店所, 各置每所懸鼓一面, 或懸鐸一件. 倘或社內有盜劫竊發何事, 所在店與旁近店同擊五連聲鼓或鐸爲號. 各店長照批內自十八歲共數千, 撥取半數將救應]"라고 하였다. (이 다음에는 직무를 위반한 사람들에게 부과하는 각각의 벌금 액수가 밝혀져 있다). 이 책은 "계정(啓定) 4년(1919) 염월(染月, 음력 8월) 22일에 명을 받들어 초록한 것으로 기목(耆目) 황덕원(黃德元)이 기록하였으며, 속례(俗例)를 초사하는 것을 도와준 사람은 이장(里長) 하의영(何義榮)이었다". 하노이 : 베트남한놈연구소, 도서 분류기호 : AF : a15/1.

17 완왕조 때 화교인 정회덕(鄭懷德, 1765~1825)이 지은『가정성통지』권4「풍속지」에 다음과 같은 기록이 있다. "예전에 염치를 모르는 무리들이 있었는데, 다른 사람들과 조금이라도 다투고 언쟁하면, 사람에게 구타를 당한 적이 있는지 없는지는 상관 않고 곧장 몸을 땅에 던져 드러눕고 옷을 망가뜨리고 치마를 찢고, 몸을 할퀴어 상처를 내고, 신음하고 소리치고, 죄를 다른 사람에게 전가하면서 처벌과 사과를 요구하였는데, 이를 '와화'라고 하였다[舊有無廉恥之徒, 與人少有爭競口角, 不論人之曾否鬪毆, 卽投身握地, 毀裂衣裙, 抓傷身體, 呻吟呼咸, 稼禍於人, 以索罰謝, 謂之臥禍."『嶺南摭怪等史料三種』, 鄭州 : 中州古籍出版社, 1991.1, 178쪽에 수록되어 있다.

코끼리 무리가 다투어 그 호랑이를 발로 짓밟았고, 순식간에 호랑이의 피부가 문드러졌다. 왜 이렇게 하느냐고 물어 보았더니, 코끼리가 호랑이를 두려워하지 않도록 길들이려는 것이라고 하였다.[18]

월남의 산에 호환이 많은 것은 예나 지금이나 모두 그러했다. 그렇기 때문에 1886~1888년의『동경지여지』북녕성北寧省 양강부諒江府 육안현陸岸縣 조목에도 "남자들은 대부분 작은 돌쇠뇌를 가지고 다니면서 호환을 피하는(男多帶小礮, 以避虎患)" 풍속에 관한 기록이 있다.[19] 그리고 계정啓定 4년(1919)에 초록한『양산성고록주매파총안택사속례』에서는 또 사로잡은 호랑이를 관아에 바쳤을 경우의 상금원칙을 볼 수 있는데, 암컷 호랑이인지 수컷 호랑이인지에 따라 그 상금이 달랐다.[20]

위에서 인용한 두 단락의「월남기략」기록과 이보다 앞서 나온『가정성통지』「풍속지」그리고 이보다 뒤에 나온『동경지여지』와『양산성고록주매파총안택사속례』는 상호 간에 동일한 부분도 있고 다른 부분도 있으며, 서로 자세하거나 간략한 부분도 있으므로 모두 가치가 있다.

채정란은 이역異域을 직접 경험한 외국 난민으로, 놀랍게도 언어가

---

18 『해남잡저』「월남기략」. "山多虎患. 嘗見衆樵人檻一虎獻大官, 官賞錢五貫. 出虎置網中絆之, 去其牙爪, 移繫演武場. 驅群象至, 虎見, 咆哮. 象皆退伏, 矢溺俱遺. 惟一老象直前搏虎額, 三驅三搏, 虎仆地不動. 然後群象爭以足踩踐之, 頃刻皮肉糜爛. 問何爲然, 曰以擾象, 使不畏虎."
19 『동경지여지』, 베트남한놈연구소 정리출판, 제1집, 2002.10, 587쪽.
20 『양산성고록주매파총안택사속례』에 다음과 같은 기록이 있다. "사내에서 어떤 사람이 호랑이를 사로잡으면, 같은 마을 주민들도 모두 각각 상금을 받는 관례가 있다. 만약 어떤 사람이 암컷 호랑이를 사로잡으면, 같은 마을 주민들이 받게 되는 상금액은 양은(洋銀) 20원이었다. 반면에 어떤 사람이 수컷 호랑이를 사로잡으면 같은 마을 주민들이 받게 되는 상금액은 15원이었다. 사로잡은 호랑이는 관할 관청에 바쳤다(社內何人有能捉得虎者, 全民各有賞銀例. 若何人捉得牝虎一頭者, 全民定賞洋銀貳拾元. 何人捉得牡虎一頭者, 全民定賞洋銀十五元. 這虎解納本轄官)." 하노이 : 베트남한놈연구소, 도서 분류기호 : AF : a15/1.

통하지 않는 상황하에서도 신속하고 정확하게 월남의 민속과 풍정을 파악하고, 붓을 놀려 사실대로 기록하였으니, 이는 확실히 그만의 뛰어난 점이라 하겠다.

5. 맺음말

이 글에서 행한『해남잡저』의 본문 3편인「창명기험」,「염황기정」,「월남기략」에 대한 연구를 통해 필자는 채정란의 월남에서의 행적과 그의 민속기록에 대한 사람들의 관심이 증대되기를 희망한다. 아울러 채정란이 월남에 표류하였을 때 "다행이도 이곳에 이주해 온 동향 사람들을 많이 만나고, 지역마다 관련된 일에 대해 방문하거나 탐문하여 알게됨으로써(幸遇同鄉流寓者衆, 得隨地訪聞其事)" 쓰여질 수 있었던『해남잡저』가 실로 다양한 측면에서 가치 있고 유익하다는 점에도 관심이 높아지기를 기대한다.

첫째, 이 책은 대만문학사에서 뛰어난 유기遊記 작품이다. "곤궁함도 심하고 놀라움도 심하여, 각각 그 극치를 다하고", "날짜에 따라 사건을 기록하고, 경관을 대할 때마다 호기심을 기탁하고", "사실에 근거하여 진실하게 기록함으로써, 이국의 실정이 절로 드러나는" 이『해남잡저』는「창명기험」편의 해상조난에 대한 묘사이든 또는 책 전체에서 드러나는 이국의 풍정에 대한 관찰이든 간에 곳곳에서 감정과 경물이 서로 잘 융화되고(情景交融) 생동하며 멋진 문자적 표현을 볼 수 있다.

둘째, 이 책은 중국과 월남 양국 관계에 대한 진실한 증거이다. 인도

적 차원이나 외교 및 무역에 있어, 『해남잡저』는 청대에 해난을 당한 중
국선박을 구조하는 월남의 처리절차와 방법 및 원칙을 상세히 기록하
여 동아시아 국제관계에 있어 하나의 진실한 증거를 제공해주며, 중국
해양발전사에 있어서도 하나의 저명한 사례가 된다.[21] 책에서 묘사하
고 있는 월남의 화교 및 그들의 생활 역시 중국 화교역사에 있어 얻기
힘든 소재이다.

셋째, 이 책은 월남의 지리와 역사에 대한 진귀한 문헌이다. 채정란의
행적은 월남의 광의·광남·부춘·광치·광평·하정·예안·청화·
영평·하내·북녕·양산 등 10여 성省에 두루 미치는데, 「염황기정」에
서의 교통노선과 산수풍광에 대한 기록이든 혹은 「월남기략」에서의 역
사적 사실에 대한 보고이든 간에 모두 후인들이 월남의 지리와 역사 발
전을 이해하는 데 도움을 준다.

넷째, 이 책은 북월남北越의 민속과 풍정에 대한 중요한 조사보고서이
다. 채정란은 조난당하기 전에 이미 풍부한 전야조사 경험을 갖고 있었
다.[22] 그가 도광 15년과 16년(1835~1836) 월남을 여행하던 기간에 귀국길
도상에서 탐방하여 알게 된 월남의 풍토와 인정은 19세기 전반기 무렵
의 북월남사회에 대한 현지조사라 할 수 있으며, 그 내용 또한 광범위하
고 깊이가 있어 '한족문화의 전파와 변천에 대한 고찰연구─최근 백 년

---

21 湯熙勇은 앞의 글에서 "청대에 중국 선박이 조선이나 유구(琉球) 및 월남 등지의 국가에 표류했던
   사건에 대한 관련 기록은 상당히 많이 남아 있다. 예를 들면 도광 15년(1835)에 대만의 팽호 사람
   채정란은 하문에서 팽호로 돌아오던 도중에, 그가 승선했던 선박이 불행히도 월남으로 표류했던
   것이 바로 유명한 한 사례이다"라고 하였다.
22 채정란은 도광 9년부터 12년(1829~1832)까지 장용(蔣鏞)이 사지(史誌)인『팽호속편(澎湖續
   編)』을 편찬하는 일을 도와주고자, 팽호 현지에서 밀집되어 있던 민간을 탐방하고 편집하는
   작업을 진행한 적이 있다. 이에 대해서는『팽호속편』의 「천문(天文)」·「관사(官師)」·「인물
   (人物)」·「예문(藝文)」 등 여러 기(紀)에 상세하며 참고가 된다.

이래 북월남의 민속을 중심으로漢文化的傳播與演變之考察硏究－以近百年來北越民俗爲中心'라는 연구 프로젝트[23]에 참고가 되는 대단히 훌륭한 자료이다.

우리는 팽호 출신의 진사였던 채정란이라는 인물과 그와 관련된 사건이 이미 팽호지방 문화자산의 귀중한 보물 중 하나가 되었으며, 이후에 '채정란의 월남에서의 행적고찰' 활동이 종료된 이후에는 많은 사람들이 틀림없이 그의 웅대한 기상과 흉금 그리고 그가 보여 준 굳세고 강건하며 꺾이지 않는 대만의 정신을 더욱더 체득할 수 있으리라 믿으며, 이는 매우 소중하게 여겨야 할 가치가 있다. 동시에 우리는 『해남잡저』가 엄격한 교감과 정리 과정을 거쳐 번역·출판된다면,[24] 채정란의 월남에서의 한걸음 한걸음의 행적과 그의 진실하고 다채로운 북월남의 민속에 대한 기록은 틀림없이 베트남 친구들에게 놀라울 정도로 훌륭하다는 경탄이 그치지 않게 할 것이라 믿으며, 이에 대해 큰 기대를 갖고 있다.

---

23 장경국국제학술교류재단(蔣經國國際學術交流基金會)의 전문주제 연구프로젝트였으며, 연구과제 번호는 R.G.007-D-01, 수행기간은 2002년 7월 1일~2005년 6월 30일이었다. 책임자는 鄭阿財(대만), 국외 협동책임자는 鄭克孟(베트남), 吳德盛(베트남), 呂敏(프랑스)이었으며, 협동연구자로는 丁荷生(캐나다), 朱鴻林(홍콩), 康豹(대만), 鄭定國(대만), 陳益源(대만)이 참여하였다.
24 『해남잡저』의 베트남어판은 이미 베트남 역사지리 전문가이자 한놈연구소 연구원인 吳德壽와 黃文樓의 공동 작업으로 역주(譯註)가 완료되었다.

『해남잡저』 판본과 번역본[*]

진익원

1. 들어가는 말

개팽진사開澎進士 채정란은 명성이 높았는데, 임형도林衡道가 『대만의 명인 백인전台灣一百位名人傳』을 구술할 당시 39번째로 이름을 거론한 인물이 바로 채정란이었다. 임林 씨는 또한 채정란의 저서를 다음과 같이 높이 평가하였다.

그가 저술한 『월남기정(越南紀程)』과 『염황기략(炎荒紀略)』두 책은 프랑스인들이 월남을 침략하기 이전의 (월남의) 풍속과 관습 · 기후 · 풍토 등을 매우 상세하게 묘사하고 있으며, 심지어 월남 현지 화교들의 정황에 대해서도 책 속에서 모두 기록하고 있다. 이 책이 문화인류학상에서 갖는 가치는 욱영하(郁永河)의 『비해기유(裨海紀遊)』와 서로 쌍벽을 이루며, 청대 대만문

---

[*] 해당 글에 사용된 도판은 원저자에게 허락을 받아 수록하였습니다.

인의 양대 걸작이라 할 수 있다.[1]

분명한 것은 임형도가 구술한 내용에는 착오가 있다는 것이다. 그는
『해남잡저』의 본문 두 번째 편인 「염황기정」과 제3편 「월남기략」의 편
명을 잘못 혼동하고 있고, 또한 이 두 편을 2권의 저서로 간주하고 있
다.[2] 대유학자이자 석학인 그도 이와 같았는데, 금문金門의 기로耆老들이
『해남잡저』는 이미 망실되었다고 잘못 전한 것도 탓할 일은 못된다.[3]

사실, 채정란의 『해남잡저』는 「창명기험」·「염황기정」·「월남기략」
3편의 본문으로 구성된 한 권의 책으로(상·하권으로 판각한 것도 아니다), 망
실되지도 않았으며 현재까지 여전히 많은 판본과 번역본들이 남아 있다.
다만 사람들에게 널리 알려지지 않았을 따름이다.

필자가 개인적으로 알고 있는 『해남잡저』의 판본과 외국의 번역본 상황
을 소개하면 다음과 같다.

---

1 위의 말은 임형도가 구술하고, 홍금복(洪錦福)이 정리한 『台灣一百位名人傳』, 台北 : 正中書
   局, 2003.7 台二版(1984.1, 台初版), 183쪽에 보인다.
2 책의 이름을 잘못 인식한 것 외에도, 그는 채정란에 대해 이렇게 말하고 있다. "어느 해, 그는
   바다를 건너 하문(廈門)의 인봉서원(鰲峰書院)으로 가던 도중에, 해상에서 태풍을 만나 배가
   더운 남쪽 나라의 바닷가에 표류하게 되었는데 다행히도 죽음만은 피할 수 있었고, 육지에
   상륙한 다음에야 안남국(安南國, 베트남)이라는 것을 알게 되었다. (…중략…) 지방관들이
   각 역참마다 호송하여 국왕을 알현하러 그를 나라의 수도인 순화진(順化晉)으로 데리고 갈
   때, 연도에 지방관들로부터 친절하고 정성스러운 대접을 받았음은 굳이 더 말할 필요가 없
   다." 이 말에도 착오가 있다. 왜냐하면 채정란은 도광(道光) 15년(1835)에 하문에서 금문으로
   돌아오던 도중에, 요라만(料羅灣)에서 출발한 그날 밤에 풍랑을 만났으므로, 그 방향이 정반
   대였기 때문이다. 게다가 채정란이 비록 월남의 명명(明命)국왕을 알현하기를 갈망하기는
   했지만, 그러나 국왕이 그에게 배를 타고 귀국할 것을 종용하면서, 육로를 통해 중국으로 돌
   아가는 것을 허락하지 않을까 우려하여, 최후에는 결국 국왕과 만나지 않았다.
3 이에 대해서는 陳益源, 「金門瓊林所見蔡廷蘭相關文物」, 『硓砧石』 第37期, 馬公 : 澎湖縣文化
   局, 2004.12, 72~87쪽에 상세히 보인다.

2. 『해남잡저』의 판본^{版本}

현존하는 『해남잡저』의 판본은 확실히 적지 않다. 중국 본토·대만·일본·러시아에 소장되어 있는 청 도광년간에 간행된 판본도 있고, 베트남의 학술기관이나 베트남인이 개인적으로 소장하고 있는 필사본, 그리고 대만과 팽호^{澎湖} 두 지역에서 발행한 활자본도 있다. 이러한 판본들 사이의 관계를 규명하는 일은 그다지 어렵지 않다. 오히려 도대체 어떻게 해서 놀랍게도 판본이 서로 다른 청나라 때의 간행본들이 단기간에 연속해서 세상에 출현하게 되었을까? 이 점이 사람들의 궁금증을 상당히 자아내고 있다.

1) 청 간행본

청나라 때 간행된 『해남잡저』는, 현재 4종의 다른 판본이 있다.

(1) 초각본初刻本(초판에 해당) 1쇄판

이 판본은 최초로 판각^{板刻}되어 간행된 것이자, 가장 이른 시기에 인쇄된 판본이다. 현재는 북경국가도서관^{北京國家圖書館} 북해분관^{北海分館}에 소장되어 있으며, 새로운 도서 분류기호는 '地 983.83/864'이다. 이 판본은 책의 수미^{首尾}가 모두 갖추어져 있는데, 맨 앞부분이 겉표지, 그 다음이 속표지, 그 다음은 주개^{周凱}가 지은 「서문^{序文}」, 그 다음이 유홍고^{劉鴻翺}가 지은 「서문」, 그 다음으로 오백신^{吳伯新}·장역암^{蔣懌葊}·허음평^{許蔭坪}·장택춘^{蔣澤春}이 각각 지은 「제사^{題詞}」, 그 다음이 본문 3편, 그 다음은 웅일본^{熊一本}이 지은 「발문^{跋文}」, 그 다음에 가룡장^{柯龍章}이 지은 「발문」으로 구성되어 있다. 이중에「독학 오백신(효명)부자의 제사督學吳伯新[孝銘]夫子題詞」는 유홍고의「서문」뒤, 장역암・허음평・장택춘이 지은 3편의「제사」앞에 독립적으로 배치되어 있으며, 판심版心은 6페이지가 중복되어 잘못 새겨져 있다. 본문의 판심은 서명書名 아래에 있는데, '卷上'이라는 두 글자가 새겨져 있으며, 페이지 표시가 모두 이어지지는 않는다.

이 판본의 겉표지에는 모필毛筆로 다음과 같이 적혀 있다.

을유년 6월에 동원(銅圓, 청말에서 항일전쟁시기 때까지 사용되었던 보조 화폐) 3매(枚)를 주고 북경의 유리창(琉璃廠) 시장에 있는 책방에서 구매하였다. 이 책의 원서는 하권이 간행되지 않았지만, 잔결된 책은 아니다. 권말은「월남기략」 1편인데, 참고할 만하다. 선통 원년 늦여름 임인일에 책방에서 기록하다.[4]

위 인용문은 이 책이 청나라 선통宣統 원년(1909)에 책방에서 구매한 것임을 설명해주고 있다.

이 판본의 속표지 상단에는 '道光丁酉仲秋梓'라는 표기가 있으며, 우측에는 '滄溟紀險/炎荒紀程'이라고 적혀 있고, 중간에는 '海南雜著'라 적혀 있으며, 좌측에는 '越南紀略/詩在下卷俟續編'라고 적혀 있다.[5] 이를 통해『해남잡저』는 채정란이 월남에서 팽호로 돌아온 이듬해(도광 17년・1837) 가을에 이미 판각되어 세상에 유통되었음을 증명할 수 있다.

4　"己酉六月, 以銅圓三枚, 購于廠市書攤. 此原書未刻下卷, 非殘映也. 卷末越南紀略一篇, 可備參考. 宣統初元季夏壬寅 坊記." 이 아래 '거옹(梟翁)'이라고 음각한 네모난 인장(印章)이 찍혀 있다.〈사진 1〉을 참조하라.

5　〈사진 2〉를 참조하라.

(2) 초각본 2쇄판

『해남잡저』의 초각본이 세상에 나온 이후, 즉시 증쇄增刷되었을 뿐 아니라 또한 속표지의 내용도 바뀌었는데, 좌측 아래쪽에 있던 "詩在下卷 俟續編"라는 일곱 글자를 '郁園藏板'으로 고쳤다.[6] 욱원郁園은 채정란의 호이므로, '욱원장판郁園藏板'이라는 말은 사가私家에서 간행한 판본임을 표시한다. 이 '욱원장판'은 대남台南의 노가흥盧嘉興 선생이 본 적이 있다고 하나, 현재는 그 행방을 알 수 없고 단지 해당 판본의 속표지와 주개의 「서문」 전반부만 남아 있다.[7] 여기서 북경국가도서관 북해분관 소장본과 비교해 보면, 두 판본은 속표지 좌측 하단을 제외하면 나머지는 모두 동일하므로, 이 판본은 『해남잡저』 초각본의 2쇄판이라고 볼 수 있다.

(3) 이각본二刻本(재판에 해당) 1쇄판

초각본 1쇄판과 2쇄판을 뒤이어, 『해남잡저』는 아주 빠르게 재판이 간행되었는데, 현재 이각본 1쇄판이 북경국가도서관 북해분관에 소장되어 있으며, 도서 분류기호는 '地 983.83/864.1'이다. 이 판본은 겉표지는 볼 수 없고 속표지 역시 바뀌었는데, 우측 상단에는 '道光丁酉仲秋'라고 적혀 있고, 중간에는 '海南雜著'라고 쓰여 있으며, 좌측 하단에는 '郁園藏板'이라고 적혀 있다.[8] 이 판본은 초각본과 마찬가지로 수미를 모두 갖추고 있으며, 주개·유홍고의 「서문」과 오백신·장역암·허음

---

6 〈사진 3〉을 참조하라.
7 盧嘉興, 「澎湖唯一的進士蔡廷蘭」(『台灣研究彙集』 第1冊, 1966. 12, 9～18쪽에 수록)의 부도(附圖)2, 즉이 글에 수록된 〈사진 3〉이다. 최근 창화(彰化)의 林文龍 선생과 모스크바의 러시아국가도서관 동방문화센터에서도 이 판본을 소장하고 있음을 알게 되었다.
8 〈사진 4〉를 참조하라.

평 · 장택춘의 「제사」, 본문 3편, 그리고 웅일본과 가룡장의 「발문」도 있다. 이중에서 「독학 오백신(효명) 부자의 제사」도 여전히 유홍고의 「서문」과 장역암 · 허음평 · 장택춘의 「제사」 사이에 독립적으로 배치되어 있다. 그러나 판심은 이미 7페이지로 수정되었다(이하는 모두 유추한 것이다). 반면에 본문 판심에 있던 '卷上'이라는 두 글자도 여전히 보존되고 있으며, 판심의 페이지 표시 역시 서로 이어진다.

본 판본과 초각본을 자세히 비교해 살펴보면, 초각본의 글자체는 조악하고 흑색으로 되어 있는 반면에 본 판본은 자체가 가늘고 부드러움을 알 수 있으며, 본 판본이 새롭게 판각한 재판본이라는 점은 의심의 여지가 없다.[9] 이 이각본의 경우 10여 곳 이상에서 문자를 윤문하여, 문장의 의미를 훨씬 정밀하고 정확하게 바꾸었다.[10] 그렇지만, 재판할 때에도 간혹 부주의하여 새로운 착오들도 만들어냈는데, 이것이 가장 확연하게 드러나는 지점이 본문 34페이지로 이각본에서는 엉뚱하게도 작자 '廷蘭'을 '廷闌'으로 새겨 놓았다.[11]

주목할 사항은, 북경국가도서관 북해분관에 소장된 본 판본에서 간

---

9 이각본은 새롭게 판각할 때, 여전히 초각본의 옛 판형을 답습하고 초각본의 페이지에 맞춰 중각(重刻)하였는데, 간혹 글자 수를 늘려야 할 경우에도 여전히 동일한 행에 새겨 넣었다. 본문 2페이지 첫 번째 행의 경우를 예로 들어보면, 초각본에서는 일반적으로 한 행이 21자(見西北黑雲數片, 俄而東南四布, 馳驟若奔馬, 轉瞬間)로 되어 있으나, 이각본에서는 특별히 글자 수를 24자(舟人稱西北黑雲數片, 俄而東南四布, 馳驟若奔馬, 轉瞬間)로 늘려 놓고 있다. 〈사진 5〉를 참조하라.

10 陳益源이 정리(整理)한 『海南雜著』 新校本의 주18 · 21 · 22 · 28 · 29 · 30 · 36 · 37 · 49 · 54 · 55 · 56 · 67 · 69 · 71 등을 참조하라. 여기서 언급한 『해남잡저』의 새로운 교주본은 高啓進 · 陳益源 · 陳英俊 3인이 공동 저술한 『開湖進士蔡廷蘭與海南雜著』(馬公 : 澎湖縣文化局, 2005.10), 139~176쪽에 수록되어 있다. 이 교감은 대북국가도서관 대만분관과 팽호의 高啓進 선생이 소장하고 있는 『해남잡저』 이각본 2쇄판(이 두 소장본은 동일한 판본이며, 각각 잔결된 부분이 있다)을 저본(底本)으로 하고, 북경국가도서관 북해분관에 소장되어 있는 '道光丁酉年(1837)仲秋梓' 초각본 1쇄판과 동관(同館) 소장의 '道光丁酉年(1837) 仲秋/郁園藏板'인 이각본 1쇄판을 비교 · 교감한 것이다.

11 〈사진 6〉을 참조하라.

간이 붉은색 붓글씨로 글자를 수정한 것을 볼 수 있다는 점인데, 예를 들면 30페이지의 '皆東坡作郡時立', '從番人學量天之法' 구절을 각각 '皆東坡到郡時立', '從西人學量天之法'으로 수정하고 있다.[12] 이와 같은 글자 수정은 이후 하나하나 모두 나중에 나온 판본에서 적용되었다.[13] 우리는 아직 본서의 붉은색 붓글씨가 다음 판본이 나오기 전에 쓰여져 판본을 수정한 것의 증거인지, 아니면 다음 판본이 출판된 후에 새롭게 교정한 것인지는 확정짓지 못하고 있다. 만약 전자의 경우라고 한다면, 이 붉은색 붓글씨로 글자를 수정한 사람은 아마도 채정란 본인일 가능성이 크며, 본 판본은 채정란의 유작에 속하게 된다. 잠시 확률상의 높고 낮음은 따지지 않고 판본의 선후관계로만 말해본다면 이러한 가능성은 확실히 존재한다.

(4) 이각본 2쇄판

이 판본은 대만에 현재 2부가 남아 있는데, 한 부는 대북국가도서관台北國家圖書館 대만분관台灣分館(옛 성립대북도서관 중앙도서관 대만분관省立台北圖書館 中央圖書館台灣分館)에 소장되어 있다. 다른 한 부는 팽호 오극문吳克文 선생이 소장했던 옛 장서藏書로, 이후에 돌고 돌아 마공馬公 중정국중中正國中의 고계진高啓進 선생에게 증여되었다. 그러나 안타깝게도 이 두 책은 모두 잔결殘缺된 부분이 있고, 속표지도 없으며, 언제 인쇄된 것인지도 확정할 수 없고, 단지 도광 17년(1837) 가을 무렵에서 그리 먼 시기는 아닐 것이라고 추측할 따름이다.

---

12 〈사진 7〉을 참조하라.
13 〈사진 8〉을 참조하라.

대만분관 소장본의 경우는 속표지와 앞부분 3페이지(곧 주개의 「서문」에 해당한다)가 결락되어 있으며, 책에 있는 주개의 「서문」을 필사하여 보충한 사람抄補者은 아마도 일본인이었을 것이며, 필사하여 보충한 시기는 소화昭和 8년(1933) 6월 8일이다.[14] 4~6페이지(유홍고의 「서문」에 해당한다)도 약간 잔결된 부분이 있으며, 7페이지는 결락되었고, 8~9페이지는 장역암·허음평이 지은 「제사」 2편이고, 그 뒤에 있던 장택춘의 「제사」는 삭제되었고,[15] 본문 3편의 판심에 있던 '卷上' 두 글자도 삭제되었다. 책 말미에는 단지 웅일본의 「발문」만 보이고, 가룡장의 「발문」은 없다.

고계진 선생 소장본도 수미가 모두 결락되어 있으며, 책 앞부분 4페이지(주개와 유홍고의 「서문」에 해당한다), 9페이지 장택춘의 「제사」, 뒷부분 4페이지(웅일본과 가룡장의 「발문」)는 모두 초각본에 근거하여 초록한 것이다. 이 판본과 대만분관 소장본은 동일한 판본이며, 7페이지(곧 「독학 오백신(효명) 부자의 제사」에 해당한다)는 일실佚失되지 않았다.

이 판본과 북경국가도서관 북해분관에 소장된 '욱원장판'(도서 분류기호 地983.83/864.1)의 선후관계를 필자는 이전에 잘못 판단한 적이 있었다. 잘못 판단한 이유는 처음에는 장택춘의 「제사」가 이 판본에서 증보된 것으로 여겼으나, 나중에는 이전 판본에는 있었지만 후대의 판본에서 삭제된 것으로 판단하는 것이 옳다고 확신하였기 때문이다. 이각본 2쇄판에서는 어떤 이유에서 장택춘의 「제사」를 삭제하였을까? 여기에는 숨은 사정이 있었을 듯한데, 이에 대해서는 추가적 고찰이 필요하다.

---

14 이 책에 있는 대정(大正) 6년(1917) 7월 館森萬平이 기증하였다는 주기(註記)와 주개의 「서문」은 이때로부터 16년 후에 비로소 보충하여 초록한 것이며, 「서문」 다음에 일본어로 출처를 밝히고 있으며, 보충하여 초록한 사람은 아마도 해당 도서관의 관원이었을 것이다.
15 초각본 8페이지(〈사진 9〉)와 이각본 2쇄판의 9페이지(〈사진 10〉)를 대조해보라.

2) 베트남 필사본

채정란이 찬술한 『해남잡저』는 그가 월남을 유력遊歷했던 일에서 기원하였으므로, 베트남에 『해남잡저』가 남아있는 것도 매우 자연스러운 일일 것이다. 그러나 이러한 가능성에 대해 지금까지 진지하게 주의를 기울인 사람이 거의 없었고, 조사에 착수한 적도 없었다. 필자는 몇년 전에 베트남 하노이에 있는 한놈연구소 도서관을 방문하여 연구소의 장서목록을 특별히 열람한 적이 있는데, 아니나 다를까 이 도서관에 『해남잡저』의 수기 필사본이 있음을 알게 되었다.

이 베트남 필사본의 도서 분류기호는 'HVv80/2'이다.[16] (이 필사본은) 또박또박 반듯한 해서체楷書體로 필사되어 있으며, 매 반 페이지는 9행으로 되어 있고, 각 행은 23자 정도 되며, 모두 48페이지로 되어 있다. 속표지에는 단지 '海南雜著'라는 네 글자만 쓰여 있으며,[17] 그 다음이 주개의 「서문」, 그 다음이 유홍고의 「서문」, 그 다음이 본문 3편이며,[18] 그 다음이 웅일본의 「발문」, 그 다음이 가룡장의 「발문」으로 구성되어 있다. 본서 속표지에 보이는 '海南雜著' 네 글자의 서법書法이 초각본 1쇄판과 완전히 똑같아 이 필사본은 초각본 1쇄판을 저본으로 삼았음을 쉽게 판단할 수 있었는데, 초각본 1쇄판과 서로 상세하게 대조해 보니 그러한 판단이 잘못된 것이 아님이 입증되었다. 양자의 차이는 본 필사본에서는 모든 「제사」를 삭제하고, 문자를 초사하는 과정에서 일부 글자를 잘못 필사하거나, 글의 일부가 누락된 것뿐이었다.

---

16 劉春銀·王小盾·陳義主가 주편한 『越南漢喃文獻目錄提要』에서는 'HVv8'로 잘못 오기하고 있다. 台北 : 中央研究院中國文哲研究所, 2002.12, 315쪽.
17 〈사진 11〉을 참조하라.
18 〈사진 12〉를 참조하라.

3) 활자본

현재 가장 통행되는 『해남잡저』 판본은, 민국民國 48년(1959) 6월 대만 은행경제연구실台灣銀行經濟研究室에서 편집·출판한 『대만문헌총간台灣文獻叢刊』 제42종의 활자본이다. 이 활자본의 본문에는 채정란이 지은 「창명기험」[19]·「염황기정」·「월남기략」 3편이 포함되어 있으며, 본문 앞에는 백길百吉의 「변언弁言」·주개의 「서문」·유홍고의 「서문」, 장역암의 「제사1」·허덕수許德樹의 「제사2」가 있으며, 본문 다음에는 옹일본의 「발문」과 편집자가 '『팽호청지澎湖廳志』에 근거하여 수록한 채정란의 시문詩文 일부와 그가 전한 저술목록'의 3종 「부록」이 있으며, 총 62페이지로 이루어져 있다.

엄격히 말한다면, 『해남잡저』를 교점校點한 백길은 청말의 임호林豪를 뒤이어 채정란에 대한 연구를 추동시킨 최대 공신이라 할 수 있는데, 만약 그가 정리한 『대만문헌총간』 활자본이 광범위하게 유통되지 않았다면,[20] 채정란과 그의 『해남잡저』는 아마도 거대한 역사의 흐름 속에 매몰되었을 것이다.

여기서 백길 곧 하덕의夏德儀 선생에 대해 독자들에게 소개할 필요가 있겠다. 하덕의 선생은 자字가 탁여卓如이며, 호는 백길노인百吉老人이다. 청 광서光緒 27년(1901)에 강소성江蘇省 동태현東台縣에서 출생하여, 1998년 미국 피츠버그Pittsburgh에서 세상을 떠났으며 향년 98세였다. 선생은 1946년에 대만에 왔으며, 국립대만대학國立台灣大學의 역사학과 교수를

---

19 〈사진 13〉을 참조하라.
20 台灣省文獻委員會에서 주편한 『台灣歷史文獻叢刊』(1994.5)에도 『해남잡저』가 수록되어 있는데, 이 역시 台灣銀行經濟研究室에서 간행한 『台灣文獻叢刊』 활자본을 직접 복사하여 발행한 것이다.

역임하였는데 27년이 넘는 오랜 기간 동안 재직하였다. 1957~1965년 까지, 하夏 선생은『대만문헌총간』의 정리와 편집 출판 작업에 참여하 셨는데, 선생께서 점교點校하거나 새로 편찬한 남명南明과 대만의 사료 는 모두 합해 82종(145冊)이나 되며, 이는 총서 전체의 1/4을 차지하는 분량이며『해남잡저』도 바로 그중의 하나이다. 선생께서는 인격이 고 상하고 올곧아 명예를 추구하지 않으셨으며, '대만역사의 전문가라고 평하는 것은 과분하다'라고 겸손하게 말씀하셨다. 이 때문에 책을 출판 할 때 '편자의 이름을 먼저 쓰고 그 다음에 백길이라는 이름을 썼는데', 이로 인해 후학들이 백길 선생이 누구인지 알지 못하는 결과가 초래되 었다. 사실, 하 선생의 고상한 풍모와 밝은 절조節操 및 대만 역사에 대한 탁월한 공헌은 모두 우리가 결코 잊어서는 안 되는 것들이다.[21]

그러나 백길 선생이 심혈을 기울여 교감하고 정리한 이『대만문헌총 간』활자본에 결점이 없는 것은 결코 아니다. 그 이유는 이러하다.

이 책은 원래 옛 성립대북도서관(省立台北圖書館)에 소장되어 있던 간행 본인데, 책 앞부분 몇 페이지가 잔결되어 언제 간행되었는지 알 수 없다. 심 지어 주개가 지은 「서문」조차 『내자송재문집(內自訟齋文集)』에서 베껴 보 충한 것이다.[22]

우리가 국가도서관 대만분관에서 본 활자본의 저본을 찾아내었을 때,

---

21 百吉 선생에 대해서는 徐泓이 지은 「夏德儀先生行誼」가 상세하여 참고할 만한데, 이 글은『國 史館現藏民國人物傳記史料彙編』第19輯, 台北 : 國史館, 1988에 수록되어 있다.
22 百吉,『海南雜著』「弁言」,『台灣文獻叢刊』第42種, 台北 : 台灣銀行經濟研究室, 1959. 6, 2쪽.

확실히 원래의 간행본을 볼 수 있었다. 매 반 페이지는 9행으로 이루어졌고, 각 행은 21자였다. 속표지와 앞부분 3페이지(주개의 「서문」에 해당함)는 이미 결락되었는데, 책에 있는 주개 「서문」을 필사하여 보충한 사람은 아마도 일본인이고, 필사하여 보충한 시기는 소화 8년(1933) 6월 8일일 것이다. 4~6페이지(유홍고의 「서문」에 해당함) 사이에도 파손된 부분이 있다. 7페이지 역시 보이지 않는다. 이러한 상황에서 정리되어 나온 활자본은 다소의 누락이나 착오를 피할 수 없었고, 안타깝게도 그 후 수십년 동안 어떠한 개선 작업도 이루어지지 못했다.

『대만문헌총간』에 수록된 활자본『해남잡저』에서 누락되거나 착오가 있는 부분은 주로 다음과 같다. 첫째, 저본이 잔결되어 출판시기(도광 17년·1837)를 알 수 없는 결과를 낳았고, 주개의 「서문」도 원래 모습이 아니며, 또 「독학 오백신(효명) 부자의 제사」가 빠져 있다.[23] 두 번째는 저본에 모호한 부분이 있고 억측하여 고치거나 조판과정에서 범한 착오 등도 있는데, 저본이 지닌 이러한 문제점들로 인해 활자본 전체에도 빠진 글자가 있거나 잘못 고치거나, 틀린 글자가 있거나, 구절 끊어 읽기가 잘못된 곳이 거의 50여 곳이 넘는 결과를 초래했다.[24]

위에서 언급한 누락이나 착오는 팽호현 제양濟陽의 가씨와 채씨 종친회柯蔡宗親會에서 1972년에 발행한『해남잡저』재판본에서도 마찬가지로 보인다.[25] 가 씨와 채 씨 종친회에서 발행한 판본은 비록 겉표지에서 "도

---

23 蔣澤春의 「제사」는 저본에서 삭제한 것이나, 柯龍章의 「발문」은 저본에서 삭제한 것인지 아니면 원래부터 탈락되어 있던 것인지는 확정할 수 없다.

24 명확하게 보이는 틀린 글자들의 예를 들어보면, '河靜'을 '泃靜'으로, '廷揚'을 '廷陽'으로, '黎季釐'를 '黎秀釐'로, '寶興'을 '寶典'으로, '太原'을 '大原' 등으로 오기하고 있다. 이에 대해서는 陳益源이 정리한『海南雜著』新校本 주9에 자세하므로 참고하라.

25 〈사진 14〉를 참조하라.

광 16년 음력 7월 간행/민국 61년 음력 11월에 팽호현 제향의 가씨와 채씨 종친회에서 재판함(道光十六年孟秋出刊/民國六十一年任子月澎湖濟陽柯蔡宗親會重印)"이라고 밝히고 있지만,[26] 사실상 이 판본은 전적으로『대만문헌총간』활자본에 근거하여 재판한 것이며, 여기에 채평립蔡平立이 "채정란의 연보·가계표·「월남고越南考」및 관련 사진 등을 증간增刊하여"[27]이루어졌다. 저본에 원래부터 있던 누락과 착오를 팽호에서 간행한 재판본에서도 답습하고, 심지어 새로운 누락이나 착오를 더 많이 일으시킴으로써 문자의 정확도가 높아지지 못하고 오히려 떨어졌다.

4) 기타

이상에서 언급한 판본들 외에도,『해남잡저』에는 또한 다른 간행본과 필사본들이 몇 개 있다. 간행본으로는, 예를 들어 일본의 동양문고東洋文庫에 청나라 때 간행된『해남잡저』판본 한 부가 소장되어 있는데,[28] 후등균평後藤均平은 이 판본은『대만문헌총간』활자본의 원본(곧 대북국가도서관 대만분관 소장본)과 동일한 판본이라고 말한 적이 있다.[29] 그러나, 6페이지[30]를 취해 자세히 비교·대조해보면 판각의 기교刻工에 여전히 차이가 있음을 볼 수 있는데, 동양문고 소장본은 실제로는 바로 초각본이고 대만분관의 이각본 2쇄판이 아니므로,[31] 양자는 동일한 판본

---

26 『해남잡저』가 도광 16년 초가을에 출간되었다고 말하고 있는 것은 정확한 것이 아니다. 이는 유홍고가「서문」을 지은 시기(곧 도광 16년, 세차 병신년 음력 7월 16일)를『해남잡저』의 출간시기로 착각한 것이다.

27 蔡平立,「重刊誓序」, 馬公 : 澎湖縣濟陽柯蔡宗親會發行, 台南 : 大新印書局印刷, 1972, 8쪽.

28 장서의 도서 분류기호는 '松II-11-J-25'이며, '淸道光十六年序/刊本/1冊'이라고 기록되어 있다.

29 『史苑』第54卷 第1號, 日本 : 立敎大學史學會, 1993.12, 82쪽.

30 〈사진 15〉를 참조하시오.

31 〈사진 16〉을 참조하시오.

이 아니다.

또한 연경초連景初의 『해교우록海嶠偶錄』 하下에는 다음과 같은 기록이
있다.

채정란 (…중략…) 그는 월남에서의 이 신기했던 여정 및 여행길에서 마주
했던 산천과 경물, 풍토와 인정에 대해 사후에 하나하나 기억하고 기록하여
『해남잡저』를 완성했다. 상권은 3편으로 나누어지는데, 하나는 「창명기험」
이며, 다른 하나는 「염황기정」이고, 나머지 하나는 「월남기략」이며, 모두 간
행되어 세상에 유통되었다. 현재는 단지 본 성(省)의 장서가(藏書家) 한두 명
이 이 책의 영인본(影印本)을 소장하고 있을 따름이다. 팽호현 의회(議會)에
서 원본을 등사하여 세상에 널리 유통시킨 적이 있다. (…후략…) [32]

팽호현 의회에서 등사하여 발행했다는 이 인쇄본은 필자가 아직까
지 찾지 못해, 이것이 도대체 어느 판본을 활용하였는지는 알 수 없다.

필사본의 경우에는 최소한 다음의 3종류가 있다.

① 장수민張秀民의 「중월관계서목中越關係書目 ─ 국인저술國人著述」에서
는 "『해남잡저』 · 청 채정란 찬. 도광 17년 간행본, 1877년에 나온 러시아
어 번역본, 1878년에 나온 프랑스어 번역본이 있으며, 그 밖에 필사본도
있다"[33]라고 기록하고 있다. 그가 말한 필사본은 아마도 북경국가도서관
북해분관에 소장된 초각본 1쇄판을 요약 필사한 절초본節抄本일 것이다.[34]

32 「開澎進士蔡廷蘭─澎湖采風錄之三」, 『台南文化』(舊刊) 第九卷 第一期, 1969.3, 75쪽.

33 張秀民, 『中越關係史論文集』, 台北 : 文史哲出版社, 1992.3, 233쪽.

34 왜냐하면 張秀民은 자신의 또 다른 글(곧 『中越關係目錄』 續編)에서 또 『해남잡저』. 청 채정란
찬. 청 도광정유(丁酉) 1837년 간행본, 1877년 러시아 외교부 러시아어 번역본, 1878년 프랑스어

② 채육재蔡毓齋의 「대만문헌총간본 채정란 저『해남잡저』보유(台灣文獻叢刊本蔡廷蘭著『海南雜著』補遺)」에서는, 자신이『대만문헌총간』제42종『해남잡저』활자본을 열독했을 때, "우리 집안에서 등록謄錄한 왕희암王禧巖의 수초본手抄本과 비교해보니, 「제사」를 쓴 장택춘의 칠언율시 4수와 오백신의 칠언절구 1수, 그리고 가룡장의 「발문」이 누락되어 있었다"라고 기록하고 있다.[35] 그러므로 왕희암의 수초본은 틀림없이 도광년간에 나온 초각본이나 이각본 1쇄판에 근거하여 초록한 필사본일 것이며, 그래서 장택춘의 「제사」가 남아있는 것이다.

③ 팽호 출신의 역사학자 진문호陳文豪 교수의 것으로, 진교수도 필자에게 그 자신이 초록한『해남잡저』1부가 있음을 표명한 적이 있다. 하지만 그는 자신이 어떤 판본을 초록했는지에 대해서는 결코 밝히지 않았다.

3.『해남잡저』의 번역본

『해남잡저』판본에 대해서는 이상에서 다 소개하였고, 이어서『해남잡저』가 외국어로 번역된 정황에 대해서 논해 보고자 한다. 여기에는 러시아어판 · 프랑스어판 · 일본어판과 베트남어판이 포함된다.

번역본, 교지문고(交阯文庫)의 절초본이 있다"라고 기록하고 있기 때문이다(『中國東南亞研究會通訊』第1期, 2001, 46쪽). 여기서 말하는 교지문고는 張秀民의 개인 서재 이름이다. 張秀民은 북경국가도서관(舊 國立北平圖書館)에서 근무한 적이 있으며, 겉표지에 '속편을 기다리시오(俟續編)'라는 표기가 있는『해남잡저』판본을 본 적이 있다. 張秀民, 앞의 책, 153쪽을 참조하시오.

35 『臺北文物季刊』第八卷 第三期, 1959.10, 126쪽에 수록되어 있다.

1) 러시아어 번역본

장수민은 「청인의 저술 중 안남安南(베트남)의 역사와 관련된 각 서적에 대한 해제淸人著述中有關安南史各書解題」라는 글에서 특별히 청나라 때 팽호 출신의 채정란이 지은 『해남잡저』에 대해 기록하고 있는데, 그는 다음과 같이 말하고 있다.

이 책은 도광년간에 서계여(徐繼畬)가 『영환지략(瀛環志略)』에서 우연히 한 번 인용한 것 외에는, 백 년 동안 관심을 기울인 사람이 없었다. 그런데 러시아 외교부 아시아 담당 부서에서 1877년(광서 3년)에 이미 러시아어 번역본을 출판하였다(러시아판 『동방논문집(東方論文集)』 권1에 수록되어 있다). 역자는 북경의 러시아 정교회 선교사 Eulampius(E. Ivanoff)이고, 서명은 『한 중국인의 안남에 관한 기록(Zapishi Kitaitsa of An-name)』이다.[36]

서계여徐繼畬(1792~1873)는 호가 송감松龕인데, 그의 『영환지략』 권1 「남양빈해각국南洋濱海各國」에서 확실히 『안남기정安南紀程』(사실은 바로 『해남잡저』이다)에 대해 언급한 적이 있는데,[37] 이러한 정보는 임호의 『팽호청

---

36 張秀民의 이 글은 天津의 『大公報』 圖書副刊 73期(1948.11.15)에 처음 실렸으며, 필명은 張景輔로 되어 있었다. 현재는 張秀民, 『中越關係史論文集』, 台北 : 文史哲出版社, 1992.3에 수록되어 있으며, 위 인용문은 153~154쪽에 보인다.

37 해당 글에서는 다음과 같이 말하고 있다. "팽호에 채정란이라는 이름의 진사가 있었는데, 제생이 되었을 때 바다를 건너다 폭풍우를 만나 안남의 광의성에 표류하였다. (안남의) 국왕이 육로를 통해 귀국하도록 보내주니, 광의성에서부터 양산에 이르기까지, 안남 14곳의 성을 경유했다. 도착한 지역마다 반드시 민과 월 두지방 출신 화교들이 모여 사는 곳이 있었는데, 지역마다 포장이 있어 각 지역의 일을 다스렸다. 민 지방 출신들의 경우에는 진강(晉江)과 동안(同安) 출신의 화교들이 가장 많아 10여 만명이 넘었다. 채정란이 지은 『안남기정』에서 이에 대해 자세히 언급하고 있다(澎湖有蔡進士名廷蘭者, 爲諸生時, 渡海遭颶風, 飄至安南之廣義, 王從陸路遣送歸, 自廣義至諒山, 歷安南十四省, 所至之地 必有閩粵人聚處, 各有庯長司其事, 閩則晉江同安人最多, 蓋不下十餘萬也, 所著安南紀程, 言之甚悉)." 台灣 : 華文書局影印 淸 道光 刊本, 1968, 89~90쪽.

지』 권14「저술서목著述書目」에도 보인다.[38] 그러나『해남잡저』가 일찍이 청나라 광서 3년(1877)에 이미 러시아어 번역본이 출판되었다는 사실은 그야말로 이전에는 들어보지 못한 것이었다.

장수민은 가장 먼저『해남잡저』의 러시아어 번역본에 대한 정보를 밝혀주었을 뿐 아니라, 또한 러시아어 번역본 역자의 논평에 대해서도 자신의 견해를 다음과 같이 표명하고 있다.

러시아어 번역본의 역자는 (『해남잡저』에 대해) "이 책의 가치는, 안남으로부터 동경만(東京灣)을 따라 광서(廣西)에 이르는 노선을 서술한 것에 있다. 이 책의 결점은 필자가 우대를 받았던 지역에 대한 서술이 많은 반면에, 사회풍속에 대한 기록은 적고 또 기록한 내용도 이전 사람들이 지은 책에 이미 많이 보이는 것들이다"라고 평하고 있다. 이 책에 대한 역자의 이러한 평가는 공평하고 타당하다 할 수 있다. 그러나 마지막 구절의 언급은 전적으로 그렇지만은 않다. 아마도 이 책에서 기록하고 있는 월남 명명(明命) 국왕 때의 전장제도 및 풍토와 인정 등은 대부분 전인들이 언급하지 않은

---

38 그 기록은 다음과 같다. "『해남잡저』 2권. 본조(本朝 : 淸)의 채정란 지음. 채정란은 향시가 끝난 다음 고향으로 돌아가던 도중에, 바다에서 풍랑을 만나 월남의 광의성 사의부 채년신이라는 곳에 표류하였다가 육로를 통해 민성으로 돌아왔다. 본서는 이 여정 중에 지은 것이다. 상권은 3편 곧 「창명기험」·「염황기정」·「월남기략」의 3편으로 나누어진다. 오래전에 이미 판각되어 세상에 유통되었으며, 부양(富陽)의 주개가 이 책의 「서문」을 지었다. 근래 사람인 중승 서송감이 지은『영환지략』에서 이 책을 인용하고 언급한 적이 있으며, 역시 남쪽 바다 지역의 인물이나 전장제도에 관한 내용들을 갖추고 있는 책이라 할 수 있다. 채정란 자신은 하권은 여행 도중에 창화하며 지은 시들이라고 하였으나, 아직까지 간행되지 않아 그 시들은 볼 길이 없다(海南雜著兩卷. 國朝蔡廷蘭撰. 廷蘭鄉試罷歸, 在洋遭風, 飄至越南廣義省思義府之茱芹汛, 由陸旋閩, 此書其旅中所作也. 上卷分三篇, 滄浪紀險, 炎荒紀程, 越南紀略; 久已刻行於世, 富陽周凱爲之序. 近人徐松龕中丞瀛寰志略嘗稱引之, 亦可備海南掌故矣. 廷蘭自謂下卷皆途次倡酬之詩; 尙未刻行, 其詩亦無由見也)"라고 하였다. 台北 : 成文出版社, 1983.3, 154쪽. 여기서 말하는『瀛寰志略』은 바로『瀛環志略』을 말한다.

내용들이다. 이 책의 장점은 특히 채정란 자신이 부기(附記)한 주(注)에 있는데, 역자는 이 주석을 모두 본문으로 혼동하고 있고, 어떤 경우에는 산거(刪去)하였으니, 이미 이 책의 본래 면모를 잃어버렸다.[39]

필자는 이전에『해남잡저』러시아어 번역본의 행방에 대해 러시아의 중국연구가인 B. Riftin(중국식 이름은 이복청李福淸) 교수에게 문의한 적이 있고, 그가 힘껏 도와준 덕택에 1877년에 출판된『동방문집東方文集』제1권을 복사할 수 있었는데,[40] 이 책의 65~145페이지에 정말로『해남잡저』의 러시아어 번역본이 수록되어 있었다. 65페이지는 러시아어 서명이고, 66페이지는 빈페이지이며, 67~68페이지는 역자「서문」이고,[41] 69~145페이지는『해남잡저』의 본문이었다(다만 편을 구분하지는 않았다).[42]

약간의 대조와 비교를 해본 후에 이 러시아어 번역본에는 원서에는 있는「서발문序跋文」·「제사」가 빠져 있다는 사실을 알 수 있었지만, 그럼에도『해남잡저』의 완역본에 속하는 매우 진귀한 번역본이라 할 수 있다.

B. Riftin 교수가 알려준 사실에 따르면, 본 번역서의 역자는 1822년에 태어났으며 사망년도는 미상이고, 1850~1858년까지 북경北京에 거주한 적이 있으며, 동방정교회 제13단團에 참가했었다고 한다.

2) 프랑스어 번역본
장수민은「청인의 저술 중 안남의 역사와 관련된 각 서적에 대한 해

---

39 張秀民, 앞의 책, 154쪽.
40 〈사진 17〉을 참조하시오.
41 〈사진 18〉과 〈사진 19〉를 참조하시오.
42 이 번역본의 수미는 〈사진 20〉과 〈사진 21〉을 참조하시오

제淸人著述中有關安南史事各書解題」라는 글에서『해남잡저』의 러시아어 번역본을 소개한 후, 이어서『해남잡저』에는 사람들이 잘 알지 못하는 프랑스어 번역본도 있음을 언급하고 있다.

이듬해 L. Loger도 러시아어 번역본에 근거하여 (『해남잡저』를) 프랑스어로 번역하고 (동방언어학교에서 특별 간행하였다고 하나, 원서는 보지 못했다), 제목을『안남기정』으로 바꾸었다.[43]

필자는 프랑스 국가과학연구센터의 진경호陳慶浩 교수에게 조사에 도움을 줄 것을 간청하였고, 그 결과 장수민의 자료에 착오가 있음을 알게 되었다. 첫째, 역자는 L. Loger가 아닌 L. Leger(1843~1923)이며, 그는 1874 ~1885년까지 파리 동방언어학교의 러시아어 교사를 역임했다. 두 번째, 그 당시 동방언어학교에 잡지는 없었으며 단지 총서 시리즈만 있었는데, 제1집 제7책이 RECUEIL D'ITINERAIRERS ET DE VOYAGES이며, 여기에 모두 6편의 글이 수록되어 있는데 그중 제2편이 L. Leger의『해남잡저』번역본(VOYAGE D'UN LETTRE CHINOIS)이며, 이 책은 1878년 파리에서 E. Leroux에 의해 출판되었으며, 1974년에 네덜란드에서 재판되었다.

필자가 1974년 네덜란드에서 발행된 재판본에 근거해 살펴보니, 이 책의 63페이지는 L. Leger의 짧은「서문」임을 알 수 있었는데, 역자가 번역할 때 저본으로 삼았던 것은『동방문집』제1권 67~145페이지에 수록된 러시아어 번역본이었음을 설명하고 있다(이 설명은 러시아어 번역

43 張秀民, 앞의 책, 154쪽.

본의 출판시간을 5년 앞당겨 주었으니, 곧 동치同治 11년이 된다).[44] 그리고 64페이지는 채정란에 대한 짧은 전기傳記이며, 아울러 『해남잡저』가 1837년(도광 17년)에 간행되었음을 설명하고 있다.[45] 그리고 65~161페이지는 『해남잡저』의 본문에 해당한다(역시 편은 구분하지 않고 있다).[46]

3) 일본어 번역본

러시아어와 프랑스어 번역본 외에, 지금까지 『해남잡저』의 외국어 번역본으로는 일본어 번역본과 베트남어 번역본도 있다.

일본어 번역본에 관해, 필자는 (대만의) 금문청金門廳에서 재미있는 전설 하나를 들은 적이 있는데, 그 전설은 이러하다. 2차 세계대전 당시 일본군이 베트남을 공격하기 전에, 사전에 『해남잡저』를 번역하여 작전 참고서로 삼았으며, 이 때문에 『해남잡저』가 문화건설위원회에 의해 대만의 가장 영향력 있는 100대 서적 중 한 권으로 선정되었다고 하는 말 등이다.[47] 이 전설의 진위여부를 알 수 없어, 필자는 이에 대해 일본 산구대학山口大學(야마구치대학)의 아부태기阿部泰記 교수에게 자문을 구한 적이 있었다.

아부태기 교수가 일본에서 조사해 보았지만 2차 세계대전 이전에 나온 『해남잡저』 번역본 자료는 찾을 수 없었고(이에 근거할 때 금문에서 들었던 전설은 결코 믿을 수 없을 듯하다), 오히려 필자에게 1993년에 발표된 『해

---

44 〈사진 22〉를 참조하라. 『동방문집』 제1권은 아마도 1872년에 초판이 간행되고 1877년에 재판이 간행되었을 것이나, 張秀民은 이 사실을 살피지 못한 까닭에 러시아어 번역본의 출간 시기를 5년이나 늦추었던 것이다.
45 〈사진 23〉을 참조하라.
46 본 번역본의 수미는 각각 〈사진 24〉와 〈사진 25〉를 참조하라.
47 2004.8.30 구술, 金門縣 環保局의 蔡是民 局長이 金門에서 진술해준 것이다.

남잡저』일본어 번역본 한 부를 제공해 주었다.

　이『해남잡저』일본어 번역본은 일본의 입교대학立敎大學(릿쿄대학) 사학회史學會에서 주편한『사원史苑』제54권 제1호「동양사특집호東洋史特輯號」의 81～113페이지에 수록되어 있다.[48] 81～83페이지는 후등균평이 1992년 3월 1일에 쓴「전언前言」과 1993년 1월 2일에 쓴「부기附記」가 수록되어 있는데, 1990～1991년에『해남잡저』의 번역을 시도하여, 1992년 12월에「창명기험」과「염황기정」2편에 대한 연구와 번역을 완료하였다고 설명하고 있다. 그리고 84～112페이지가「창명기험」과「염황기정」의 일본어 번역이고, 그 앞에「범례凡例」를 두어 자신들은『대만문헌총간』의 활자본을 저본으로 삼아 번역하였음을 밝히고 있으며,[49] 그리고「부록」에는 3장의 도표圖表와 주해註解 31항이 있다.[50] 또한 113페이지는「발문」인데 번역상의 어려웠던 점을 밝히고 아울러 후등균평이 이끄는『해남잡저』독서회 12명의 구성원 명단을 열거하고 있다.

　비록 이『해남잡저』일본어 번역본이 책 전체를 번역한 완역본은 결코 아니지만, 일본 입교대학의 동양사학과 교과과정에『해남잡저』를 2년 동안의 연구교재로 삼고, 또한 독서회를 조직하여 엄밀하게 번역하고 고증한 사실을 생각해 보면, 이들의 탁월한 학술적 안목과 진지한 학문정신에 대해 진심 우리 대만인들도 탄복하지 않을 수 없다.

---

48 1993년 12월에 간행되었는데 제목은「蔡廷蘭『海南雜著』とその試譯」으로 되어 있고, 역자명은 '『海南雜著』を讀む會'로 되어 있다.
49 〈사진 26〉을 참조하라.
50 〈사진 27〉, 〈사진 28〉, 〈사진 29〉를 참조하라.

4) 베트남어 번역본

앞에서 언급했듯이 베트남 한놈연구소에는 수기手記한 『해남잡저』 필사본 한 부가 소장되어 있다. 그러나 그 존재를 아는 사람이 별로 없었다는 사실과 또 문자 상의 장애는 이 '청 도광년간 월남의 풍토와 민정에 관한 현지 조사 기록'[51]이 베트남 사람들에게 뜻밖에도 홀대받는 결과를 초래하였는데, 이는 참으로 안타까운 일이었다.

이러한 안타까움을 채우기 위해 필자는 특별히 '채정란과 그의 『해남잡저』에 대한 조사와 번역 및 연구'라는 주제의 전문 연구 프로젝트를 수행하여,[52] 『해남잡저』를 현대 베트남어로 번역하는 작업을 추진하였다. 이 고되고 힘든 번역작업은 베트남 역사지리전문가이자 한놈연구소 연구원인 오덕수吳德壽와 황문루黃門樓 두 분 선생의 전폭적인 협력 덕택으로 마침내 2004년에 역주를 완료하였으며, 아울러 재단법인 순지문교재단純智文敎基金會으로 재정적 보조를 받아 국립성공대학國立成功大學의 대만문화연구센터와 베트남사회과학원 산하 한놈연구소의 합작으로 출판되었는데, 한문-베트남어 양국 언어를 병치한 형식으로 세상에 공개되었다.

한문-베트남어를 병치한 양국어판 『해남잡저』가 세상에 나오자, 현 한놈연구소 원장 Trinh Khac Manh(중국식 이름은 정극맹鄭克孟)은 특별히 '채정란과 그의 명저 『해남잡저』'라는 「서문」 한 편을 써주고 다음과 같이 객관적인 평가를 해주었다. "베트남의 역사 방면에서 볼 때, 우리는

---

51 百吉, 『海南雜著』「弁言」, 台北 : 台灣銀行經濟研究室, 1959.6, 1쪽.
52 行政院 산하 國家科學委員會 지정 전문 연구 프로젝트였으며, 과제번호는 NSC 91-2411-H-194-016 이었다. 수행기간은 2002년 8월 1일~2003년 7월 31일까지였다.

이 작자의 기록을 진귀하게 여기며 또 높이 평가한다. 이 기록 속에는 참고하거나 연구할 가치가 있는 많은 내용들이 포함되어 있다. 하지만 반드시 지적해야 할 사항도 있다. 시간이 촉박했고 자료가 부족했던 탓에, 어떤 곳에서의 묘사는 사실과 부합되지 않아 개정이 필요하다. 베트남의 문화 방면 특히 풍속과 관습 측면에서 보면, 작자는 아주 상세하고 세밀하게 기록하여 베트남 문화를 연구하는 데 상당한 도움을 준다." 또한 그는 "우리는 반드시 계획적으로 전면적인 탐구와 조사를 진행해야 하며, 한놈연구소의 서고에서 채정란의 시편과 그와 함께 창화唱和했던 베트남 시인들의 시편을 찾을 수 있기를 바란다."라고 간절히 호소하였고, 채정란의 『해남잡저』는 '현실적 의의와 호방한 기백이 풍부한 명저'라고 십분 인정하였다.

우리는 『해남잡저』 베트남 번역본의 출간은 틀림없이 베트남 인사들의 관심을 높이고 확대시킬 것이며, 그들로부터 더 많은 인정과 평가를 받을 것이라 확신한다.

4. 맺는 말

『해남잡저』의 판본들을 종합적으로 살펴보면, 청대 도광 17년(1837) 가을부터, 단기간 동안 초각본 1쇄판과 초각본 2쇄판 및 이각본 1쇄판과 이각본 2쇄판 등 판본이 다른 4종의 간행본들이 연속해서 세상에 나왔는데, 이와 같은 인기는 오늘날에도 자주 볼 수 없는 현상이다. 무엇 때문에 『해남잡저』는 이렇듯 재빨리 그리고 빈번하게 재판이 나왔던 것일까? 필자가 추측하건대 이는 아마도 채정란의 은사인 주개가 「서문」에서 "이 책을 행권으로 삼아, 당대의 유력인사들에게 평가를 부탁하면, 이 책을 칭찬해 주는 이들이 반드시 있었다[以是爲行卷, 質之當代鉅公, 必有能賞之者]"라고 언급한 것에서 볼 수 있는 그와 같은 격려나 고무와 관련 있는 듯하다.[53]

자료가 보여주는 바에 근거하면, 『해남잡저』의 청나라 때 간행본은 선통 원년(1909)에서 민국民國 31년(1941) 전후까지는 아마도 여전히 시장에서 유통되고 있었을 것이다.[54] 그렇지만, 현재는 단지 중국 대륙·대

---

[53] 『해남잡저』가 최초로 간행된 이후 이 책에 「제사」를 지어준 사람들이 많았는데, 吳孝銘·蔣鏞·許樹德·蔣澤春 외에 최소 張亨甫·林梅樹 두사람이 더 있었지만, 『해남잡저』의 어떤 판본에도 이 두사람의 「제사」는 수록되지 않았다. 다만 張亨甫의 「제사」는 두 구절이 「채정란화상첨제(蔡廷蘭畫像簽題)」에 보인다. 곧 " '풍진 만리 길의 나그네요, 천지간의 한 시인이로다'. 이 시구는 효렴 장형보가 향조 선생(곧 채정란을 말함)의 『해남잡저』에 대해 제(題)한 옛 시구이다. 선생은 한권의 책을 지니고, 3척의 칼을 차고, 만리 길 먼 바다 위를 주유하고 천하의 반을 유행하셨다. 온갖 고난과 역경을 다 겪었음에도 굳센 마음만은 변하지 않았으니, 헌걸찬 장부라 하겠다. 계묘년 소춘(음력 10월)에 노문(鷺門, 廈門의 옛 이름)에서 만나 담소를 나눌 때 사진을 꺼내 내게 보여 주었다. 내게는 너무 창졸간의 일이라, 미처 좋은 구절을 골라낼 틈이 없어, 즉석에서 이 두 구절을 써서 부탁에 응하였다. 책 속에서 사람들은 혹여 그의 형사라도 얻을 수 있을 것이다. 서촌의 아우 여세의가 삼가 쓰다(風塵萬里客 天地一詩人. 此張亨甫孝廉題香祖先生海南雜著舊句也. 先生携一卷書, 配三尺劍, 走萬里洋, 行半天下, 嶮岨備嘗, 壯心不已, 昻藏丈夫也. 癸卯小春, 鷺門接晤, 出玉照見示. 宜倉卒間, 不及選句, 卽書此二言, 以應台命. 於卷中, 人或可得其形似也. 西邨弟呂世宜書幷識)"라고 하였다. 林樹梅에게는 「題蔡香祖孝廉海南雜著」라는 시가 있는데, 이 시에서 "하룻밤 사이에 신풍에 의해 먼 곳으로 표류했고, 더운 남쪽나라의 경물을 돌아오는 길에 기록하였네. 하늘이 그대로 하여금 먼 바닷가에 문운을 열게 하였으니, 나는 이미 명성을 먼 곳에 떨친 그대만 못하네. 그대가 먼 나라 나그네 되었을 때 모두들 천년의 눈물 흘렸었고, 사문들 다시 만나니 십 년간 쌓였던 정을 이야기하네. 다른 때 파도를 헤치고 금하를 지날 일 있다면, 고향 사람들 모두 놀라고 기뻐한다 말해 주리라(一夜新風爲送行, 炎方景物紀歸程. 天敎曼海開文運, 我已輸君得遠名. 客路共流千載淚, 師門重話十年情. 他時破浪過金廈, 說與鄕人共喜驚)"라고 하였다. 이 시는 施懿琳 등이 편찬한 『全台詩』 第4冊(台南 : 國家台灣文學館, 2004.2), 376쪽에 수록되어 있다.

[54] 앞에서 서술하였듯이, 북경국가도서관 북해분관에 소장되어 있는 초각본 1쇄판은 바로 동치 원년에 유리창(琉璃廠)에 있는 한 서점에서 구매한 것이었다. 그리고 張秀民의 「淸人著述中有關安南史事各書解題」(이 글은 1948년 11월 15일, 天津의 『大公報』에 실렸다)에서는 또 "석평시(昔平市)의 헌책방에는 붉은색 겉표지로 된 본서(곧 『해남잡저』)의 소책자가 많이 있었으며, 가격은 1~2전에 불과했었다. 7~8년 이래로는 사방으로 두루 찾아보았지만 찾을 수 없었다"라고 기록

만·일본·러시아·베트남 등지에 약간의 간행본과 필사본 및 활자본이 소장되어 있을 따름이다. 그리고『대만문헌총간』에 수록된 활자본『해남잡저』는 비록 이 책을 널리 알리는 데 많은 기여를 하였지만, 이 판본에는 누락되거나 오류를 범한 곳도 적지 않으므로 완전히 새롭게 다시 교감하고 정리할 필요가 있다.

『해남잡저』의 번역본을 종합적으로 고찰해 볼 때, 사람들을 흥분시키는 것은 이미 오래전인 청나라 광서 3년(1877) 또는 그 5년 전(즉 동치 11년·1872)에 이미 러시아어 번역본이 나왔다는 사실이다. 광서 4년(1878)에는 또 프랑스어로 번역되어 출판되었다. 20세기 말~21세기에 오면 또 일본어와 베트남어 번역본도 세상에 나왔다. 이와 같이 두루 주목받는 현상은 청대 대만인의 저작이 외국어로 번역된 첫 번째 사례인 동시에, 또한 청대 대만인의 저작이 여러 나라 언어로 번역된 특수한 사례이기도 하다.

『해남잡저』의 여러 판본과 번역본의 정황을 통해 볼 때, 임형도 선생이 채정란을『대만 명인 백인전台灣一百位名人傳』에 포함시키고, 또 그의『해남잡저』를 욱영하의『비해기유』와 동렬의 지위에 놓은 것은 확실히 탁월한 식견이라 하겠다.

하고 있다. 張秀民, 앞의 책, 155쪽에 보인다.

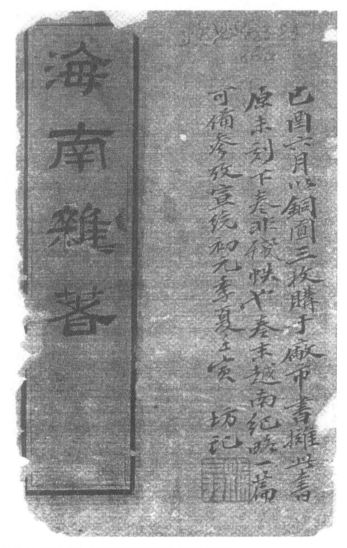

〈사진 1〉『해남잡저』초각본(初刻本)(초판) 1쇄판 겉표지

〈사진 2〉『해남잡저』초각본 1쇄판 속표지

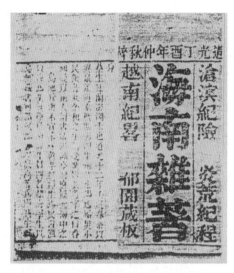

〈사진 3〉『해남잡저』 초각본 2쇄판 「욱원장판(郁園藏版)」의 속표지 및 주개(周凱)의 「서문」

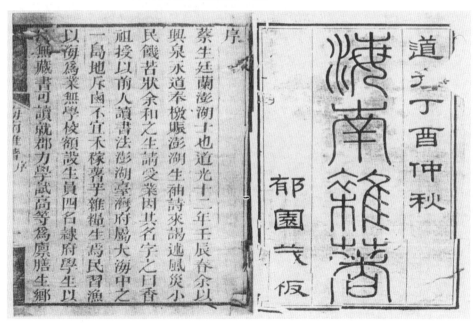

〈사진 4〉『해남잡저』 이각본(二刻本)(재판) 1쇄판 속표지

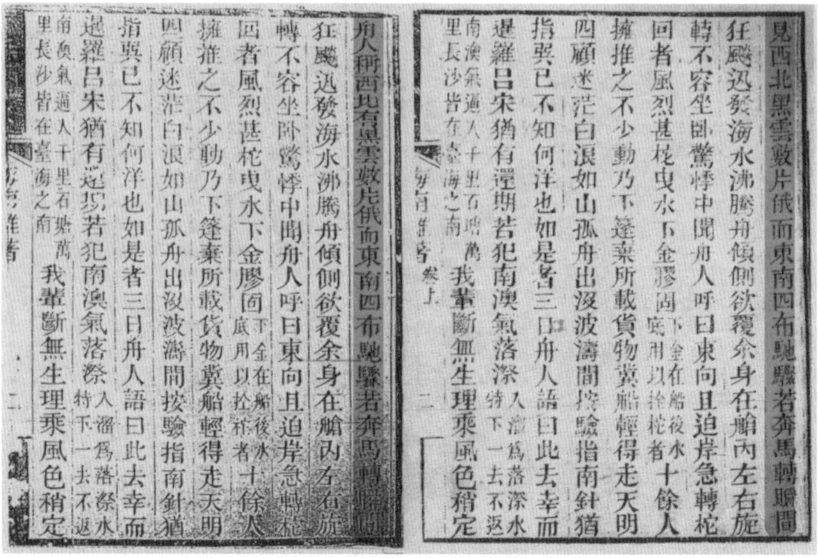

舟人稱西北有黑雲數片俄而東南四布馳驟若奔馬轉瞬間
狂飈迅發海水沸騰舟傾側欲覆余身在艙內左右旋
轉不容坐臥驚悸中聞舟人呼曰東向且迫岸急轉柁
回者風烈甚柁曳水下金膠固(下金在船後水底用以拴柁者)十餘人
擁推之不少動乃下篷棄所載貨物冀船輕得走天明
四顧迷茫白浪如山孤舟出沒波濤間按驗指南針猶
指巽巳不知何洋也如是者三日舟人語曰此去幸而
暹羅呂宋猶有還期若犯南澳氣落漈(入溜爲落漈水特下一去不返)
(南澳氣過人千里石塘萬里長沙皆在臺海之南)我輩斷無生理乘風色稍定
海南雜著 二

見西北黑雲數片俄而東南四布馳驟若奔馬轉瞬間
狂飈迅發海水沸騰舟傾側欲覆余身在艙內左右旋
轉不容坐臥驚悸中聞舟人呼曰東向且迫岸急轉柁
回者風烈甚柁曳水下金膠固(下金在船後水底用以拴柁者)十餘人
擁推之不少動乃下篷棄所載貨物冀船輕得走天明
四顧迷茫白浪如山孤舟出沒波濤間按驗指南針猶
指巽巳不知何洋也如是者三日舟人語曰此去幸而
暹羅呂宋猶有還期若犯南澳氣落漈(入溜爲落漈水特下一去不返)
(南澳氣過人千里石塘萬里長沙皆在臺海之南)我輩斷無生理乘風色稍定
海南雜著 卷上 二

〈사진 5〉『해남잡저』 초각본 1쇄판과 이각본 1쇄판의 본문 2페이지 비교. 두 판본의 첫 번째 행의 글자 수를 비교해 보면 초각본(사진 우측)은 21자이나, 이각본(사진 좌측)은 24자로 늘어나 있다

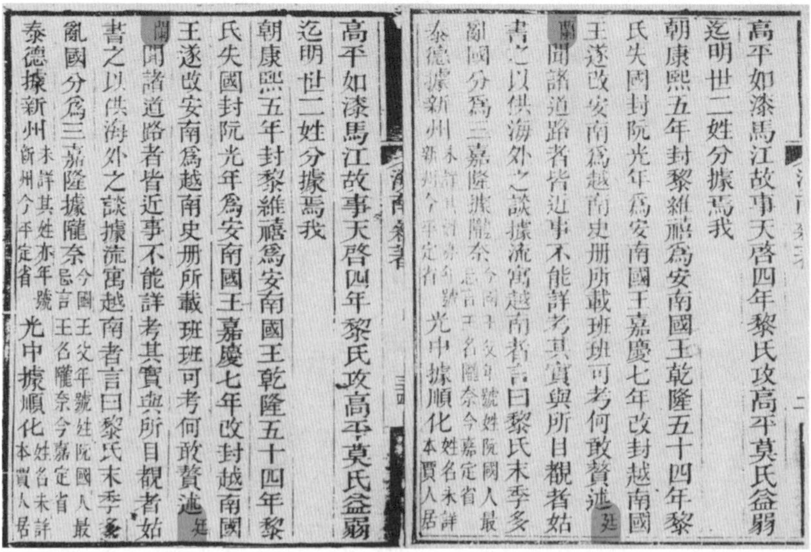

高平如漆馬江故事天啓四年黎氏攻高平莫氏益弱
迄明世二姓分據焉我
朝康熙五年封黎維禧爲安南國王乾隆五十四年黎
氏失國封阮光平爲安南國王嘉慶七年改封越南國
王遂改安南爲越南史冊所載班班可考何敢贅述廷
闌聞諸道路者皆近事不能詳考其實與所目覩者姑
書之以供海外之談據流寓越南者言曰黎氏末季多
亂國分爲三嘉隆據龍奈(今國王父年號姓阮國人最忌言王名龍奈今嘉定省)
泰德據新州(新州今平定省未詳其姓亦年號)光中據順化(本姓名未詳賈人居)
海南雜著 二

高平如漆馬江故事天啓四年黎氏攻高平莫氏益弱
迄明世二姓分據焉我
朝康熙五年封黎維禧爲安南國王乾隆五十四年黎
氏失國封阮光平爲安南國王嘉慶七年改封越南國
王遂改安南爲越南史冊所載班班可考何敢贅述廷
蘭聞諸道路者皆近事不能詳考其實與所目覩者姑
書之以供海外之談據流寓越南者言曰黎氏末季多
亂國分爲三嘉隆據龍奈(今國王父年號姓阮國人最忌言王名龍奈今嘉定省)
泰德據新州(新州今平定省未詳其姓亦年號)光中據順化(本姓名未詳賈人居)
海南雜著 二

〈사진 6〉『해남잡저』 초각본 1쇄판과 이각본 1쇄판의 본문 34페이지 비교. 좌측 이각본에서는 '廷蘭'이라는 인명이 '廷闌'으로 잘못 새겨져 있다

城圖葡
見羅浮山州俗云上不見羅浮到廣州到惠州府城中有思巫山
城一城距羅縣城水程三十五里
過溪印歸善縣城距惠州府城水程四百四十七
里南去城五里有鬼子塔相傳城下多故塚昔縣城將築
白鶴洞吳江亭朝雲墓諸古蹟皆東坡作郡時立城東
云塔狀醜惡將傾然終不仆縣城舟行二十五里抵老
於此羣鬼患之夜過偷人家磚片成一塔乃移城他處
隆自羊城至老隆八百餘里行九日皆炎熱煩悶不
堪幸與林山人龍濱丁君輋晉二人同舟時共笑談

海南雜著卷上

君輋過星與管舟販呂宋番島東南客居數年從番人學量天之法
天之法考據甚精日與余講天文不倦授地球圖及量
天尺式大都如西法立中線斜線及南北二帶準地平
以求地中與南北極相去遠近其法亦泰渾天儀之說
而量測較爲便捷余周詢至悉侠異日推行之以證諸
高明不忘同舟教益也十三日由老隆登陸三十里至
秦嶺又二十里至藍關爲廣州往潮州必經之路關上
有韓文公祠趙文恪公懷軼觀察粵東時葺而新之入
祠見神像勃勃如生聽拜流連乃出就道十里至岐嶺

〈사진 7〉『해남잡저』 초각본 1쇄판의 30페이지

城圖葡
見羅浮山州俗云上不見羅浮到廣州到惠州府城中有思巫山
城一城距羅縣城水程三十五里
過溪印歸善縣城距惠州府城水程四百四十七
里南去城五里有鬼子塔相傳城下多故塚昔縣城將築
白鶴洞吳江亭朝雲墓諸古蹟皆東坡到郡時立城東
云塔狀醜惡將傾然終不仆縣城舟行二十五里抵老
於此羣鬼患之夜過偷人家磚片成一塔乃移城他處
隆自羊城至老隆八百餘里行九日皆炎熱煩悶不
堪幸與林山人龍濱丁拱辰晉二人同舟時共笑談

海南雜著

拱辰過星與管舟販呂宋番島東南客居數年從西人學量天之法
天之法考據甚精日與余講天文不倦授地球圖及量
天尺式大都如西法立中線斜線及南北二帶準地平
以求地中與南北極相去遠近其法亦泰渾天儀之說
而量測較爲便捷余周詢至悉侠異日推行之以證諸
高明不忘同舟教益也十三日由老隆登陸三十里至
秦嶺又二十里至藍關爲廣州往潮州必經之路關上
有韓文公祠趙文恪公懷軼觀察粵東時葺而新之入
祠見神像勃勃如生聽拜流連乃出就道十里至岐嶺

〈사진 8〉『해남잡저』 이각본 1쇄판의 30페이지. 〈사진 7〉과 〈사진 8〉을 비교해보면 초각본 1쇄판의 '皆東坡作郡時立', '從番人學量天之法' 구절이 이각본 1쇄판에서는 각각 '皆東坡到郡時立', '從西人學量天之法'으로 수정되어 있음을 볼 수 있다

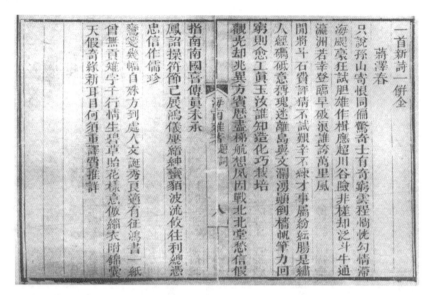

〈사진 9〉『해남잡저』초각본 1쇄판 8페이지

〈사진 10〉『해남잡저』이각본 2쇄판 9페이지. 〈사진 9〉와 〈사진 10〉을 비교해 보면 초각본 1쇄판에 있던 장택춘(蔣澤春)의 「제사(題詞)」가 이각본 2쇄판에서는 삭제되었음을 볼 수 있다

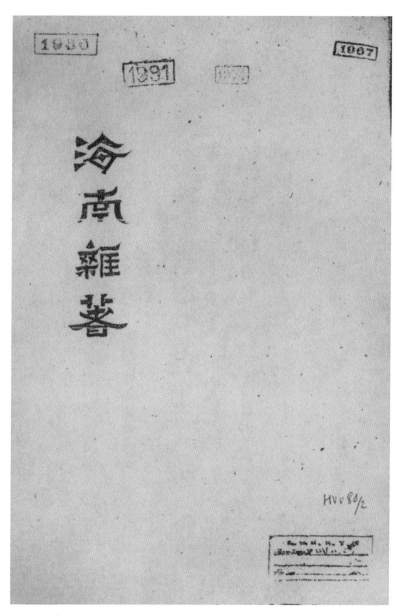

〈사진 11〉『해남잡저』 베트남 필사본의 속표지

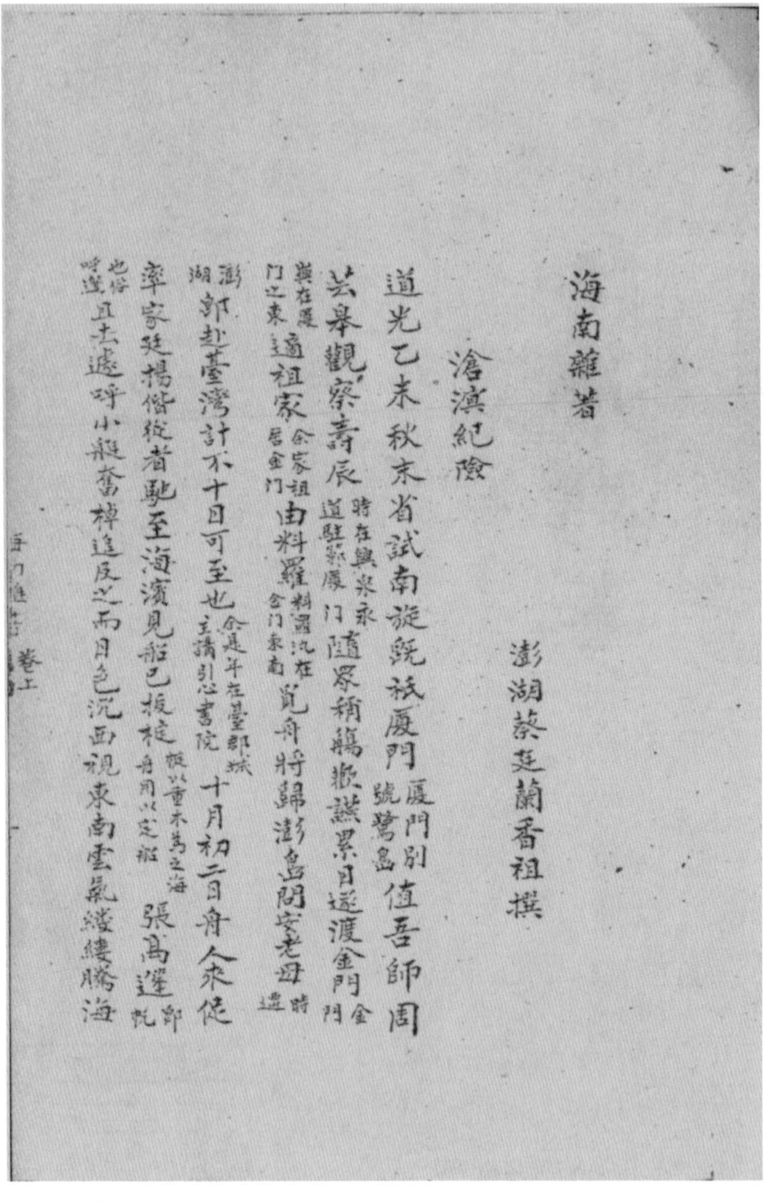

海南雜著

滄溟紀險

澎湖蔡廷蘭香祖撰

道光乙未秋末省試南旋既祇厦門厦門別值吾師周

芸皋觀察壽辰時在興泉永道駐節厦門金隨眾稱觴瀝累月遂渡金門金門

與在渡通祖家余家祖由料羅覓舟將歸澎島時阻惡老母迎居金門合門束南

澎部赴臺灣計不十日可至也余迓平在臺部城主講引心書院十月初二日舟人來促舡以童不為之舡

率家廷揚僕從首馳至海濱見舡已板柂舟用以定舡張禹還邸也容

也容遽呼小艇奮棹追及之而月色沉西視東南雲氣繚繞騰海

〈사진 12〉『해남잡저』 베트남 필사본의 본문

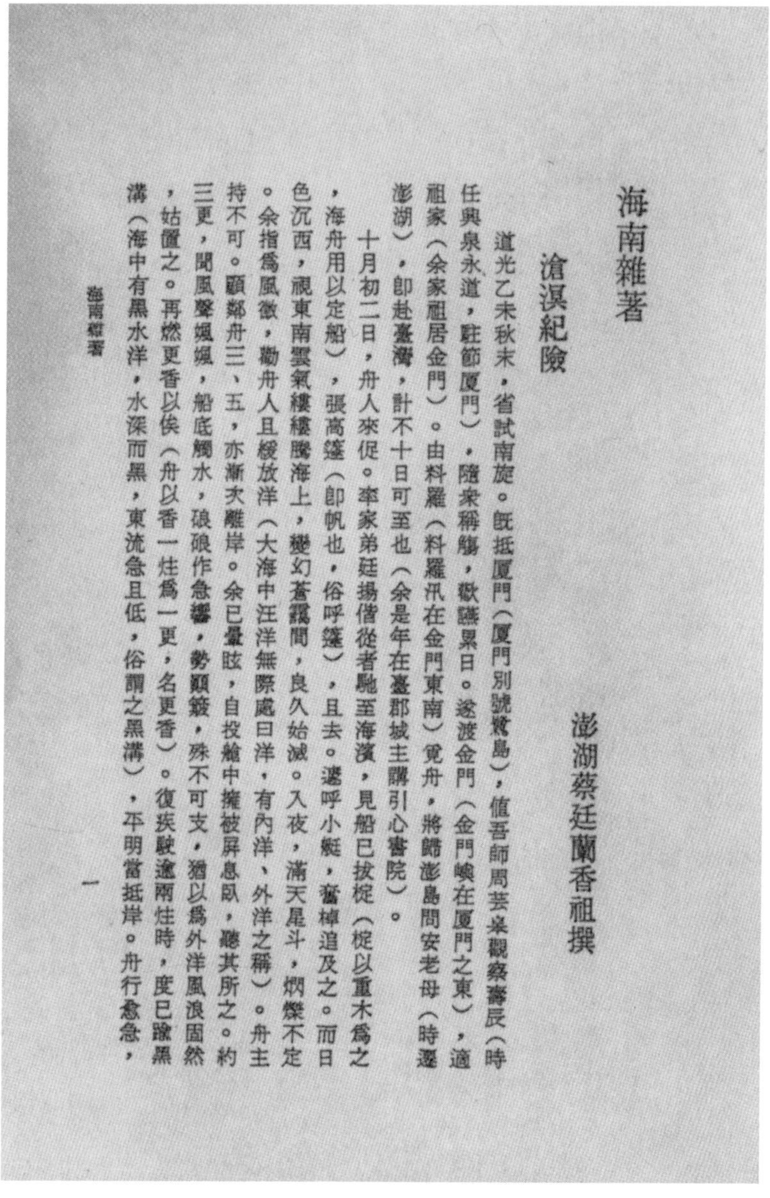

海南雜著

滄溟紀險

澎湖蔡廷蘭香祖撰

道光乙未秋末，省試南旋。既抵厦門（厦門別號鷺島），值吾師周芸皋觀察壽辰（時
任興泉永道，駐節厦門），隨衆稱觴，歡讌累日。遂渡金門（金門嶼在厦門之東），適
祖家（余家祖居金門）。由料羅（料羅汛在金門東南）覓舟，將歸澎島問安老母（時還
澎湖），卽赴臺灣，計不十日可至也（余是年在臺郡城主講引心書院）。
十月初二日，舟人來促。率家弟廷揚偕從者馳至海濱，見船已拔椗（椗以重木爲之
，海舟用以定船），張高篷（卽帆也，俗呼篷），且去。遽呼小艇，奮棹追及之。而日
色沉西，視東南雲氣縷縷騰海上，變幻蒼靄間，良久始滅。入夜，滿天星斗，烱爍不定
。余指爲風徵，勸舟人且緩放洋（大海中汪洋無際處曰洋，有內洋、外洋之稱）。舟主
持不可。顧鄰舟三、五，亦漸次離岸。余已暈眩，自投艙中擁被屛息臥，聽其所之。約
三更，聞風聲颯颯，船底觸水，硠硠作急響，勢頗簸，殊不可支，猶以爲外洋風浪固然
，姑置之。再燃更香以俟（舟以香一炷爲一更，名更香）。復疾駛逾兩炷時，度已踰黑
溝（海中有黑水洋，水深而黑，東流急且低，俗謂之黑溝），平明當抵岸。舟行愈急，

海南雜著　一

〈사진 13〉『대만문헌총간』에 수록된『해남잡저』활자본

海南雜著

澎湖蔡廷蘭香祖撰

目錄

滄溟紀險

道光乙未秋末，省試南旋。既抵厦門（厦門別號鷺島），值吾師周芸皋觀察壽辰（時任興泉永道，駐節厦門），隨衆稱觴，歡讌累日。遂渡金門（金門嶼在厦門之東），適祖家（余家祖居金門）。由料羅（料羅汛在金門東南）覓舟，將歸澎島間安老母（時遷澎湖），卽赴臺灣，計不十日可至也，（余是年在臺郡城主講引心書院）。

一

<見진 14> 팽호현(澎湖縣) 제양(濟陽)의 가 씨와 채 씨 종친회에서 재판하여 간행한 『해남잡저』 활자본

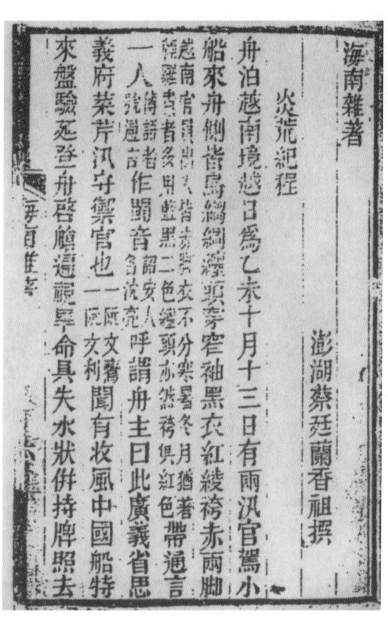

海南雜著　　　　　　　　　　澎湖蔡廷蘭香祖撰

炎荒紀程

舟泊越南境越日爲乙未十月十三日有兩汛官駕小
船來舟惻皆鳥綢綢纏頭窄窄袖黑衣紅綾袴赤兩脚
越南官員凡...皆吉...衣不分寒暑冬月猶著...
...羅等者多...皆藍黑二色纏頭亦然袴俱紅色帶通言
一人能漢語者作聞音詔安人呼謂舟主曰此廣義省思
義府茱芹汛守禦官也一阮文鶯聞有收風中國船特
來盤驗延登舟啓艙逐覈畢命具失水狀併持牌照去

〈사진 15〉 일본 동양문고(東洋文庫) 소장판 『해남잡저』 6쪽

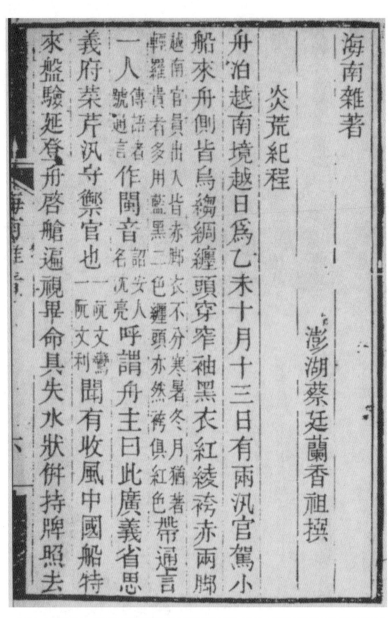

海南雜著　　　　　　澎湖蔡廷蘭香祖撰

炎荒紀程

舟泊越南境越日爲乙未十月十三日有兩汛官駕小
船來舟側皆烏綢綢纏頭穿窄袖黑衣紅綾袴赤兩脚
越南官員出入皆赤脚衣不分寒暑冬月猶著
輕羅貴者多用藍黑二色纏頭亦然袴俱紅色帶通言
一人號通言者作閩音名沅亮呼謂舟主曰此廣義省思
義府萘芹汛守禦官也一阮文利聞有收風中國船特
來盤驗延登府啓艙遍視畢命其失水狀併持牌照去

〈사진 16〉대만국가도서관(台灣國家圖書館) 대만분관(台灣分館)에 소장된 이각본 2쇄판『해남잡저』

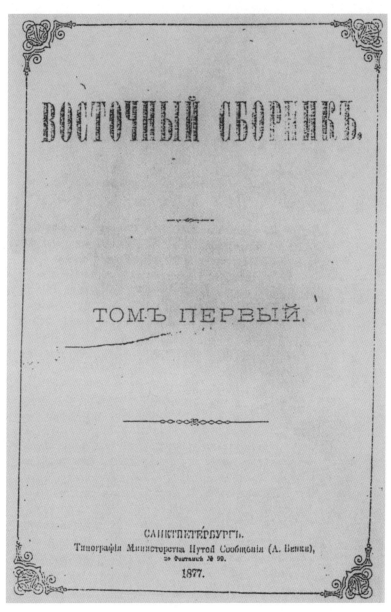

BOCTOЧНЫЙ CБOPНИКЪ,

ТОМЪ ПЕРВЫЙ.

САНКТПЕТЕРБУРГЪ.
Типографія Министерства Путей Сообщенія (А. Бенке),
по Фонтанкѣ № 99.
1877.

〈사진 17〉 1877년 출판된 러시아어 『동방잡지(東方雜誌)』 제1권 표지

ЗАПИСКИ КИТАЙЦА ОБЪ АННАМѢ.

ПЕРЕВОДЪ СЪ КИТАЙСКАГО ІЕРОМОНАХА ЕВЛАМПІЯ.

Содержаніе предлагаемаго перевода путевыхъ записокъ Ки-
тайца *Цай тинъ ланя*, представляетъ, главнымъ образомъ, ин-
тересъ въ географическомъ отношеніи. Ученый авторъ, при
переѣздѣ изъ Фу цзяни на островъ Формозу, въ 1835-мъ году,
былъ занесенъ бурею на берега Аннама (Кохинхины). Подоб-
ные случаи повторяются не рѣдко, и Аннамское правительство
каждый разъ озабочивается возвращеніемъ китайскихъ море-
ходцевъ на родину; но при этомъ существуетъ законъ, по ко-
торому купцы и простолюдины, потерпѣвшіе крушеніе или за-
несенные бурею, препровождаются въ Китай сухимъ путемъ,
а чиновниковъ и ученыхъ отправляютъ моремъ на казенномъ
судѣ. Послѣдній способъ признается болѣе почетнымъ и удоб-
нымъ, а вмѣстѣ съ тѣмъ онъ, безъ сомнѣнія, имѣетъ въ гла-
захъ подозрительнаго Аннамскаго правительства еще то важ-
ное преимущество, что этимъ предупреждается возможность
слишкомъ близкаго знакомства образованныхъ Китайцевъ съ
внутренними частями страны. Нашему путешественнику, полу-
чившему при экзаменахъ въ г. Фучжоу ученую степень кан-
дидата, приходилось, слѣдовательно, возвращаться въ Китай мо-
ремъ. Но воспоминаніе о бѣдствіяхъ, которыя онъ претерпѣлъ
во время перваго своего морскаго путешествія, побудили его
заявить свое убѣдительное ходатайство предъ Аннамскимъ пра-

5*

〈사진 18〉『해남잡저』러시아어 번역본의 서명

вительствомъ о дозволеніи ему ѣхать сухимъ путемъ. Послѣ
нѣкоторыхъ колебаній, на просьбу Китайца послѣдовало раз-
рѣшеніе.

Такимъ образомъ Цай типъ лапо удалось совершить путе-
шествіе по странѣ малоизвѣстной, и, какъ образованный на-
блюдатель, онъ сообщаетъ о своихъ путевыхъ впечатлѣніяхъ.
Описанія мѣстностей и достопримѣчательныхъ предметовъ у
него, къ сожалѣнію, вообще довольно кратки, тогда какъ съ
другой стороны авторъ слишкомъ много распространяется о
гостепріимствѣ Аннамцевъ. Приложенныя къ дневнику общія
свѣдѣнія о странѣ по большей части были извѣстны уже
прежде, и потому самая интересная часть труда Цай типъ лапи
это его дорожникъ. Сколько мы знаемъ, это первое описаніе
пути изъ Аннама, чрезъ Тонкинъ, въ китайскую провинцію
Гуанъ си. — Что же касается до оріентировки описываемаго
пути, то она возможна только на новѣйшей картѣ Индо-Ки-
тая, изданной въ 1867 г. берлинскимъ картографомъ Киппертомъ
и приложенной къ 3-му тому путешествій г. Бастіана [1]). При
составленіи карты г. Кипертъ воспользовался въ первый разъ
единственнымъ имѣющимся матеріаломъ для картографіи вну-
тренняго Аннама, а именно весьма мало распространенною
картою миссіонера Табера [2]). Мы отыскали на картѣ Киперта
главнѣйшія мѣста, о которыхъ упоминаетъ китайскій путе-
шественникъ и помѣстили ихъ названія въ подстрочныхъ при-
мѣчаніяхъ, согласно правописанію употребленному на Кипертовой
картѣ. Всѣ прочія примѣчанія принадлежатъ переводчику, по-
койному члену Пекинской миссіи, Іеромонаху Евламнію.

---

[1]) Die Völker des östlichen Asien. Band III. Reisen in Siam 1867.
[2]) Эта карта приложена къ очень рѣдкому Аннамскому лексикону, издан-
ному въ Индіи (Pigneauxeet Taberd. Dictionarium Anamitico—Latinum et La-
tino-Anamiticum. 2 Тома 4. Serampore. 1838. Сама карта носитъ названіе:
Tabula geographica Imperii Anamitici.

〈사진 19〉『해남잡저』 러시아어 번역본의 역자 서문

ПРЕДИСЛОВIЕ КИТАЙСКАГО ИЗДАТЕЛЯ.

Цай тинъ лань, авторъ записокъ объ Аннамѣ, уроженецъ одного изъ острововъ Пынъ ху [1]), принадлежащихъ къ провинціи Фу цзянь. Живя на бѣдномъ островѣ и при скудныхъ средствахъ, онъ прилежно занимался науками и, имѣя хорошія способности, онъ успѣлъ въ нихъ столько, что на губернскомъ испытаніи признанъ былъ первымъ студентомъ и получилъ право на казенное содержаніе. Вслѣдъ за тѣмъ Цай тинъ лань былъ опредѣленъ учителемъ при казенномъ училищѣ въ областномъ городѣ Тай ванъ фу, на островѣ того же имени. Осенью въ 15-мъ году правленія Дао-гуанъ онъ пріѣхалъ моремъ въ губернскій городъ провинціи Фу цзянь и держалъ тамъ экзаменъ на степень цзюй женъ [2]). По окончаніи экзаменовъ Цай тинъ лань сѣлъ на купеческое судно намѣреваясь возвратиться на островъ Тай ванъ. Во время этого переѣзда поднялась жестокая буря и судно было занесено въ Аннамское государство. Въ слѣдующемъ году возвратясь на родину сухимъ путемъ, Цай тинъ лань явился къ бывшему наставнику своему, губернскому прокурору Чжоу юнъ гао и представилъ ему свои путевыя записки. Прокуроръ прочитавъ записки, нашелъ что онѣ очень любопытны и достойны печати, какъ по содержанію своему, такъ и по изложенію. Вслѣдствіе сего онѣ и издаются нынѣ, въ 17-мъ году правленія Дао-гуанъ [3]).

[1]) Пескадорскіе острова (Pong-hu или Pescadores) находятся въ Формозскомъ заливѣ.

[2]) Кандидатъ.

[3]) 1837 г.

〈사진 20〉『해남잡저』 러시아어 번역본 본문 첫 페이지

ся болѣе, чѣмъ на 5 тысячъ *ли*[1]), но въ ширину, мѣстами, оно не болѣе 40 *ли*:—это узкая полоса земли, по направленію морскаго берега; только губерніи *Хэ нэй* и *Цзя динъ*, значительно широки и богаты естественными произведеніями: изъ первой вывозится много жемчуга, драгоцѣнныхъ камней и разной посуды, а вторая славится обиліемъ хлѣба, сахару и масла. Не будь этихъ двухъ губерній, то всѣ произведенія Аннамскаго государства не превосходили бы произведеній одной китайской губерніи. На юго-западной границѣ начинаются высокія горы, покрытыя дремучими лѣсами, которые тянутся на тысячи ли; въ нихъ не видно слѣдовъ человѣка: это страна не извѣданная.

Въ это несчастное плаваніе, занесенный бурею въ чужое государство, я, разумѣется, не всегда могъ понимать въ точности переводчиковъ: но къ счастію, я почти повсюду встрѣчалъ земляковъ, изъ одной со мною губерніи, проживающихъ тамъ по разнымъ дѣламъ. Отъ нихъ-то особенно собиралъ я разныя свѣдѣнія, о проходимой мною странѣ. Въ этомъ путешествіи я еще болѣе увѣрился, что въ отдаленнѣйшихъ странахъ, куда только проникаетъ благодѣтельное вліяніе нашего правительства, люди просвѣщаются, начинаютъ жить новою жизнію, и смотрятъ на Китай, какъ на свой образецъ. Заброшенный въ страну чужую, я получилъ тамъ средства, безбѣдно возвратиться на родину: нужно ли говорить, что собственно всѣмъ этимъ я обязанъ безмѣрному величію и человѣколюбію своего Императора?

Исполненный такихъ чувствъ, я и рѣшился издать описаніе всего, что, при моихъ слабыхъ способностяхъ, могъ увидѣть и узнать въ этомъ путешествіи.

----

[1]) Около 2800 верстъ.

10

〈사진 21〉『해남잡저』 러시아어 번역본 본문 끝 페이지

VOYAGE D'UN LETTRÉ CHINOIS

DANS L'EMPIRE D'ANNAM

Le travail qu'on va lire est traduit du russe, et c'est à cette circonstance que je dois l'honneur inattendu de collaborer aux publications de l'École des langues orientales. Mais le texte russe n'est lui-même que la traduction d'un texte original chinois qui jusqu'ici avait échappé à l'attention des orientalistes. Cette traduction, qui paraît très-fidèle, est due à l'un des membres de la mission de Pékin, feu l'hiéromonaque Evlampii. Elle a paru en 1872, à Saint-Pétersbourg, dans le recueil intitulé *Vostočnyj Sbornik* (Revue orientale, fascicule I, p. 67-145, année 1872). J'ai suivi le texte russe aussi littéralement que possible et me suis attaché à reproduire ses transcriptions, dont je n'avais point d'ailleurs à endosser la responsabilité. Pour tous les noms importants de localités ou de personnes, M. Desmichels, professeur de langue annamite près l'École des langues orientales, a bien voulu rétablir l'orthographe et la transcription scientifiques. Je le prie de vouloir bien agréer ici tous mes remerciments.

Les notes, d'ailleurs fort rares, que l'on trouvera au bas des pages sont dues au traducteur russe. Ses indications géographiques se réfèrent à la carte de l'Indo-Chine publiée en 1867 par Kiepert, pour le troisième volume du voyage de Bastian (*Die Vœlker des Œstlicher Asiens*, Band III, REISEN IN SIAM, 1867).

L. LEGER.

〈사진 22〉 『해남잡저』 프랑스어 번역본 역자 서문

PRÉFACE DE L'ÉDITEUR CHINOIS

Tsaï-tin-lang, auteur des *Mémoires sur l'Annam*, était originaire de l'une des îles de Pyn-hu (îles des Pêcheurs), qui appartiennent à la province de Fu-tsziang. Sur cette île pauvre et avec des ressources médiocres, il étudia assidûment les sciences et y fit de grands progrès; à l'examen de la province il fut proclamé premier étudiant et reçut une bourse de l'État. Il fut ensuite nommé instituteur dans une école de l'État, dans la ville chef-lieu de Taï-van-fu, sur l'île de ce nom. Au printemps de la quinzième année du règne de Dao-huan, il alla par mer au chef-lieu de la province de Fu-tsiang et y subit l'examen pour le grade de licencié (*tsioł jeng*). Après avoir passé cet examen, Tsaï-tin-lang s'embarqua sur un bâtiment de commerce pour retourner à l'île de Taï-vang. Une tempête s'éleva durant ce voyage et le navire fut jeté sur les côtes de l'empire d'Annam. L'année suivante, Tsaï-tin-lang revint par terre dans son pays; il se présenta à son ancien maître, le procureur Tchjou-jung-hao, et lui soumit ses notes de voyage. Le procureur, après les avoir lues, les trouva très-curieuses et dignes d'être imprimées, tant pour le fond que pour la forme. C'est pourquoi on les publie aujourd'hui, en la dix-septième année du règne de Dao-huan (1837).

〈사진 23〉『해남잡저』 프랑스어 번역본에 수록된 「채정란소전(蔡廷蘭小傳)」

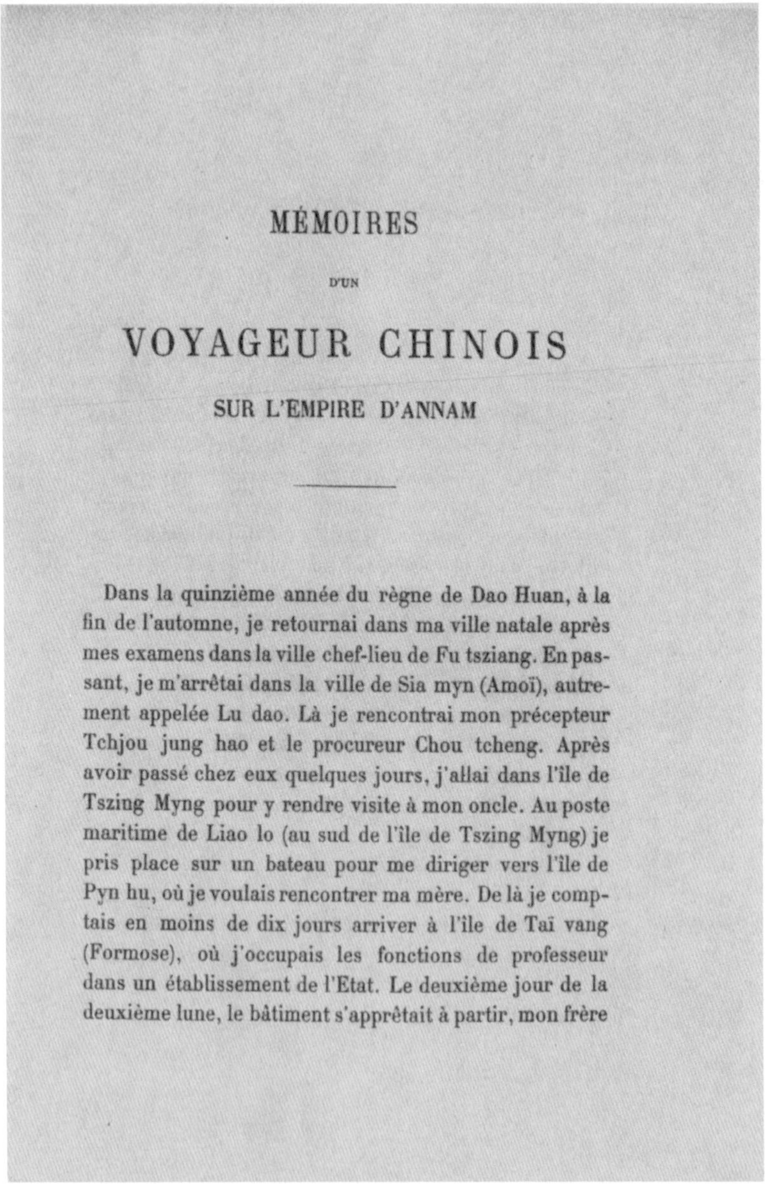

MÉMOIRES

D'UN

VOYAGEUR CHINOIS

SUR L'EMPIRE D'ANNAM

Dans la quinzième année du règne de Dao Huan, à la fin de l'automne, je retournai dans ma ville natale après mes examens dans la ville chef-lieu de Fu tsziang. En passant, je m'arrêtai dans la ville de Sia myn (Amoï), autrement appelée Lu dao. Là je rencontrai mon précepteur Tchjou jung hao et le procureur Chou tcheng. Après avoir passé chez eux quelques jours, j'allai dans l'île de Tszing Myng pour y rendre visite à mon oncle. Au poste maritime de Liao lo (au sud de l'île de Tszing Myng) je pris place sur un bateau pour me diriger vers l'île de Pyn hu, où je voulais rencontrer ma mère. De là je comptais en moins de dix jours arriver à l'île de Taï vang (Formose), où j'occupais les fonctions de professeur dans un établissement de l'Etat. Le deuxième jour de la deuxième lune, le bâtiment s'apprêtait à partir, mon frère

〈사진 24〉『해남잡저』 프랑스어 번역본의 본문 첫 페이지

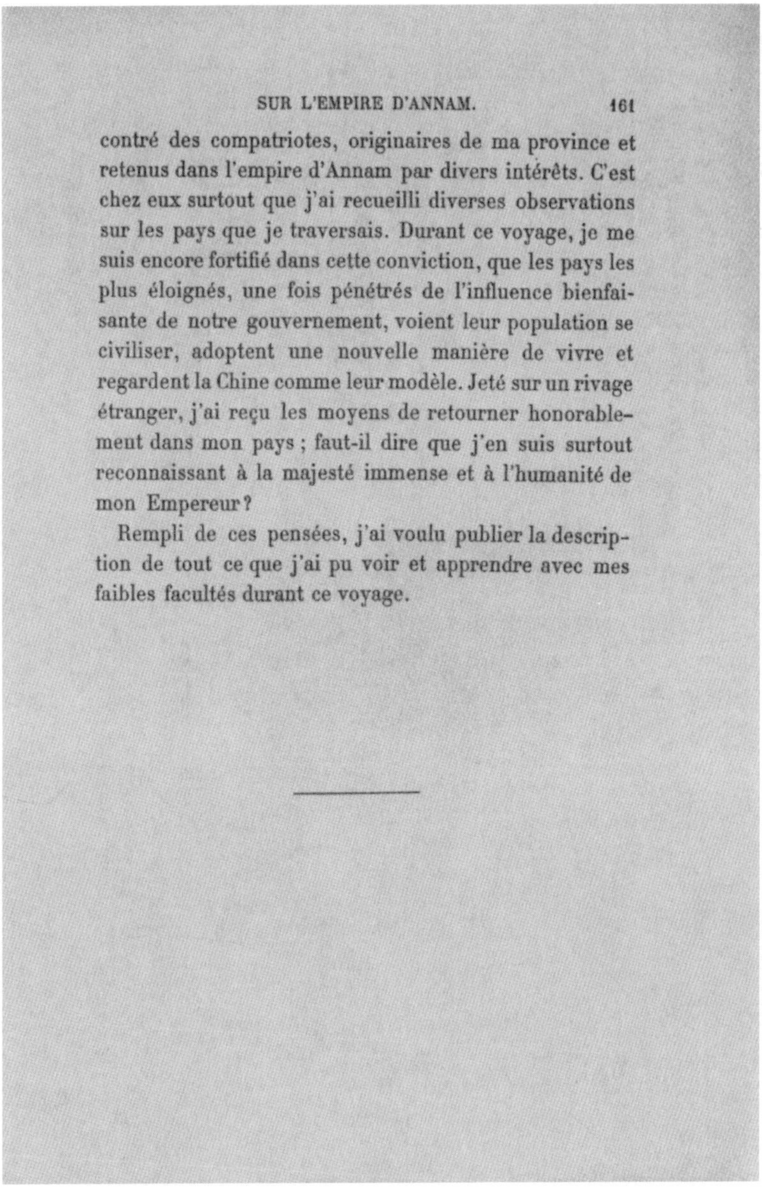

contré des compatriotes, originaires de ma province et retenus dans l'empire d'Annam par divers intérêts. C'est chez eux surtout que j'ai recueilli diverses observations sur les pays que je traversais. Durant ce voyage, je me suis encore fortifié dans cette conviction, que les pays les plus éloignés, une fois pénétrés de l'influence bienfaisante de notre gouvernement, voient leur population se civiliser, adoptent une nouvelle manière de vivre et regardent la Chine comme leur modèle. Jeté sur un rivage étranger, j'ai reçu les moyens de retourner honorablement dans mon pays ; faut-il dire que j'en suis surtout reconnaissant à la majesté immense et à l'humanité de mon Empereur ?

Rempli de ces pensées, j'ai voulu publier la description de tout ce que j'ai pu voir et apprendre avec mes faibles facultés durant ce voyage.

〈사진 25〉『해남잡저』 프랑스어 번역본의 본문 끝 페이지

蔡廷蘭『海南雑著』とその試訳

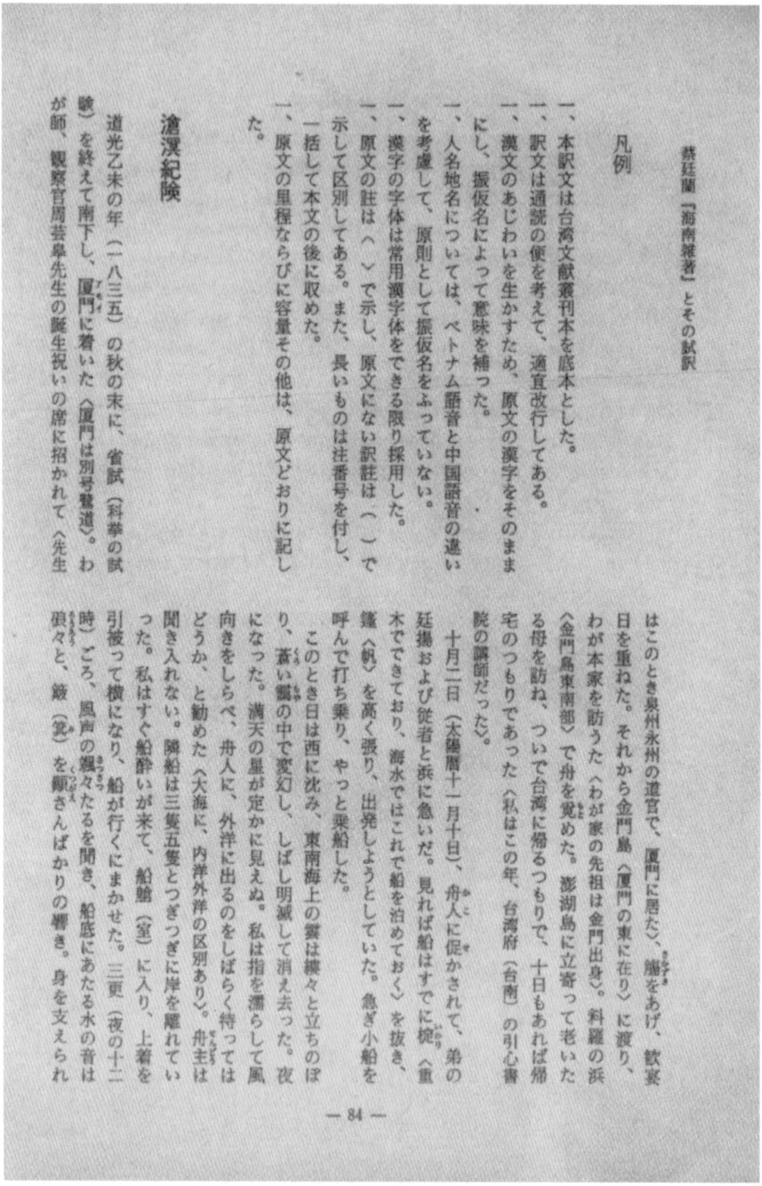

凡例

一、本訳文は台湾文献叢刊本を底本とした。
一、訳文は通読の便を考えて、適宜改行してある。
一、漢文のあじわいを生かすため、原文の漢字をそのままにし、振仮名によって意味を補った。
一、人名地名については、ベトナム語音と中国語音の違いを考慮して、原則として振仮名をふっていない。
一、漢字の字体は常用漢字体をできる限り採用した。
一、原文の註は〈 〉で示し、原文にない訳註は（ ）で示して区別してある。また、長いものは注番号を付し、一括して本文の後に収めた。
一、原文の里程ならびに容量その他は、原文どおりに記した。

滄溟紀険

道光乙未の年（一八三五）の秋の末に、省試（科挙の試験）を終えて南下し、厦門に着いた〈厦門は別号鷺道〉。わが師、観察官周芸皐先生の誕生祝いの席に招かれて〈先生はこのとき泉州永州の道官で、厦門に居た〉、觴をあげ、飲宴日を重ねた。それから金門島〈厦門の東に在り〉に渡り、わが本家を訪うた〈わが家の先祖は金門出身〉。料羅の浜〈金門島東南部〉で舟を覓めた。澎湖島に立寄って老いたる母を訪ね、ついで台湾に帰るつもりで、十日もあれば帰宅のつもりであった〈私はこの年、台湾府（台南）の引心書院の講師だった〉。

十月二日（太陽暦十一月十日）、舟人に促かされて、弟の廷揚および従者と浜に急いだ。見れば船はすでに椗〈重木でできており、海水ではこれで船を泊めておく〉を抜き、篷〈帆〉を高く張り、出発しようとしていた。急ぎ小船を呼んで打ち乗り、やっと乗船した。

このとき日は西に沈み、東南海上の雲は縷々と立ちのぼり、蒼い靄の中で変幻し、しばし明滅して消え去った。夜になった。満天の星が定かに見えぬ。私は指を濡らして風向きをしらべ、舟人に、外洋に出るのをしばらく待ってはどうか、と勧めた〈大海に、内洋外洋の区別あり〉。舟主は聞き入れない。隣船は三隻五隻とつぎつぎに岸を離れていった。私はすぐ船酔いが来て、船艙（室）に入り、上着を引被って横になり、船が行くにまかせた。三更（夜の十二時）ごろ、風声の颯々たるを聞き、船底にあたる水の音は硠々と、鼓（箕）を顚さんばかりの響き。身を支えられ

— 84 —

〈사진 26〉『해남잡저』 일본어 번역본의 「범례(凡例)」와 본문

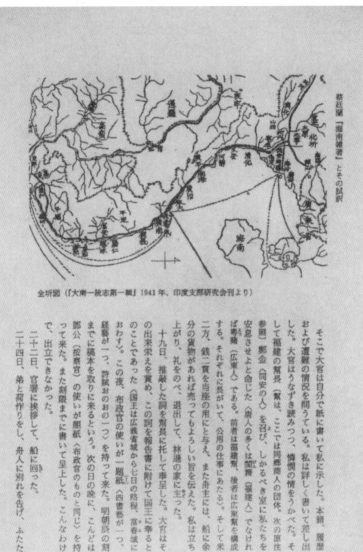

全圻圖（『大南一統志第一帙』1941年、印度支那研究会刊より）

そこで大官は自分で紙に書いて私に示した。本籍、履歴および遭難の情況を問うている。私は詳しく書いて差し出した。大官はうなずき読みつつ、憐憫の情をうかべた。そして福建の幇長（幇は、ここでは同郷商人の団体。次の原注参照）鄭金《同安の人》を召び、しかるべき室に私たちを安息させよと命じた。《唐人の多くは閩籍《福建人》でなければ粤籍《広東人》である。それぞれに長がいて、前者は福建幇、後者は広東幇を構成する。公用の仕事にあたる》。私は立ち上がり、礼をのべ、退出して、林藩の家に主った。

二万、銭二貫を当座の用にと与え、また舟主には、船に余分の貨物があれば売ってもよろしい旨を伝えた。そして米の出来栄えを賞め、この詞を幇長に托して奉呈した。大官はその出来栄えを賞め、この詞を報告書に附けて国王に奉ると十九日、推敲した詞を幇長に托して奉呈した。大官はそのことであった。《国王は広義省城から七日の路程、富春城におわす》。この夜、布政官の使いが一題紙《四書芸が一つ、経藝が一つ、詩賦おのおの一つ》を持って来た。次の日の晩に、こんどは郎公《按察官》の使いが題紙《布政官のものと同じ》を持までに橋本を取りに来るという。次の日の晩に、こんなわけって来た。また刻限までに書いて呈上した。こんなわけで、出立できなかった。

二十二日、官署に挨拶して、船に回った。

二十四日、弟と荷作りをし、舟人に別れを告げ、ふたた

— 90 —

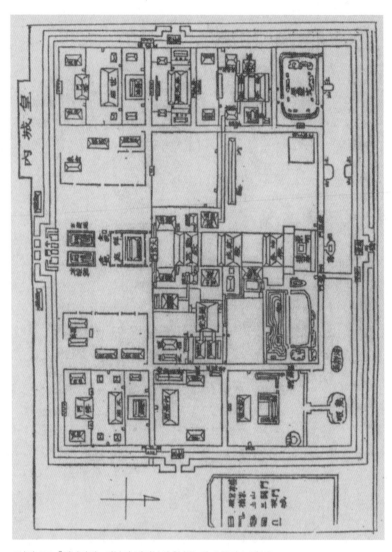

〈사진 28〉 『해남잡저』 일본어 번역본의 「부록」에 수록된 도판(2)

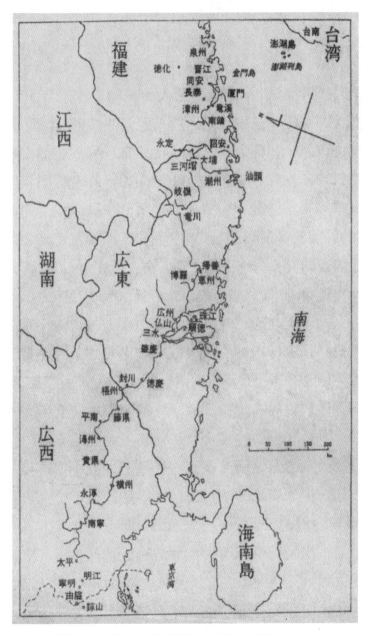

〈사진 29〉『해남잡저』일본어 번역본의 「부록」에 수록된 도판(3)

부록

해양문학의 진수

최부崔溥, 『표해록漂海錄』

서인범*

1. 세계 3대 기행문의 하나 – 최부, 『표해록』

바닷길에 익숙한 선원들도 예측할 수 없는 조류와 바람을 제대로 읽어내기란 용이한 일이 아니었다. 하물며 바다를 접해보지 못한 조선 유자儒者에게 거센 바람을 타고 뱃전으로 밀려드는 파도는 경외의 광경이었을 것이다.

최부의 『표해록』은 마르코 폴로의 『동방견문록東方見聞錄』, 엔닌円仁의 『입당구법순례행기入唐求法巡禮行記』와 더불어 세계 3대 기행문의 백미로 손꼽히는 작품이다. 최부는 최택崔澤과 여양 진씨驪陽陳氏 사이에서 장남으로 태어났다. 조선조 사림士林의 종장宗匠인 김종직金宗直의 제자 중 한 사람으로 명망을 떨쳤다. 성종 8년(1477) 24세의 나이에 진사시에 합격하여 성균관에 들어가 수학했으며, 성종 17년(1486)에는 문과중시 을과에

---

* 동국대학교 사학과 교수.

급제했다. 이듬해 홍문관 부교리로 승진하였다.

성종 18년(1487) 9월 최부는 제주3읍 추쇄경차관推刷敬差官이라는 관직을 띠고 죄를 범하거나 군역軍役을 회피하고 제주도로 도망간 자들을 찾아내는 임무를 맡아 제주도로 들어갔다. 임무를 수행한 지 3개월도 채못 된 이듬해 1월 그믐날에 종자從者가 나주羅州로부터 와서는 부친이 돌아가셨다며 상복을 전하였다.

최부는 하늘이 어두워지고 바람이 부니 배를 띄우지 말라는 제주도 관리들의 만류를 뿌리치고 배에 올라탔다. 부모의 상은 다른 친족의 상보다도 가장 긴급한 일로, 새벽에는 일찍 별을 보고 출발하고, 밤에는 늦게 별을 볼 때까지 걸은 다음 숙소에 든다는 성현의 말씀을 거스를 수 없었기 때문이었다.

하지만 출항한 지 얼마 지나지 않아 폭풍우를 만나 16일 간의 표류 끝에 이국땅인 중국의 남쪽 절강성浙江省 태주부台州府에 표착하게 되었다. 그는 왜구倭寇로 몰려 갖가지 고초를 당하다 조선인이라는 신분이 밝혀진 이후 왜구를 방비하는 장교의 호송을 받으며 절강성 항주杭州부터 운하길을 거슬러 올라가 북경에 도착한다. 최부는 새로이 등극한 황제 홍치제弘治帝(재위 : 1488~1505)로부터 상을 하사받고 요동遼東(현재의 랴오닝성 일대)을 거쳐 압록강을 건너 조선으로 돌아온다. 현재의 서울 청파동에 있던 역참驛站인 청파역靑坡驛에 도착한 그에게 성종은 중국에서의 견문기를 쓰도록 명한다. 약 6개월이 채 못 되는 여정을 기록한 것이 바로 인구에 회자되는『표해록漂海錄』이다.

2. 심술 맞은 바다, 드러나는 인간의 심상

제주 해역으로부터 흑산도에 이르기까지의 바다 색깔은 심청深靑, 즉 짙푸른 빛깔이다. 이어 서해 먼 바다로 나아가면 흰색, 그리고 검은색으로 변한다. 송나라 신종神宗(재위 : 1067~1085) 때 고려에 들어온 서긍徐兢 (1091~1153)의 『선화봉사고려도경宣和奉使高麗圖經』에 영파寧波를 출발하여 고려로 들어가는 바닷길에 백수양白水洋・황수양黃水洋・흑수양黑水洋을 지나면 푸른 빛깔의 바다가 펼쳐져 있는 흑산도 근처에 도달하였다는 기록이 보인다. 뱃사람은 이 물빛을 보고 뱃길과 항해로의 위험성을 알아차렸다.

중국 절강성 태주에 표착하기까지 16일간 표류한 최부는 서해바다의 모습을 극명하게 묘사해냈다. 출항 전, 제주도 앞바다의 바람 기세는 일어났다가 그치기도 하고 구름과 흙비가 걷혔다가 내리기도 하였다. 추자도 남쪽 초란도草蘭島 부근에서 닻이 끊어졌다. 노를 저었으나 가까운 해안에 접근하지 못하고, 북풍에 떠밀려 의지할 데 없는 곳으로 밀려났다. 비는 더욱 그치지 않고 바람과 물결이 모두 사나워 파도를 따라 오르내려 갈 곳을 알지 못하였다.

흑산도黑山島를 지나면 사방에 도서島嶼가 없고 바다가 하늘과 서로 맞닿은 형상으로, 아득히 넓고 가없는 바다가 펼쳐졌다. 일망무제一望無際의 바다였다. 배가 대양으로 들어가자 밀려오는 큰 파도는 마치 산과 같았다. 높을 때는 푸른 하늘에 솟는 듯 했고, 낮을 때는 깊은 연못에 들어가는 듯하였다. 세차게 이는 파도의 충격 소리가 천지를 찢는 듯 했다. 하늘이 개면 해와 달, 별들을 헤아릴 수 있지만, 해상에서는 사방을 분간하기 쉽지 않았다. 더욱이 날마다 구름과 안개가 끼어 새벽인지 저녁인지, 낮인지 밤인지 기억할 수 없었다. 단지 바람이 변한 사실로만 사방을 억측할 뿐이었다.

최부 일행이 제주를 출발할 때 뱃사람들이 지혜롭지 못해 식수를 조그마한 거룻배에 실었다. 하지만 폭풍 속에서 잃어 버렸다. 최부의 배에는 물 받을 그릇 하나 없어 식수를 받지 못했다. 물을 마실 수도 밥을 지을 수도 없었다. 입술이 타고 입이 마른 사람에 한해 한 숟가락의 술로 단지 혀를 적셔줄 뿐이었다. 마른 쌀을 씹기도 하고 오줌을 받아 마시기도 하였다. 얼마 안 가 오줌마저도 잦아버렸다. 가슴이 타서 목소리도 나오지 않았다. 거의 숨이 멎을 지경에 이르렀을 즈음에 비가 내렸다. 어떤 이는 손에, 어떤 이는 갓에, 어떤 이는 돗자리에, 어떤 이는 돛대와 노에 종이 노끈을 감아 빗방울을 받았다. 작은 한 방울이라도 놓치지 않기 위해 혀로 핥는 사람조차도 있었다.

바다는 대단히 심술궂었다. 최부 일행을 식수와 식량 부족이라는 처절한 상황으로 내던지고는 사람들의 본성을 적나라하게 드러내는 장면을 연출케 하였다. 군인들은 불순한 일기에 배를 출항시킨 것은 최부의 잘못이라며 거스르는 마음을 품고 지시를 따르지 않았다. 그들은 힘을 쓰다 죽느니 편안히 누워서 죽겠다며 옹심을 품었다. 귀를 가리고 명령에 따르지 않았고, 때려도 일어나지도 않았다. 매질을 당한 어떤 자는 성을 내며 배가 빨리 파손되기를 기원하기도 하였다. 기갈이 극심한 상황 속에서 자신만 살겠다고 귤과 술을 숨기는 자들도 있었다.

최부를 포함한 일행 43명 중에는 이처럼 각양각색의 인간군이 포함되어 있었다. 한 부류는 질병을 앓아 일을 감당할 수 없는 자들, 두 번째 부류는 표류한 날부터 육지에 오르기까지 누워서 일어나 움직이지 못하는 자들, 세 번째 부류는 이슬을 받으라고 재촉해도 귀담아 듣지 않는 자들, 네 번째 부류는 열 번 부르면 겨우 한 번 정도 응하거나 부득이 일에 종사하는 자들, 다섯 번째 부류는 낮에는 부지런하나 밤에는 게으름을 피우고, 시작할 때는 부지런하나 끝날 때는 게으름을 피우는 자들, 여섯 번째 부류는 밤낮으로 게으름을 피우지 않고 배를 운행하는 일을 자신의 일로 여기는 자들, 마지막은 스스로 일을 찾아 나서거나, 망가진 배 수리를 일일이 조사하고 독려하며 일을 완수하는 자들이었다. 위험에 닥쳤을 때 인간 그릇의 크기를 알 수 있는 부분이다.

이처럼 최부의 『표해록』은 서해바다에서 벌어지는 인간의 본성을 이해할 수 있는 기록물이다. 험악한 위기일발의 상황을 견뎌내고 일행 43명은 한 명도 다치거나 죽지 않고 무사히 귀국하였다. 반면에 최부보다 6년 앞서 강소성江蘇省에 표착했던 정의현감旌義縣監 이섬李暹의 경우는 달랐다. 이섬은 이임하게 되어 제주를 떠나게 되었다. 성종 13년(1482) 2월 훈도 김효반 등 47명과 함께 제주도를 출항하였다. 항해 도중 추자도楸子島 10리 남짓 못 미쳐서 동북풍을 만나 10일 동안을 표류한 끝에 중국 강소성 양주揚州 장사진長沙鎭에 표착하였다. 일행 중 굶어 죽은 사람이 자그마치 14명에 달하였다. 다음해 이섬과 김효반 등 33명은 북경에서 천추사天秋使 박건선朴楗先 사절과 만나 그들을 따라 북경을 출발하여 조선으로 돌아왔다.

최부의 판단과 지도력이 험한 바다에서 일행을 전부 살려낸 것이다. 중국 관리는 "대개 사람들이 많고 날짜가 흘러가면, 비록 평상시 아무 일이 없어도 간혹 아프거나 죽는 사람이 나오는데 하물며 폭풍을 만나고 대해를 건너왔음에도 한 사람의 죽은 자가 없는 것은 천고의 드문 일"이라며 최부가 "평소에 선善을 쌓은 결과"라며 칭예稱譽하였다. 사실 일행 43명은 귀국 도중 사지에서 자신들을 구원해 준 최부에게 무릎을 꿇고 감사의 뜻을 전했다. 하지만 최부는 자신을 낮추고 성상聖上을 추켜세웠다. 즉 임금의 음덕으로 구원을 받은 것이라며 유자로서의 자세와 정신을 견지하였다.

3. 〈캐리비안 해적〉을 능가하는 소재, 서해바다의 해적

2003년 〈캐리비안의 해적〉 시리즈 중 첫 번째 작품인 '블랙 펄의 저주'가 개봉되어 선풍적인 인기를 끌었다. 출연진으로는 캡틴 잭 스패로우 역에 조니 뎁, 윌 터너 역에 올랜도 블룸, 엘리자베스 스완 역에 키이라 나이틀리가 열연을 펼쳤다. 2017년에는 5편 '죽은 자는 말이 없다'가 개봉되었고, 그중 3편인 '세상의 끝'에는 우리에게 잘 알려진 홍콩영화배우 주윤발이 출연하였다. 2014년에는 바다를 주제로 한 한국 코믹영화 한 편이 개봉되었다. 영화배우 손예진, 김남길, 유해진이 출연한 〈해적－바다로 간 산적〉은 명나라 황제가 조선에 하사한 국새國璽를 고래가 삼켜버렸다는 설정으로 전개된다. 이 두 편의 영화는 바다에서 도적 혹은 해적과의 만남을 컨셉으로, 전 세계인이 즐기는 작품으로 탄생한 것이다. 이러한 관점에서 볼 때 최부, 『표해록』은 〈캐리비안 해적〉을 능가하는 작품성을 지니고 있다고 해도 과언이 아니다. 오히려 고래, 용신龍神, 관세음보살과 같은 다양한 모티브가 최부의 기록 속에 담겨져 있다.

최부가 대양을 표류할 때의 일이었다. 바람을 따라 항해하는 중에 물결 사이로 커다란 물체가 보였으나 크기를 알지 못하였다. 수면 위로 보이는 형태는 마치 길이가 긴 행랑 같았다. 하늘로 거품을 내뿜었고 물체가 유영할라치면 파도가 나부끼고 물결이 일렁였다. 뱃사람이 손을 흔들어 말을 못하게 주의를 주었다. 배가 그 물체에서 멀리 떨어진 후에야 뱃사람은 안도의 숨을 내쉬었다. 커다란 물체는 다름 아닌 바로 고래였다. 뱃사람은 큰 고래는 배를 삼키고 작은 고래는 배를 뒤엎는다고 과장스럽게 포장했다. 서로 만나지 않은 것이 다행이며, 죽을 지경에서 다시 살아났다는 표정을 지었다.

또 하나의 모티브는 바다의 신이다. 바다를 생계의 땅으로 여기는 사람들은 바다의 횡포를 익히 알고 있었다. 출항하기 전에 반드시 용신에 제사를 지내 안전과 풍어, 마을의 태평을 기원하였다. 최부의 부하들조차도 바다에는 탐욕스러운 용신이 있다고 여기고는 소지하고 있던 물품을 던져 제사를 지내 구원을 청하였다. 유자儒者의 신분이었던 최부는 이 말을 곧이듣지 않았으나, 일행은 "사람이란 이 몸이 있은 후에 이 물건이 있다"며 바다에 휴대한 물품을 던져버렸다.

긴 시간 바다를 표류하는 동안 최부의 측근 부하조차도 최부를 탓하였다. 제사를 지내지 않았기 때문에 표류하며 죽음에 이르게 되었다는 것이다. 본래 제주로 출발하는 자는 광주 무등산사無等山祠와 나주 금성산사金城山祠에서 제사를 올렸고, 제주에서 육지로 나아가는 자는 광양廣壤·차귀遮歸·천외川外·초춘楚春 신사神祠에서 제사를 지내야 낸 후에 배를 띄웠다. 이를 통해 신의 도움을 받아 큰 바다를 쉽게 건널 수 있는데 최부가 그릇된 행위라며 제사 지내는 것을 거부하여 난처한 지경에

처했다는 것이다. 신을 업신여기고 공경하지 않은 탓에 신도 자신들을 불쌍히 여기지 않고 사지로 몰았다는 것이다. 이 모든 불행이 최부가 초래한 것이라고 몰아붙였다.

그중 한 뱃사람이 최부를 옹호하였다. 그는 정의현감 이섬도 광양에서 정성으로 삼일 간 치제致祭하고 출항했어도 표류하여 거의 죽을 뻔했다고 말을 꺼냈다. 더욱이 조선 성종 8년(1477)에 제주경차관에 임명되었던 권경우權景祐의 경우는 제사를 지내지 않았음에도 왕래가 순조로워 조그만 근심도 없었다는 사실을 예로 들었다. 그는 바다를 건널 것인가 말 것인가 하는 중요한 문제는 바람을 기다릴 것인가의 여부에 달려있지, 신에 제사를 지내는가의 여부에 달려 있지 않다며 최부를 변호하였다. 제주 사람들의 풍속은 귀신을 대단히 좋아하여 산택천수山澤川藪에 신사를 만들었고, 광양당에서는 아침저녁으로 공경히 제사를 지내 바다를 건널 때에 표류하거나 침몰하는 우환이 없도록 빌었다. 하지만 배가 표류하고 침몰하는 현상이 끊이지 않은 사실을 들어 신에게 영험함이 없다고 단호하게 신이 영험이 없음을 토로하였다.

최부는 승선한 일행 중에 제사를 지내지 않은 이는 오직 자신 한 사람뿐이며, 군인들은 성심껏 제사를 지냈다는 점을 들었다. 신이 자신 한 사람이 제사하지 않은 까닭에 일행 40여 인의 정성을 헛되게 했겠냐며 신의 존재와 영험을 부정하였다. 최부의 설득력 있는 호소에도 불구하고 부하들과 군인들은 최부가 세상 사정에 어둡다며 귀 기울이지 않았다.

또 하나의 요소는 도적과 해적이다. 최부는 영파부寧波府 경계에서 해적을 만났다. 섬의 형상이 마치 병풍이 늘어선 듯한 곳에서 거룻배를 매단 중간 크기의 배 두 척과 조우하였다. 배리陪吏들이 모든 일에는 상도常道와 권도權道가 있다며 상복을 벗고 사모와 단령을 착용하여 관인官人의 위엄을 보이라고 청하였다. 배리들은 자신들이 해적으로 오인될 것을 우려하였기 때문이었다. 최부는 그 제안을 단호히 거절하였다. 하늘의 뜻을 어기고 속임수를 쓸 수 없다는 것이 그 이유였다. 해상에서 표류한 것도 하늘의 뜻이요, 여러 차례의 사지에서 벗어나 다시 살아난 것도 하늘의 뜻이라는 것이었다.

최부가 조우한 배는 10여 명이 탈만한 크기였다. 검은 속옷과 바지, 신발을 신고 있었으며, 수건으로 머리를 싸맨 사람도, 대나무 잎으로 엮은 삿갓과 종려나무 껍질로 만든 도롱이를 입은 사람도 있었다. 떠들썩하게 시끄러운 소리가 한어漢語, 즉 중국말이었다. 그들은 종이에 이곳이 바로 대당국大唐國 절강의 영파부 지방이라고 써주었다. 비로소 중국 땅에 도달한 사실을 알게 되었다. 그들은 최부 일행의 배를 한 섬으로 이끌고 가서는 정박케 하였다. 그곳에는 거룻배를 매단 배 한 척이 있었으며, 군인이 7~8여 명이 타고 있었다. 의복과 언어도 앞서 본 사람들과 똑같았다.

밤 2경二更쯤(오후 9~11시)에 임대라고 자칭하는 자가 횃불을 든 이십여명의 무리를 이끌고 최부의 배에 난입하였다. 어떤 자는 창을 잡고, 어떤 자는 작두를 어깨에 메었다. 해적 우두머리는 자신이 관음불觀音佛이라며 금은을 내놓으라고 엄포를 놓았다. 그중 애꾸눈이 가장 악랄하였다. 배리 정보의 의복을 벗기고 바닥에 눕히고는 매질을 가하였다. 작두로 복을 잘라내 맨 최부는 알몸 상태가 되었다. 그는 최부의 손을 등 뒤로 돌리고 다리를 구부려 묶고는 몽둥이로 최부의 팔을 7, 8대 내려쳤다. 살고 싶다면 즉시 금은을 내놓으라고 성화였다. 해적은 대꾸하는 최부의 말을 알아듣지 못하자 결박을 풀고 필담으로 의사를 전하도록 하였다. 최부는 "몸뚱이를 망가트리고 뼈를 부술 수는 있지만 어떻게 금은을 얻을 수 있겠는가"라고 답변하였다. 우두머리는 대노하고 큰 소리를 지르며 최부의 머리를 잡아끌고 재차 결박하여 거꾸로 매달았다. 작두로 최부의 머리를 내리치려 하였다. 칼은 오른쪽 어깨 위에서 나부꼈다. 최부를 베려할 때 다른 도적이 작두를 맨손으로 잡으며 저지하였다. 해적 무리가 일제히 큰 목소리로 부르짖으며 다투었다. 최부 일행은 정신을 잃고 달아나 몸을 숨겼다. 어찌할 바를 몰랐다. 최부 일행 중에 손을 맞잡고 엎드려 절하며 최부를 살려달라고 애걸하는 이도 있었다. 그러자 갑자기 해적 우두머리가 최부의 몸을 짓밟고 큰소리로 뱃사람들을 위협하였다. 그들은 소득을 못 올리자 최부의 배의 닻줄을 끊어 버리고는 대양으로 몰아냈다.

사지에서 풀려난 최부는 또다시 대양을 표류하였다. 풍랑은 더욱 거세진 데다 설상가상으로 비가 내려 날씨는 어둑어둑해졌다. 배는 바람을 따라 이리저리 떠다녔다. 이윽고 태주부 임해현臨海縣의 경계 지역인 우두외양牛頭外洋에 표착한다. 두 개의 섬 사이를 지나다 중간 크기의 배 6척이 정박해 있는 것을 보았다. 갑자기 6척의 배가 노를 저어 최부의 배를 둘러쌌다. 한 배에 8~9명이 승선해 있었다. 이들의 의복과 말소리는 하산下山에서 만난 적이 있는 해적 무리와 같았다. 이들은 목마른 최부 일행에게 물통을 보내면서 후추 2~3냥을 줄 것을 요구하였다. 후추를 손에 넣지 못한 그들은 노를 저어 물러나, 최부의 배를 둘러싸고 닻을 내렸다. 새벽녘에 이들은 재차 최부의 배에 올라타서는 진귀한 물건을 달라고 요구하였다. 눈에 드는 것은 비록 작은 물건일지라도 빼앗아갔다. 이들은 배를 저어 2, 3리 쯤 물러나 최부의 배를 에워쌌다. 때마침 비가 내려 감시하는 자가 없었다.

최부는 일행에게 "저들의 말과 행동거지를 보건대 매우 황당하다. 저산이 이미 육로와 연결되어 있는 것으로 보아 반드시 사람 사는 곳과 통하고 있을 것이다. 이때에 잘 처신하지 못한다면 우리들의 목숨은 그들의 수중에 놓여 끝내는 반드시 바다 속의 원귀가 될 것이다"라고 주의를 주었다. 마침내 탈출을 감행하였다. 최부를 필두로 배에서 내리자, 여러 군인들도 따랐다. 비를 무릅쓰고 수풀을 헤치며 달아나 고개 두개를 넘었다. 어느 마을에 도착하자 남녀노소가 다투어 최부 일행을 둘러싸고는 괴이한 눈으로 쳐다보았다.

4. 왜구倭寇로 몰린 최부와 공술서의 분식粉飾

일찍이 명나라를 건국한 홍무제洪武帝(즉 태조 주원장, 재위 : 1368∼1398)는 해금海禁정책을 시행하여 허가 없이는 한 조각의 널빤지도 바다로 나갈 수 없도록 엄명하였다. 황제는 산동성山東省부터 광동廣東省에 이르는 연안 지역에 성을 쌓고 위소衛所를 설치하여 왜구를 엄히 방어하였다. 왜구의 구성 중 6/10∼7/10이 중국인이었다는 이른바 '후기왜구後期倭寇'가 발호하기 직전 최부는 2주간의 표류 끝에 절강성 태주부에 표착하게 된 것이다.

비를 무릅쓰고 최부가 탈출을 감행하여 어느 마을에 도착하였을 때 한 관원과 군리軍吏를 만난다. 관원은 다름 아닌 해문위海門衛 천호千戶 허청許淸으로 당두채塘頭寨를 지키다가 왜구가 국경을 침범했다는 말을 듣고, 그들을 체포하기 위해 온 장교였다. 이 해문위의 관할하에 있던 것이 도저소桃渚所와 건도소健跳所이다.

명나라는 원나라 말부터 현저한 활동을 보이는 왜구와 해적, 해도海島에 거점을 둔 군웅의 발호에 대처하기 위해서 일찍부터 해방체제海防體制를 정비하였다. 『명사기사본말明史紀事本末』 권55 「연해왜란沿海倭亂」에 왜구의 화를 당한 참상이 자세히 묘사되어 있다.

> 영종(英宗) 정통(正統) 4년(1439) 여름 4월에 왜(倭)가 절동(浙東) 지역을 침구하였다. (…중략…) 이 때에 이르러 왜는 대숭(大嵩)으로부터 도저(桃渚)로 들어왔다. 왜구는 관아의 창고와 민가에 불을 지르고 장정들을 구타하고 묘소를 파헤쳤다. 어린이를 대나무에 매달아 뜨거운 물을 부어 그 우는 모습을 보면서 손뼉 치며 즐거워하였고, 내기로 임신한 부녀자들을 끌어와 아들인가 딸인가를 알아맞히기 위해 배를 도려낼 정도였다.

이렇듯이 왜구의 소란과 화는 절강을 비롯한 연해 지역에 만연하였다. 이럴 즈음 신원을 알 수 없는 최부의 배가 연안에 표착하였던 것이다. 도저소에 도착한 최부는 심문을 당한다.

> '왜선(倭船) 14척이 변경을 침범하여 사람들을 약탈하였다'고 보고하였는데, 너희가 정말 왜인이냐?
>
> —『표해록』, 윤정월 19일

연안 방비를 책임지는 장교들은 최부 일행을 왜구라고 오인하였다.

　　당신들은 사사로이 변경을 넘었습니다. 본래 마땅히 군법으로써 처결해
　야 하는데, 혹 그중 가엾고 불쌍히 여길 사정이 있나 해서 잠시 죽이지 않은
　것입니다. 상국(중국)을 침범한 실제 상황과 형편의 유무를 사실대로 공술
　하십시오.

—『표해록』, 윤1월 21일

　　이들은 최부 일행을 왜구라고 추궁하며 심문하였다. 최부 자신은 왜
구가 아니라 조선의 문사文士라고 답변하였다. 장교는 최부를 심문하고
는 일행의 이름을 일일이 불러 인원을 점검하였다. 그리고는 순시부사
巡視副使와 총병관總兵官이 있는 소흥부紹興府로 최부 일행을 호송하였다.
이곳에서 또다시 심문이 이루어졌다. 총병관은 항주에 가면 진수태감鎭
守太監・순안절강감찰어사巡按浙江監察御史로부터 심문이 있을 것이라며
자신들이 작성한 심문 내용에 이상이 없음을 확인시켰다.

　　심문 과정을 통해 최부 일행이 조선인이라는 점이 명확히 드러났다.
문제는 최부의 공술서였다. 사실 최부는 표류할 때 조우했던 이들이 진
실로 해적인지, 아니면 어선이거나 해안을 방어하는 명나라 군사인지
정확하게 판단을 내리지 못하였다. 최부를 처음 심문하던 해안 방비의
책임을 진 위소의 장교나 황제의 이목 역할을 하고 있던 태감 등은 최부
가 도적을 만났다는 사실을 극력 저지하려고 노심초사하였다.

　　도저소・건도소 등지의 위소관으로부터 그 상급부대인 소흥 및 항
주의 고위 관료들에 이르기까지 공술서 작성에 신경을 곤두세웠을까?

그 이유로 두 가지를 상정할 수 있다. 첫째, 최부 일행을 약탈하려 했던 해적들의 주체가 해안방비의 책임을 진 명나라 군사들이었을 개연성이 크다. 명나라 관료들은 최부에게 공술서는 최종적으로 황제에게 전달되는 것이니 문장을 간략히 써 줄 것을 통사정하였다.

> 공술서는 마땅히 직필로 써야 하는데, 문장이 비록 번잡하더라도 무슨 해가 되겠는가? 게다가 고쳐 쓰려한 내용이 도적을 만난 일인데, 도리어 군인 의복을 갖추어 있었다는 등의 말을 첨가하고 싶은데, 우리가 도적을 만난 정황을 없앤 것은 또 무슨 뜻인가?
>
> —『표해록』, 윤1월 22일

최부는 도적을 만난 일뿐만 아니라 해안 방비를 책임진 장교들이 가장 우려했던 도적이 군인 의복을 입고 있었던 점을 강조하려고 하였다. 다시 말하면 최부는 도적의 실체가 연해를 방비하던 군사들이 아닌가 하는 의구심을 갖고 있었다.

둘째, 군사적인 실기이다. 불명의 선척이 연안방비선을 뚫고 해안에 정박한 후 민간 마을로 들어올 때까지도 인식하지 못했다는 치명적이 약점을 덮으려고 했던 것이다. 그 결과 위소관(衛所官)들이 최부의 표착 사실을 일찍 포착하지 못한 죄로 처벌당하게 될 것을 우려하였기 때문이다.

연해 지역의 위소관들은 최부 일행을 왜구로 몰려고 했던 계책이 실패로 돌아갔고, 더욱이 연해에 표류한 배를 일찍 포착하지 못한 잘못을 저질렀다. 방비의 책임을 묻지 않을 수 없는 중대한 사안이었다. 일찍이 왜구가 도저소를 침범하여 민인을 살해하고 포로로 잡아가는 사건이 벌어진 적이 있다. 이때 지휘관인 천호千戶는 왜구의 수를 부풀인데다 실기失機한 죄로, 그 상급자들도 반년 치분의 급여를 정지 당하는 처벌을 받았던 사실이 있다. 더한 경우는 실기한 장교들은 참형斬刑에 처하거나 강등되기도 했다.

명나라는 군사들이 왜적을 잡으면 먼저 죽이고 나중에 보고하는 조치를 시행하였다. 장교나 일반 군사들은 최부 일행을 왜인이라 무고하고는 머리를 베어 공을 세우고자 하였던 것으로 보인다. 그 때문에 "왜선 14척이 변경을 침범하여 백성을 약탈한다"라 하고는, 장교들이 군사를 거느리고 가서 최부 일행을 붙잡아 참수하려고 했던 것이다. 하지만 최부가 배를 버리고 사람이 많은 마을로 들어갔기에 그 계획은 수포로 돌아갔다. 당시 명나라 조정에서는 연안에 편성된 군사들이 해전에서 왜적 1명을 살해하거나 포로로 잡으면 은銀 50냥을 상으로 주었다. 당시 은 1냥이 미米 4석石으로 환산되었다. 왜적을 살해하거나 포로로 잡을 시의 상을 미로 환산하면 100석에 해당하는 막대한 양이었다. 당시 군사의 월 급여는 미 1석이었다. 그렇다고 하면 약 16년간의 급여를 일시에 받는 셈이다. 최부를 왜구로 몰아붙여 죽이려 했던 이유를 충분히 짐작할 수 있다.

최부가 표착하였을 때 명나라는 홍치제가 막 즉위하여 법령을 엄숙히 집행하고 있는 상황 이었다. 만약 황제가 공술서를 열람하고 '도적이 성행한다'고 생각하고, 해안방비를 담당하는 관료나 장교들에게 책임을 엄히 물을 수 있는 상황이 벌어질 수도 있었다. 이러한 사정 때문에 명나라 관료들은 최부의 공술서를 조작하려고 시도하였던 것이 아닐까?

공술서에 차이가 나면 그대는 실로 죄를 받게 될 것이요. 그대는 마땅히

전의 공술서를 베껴 쓰되 한 자도 가감이 있어선 안 되오. (…중략…) 그대
는 항주의 진수태감(鎭守太監)·삼사대인(三司大人)·도사(都司)·안찰사
(按察司)·포정사(布政司), 북경의 병부(兵部)·예부(禮部)에서 재차 그대
의 정황을 심문할 것이오. 그때도 여기에서 공술한 대로 대답하고, 조금이
라도 서로 다르면 안 되오.

—『표해록』, 2월 4일

명나라 관료나 장교들이 자신들에게 불리한 상황이 전개되면 결코
최부 자신에게도 득이 되지 않는다고 압박을 가하였다. "살아서 본국에
돌아가는 것을 생각해야지 사단을 일으키는 것을 좋아해서는 아니 될
것"이라는 협박조의 말투로 최부를 달랬다. 이러한 사정 때문에 공술서
를 분식하려 했던 것이다.

한 번도 경험하지 못한 두려움과 경외의 세계인 바다. 망망대해에 이
는 격렬한 파도는 최부의 배를 하늘로 치솟고 땅으로 꺼지게 하는 착각
으로 몰아넣었다. 해적의 협박과 물품의 강탈, 생과 사의 경지에서 극
적인 해적 소굴로부터의 탈출과 성공 등『표해록』에 담긴 다채로운 이
야기는 동아시아 해역, 특히 서해바다를 전 세계에 알릴 수 있는 해양문
학의 진수라 할 수 있다.